EL MUNDO
SECRETO DE
WALTER MERCADO

EL MUNDO SECRETO DE WALTER MERCADO

WALTER MERCADO

HarperRayo
Una rama de HarperCollins*Publishers*

Este libro educará al lector sobre remedios, tratamientos, medicinas, curas y "suplementos dietéticos" naturales. Está basado en experiencias personales, investigaciones y observaciones del autor, quien no es un doctor clínico ni naturista. La intención de este libro es brindar información y de ninguna manera debe considerarse un reemplazo de los consejos de un profesional médico o naturista, a quien debe acudir el lector en cuanto a su salud y, en particular, a cualquier síntoma que pueda requerir atención médica. Mientras se ha hecho todo esfuerzo para asegurar que las medicinas, remedios, tratamientos y suplementos dietéticos naturales, y sus respectivas dosis, estén de acuerdo con recomendaciones y prácticas actuales, dada la investigación constante y otros factores, al lector se le pide que hable con un profesional médico sobre recomendaciones específicas. El autor y la editorial expresamente renuncian a la responsabilidad de cualquier efecto adverso causado por el uso o la aplicación de la información contenida en este libro.

Basado en los títulos originales: *Enciclopedia de Walter Mercado, Tomo I* © Walter Mercado, 1983; y *Enciclopedia de Walter Mercado, Tomo II* © Walter Mercado, 1985.

EL MUNDO SECRETO DE WALTER MERCADO. Copyright © 2010 por Walter Mercado. Todos los derechos reservados. Impreso en los Estados Unidos de América. Se prohíbe reproducir, almacenar o transmitir cualquier parte de este libro en manera alguna ni por ningún medio sin previo permiso escrito, excepto en el caso de citas cortas para críticas. Para recibir información, diríjase a: HarperCollins Publishers, 10 East 53rd Street, New York, NY 10022.

Los libros de HarperCollins pueden ser adquiridos para uso educacional, comercial o promocional. Para recibir más información, diríjase a: Special Markets Department, HarperCollins Publishers, 10 East 53rd Street, New York, NY 10022.

PRIMERA EDICIÓN RAYO, 2010

ISBN: 978-0-06-178005-9

10 11 12 13 14 DIX/RRD 10 9 8 7 6 5 4 3 2 1

OM SRI GANESHAYA NAMAH
OM SRI MAHA LAKSHMIYAI NAMAH
SANTA BARBARA – CHANGO

Dios hindú que remueve obstáculos
Diosa hindú de amor y de la prosperidad
Deidad suprema en la religión afroantillana

Dedico este libro a:
Mis padres (ya fallecidos):
José M. Mercado
Aída Salinas de Mercado

Mis hermanos:
Aída Victoria Mercado de Benet
Henry Mercado

Mis sobrinos:
Karmen Mercado
Aída Benet de Suárez
Betty Benet Mercado
Ivonne Benet Mercado
María del Rosario Mercado
Dannette Benet Mercado

Henrito Mercado Calderón
Aída Montgomery
Miguel Suárez Benet
Michelle Morales Benet
Betty Boettcher
Vivian Cates
Hector Luis Morales (Coco)
Cristhian Caicedo Benet
Alejandro Caicedo Benet
Laura Martínez Benet
Michael C. Montgomery
Brandon Michael Cates
Daniel Robert Cates
Iván Hernández
Alex Hernández
Jessalyn Morales

Y a todos mis MAESTROS en mi sendero espiritual, especialmente a:
Paramahansa Yogananda, Bhagwan Shree Rajneesh (Osho), Chogyam
Irungpa, Erle Summersille, Rumi, Hafiz, Buda, Krishna, Ramakrishna
Saharti y principalmente el Sublime Maestro Jesús, El Cristo.

DIVINO WALTER

POEMA ORIGINAL DE GUILLERMO VILLARRONDA

Walter del Alba y de la Primavera,
si el amor no existiera, tu serías
el amor que levanta las raíces
y hace crecer las cálidas espigas.

Walter del Corazón y de la Sangre,
hijo de las canciones infinitas,
Señor de los Dominios Ensoñados,
Emperador del Sueño y la Sonrisa.

Te veo en el concilio de los astros
—tú, que eres astro de las alegrías
y entiendes el lenguaje de la noche
y charlas con el mar que te apadrina.

Nítido Caballero de los Astros,
quiero abrazarte para que me vean
abrazar a un lucero que me abraza
y lo beso y me besa.

Tu mano está en la rosa
y en la mañana lenta
que cose a la epidermis de los vientos
un color de románticas anémonas.

Yo te veo de pie sobre la sombra
con tu callado susto de palmera,
con tu voz que me baña la mirada
en su estrenado río de azucenas.

No me dejes en medio de la sombra
enamorado de tu misma Luna,
cantando la canción que me enseñaste
al sur de un mar de perezosa espuma.

Llévale mis saludos al crepúsculo
y un apretón de manos a la bruma.
¡Yo sé bien que tú tienes en los ojos
un temblor de secretos aleluyas.

Te veo, Caballero de Borinquen,
Demiurgo Azul de la Buenaventura,
dueño del universo, y nunca olvido
que la verdad es solamente tuya.

¡Ay, Walter, conductor de idealidades,
ahijado de las rosas:
ayúdame a enseñar los ruiseñores
a pronunciar tu nombre.
En esta hora tú puedes convencer a los que quieren
fusilar las palomas!

¡Ay, Walter, Walter, Walter, ramayana
azul de las esperas luminosas,
gacela de los claros mediodías,
abeja de impolutas amapolas!

Préstame tu palabra una vez sola
para llamar al agua

y refrescarme el sueño detenido
con tu fúlgida gracia.

¡Oh, Maestro de Verdades, nieto
de las alondras: deja que en las ramas
descansen las estrellas asustadas!
Préstame el girasol de tus pupilas
para ver de otro modo las cascadas.

Pongo mi voz debajo de la almohada.
No la despiertes hasta que el verano
anuncie la victoria de los lirios
con un largo desfile de geranios.

Dejo mi ansia en tu ansia.
Tengo sueño.
Quiero soñar tirado
a tus pies con el cielo en el bolsillo,
Hierofante de gran sabiduría.

¡Quiero ser una flor en tu solapa!
¡Un pedazo de sol en tu zapato!
¡Quiero un Agüeybaná de claridades
para Walter Mercado!

CONTENIDO

CARTA DE AMOR
A MIS LECTORES

Amados hermanos míos en el camino de la luz y la verdad:
Los invito a viajar conmigo para compartir mis vivencias y experiencias en el infinito mundo de lo esotérico y espiritual. Con profundo amor los llevo a conocer secretos y misterios de los astros y su influencia sobre todo lo que habita en la Tierra, el fascinante mundo del Tarot, la magia en acción y cómo puede enriquecer sus vidas y toda la sabiduría adquirida viajando por el mundo en busca de la Luz. Conocerán el verdadero amor, los misterios del Tantra, la adoración de la Diosa o Madre Cósmica y el sexo Divino. En estos textos encontrarán llaves místicas para vivir plenamente, vencer la energía negativa y disfrutar de una eterna celebración. Años y más años viajando hacia mi interior en profunda meditación me han hecho lograr mi encuentro con la única Realidad, Dios Todopoderoso. Este libro es la esencia de todo mi ser y mi saber y me siento pri-

vilegiado de que esté en sus manos y que luego "viva" en sus mentes y en sus corazones.

Gracias por el cariño y admiración de siempre. Recuerden que solo el amor le dará significado a sus vidas.

Paz y amor de parte de Walter Mercado,
Unidos por toda la eternidad.

INTRODUCCIÓN AL

MUNDO DE WALTER MERCADO

MI CAMINO HACIA
LA ASTROLOGÍA

Nací en el mar, un 9 de marzo, junto a la costa de Puerto Rico. El Sol me saludó ya que nació al mismo tiempo que yo. La Luna transitaba por el signo de Escorpión. Una gitana vaticinó que había nacido la luz del mundo. Que aquel bebé traía una misión espiritual.

Desde muy pequeño miré a las estrellas más que a la tierra. Me crié en el campo en contacto con Dios y la naturaleza. Gracias a que fui un niño tímido, retraído, enfermizo, no jugaba; más bien meditaba constantemente. Mi vida fue estudiar, meditar, rezar, hablar con los animales y comunicarme con seres de luz que nadie veía, pero que eran mis amigos y mis guías.

No ha ocurrido nada en mi vida que a la larga no haya sido una lección maravillosa.

No creía en nada, lo cuestionaba todo. No me importaba ni el libro ni la autoridad que hablaba. Siempre busqué la experiencia personal. Leía para saber cómo piensan, oran y aman otros seres humanos. Llegué a leer tanto que gané medallas de buen lector a través de mis años como estudiante. Aún hoy, leo vorazmente cuanto libro cae en mis manos sobre todas las temáticas. De todos aprendo algo. Vivo abierto a la verdad.

Vencí con mi fe, perseverancia y dedicación, grandes obstáculos. Era tartamudo, delgaducho y muy sensible.

Mis primeros años fueron de preparación. Estudié farmacia, pedagogía, psicología, baile español, ballet, arte, canto, declamación, música y actuación. Todo esto me serviría de mucho en mi labor espiritual artística que estaba vaticinada para mí. Según han dicho lamas tibetanos y maestros hindúes, traje de vidas anteriores mucha sabiduría, ya que he sido místico oriental, astrólogo de reyes, profeta y maestro.

Leía cartas españolas y del tarot antes de aprender a hablar. Veía el futuro y asustaba o sorprendía a muchos con mis predicciones en mis primeros años. Son miles los sucesos "mágicos o milagrosos" que sucedieron y que me marcaron desde que nací.

A los seis años ya daba misa, improvisando un altar en el patio de mi casa, donde mis hermanos Henry y Cuca eran mis asistentes. Curaba con el calor de mis manos y administrando plantas desconocidas a animalitos enfermos.

Mi primera niñez es una cadena de *satoris*, sucesos inexplicables de iluminación. Reunía a mis vecinitos y los llevaba a la orilla del río para darles sermones sobre Dios, Cristo y lo que para mí era el Sendero de la Verdad en aquel momento de mi vida.

Como bailarín, actor, profesor y director teatral, no me puedo quejar. Más de trescientos trofeos y placas, y reconocimientos a nivel local e internacional. Gané los premios más cotizados como bailarín, actor teatral y de televisión.

Las profecías de un iluminado astrólogo, Erle Summersille, se han ido haciendo realidad día tras día. Me vaticinó en los primeros años de mi vida que debido a mi gran trino de agua, mi Urano en Aries, que es mi ascendente, mi Saturno justo en el mediocielo, mi Venus en Acuario y mi Júpiter en Cáncer, sería el Hierofante de la Nueva

Era, que llevaría la Sabiduría Eterna al pueblo, rompería conceptos y creencias caducas y reinstalaría la astrología científica al sitial que tuvo y que tendrá en toda la eternidad. Profetizó que sería universalista, que uniría con mis mensajes las religiones bajo un solo Padre, Dios Todopoderoso.

Un día trascendental, 3 de agosto de 1969, fue al aire mi primer programa de astrología científica gracias a la insistencia de Elín Ortiz, sagitariano elegido por Dios para ser mi llave o puerta para lo que luego sería un programa que recorrería gran parte del mundo.

He sido iniciado, o bautizado, y he estudiado casi todas las religiones o sectas del mundo, incluyendo el catolicismo, cristianismo ortodoxo, "Self-Realization Fellowship", astara, rosacruces, hinduismo, budismo, sufismo, africanismo, espiritismo científico, magia, cábala, tantra, tibetanismo, tao, gurdjieff, teosofía, hermetismo, alquimia y muchas, muchas más.

Mi filosofía ha sido el AMOR.

Mi religión es el AMOR, ya que Dios es, para mí, AMOR.

Mi mensaje es el AMOR, ya que la energía que sustenta todo el universo es el AMOR.

Quien vive en Amor Incondicional, vive en Dios.

Este libro está dedicado con profundo agradecimiento, respeto y amor a todo aquel que me ha tocado para mi bien o para mi mal, en lo que llevo de esta encarnación: familia, maestros, amigos, entidades, guías espirituales y seres que al llevarme al dolor me hicieron despertar a la única verdad o realidad.

Con la bendición de Dios, Lord Ganesh, Santa Bárbara, Laxmi, Tara, Cristo, Yogananda, Bhagwan Shree Rajneesh, Padmasambava, Kali y todos los santos de todas las religiones, van estos mensajes directamente de mi alma a tu alma, de mi mente a tu mente y de mi corazón a tu corazón.

ASÍ LO HE ESCRITO Y ASÍ SERÁ,
Walter Mercado

MIS EXPERIENCIAS EN EL MUNDO ESPIRITUAL

Toda mi vida es una larga cadena de sucesos aparentemente inexplicables. Nací conociendo parte de mis vidas anteriores. Tenía como destellos o relámpagos de momentos vividos en otros lugares y dentro de otros cuerpos. Desde muy temprana edad practicaba rituales que ahora sé pertenecen a la religión hindú, a la religión del Tibet, al tantra y a los ritos practicados en Haití, África y Brasil: hacía círculos de fuego, invocaciones a la Luna y complicados ritos de magia, sin maestro, sólo siguiendo mi intuición o como una obligación de algo que dejé inconcluso en otra vida. También hacía rituales al Sol, al mediodía, cuando todavía apenas sabía hablar; mezclaba plantas en botellas y practicaba hechizos. Todo ese mundo que ahora conozco y esas cosas que ahora sé por qué y cómo se hacen, las hacía, como he dicho, intuitivamente y, aparentemente, sin saber lo que estaba haciendo.

Cuando pequeño, tenía visiones, oía voces, recibía lecciones, hablaba con maestros espirituales y entidades, a los cuales oía perfectamente hablándome dentro y fuera de mí. En mi hogar no les gustaba que yo dijera, por ejemplo: "Veo que viene para mi casa un hombre vestido de tal forma y en las manos trae tal cosa", porque inmediatamente se realizaba lo que yo había profetizado. Tal vez, y debido a que estaba más en contacto con mis vidas anteriores y con lo puro y natural, tenía enormes experiencias, diariamente, en el mundo espiritual.

En una ocasión, en un salón de clases, vi cómo una campana caía. Todos se rieron, incluso la maestra. Al día siguiente, a la hora que lo había vaticinado, la campana cayó debido a un pequeño temblor. Esto ocurrió en la ciudad de Ponce, en Puerto Rico. Si veía un ataúd junto a una persona, era porque alguien de la familia iba a morir. También veía guías espirituales, y ello sin el más mínimo conocimiento previo, ya que provengo y me crié en una familia completamente católica —tengo numerosos tíos que son sacerdotes y monjas— que prohibía o rechazaba que se hablara de dichas facultades. A mi familia, en un principio, no le gustaba el desarrollo de mis facultades, aunque no me lo prohibía, pues le molestaba que la gente había comenzado a murmurar asegurando que yo era un brujo, que era diabólico, porque podía predecir lo que iba a suceder a los demás.

Toda mi niñez estuve laborando intuitivamente en el mundo espiritual. Recuerdo que mis compañeros de estudios me pagaban para que enfermara a las maestras, diciéndome: "Si la maestra falta, pues no podemos hacer el examen. Así que te vamos a hacer un regalo o te damos dinero u otra cosa si tú, con tu mente, puedes hacer que la maestra no llegue a clases o se enferme". Yo simplemente agarraba una botella y ponía toda mi atención y fuerza mental para que la maestra no llegara; me aislaba totalmente del mundo que me rodeaba, con la sola imagen en mi mente de lo que yo quería lograr. La maestra faltaba a clases, y eso aumentaba la fe que tenían en mí los estudiantes.

Otra de las experiencias notables de mi niñez que recuerdo ocurrió un día que, junto a tres compañeros, iba a una actividad social en un automóvil. Mientras viajábamos, de pronto oí una voz que me decía: "Bájate, bájate". Me bajé del auto y en la próxima esquina éste sufrió un accidente. Mis tres amigos aún muestran en sus rostros las huellas del accidente. También, diariamente, oía voces que me aconsejaban que hiciera esto o no hiciera aquello, que siguiera por aquí o me alejara de tal persona, lugar o situación.

A continuación haré un recuento de las experiencias más dramáticas que he vivido, tal vez no en orden cronológico, sino en el orden en que vayan desfilando por mi memoria.

Una de las más interesantes, y por la cual soy tan devoto de Santa Bárbara, es la siguiente: En una ocasión, cuando trabajaba en Radio El Mundo (WKAQ), el señor Enzo Bellomo y su esposa Celia Alcántara me ofrecieron que trabajara para WAPA, otra emisora, como protagonista o coprotagonista en muchas novelas. Decidí irme de Radio El Mundo para la otra emisora, cerrando de esta manera esas puertas y las de Telemundo Canal 2, ya que ambas plantas pertenecían a la misma empresa. En WAPA trabajé por mucho tiempo entre muy buenos compañeros, en magníficas novelas y ganando muy buen dinero. Y un día, frente a dicha emisora, se me acercó una señora y me dijo: "Tenga esta estampita. Algo va a pasar y usted tiene que pedirle a esta santa, que le va a traer buena suerte".

Yo creo en todo ser humano que tiene buena intención porque detrás de todo están el corazón y la mente humana. A la semana exacta de este incidente, todos recibimos una carta de la emisora diciéndonos: "Muy agradecidos por su trabajo profesional, creativo y artístico, pero toda la labor novelística terminará hasta próximo aviso".

Como en ese momento lo que yo hacía eran solo novelas, me quedé en la calle, aunque todavía tenía mi academia de actuación y baile. Esta fue una época en que fui gloriosamente famoso en las novelas de televisión, donde trabajé un montón y gané muchos premios como actor. Mi única alternativa era, pues, regresar a Radio El Mundo y Telemundo, pero como relaté, tenía las puertas cerradas. La carta referida la recibí el viernes, y el sábado y el domingo invoqué a Santa Bárbara Bendita, pues la estampita que me había regalado la señora era de ella. Ya yo conocía a la Santa pues en el barrio Atarés de la Habana, Cuba, en una consulta con caracoles y cocos, me habían dicho que yo era hijo de Santa Bárbara, aunque muchos otros santeros alegan que esto no es cierto. Pero mi corazón ya estaba lleno de una gran fe hacia la Santa, que al recibir la estampita se acrecentó.

Ese fin de semana puse un servicio completo a Santa Bárbara: una vela roja, grande, un racimo de plátanos, manzanas, una granada y todo lo que se me ocurrió, con una gran devoción y amor, pidiéndole ayuda en aquel momento que era precario para mi carrera artística. En mi oración le pedí lo siguiente: Si recibo ayuda de alguien, que sepa que ésta es a través de ti, Santa Bárbara.

El lunes me armé de valor y decidí ir a tantear el ambiente en Radio El Mundo y Telemundo. Cuando llegué a sus puertas allí estaba, afuera, Esther Palés, la cual después de mucho tiempo sin vernos me dijo: "Te estaba esperando. No hablemos ahora, ve corriendo porque hace falta un actor que tenga una voz flexible que pueda hacer papeles de niños, ángeles, santos o de lo que sea".

Yo siempre pude hacer estos papeles, y en radio me destaqué por ello pues podía hacer tanto de niño como de galán joven, anciano, ratoncito Pérez y de cuanta cosa había.

Ante las palabras de Esther Palés me quedé sorprendido pues no imaginaba que me iba a recibir de esa forma. Corrí por el pasillo, llegué al estudio donde, en la puerta, estaba Laura Martell, gran directora y amiga ya fenecida que fue profesora en mi academia, y me dijo: "Entra, pon la voz más sutil que tengas, angelical. El argumento de la novela que vas a interpretar trata de un matrimonio que ha pedido un milagro. Tú vienes como un mensajero de Dios".

Inmediatamente que entré me ordenaron que marcara y comenzara a hablar. Cuando tomé el libreto en mis manos, vi que lo primero que decía era: "Yo soy Santa Bárbara Bendita. Aquí está mi copa y mi espada. Me pediste una prueba y aquí la tienes. Yo nunca abandono a mis hijos".

Por supuesto, la situación no era la misma, porque en este caso el matrimonio —compuesto por Emma Rosa Pérez, entonces Vincenti, y Manuel Durán— pedía un hijo, que se le concedía a través de una promesa a Santa Bárbara Bendita, pero que también aplicaba correctamente a lo que yo le había pedido a la Santa. Las lágrimas corrían por mi cara y todos pensaban que era por la emoción de volver a trabajar con ellos. Pero en realidad era porque estaba recibiendo una respuesta a una invocación, a una súplica, a una gran fe en Santa Bárbara Bendita.

La otra experiencia que más profundamente recuerdo ocurrió cuando fui contratado para trabajar en una compañía puertorriqueña de comedias bajo la dirección de Esteban de Pablos, en Santo Domingo, haciendo la obra de Charles Dickens *A Christmas Carol*, que en español se conoce como *Canción de Navidad* o *El Anticuario*. Yo hacía el papel del galán joven Bob.

Cuando llegué a Santo Domingo acompañado del grupo de actores, en un ascensor del hotel donde nos hospedamos, un señor, muy negro, de grandes ojos, me dijo:

—Mamá te está esperando. Que vayas a verla mañana. —Yo pensé que hablaba con otra persona, pero él insistió— Es contigo.

Quedé completamente sorprendido porque allí nadie me conocía, aunque yo tengo familia en Santo Domingo, pero era ilógico pensar que en aquel lugar y a aquella hora, dicho señor me conociera. Le pregunté quién era su mamá, a lo cual respondió:

—Una gran médium que vive en la calle Barahona —y me dio la dirección completa, recordándome que su mamá me esperaba al día siguiente a las diez de la mañana.

Esa noche desperté varias veces pensando en lo que me podría decir la señora, o si sería un truco para atraer un público y sacarles dinero. En fin, hice mil conjeturas. Por la mañana el actor Rafael Enrique Saldaña me acompañó a esa humilde calle de la capital dominicana. Una señora de aspecto muy extraño, pero muy amable y sumamente espiritual, me recibió como si me conociera de toda la vida. Entré en su pobre vivienda y vi que en el suelo había puesto a los loas, los santos, servicios como café, botellas de ron, perfumes, etc. En ese momento ella estaba preparando comida. Me ofreció café, que rechacé. Me ordenó que me sentara junto a una mesita donde tenía una copa grande con agua y unas antiguas cartas. Con un tabaco en la boca, cortó las cartas y me dijo:

—Los seres que te cuidan, que te quieren y acompañan, me han pedido que te diga esto. Yo sabía que tú venías y tenía que avisarte esto que viene para ti. Dos mujeres te van a invitar a una actividad. Diles que no porque lo que veo después de esta invitación es sangre, sangre, sangre.

—¿Y qué más?

—Nada más.

—¿Cómo, no me va a leer las cartas?

—No, es un mensaje. Dos mujeres te van a invitar. Di que no rotundamente. No vayas porque lo que viene después de ello es sangre, sangre, sangre.

Quedé defraudado por aquello, que me pareció una tontería. Consultaron a Rafael Enrique, gran actor y compañero, el cual no me contó lo que le habían dicho, pero yo sí le dije lo mío. Luego regresamos al hotel.

Tuvimos mucho éxito en la capital con la obra a pesar de que fuimos boicoteados por la compañía nacional de allí que nos apagó las luces del teatro, lo cual no impidió que hiciéramos excelentes amistades y extraordinarias conexiones con magníficos artistas locales. Recibimos homenajes y recepciones y continuamos representando la obra por el interior de la isla hasta llegar a Santiago de los Caballeros. Allí tuvimos algunos problemas en el Hotel Matún, pero nos trasladaron a otro.

En Santiago, el dueño de una emisora nos invitó a una fiesta para la cual había cerrado la calle y quería aprovechar para dar un homenaje a los actores puertorriqueños. Era la Noche de Año Viejo, 31 de diciembre. Asistimos todos los actores a la fiesta y todos los presentes fueron muy amables con nosotros. De momento, llegaron dos mujeres. Una lucía como una Sara Montiel negra, preciosa, con el pelo rojo; la otra era blanca y delgada. Tan pronto llegaron ellas algunos actores comenzaron a sentirse enfermos, con escalofríos y vómitos. La primera afectada fue Maribella García, que se sintió muy mal mirando a dichas dos damas. "Pero qué tendrán ellas que me hace tanto mal. Me siento muy mal", decía Maribella. Después se afectaron Esteban de Pablos, Judith Franco y otros con un malestar raro y extraño que picaba mi curiosidad. Me acerqué a ellas, me presenté y les pregunté quiénes eran y me contestaron: "Dos brujas. Estamos bautizadas en ríos y practicamos la religión lucumí. Hemos venido a hacer un trabajo de matanza, fuerte, porque esta noche la bruja haitiana que está casada con el novio de mi amiga también va a trabajar".

Es decir, la morena de pelo rojo venía contratada por su amiga, la muchacha blanca, para romper el matrimonio compuesto por una bruja haitiana, una mamá *mambó*, y un hombre muy rico que era amante de la joven blanca. Querían que el hombre se divorciara de su esposa para que luego se casara con su amante. El trabajo que iban a hacer era de magia negra. Todo esto acrecentó mi curiosidad y en mi profundo deseo de conocer más, me sentí fascinado de poder ir a ver, a las doce en punto de la noche, la matanza de animales, cómo iban a bañar a la joven y cómo harían las invocaciones. El rito de magia se llevaría a cabo en La Vega y como para llegar hasta allí se necesita algún tiempo, a las once y media nos preparamos para partir. Invité a Rafael Enrique. Cuando llegó el vehículo que nos conduciría y fui a subir a él, de pronto, se me presentó la imagen exacta de la señora negra de la calle de Barahona de Santo Domingo, diciéndome: "Dos mujeres te van a hacer una invitación. Diles que no". Aquello fue como un relámpago, como un trueno en mi interior que me sacudió. Y les dije:

—Lo siento mucho, pero no puedo ir.

—Pero cómo no puedes venir. Acompáñanos, si a ti te interesa todo esto. Vas a aprender muchísimo. Además ya tú eres un iniciado…

—No, no, no —contesté.

Todos nos quedamos y ellas se marcharon. Luego fuimos al pueblo a una fiesta, bailamos, y después asistimos a una magnífica misa de las monjitas segovianas donde cantan con panderetas y castañuelas, en Madre y Maestra, que es un colegio y convento.

Regresamos a la capital y estando en otra actividad, en la cual tenían puesta la radio, esta anunció: "Suspendemos por unos instantes la transmisión para notificar el terrible accidente que acaba de ocurrir en la carretera hacia La Vega. Dos muchachas y el chofer del vehículo que las conducía acaban de sufrir un horrible accidente. Una ha quedado totalmente mutilada; la otra, muerta".

Inmediatamente un grupo de actores fuimos al hospital donde se encontraba la que había quedado con vida. Lo último que pudo decir antes de morir fue: "La otra se adelantó. La otra se adelantó en la brujería. La otra pudo más que yo". Yo le dije que pidiera perdón a Dios por haber estado bregando con fuerzas negativas, que se encomendara a la Divinidad y pidiera perdón de corazón, y que lo que le había ocurrido era una muestra de que nada se consigue por la fuerza. Murió en medio de una profunda plegaria a Dios. Esta ha sido una de las experiencias más escalofriantes de mi vida.

Volviendo a mis otras experiencias, uno de los santos de mayor devoción de mi madre es San Martín de Porres. En una ocasión que lo tenía en mi mente tuve dos lindas experiencias con él.

La primera fue en un balneario privado, al cual fui con tres amigos más, entre ellos un fotógrafo, pero ninguno de los cuatro sabíamos nadar. Estuvimos de fiesta, tomamos fotografías y después el fotógrafo decidió dar un paseo en bote. Estaba ya muy alejado de la costa, en aguas profundas, cuando vino una tremenda ola que viró la embarcación y él cayó al mar. Mi amigo era un profundo devoto de San Martín. Comenzó a gritar: "¡San Martín, San Martín!". En aquel momento yo estaba muy unificado con dicho santo. De pronto vimos aparecer por la playa, milagrosamente, un negro altísimo, delgado, que se lanzó al mar, sacó a nuestro amigo y lo tendió en la arena. Todos concentramos nuestra atención en nuestro amigo salvado y cuando miramos a nuestro alrededor para darle las gracias a aquel milagroso hombre, ya no estaba. Pensamos que trabajaba en el balneario y fuimos a buscarlo para agradecerle y darle una recompensa por su ayuda. Llegamos a la puerta, donde había un policía, y le preguntamos por el señor haciendo referencia a que era un salvavidas que nos había auxiliado. El policía nos contestó: "Aquí no vive nadie ni puede entrar nadie. Ustedes entraron porque pidieron permiso para tomar fotografías, pero en este lugar hoy no ha entrado nadie más".

Entonces supimos que había sido una materialización de San Martín.

Al poco tiempo de ocurrido este hecho yo ensayaba, hasta muy tarde en la noche, la obra de García Lorca *Bodas de sangre*. Como nunca he sabido nada acerca de mecánica de autos, dependo de la ayuda de cualquier extraño en la carretera cuando se me presenta algún problema. Acababa de estrenar un automóvil y desconocía por completo su mecanismo de funcionamiento excepto cómo conducirlo, que lo hacía más bien por intuición y por una semana de clases que había tomado. En aquel tiempo las carreteras eran sumamente oscuras. Me dirigía a mi casa cuando el auto se paró. Intenté ponerlo en marcha de nuevo, pero nada respondía, ni motor, ni luces. A las tres de la madrugada y en un momento así, ¿qué se puede hacer? Opté por encerrarme en el auto para evitar cualquier ataque o contratiempo y empecé a rezar. Lo único que me venía a la mente era San Martín, pues acababa de pasar por la experiencia anterior que describí. De pronto sentí que tocaban el cristal; miré y vi a una mano negra. Me asusté tremendamente y salté hacia el otro lado del asiento. Cuando miré bien, vi a un señor muy simpático, negrito, delgado, de rostro muy bello, que me hacía señas para que bajara el cristal. Algo me llegó al corazón que me inspiró fe en aquel hombre. Bajé el cristal y él me preguntó qué me pasaba. Decidí bajarme y le expliqué lo que había ocurrido. Él comenzó a trabajar en el motor del auto y a los dos minutos ya estaba arreglado. Subí al auto, encendí el motor y cuando miré hacia afuera el señor había desaparecido. En toda la carretera no se veían rastros de ser humano ni de otros autos. Esta fue otra maravillosa experiencia para mí.

Tal vez la más grande de mi vida —hasta este momento, porque cada día vivo maravillosas experiencias— es la siguiente. De pequeño era muy enfermizo, pero después de haber estado en el barrio Atarés de La Habana, me considero uno de los seres humanos más privilegiados respecto a la salud. Se dice que aquellos que están alegres, felices y conformes con la vida nunca enferman. Yo debo ser el ser más feliz, conforme y tranquilo de esta existencia.

Un día me salió un pequeño grano en la región glútea que me molestaba y yo me ponía ungüentos, parches y compresas de agua caliente, pero no le daba importancia a aquella tontería que seguía molestándome. Aunque no parecía tener pus, ni progresaba ni sanaba. Así estuve durante un mes hasta que un día me dio una fiebre muy alta. El gran fotógrafo y periodista Francisco "Pancho" Vergara, que entonces trabajaba en la revista *Bohemia*, me aconsejó que acudiera al médico porque aquello no podía ser nada bueno.

El médico, tras reconocerme, me informó que tenía un punto de septicemia y que había que operarme lo antes posible, que no me podía dejar ir de allí. Llamé por teléfono a mi casa, a mi madre, y le dije: "Mami, tráeme la Santa Bárbara que tengo en mi dormitorio y enciéndele una vela a la que tengo en el altar. Tráeme ropa y dinero que me van a operar el pequeño grano. No te asustes, que no es nada serio".

Yo le había hecho a Santa Bárbara un altar en el patio de mi casa porque tuve un sueño con ella en el cual me decía: "Walter, quiero que leyendo la mano, haciendo obras de caridad y dando consejos, colectes dinero. En este caso no puedes poner precio, sino aceptar lo que te den, porque dentro de dos meses me vas a hacer un altar adonde vendrán las personas a verme. Esto lo quiero por un tiempo para darte una prueba de mi cariño".

Así lo hice. Dondequiera que me paraba a consultar, aceptaba lo que me daban: uno, cinco, diez dólares o lo que la gente podía. En fin, en dos meses tenía más que suficiente dinero para hacer a la Santa su capillita en mi casa con una gran imagen de ella. La capilla de ella es toda mi vida, todo mi hogar. Mi templo y todo pertenece a ella.

En aquel tiempo tenía una preciosa imagen de Santa Bárbara en la capilla, otra en mi habitación, una pequeña en la puerta de mi casa y una en mi academia de actuación, Walter's Actors Studio, en Santurce, frente a Charneco.

Como les relataba, pedí a mi madre que me trajera mi Santa Bárbara, la pequeña, al hospital. Esto fue entre las cinco y las siete de la tarde. Luego le comuniqué a Laura Martell, que era la profesora esa noche en la academia, que atendiera a los alumnos porque yo no podía estar presente.

Cuando salí de la operación tuve tres grandes sorpresas. La primera fue que la Santa Bárbara del templo y todo en él se hizo polvo, producto de un trueno que asustó a todo el vecindario. Esto ocurrió durante la operación, exactamente cuando pasó el peligro. Todo se destruyó, la imagen, floreros, objetos y todo lo que pertenecía a ella. La que tenía en mi academia, me contaron los estudiantes horrorizados, tras un trueno y un ruido espantoso, también se hizo polvo. La que tenía en mi dormitorio, cuando regresé del hospital, estaba convertida en polvo. Después supe que cuando un hijo de Santa Bárbara está en peligro, tiene un problema, amenaza, enfermedad, operación o algo donde esté en riesgo su vida, ella se rompe en pedazos, se destroza, para salvar la vida de ese hijo. Una semana después de la operación ya estaba recuperado perfectamente gracias al poder extraordinario de Santa Bárbara, Shangó, Kabio Sile.

Otra experiencia que recuerdo es la de un muchacho, un mozalbete, que un día se acercó a mí, en mi casa, y me dijo:

—Te voy a chantajear. Si no me das cien pesos para mañana, cuídate porque te voy a chantajear. —Me aseguró que al día siguiente vendría a una determinada hora en busca del dinero.

—No te voy a dar nada —le contesté—. Puedes venir mañana o cuando tú quieras. A mí no me importa. Si sigues molestándome llamaré a la policía porque a mí nadie tiene que chantajearme por nada.

Me mostré muy valiente porque mi vida es un libro abierto y no temo a lo que pueda hacer o decir nadie, porque todo lo hago bajo una ética perfecta. Lo que digo es porque lo siento, y lo sostengo, y no me importa la opinión pública. Ese día me encomendé a Santa Bárbara diciéndole: "Usted sabe que yo no tengo nada que ocultar. Yo soy su hijo. A usted le entrego esa persona". Al día siguiente se comentaba en la calle que dicha persona, por su karma (acción) y por su forma de ser, recibió una lección. Amaneció traspasado brutalmente, por un punzón de cortar hielo. Fue un asesinato; una obra de la Divinidad. Yo solamente pedí justicia Divina y él mismo se buscó su propio castigo. Igual que en esta ocasión, cada vez que me han amenazado o una persona ha querido hacerme daño, yo digo: "A mí no me lo hacen, se lo hacen a Santa Bárbara que me protege y me cuida, puesto que todos mis problemas están en sus manos".

A través de todo mi proceso de estudios y de haber pertenecido a tantos cultos, escuelas y religiones, mi fe en Santa Bárbara jamás ha mermado, sino, por el contrario, ha crecido con el tiempo. Es uno de los santos de mi devoción, junto a Ganesha, que es el concepto de Dios, un tipo de deidad con cabeza de elefante a la que llaman "el Dios que quita los obstáculos", "el Dios de la sabiduría y de la comunicación"; por eso todos los negocios son entregados a él, y todos los libros que se escriben tienen el mantra de Ganesha en el prólogo. Las deidades a las que yo más amor profeso son a Ganesha, Santa Bárbara Bendita y Tara, la dueña de Tibet. En todo lo que les he pedido siempre me han complacido. Por ejemplo, cuando tuve que tomar una decisión, una determinación valiente, consulté a Shangó, a Santa Bárbara, y me dijo que fuera al canal 7 porque en él tendría estabilidad y tranquilidad y no me faltaría dinero y prestigio. Así fue que durante todo el tiempo que trabajé en Teleluz, fui feliz, y así fue como Santa Bárbara Bendita quiso que fuera.

También han sido experiencias maravillosas las que tienen relación con la India. Un día, en la librería The Book Store, en el Viejo San Juan, vi un paquete que había llegado por equivocación a Puerto Rico. Su destino era California. Lo remitía el Rajneesh Meditation Center de la India, es decir, uno de mis maestros en la India, pero en aquel momento yo no sabía quién era. Venía dirigido al centro de meditación de California llamado Paras Sushila, que es filial del centro de la India. Cuando fui a tomar el paquete en mis manos para tratar de averiguar lo que contenía, sentí una descarga eléctrica que me paralizó. Conmigo estaba mi amigo y entonces asistente Carlitos Vallecillos, quien asustadísimo me preguntó qué me pasaba. Le contesté que no sabía, que había sentido unos escalofríos producto de una tremenda descarga de energía. "En esto hay algo muy poderoso", le dije. Y aquel paquete y aquella dirección emanaban luz. Cuando se me pasó todo el efecto, con la ausencia del encargado de la librería, copié la dirección del remitente y le escribí una carta explicándole la experiencia, muy extraña, que había tenido con su nombre y con sus vibraciones. Le dije que tal vez él era mi desconocido maestro hindú de quien yo nada sabía; quería saber cuál era su movimiento, quién era él, qué predicaba, y le di anticipadamente las gracias por la atención que pudiera prestarle a mi carta. Pocos días después recibí su respuesta:

Mi querido discípulo:

    Eres el primer discípulo que puedo iniciar por carta porque estuvimos juntos en una vida anterior y has vuelto a encontrarte conmigo otra vez. Quiero verte el día de mi cumpleaños. Hagas lo que hagas estarás conmigo ese día.

Tu maestro, amor, más amor y mucho amor,
Bhagwan

Desde ese momento hice todo lo posible para no ir a la India, para probar que todo aquello era falso y que él solamente había puesto un deseo en mi mente. Y desde aquel momento todas fueron soluciones a los problemas que se me presentaban. Me regalaron dos pasajes para la India, uno para mí y el otro para un acompañante. Entonces no se podían grabar los programas de televisión con anticipación y el canal en que trabajaba me ofreció todas las facilidades para poderlo hacer cuando y como yo quisiera, y no uno, sino varios programas. Todo lo que yo creía que era imposible se hacía posible y aun evitándolo, la vida, el destino, la Divinidad o Bhagwan mismo, que es una Divinidad encarnada, me empujaron a llegar a la India. Y cuando finalmente me encontré con él era el 11 de diciembre, día de su cumpleaños.

La primera impresión de la India fue maravillosa; de Nueva Delhi seguimos viaje por avión hasta Bombay. Al llegar al hotel donde nos hospedaríamos nos dimos cuenta de que las dos maletas de Daniel Susso, maravilloso estilista italo-argentino que me acompañó en este primer viaje a la India, se habían extraviado y que ni siquiera se habían quedado en el aeropuerto sino en la pista, junto al avión. En ellas llevaba encerrada toda su vida: fotos de su madre muerta y de su familia, recuerdos de infancia, dinero, ropa y todo lo de valor para él pues confrontaba problemas en cuanto a su estado legal en Puerto Rico porque no tenía la ciudadanía norteamericana. Investigamos y todos nos dijeron —tanto aduaneros como agentes de seguridad del hotel— que a la India llegaban miles de personas diariamente y que ni siquiera un milagro haría posible que aparecieran dichas maletas en aquel momento. Pero como yo amo y tengo pasión por lo imposible, oré: "Bhagwan, si de verdad tú has hecho todo esto, si Dios quiere que yo esté aquí en este lugar, en este momento, si todo esto tiene alguna trascendencia para mí en mi sendero espiritual, que aparezcan esas maletas". Pasaron las siete, las ocho, las nueve y todos habían perdido las esperanzas. A las diez llamaron a la puerta; cuando abrimos, había un hombre con las dos maletas. Emoción increíble, gritos, llanto, risas. El hombre nos explicó: "Una señora americana que venía en el avión vio las dos maletas y al grupo de gente tan encantadora que venía tan feliz y emocionado, y las llevó a un funcionario de la aduana quien las asoció con usted, Walter". Y de esta forma, milagrosamente, nos fueron devueltas las maletas.

Cuando llegamos al aeropuerto de Bombay y bajamos del avión había allí un grupo de personas compuesto por hindúes, musulmanes y americanos. Yo viajaba sin ningún distintivo, collar u objeto que pudiera identificarme con algo espiritual. En ese momento estaba partiendo del aeropuerto un grupo de devotos que iban en peregrinaje hacia la Meca, y un señor que dirigía el grupo, muy grueso, semidesnudo, sólo cubierto con una túnica blanca, caminó hacia nosotros. Yo pensé que buscaba a alguien de su grupo que posiblemente venía en nuestro avión. Se acercó a mí, me abrazó y me puso un collar de sándalo, diciéndome: *"Namasté"* (que significa: El Dios que está en mí, saluda al Dios que está en ti). "Bienvenido, hermano". Aquel fue el recibimiento perfecto para mí, en un país que ya yo conocía de otra vida porque sabía a conciencia que mis raíces y mi vida estaban ligadas a ese centro espiritual, la cuna espiritual del mundo que es la India.

Mi encuentro con Bhagwan es otro maravilloso milagro, especialmente cuando me dio el Shakti Pat, que es como el orgasmo cósmico, la unión de las dos fuerzas vitales, del *yin* con el *yang*, del ánima con el *animus* dentro de uno mismo. Esto ocurre cuando el Maestro nos toca, que es cuando se produce como una corriente eléctrica por medio de la cual se siente la iluminación, la realización de Dios en nuestro interior. Se siente que el completo *gestalt* se forma dentro de uno mismo, y en los labios se siente el sabor de la miel, en los ojos se ven luces extraordinarias, se escucha música celestial, el cuerpo se convierte en algodón y se alejan todas las tensiones y preocupaciones. Es como volver a un estado fetal de paz, tranquilidad y entrega total a la Divinidad. Es el despertar de nuestro Cristo Interior.

Él, Bhagwan, sencillamente me tocó y yo estuve inconsciente durante unos minutos. Luego, cuando fui a hacerle las preguntas que llevaba ensayadas en mi mente, le dije: "No tengo nada que preguntar. Su presencia ha contestado todas mis preguntas".

Todos los momentos que pasé junto a él fueron una constante experiencia espiritual. Me ofreció lo que ningún maestro ofrece: toda su ropa y zapatos, que guardo en un hermoso cofre. Y me dijo: "El día que me quieras tener físicamente a tu lado, haz lo siguiente…" Y me dio su secreto, que es lo que guardo en mi altar, en mi hogar, junto a mi persona. Algunos maestros, como Buda, han dejado pedazos de su ropa, pero Bhagwan, en cambio, me entregó todo su vestuario usado y sus zapatillas, que como he dicho, aún conservo junto a mí. Me dio una audiencia de una hora de duración en su jardín de rosas blancas. Hablamos íntimamente y escuchó todo lo que yo había preparado para él, astrológicamente, pues él nació en Sagitario con muchos planetas —a lo cual se le llama un Stellium de planetas— en Capricornio; es decir, era el maestro perfecto para la Era de Acuario.

También le expliqué todos mis conocimientos acerca de su personalidad y de su individualidad como Divinidad reinante. Me escuchó con extraordinaria humildad y con el maravilloso don de asombrarse de cuanto yo le decía. Pasado un tiempo, ya en Puerto Rico, recibí un libro de él en el cual vi que era maestro de cosmobiología y doctor en todas las astrologías conocidas. Tenía el profundo conocimiento de todo lo que se sabe y se ha dicho sobre la astrología científica. Y a pesar de todo esto, tuvo la humildad de escucharme con todo el amor y asombro posibles.

Cada instante que pasé en la India, y cada vez que he ido a ella, he tenido experiencias maravillosas e inolvidables, como ver a un sadhu —un mendicante o mendigo místico, los cuales acostumbran usar excremento de vaca en sus cabellos y casi todos son devotos de Shiva— quien, después de yo darle una pequeña moneda, me entregó una rosa recién cortada, materializada al instante.

Son tantas las experiencias que se necesitarían muchas páginas para poder relatarlas todas, especialmente las vividas en ese maravilloso país que es la India, donde a partir de mi primera experiencia allí, mi vida se ha convertido en una diaria y constante labor de captación de los milagros que suceden a mi alrededor, a través de la fe en Cristo, en Jesús, en Dios, en santos, indios y guías espirituales. Del mundo entero vienen personas a consultarme para que les lea las cartas del tarot, les haga el horóscopo y les progrese su carta natal. Son muchas más las cartas que recibo en que me dan las gracias por la iluminación y orientación ofrecidas, que las que recibo pidiéndome mayor orientación. Por tanto, no es mi persona, sino la luz que reside en mi interior o los seres que se manifiestan a través de mí quienes obran los milagros en tantas vidas.

Entre estos milagros tenemos jóvenes que dejan el vicio de las drogas, matrimonios rotos que vuelven a unirse, personas que han perdido la fe y vuelven a recobrarla, posibles suicidas que desisten de sus propósitos, personas enfermas que sanan, muchas veces con una simple oración a San Lázaro o un servicio, porque yo me adapto a cada ser humano; según lo que veo en su horóscopo o evolución espiritual, receto a cada persona de acuerdo a su necesidad. En algunos casos una sencilla manzana con miel de abejas obra el milagro; en otros una oración como los Quince Minutos en compañía de Jesús Sacramentado; mientras en otros, la comunicación con Dios, directa, o cambiar el estilo de vida eliminando los patrones destructivos. A personas que padecen de cáncer les aconsejo cambiar la dieta emocional, no permitir que nada negativo —lecturas, novelas, películas— les afecte su sistema, porque nos alimentamos tanto por la boca como por los ojos y los oídos, y todo lo que vemos, escuchamos o leemos hace efecto en nuestro interior, destructivo o inspirador, según su clase. El ser humano enfermo espiritual y mentalmente, enferma físicamente. Pero si esa persona cambia su estilo de vida y su forma de ser drásticamente, y acepta conducirse con responsabilidad, sana.

He visto muchas curaciones milagrosas. Y lo repito, no soy yo. Los seres humanos solo somos vehículos de Dios, de ese Dios que reside en nuestro interior que es el único que puede sanar y salvar. Cuando toda persona se unifica con Dios, se responsabiliza de todos sus actos y limpia su vida, obtiene milagros, diariamente.

Para mí es muy hermoso, y me complace grandemente, ver cuando una persona viene hasta mí con un ramo de flores o un pequeño obsequio y me dice: "Gracias, mi vida ha cambiado. Qué bien me siento. La tragedia que temía no ocurrió. El caso judicial se logró victoriosamente para mí porque yo tenía la razón y la justicia estaba conmigo". Es maravilloso el poder obrar así.

Por tanto, puedo calificar mi vida como un constante milagro. Milagro de Dios, milagro de amor.

PRIMERA PARTE

LOS SECRETOS DE LA ASTROLOGÍA

1

LA ASTROLOGÍA Y
LOS SIGNOS DEL ZODÍACO

Todo lo existente en este Universo tiene un momento de nacer, un momento de continuar, de progresar y un momento para acabar; son ciclos exactos que se ven en el budismo, en el cristianismo y en todas las religiones.

La astrología atiende o se preocupa por el instante de la concepción, ya sea de una idea, o del nacimiento de una planta, de un ser humano, de un negocio o de lo que sea. Todo lo que tiene un momento de empezar, tiene un mapa natal por el cual se puede determinar qué va a pasar. Siempre que el ser humano ponga de su parte y en vez de ponerse en efecto de las estrellas o los planetas, se ponga en causa, puede vencer todo lo negativo que está escrito en el momento de nacer. Aquí radica lo fascinante de la astrología.

Según la Luna afecta mareas, también afecta a las plantas, al hombre, a los animales, ya que todos tenemos un alto porcentaje de agua en el cuerpo. Nos ponemos irritables según cambia la Luna. En muchas ciudades, como en Londres, se cierran las tabernas cuando hay Luna llena, ya que hay más probabilidades de ser atacados por ladrones o ser víctimas de crímenes. Antes de entrar en los signos zodiacales quisiera presentar las variadas formas que puede tomar la astrología para que mejor comprendas los fascinantes matices de esta ciencia oculta.

DIFERENTES CLASES DE ASTROLOGÍA

La astrología se puede ver y utilizar desde varias perspectivas para una amalgama de razones y vivencias. Aquí presento una clasificación que puede llegar a aclarar sus diferencias.

Astrología geocéntrica: Está basada en el cálculo de las posiciones aparentes de los planetas tal y como son vistos por el observador situado en la tierra.

Astrología heliocéntrica: Basa sus interpretaciones sobre las posiciones del sistema solar, dadas con referencia al Sol tomado como centro.

Astrología horaria: Hecho para el momento en que brota una idea, se hace una pregunta o sucede un evento. Una vez descubrí el lugar donde estaba una sortija perdida, usando astrología horaria.

Astrología eleccional: Utilizada para escoger el momento propicio para empezar un negocio, casarse, viajar o acometer una nueva empresa.

Astrología mundana o judiciaria: Examen de lo planetario en relación a países, localidades y lo que afecta durante eclipses, lunaciones y grandes conjunciones.

Astrología médica: Gran cantidad de doctores me visitan en el Templo de Walter, para ampliar sus conocimientos. Esta es la aplicación de la ciencia astrológica a los asuntos de la salud cuando hay necesidad de esclarecer extraños síntomas de enfermedad y dolencias misteriosas.

Astrología meteorológica: Conocida como Astro-Meteorología, se usa para predecir el tiempo, terremotos, fuertes tempestades y cataclismos.

Astrología hindú o indostánica: Es un profundo y antiguo estudio que se basa en un Zodíaco fijo determinado tomando un año natal, sustrayéndole 498, multiplicando el resultado obtenido por 50-1/3 por año y substrayendo luego el producto obtenido, transformado en arco, de todas las posiciones computadas según una efemérides geocéntrica. Más fácil sería decirles que es la que se practica y que yo estudié en la India y que es sencillamente fascinante. Uno de mis maestros, Ramakrishna Saharti, combinó la astrología con la lectura de la mano. Para leer la mano, se empolva antes con cenizas de incienso de sándalo. Visitando el Templo de Ganesh, mi Ishta-Devata, en Queens, New York, pude apreciar que a la entrada tienen una mesa de metal y sobre ella doce representaciones de los regentes zodiacales. Cuando hay un planeta maléfico afectándonos o un aspecto difícil, se propician dichas entidades o energías llevándoles frutas, flores, velas y pañuelos del color del planeta. Frente a Saturno vi ciruelas, higos negros, pasas y estaba cubierto por un paño negro. Para levantar la suerte de un León (todo aquel nacido bajo el signo de Leo) se propicia al Sol. Se cubre la entidad representativa con tela anaranjada, se le ponen velas también anaranjadas, naranjas y plátanos maduros y se circunvala la mesa astrológica cierto número mágico de veces entonando el Mantra del Sol o del dios Surya. Por los milagros que vi allí, puedo dar constancia de lo poderoso de este ritual antiguo astrológico bajo los augurios y bendiciones del dios que quita todos los obstáculos, Ganesh.

Astrología predictiva: Esta se usa para descubrir el futuro. Algunos astrólogos son declarados fatalistas y creen que ya el destino está escrito y nada se puede hacer. Yo pienso totalmente distinto. He estudiado horóscopos "sencillamente nefastos" de seres humanos que han sido luminarias del mundo. Al uno conocer sus puntos vulnerables o débiles, puede corregirlos y compensarlos. Nadie está destinado a sufrir, a pasar hambre, a mendigar o a cometer errores en su selección de amor. Por eso es importante y necesario el estudio serio y profundo de la astrología. Según mi mapa natal, yo estaría destinado a padecer del estómago teniendo dos planetas maléficos en el signo de Cáncer, que rige el estómago. Tan pronto llegué a esa realización, dejé de comer todo aquello que me afectaba y jamás me ha afectado ningún mal estomacal.

Mi primer maestro (encarnado) en astrología médica, mística y esotérica fue el Dr. Erle Summersille y luego el Dr. Miguel A. Charneco, brillante espiritualista y extraordinario astrólogo científico. De ellos aprendí mucho sobre enfermedades y su curación a través de la ciencia de las estrellas. Como dice el viejo refrán: "Las estrellas inclinan pero no obligan". La última anécdota que yo viví junto a mi maestro Erle Summersille, fue cuando le recomendó a un famoso profesor de ciencias, cliente suyo, que no fuera cerca del agua durante el mes de noviembre. No solo se lo pidió, se lo suplicó. El profesor, por no escuchar, murió ahogado en el mes predicho.

Astrología uraniana: El sistema basado en las doctrinas de Alfredo Witte, de la Escuela Astrológica de Hamburgo. Usa los puntos medios, puntos cardinales y ciertos planetas hipotéticos.

Cosmobiología: Disciplina científica que estudia la relación entre el cosmos, la vida orgánica y los efectos de los ritmos cósmicos en el hombre y el mundo que lo rodea. Recomiendo los libros de Reinhold Ebertin para quien quiera conocer esta fuente de sabiduría.

Astrología de la Tierra o de los indios norteamericanos: Donde Aries encabeza al este y lo representa el halcón rojo, su piedra de suerte es el ópalo de fuego, su color el amarillo y su complemento el cuervo (o sea Libra). Tauro es el castor, su piedra esmeralda, su color azul y su complemento en la vida la serpiente (Escorpión). Géminis está representado como ciervo o venado, su piedra ágata musgosa, color verde y su complemento el anta o el alce (Sagitario). Cáncer es el pájaro carpintero, su piedra la cornalina, su color rosa y su complemento el ganso de nieve (Capricornio). Leo es el pez salmón valorado por dar el caviar, su piedra el granate y su color el rojo (por el corazón), su complemento para la felicidad la nutria (Acuario). Virgo es el oso marrón, su piedra la amatista, su color púrpura y su complemento el puma (Piscis). Libra es el cuervo, su piedra es el jaspe color de rosa, su color tierra y su pareja el halcón rojo (Aries). Escorpión es la serpiente, su piedra la malaquita, su color anaranjado y su complemento el castor (Tauro). Sagitario es el anta o alce, su piedra la obsidiana (yo las colecciono), su color el negro y su complemento es el ciervo (Géminis). Capricornio es el ganso de las nieves, su piedra el cuarzo, su color blanco y su pareja el picamaderos o pájaro carpintero (Cáncer). Acuario es la nutria, su piedra la plata, su color el plateado y su complemento el pez salmón (Leo). Piscis es el puma, su piedra la turquesa, su color es el verde-azul y su complemento el oso marrón (Virgo).

Astrología de Walter: La suma total de lo mejor y lo más practicable de todas las astrologías unido a la sicología, el misticismo, las religiones, el arte, la medicina, la numerología, la cábala, el ocultismo y todo lo que lleva al hombre a conocerse y a evolucionar se canaliza aquí. Mi experiencia con el ser humano en mi diario vivir, en mi Templo, es mi astrología.

SIGNOS ZODIACALES: DIFERENTES DIVISIONES

Los signos zodiacales se dividen en dualidades masculinas y femeninas. Un signo masculino o positivo es activo, enérgico, extrovertido, arriesgado, emprendedor, dinámico. Signos masculinos: Aries, Géminis, Leo, Libra, Sagitario y Acuario. Un signo femenino o negativo es receptivo, pasivo, magnético, introvertido. Signos femeninos: Tauro, Cáncer, Virgo, Escorpión, Capricornio y Piscis. En cada signo hay dos representantes, el positivo y el menos evolucionado o negativo. Un horóscopo es un retrato fiel de tu individualidad, personalidad y tus potenciales.

Los signos zodiacales también se dividen en signos de fuego, tierra, agua y aire, formando cuatro triplicidades:

Triplicidad del fuego: Aries, Leo y Sagitario.
Triplicidad de la tierra: Tauro, Virgo y Capricornio.
Triplicidad del aire: Géminis, Libra y Acuario.
Triplicidad del agua: Cáncer, Escorpión y Piscis.

Los signos del Zodíaco también se dividen en:

1. Cardinales: Están situados en los puntos este, oeste, norte y sur de la figura astrológica y son comparables a los cuatro puntos cardinales. Aquí se encuentran: Aries, Cáncer, Libra y Capricornio. Son los llamados a iniciar, hacer, moverse, trabajar.
2. Fijos: Asociados con la Cruz de Acuario, que son los que apoyan, estabilizan y perfeccionan, son: Tauro, Leo, Escorpión y Acuario.
3. Mudables: Adaptables, versátiles y flexibles son: Géminis, Virgo, Sagitario y Piscis.

También los signos zodiacales se dividen en polaridades, o sea, en opuestos:

- Aries significa el YO SOY y su polaridad, Libra, YO UNO, y tiene que ver con matrimonio y asociaciones.
- Tauro significa posesiones personales, dinero, adquisiciones, y su opuesto, Escorpión, legados herencias y posesiones compartidas.
- Géminis es el signo de la comunicación, expresión y lo mental. Viajes cortos y hermanos también están asociados con Géminis por ocupar el tercer sector o casa tercera del Zodíaco natural. Su polaridad u opuesto es Sagitario, signo de filosofía, mente superior, religión y viajes largos.

- Cáncer es hogar, familia, patria y su opuesto, Capricornio, es vida pública, prestigio, honores y ambiciones.
- Leo es el signo de hijos, creatividad, diversión y placer, mientras que su opuesto, Acuario, es signo humanitario, de sueños, esperanzas e ideales.
- Virgo es signo de trabajo, servicio y salud y su polaridad es Piscis, signo del misticismo, arte, baile y ocultismo.

ARQUETIPOS UNIVERSALES Y TU SIGNO ZODIACAL

El tipo ideal abstracto, el modelo o paradigma sobre el cual las cosas están construidas define a los arquetipos. Esotéricamente se aplica generalmente este término a las manifestaciones en las esferas del mundo mental o de las ideas como el noúmeno, origen, matriz o contraparte espiritual de algo que se genera o concreta en nuestro mundo.

En cada signo zodiacal se encuentran arquetipos representativos. Muchas personas no "encajan" en las descripciones habituales de su signo. Muchos desconocen los distintos tipos humanos que puede albergar un signo zodiacal. Cuando alguien dice "Yo soy Aries", se refiere a que el Sol transitaba por la Constelación del Carnero en el momento de nacer. Nadie es un signo. Todos somos producto de una mezcla de muchos aspectos y formaciones planetarias.

Desde el ascendente (la hora del nacimiento), la ubicación del Sol, Luna, Mercurio, Marte, Venus, Saturno, Júpiter, Urano, Neptuno, Plutón, Lillith, Chirón, estrellas fijas y asteroides; todo es energía en acción para hacerte único e irrepetible.

Los arquetipos de ARIES

Guerrero: Hay arianos que viven guerreando con ellos y con el mundo que los rodea. No hay paz ni armonía en su vida. Destruyen sus relaciones de amor guerreando por tonterías. Casi siempre escogen carreras militares.

Pionero: Todo lo quieren probar o experimentar. Todo lo empiezan con pasión y entusiasmo, se enloquecen, se envuelven totalmente y luego se cansan y se aburren. Hay arianos que son pioneros en moda, estilos de actuación, bailes, política, arte y negocios.

Cordero: Tímidos, inseguros, acomplejados; viven a la sombra de una estrella. No defienden sus derechos, viven pidiendo permiso para hacer lo que por derecho es suyo.

Los arquetipos de TAURO

Artista: Musicales, rítmicos, amantes del arte y la belleza. Pueden tocar instrumentos musicales de oído. Siempre buscan profesiones donde estén en contacto con la radio, televisión, cine, teatro.

Espíritu terrenal: Amantes de las plantas y de toda la naturaleza. Económicos, trabajadores, luchadores, sacrificados; tienen pánico a las necesidades económicas. Fuertes, recuperativos, naturales, espontáneos como el arquetipo que los representa.

Silencioso: Callados, misteriosos, sufridos. Todos llevan traumas familiares. Aman con total entrega y sufren lo indecible al entregar su corazón. Vibran con lo místico, espiritual. Todos tienen facultades extrasensoriales.

Primitivo: Lentos, inseguros, simples. Sus vidas se componen de trabajar, estudiar, dormir, comer y procrear. Nada los motiva a romper la rutina de sus vidas.

Los arquetipos de GÉMINIS

Cuentista: Siempre tienen una justificación para todo lo que hacen. Jamás aceptan que están equivocados. Persuasivos, magnéticos, fascinantes, pero mienten con maestría.

Maestro: Sublimes representantes de la humanidad. Viven educando, sirviendo, ayudando, comunicando, alegrando, informando. Excelentes padres o madres. Soportan lo insoportable por su hogar y familia.

Mariposa: Viven a la caza de sueños y fantasías. Se engañan y engañan en busca del amor. Nunca ponen los pies sobre la tierra. Su vida es una larga cadena de infatuaciones y frustraciones. Brincan de amor en amor, y de religión en religión.

Testigo: Callados, observadores del mundo. Filósofos de las grandes verdades. Incomprendidos y mal juzgados. Sus mentes brillantes no parecen pertenecer a sus cuerpos. Sus cuerpos pueden ser pequeños, gordos o enfermos.

Los arquetipos de CÁNCER

Madre: Viven protegiendo, orando, cuidando, alimentando con cariño y fe a sus dependientes. Nada los hace más felices que dar. Nunca esperan ser reciprocados. Sumamente espirituales, psíquicos, visionarios y amorosos.

Vago: Irresponsables, autodestructivos por alcohol o drogas, viven succionando energía y dinero del tonto que los quiere. Aprovechadores, astutos, embusteros, falsificadores. Lo único que los motiva es su propia complacencia.

Invisibles: Viven como ermitaños, encerrados, ocultos, concentrados en lo que les gusta. Poco convencionales, raros, maniáticos. Viven en el plano mental creando ideas "geniales".

Los arquetipos de LEO

Rey o Reina: Autoritarios, orgullosos, soberbios, nunca se doblegan ante nadie; viven en su mundo muy especial. Exigen ser servidos. La mayoría de ellos alberga un disfrazado complejo de inferioridad debajo de toda su realeza.

Actor: Pueden estar destruidos por dentro, pero siguen actuando. Nadie jamás los conoce profundamente. Son artistas del teatro de la vida. Cuando "actúan", convencen a cualquiera. Sufren mucho al amar.

Niño: Nunca crecen emocionalmente. Todos tienen una niñez tormentosa o carente de afecto. Necesitan tanto el cariño, que son capaces de "comprarlo" y satisfacerse con algo parecido al amor. Van escribiendo con lágrimas una larga novela de decepciones y traiciones.

Los arquetipos de VIRGO

Sirviente: Trabajadores incansables, humildes, luchadores, muy pegados a la tierra y al hogar. De todo saben y lo que no saben, lo inventan y quedan bien. Muy talentosos, habilidosos, creativos, útiles. Excelentes padres, madres, empleados y amigos.

Mártir: Viven insatisfechos con la familia, con ellos mismos y con el mundo que los rodea. De todo se quejan y todo lo critican. Son mártires en el trabajo, en el amor, en la amistad. Siempre tendrán una razón para estar desdichados. Viven en un infierno creado por ellos mismos.

Perfeccionista: Geniales, creativos, estudiosos, exigentes, poéticos y artísticos. Viven buscando lo exquisito, lo puro, lo mejor. Se aíslan del mundo que los rodea para purificarse, educarse, perfeccionarse y evolucionar espiritualmente.

Los arquetipos de LIBRA

Amante: Su vida y su muerte es el amor. Viven buscando su alma gemela. Lo único que los motiva es el amor. Soñadores, románticos, fantasiosos. Creen que el amor (matrimonio) lo soluciona todo y trae la felicidad.

Artista: Balance perfecto de mente y corazón. Su mundo es el arte. Se identifican totalmente con su labor creativa. Sumamente emocionales. Lo feo, lo vulgar, lo grosero los destruye. Llaman la atención por su carácter.

Sacrificado: Creen que nadie los quiere. Se encierran en su tristeza y nostalgia. Viven anhelando lo que no tienen. Siempre creen que otro lugar, otra época, otra gente los puede hacer felices. Se quejan de que no tienen amigos ni familia, y cada día se encierran más en su "pequeño mundo".

Los arquetipos de ESCORPIÓN

Detective: No creen en nada ni en nadie. Viven averiguando, descubriendo, desenmascarando. Sumamente intuitivos y psíquicos. Nadie los engaña. No confían en nadie. Para ellos nadie es bueno. Todo el mundo oculta algo, y ellos tienen que descubrirlo.

Brujo: Muy espirituales, muy fuertes mentalmente, muy unificados con lo oculto y misterioso. Reciben mensajes en sueños, revelaciones, visiones. Hasta que no encuentran su camino a Dios, vagan equivocadamente en las sombras.

Hipnotizador: Poderosos, carismáticos, atrevidos; sus metas son el poder y el dinero. A todo se atreven. Hipnotizan con su poder mental y personal.

Conquistador: Muy sexuales, pasionales, dominantes, posesivos, celosos y destructivos. Se comparan con la tarántula. Atraen a su presa para devorarla.

Los arquetipos de SAGITARIO

Gitano: Libres, francos, espontáneos. Amantes del baile, la música y la gente. Bohemios y románticos. No soportan ataduras. Viven disfrutando del momento que les ha tocado vivir.

Filósofo: Estudiantes de la vida. Todo lo analizan y lo estudian. Dicen profundas verdades. Predican lo que nunca practican. Viven observando como un eterno testigo de la verdad.

Infante: Eternos niños que se niegan a crecer. Tienen pánico a la responsabilidad. Viven a la sombra del fuerte, o de quien cree autoridad. Se valen de males imaginarios para manipular y lograr lo que desean. No saben nunca lo que quieren y se refugian en sectas o fanatismos donde logran alguna aparente estabilidad. Muchos llegan al alcoholismo como escape a sus problemas.

Los arquetipos de CAPRICORNIO

Ermitaño: Solitarios, poco comunicativos, estudiosos, poco amigables, egoístas. Responsables y trabajadores. Nadie logra penetrar en su intimidad.

Padre: Hombro donde todos se recuestan y van a llorar sus penas. Figura poderosa, talentosa, creativa, que inspira seguridad, fortaleza y éxito. Arquetipo poderoso de la humanidad.

Ambicioso: Hambre de dinero y poder. Capaces de todo para lograr sus anhelos. Poco escrupulosos. Usan a la gente para conveniencia propia. No aman a nadie y mucho menos a ellos mismos. Desprecian al mundo que los rodea.

Los arquetipos de ACUARIO

Revolucionario: Siempre en contra de lo establecido. De todo se quejan. Les fascina escandalizar con sus rarezas y extravagancias. Hacen lo que les dicta su corazón y se ríen de la sociedad.

Genio: Una vida dedicada al trabajo, al estudio, a la sabiduría. Meditan cada paso a tomar. Muy creativos e inventivos. De todo saben y todo lo hacen bien. Humildes en demostrar sus grandes valores y tesoros.

Exilado: Son inconformes que no caben en ningún lugar. Viven eternamente en espera de algo mejor. Tienden al chisme, alcohol o droga. Sueñan con una varita mágica o fórmula infalible que les traerá todo lo que sueñan. Hablan y hablan para convencerse de que lo que dicen es la verdad.

Los arquetipos de PISCIS

Místico: Muy espirituales, devotos, unificados con todo lo místico o sobrenatural. Maestros de sublimes mensajes. Muy receptivos y carismáticos. Sanan con sus palabras y con su presencia.

Poeta: El artista único, raro, especial. Crean escuela con su forma de ser y actuar. Sus vidas mismas son drama, tragedia o poesía. Todo lo pintan con colores de fantasía y ensoñación. Nadie sabe su auténtico sentir.

Escapista: Débiles, inseguros, tímidos, jamás se valoran en su justo valor. Tienden a la paranoia. Creen que todo el mundo los critica o los ataca. Buscan ahogar su ansiedad en el sexo, alcohol o drogas. Sus vidas se intensifican en la noche, en las sombras o en la soledad.

Todos tenemos un arquetipo que nos representa y algo más de los otros arquetipos. Espero que ahora te conozcas mejor.

LAS CASAS EN EL MAPA NATAL

Un horóscopo astrológico se divide en doce casas, doce arcos, doce segmentos iguales en términos de tiempo y espacio. Dichos arcos o divisiones son de 30 grados cada uno. Por lo tanto, como el círculo completo del mapa natal tiene 360 grados, se divide en 12 segmentos de 30 grados cada uno lo cual suma 360 grados.

El principio de la Primera Casa es el grado en que el Sol desde un punto dado de la superficie de la Tierra estaba subiendo. Es el grado que marca sobre el horizonte el momento exacto de nacer, el instante en que se produce el primer llanto del niño, que es cuando el espíritu entra en el cuerpo del recién nacido. A este punto se le llama el *ascendente,* y como hemos dicho es la hora exacta del nacimiento. El punto opuesto es el *descendente.* Entre ellos está el medio cielo que es el punto más alto o *cenit* que se refiere a la Casa Décima. El punto opuesto debajo de la Tierra es el *nadir* que corresponde a la Cuarta Casa. Estos son los ángulos que forman la figura básica del horóscopo. Las casas que caen en los ángulos se llaman Casas Angulares: la Primera, la Cuarta, la Séptima y la Décima. Las que siguen a estos ángulos se llaman Casas Sucesivas: la Segunda, la Quinta, la Octava y la Undécima u Once. Las cuatro restantes son las Casas Cadentes: la Tercera, la Sexta, la Novena y la Duodécima o Doce.

Casa Primera: Esta casa significa cómo luces: tu ego personal, tu propio yo, tus características innatas en acción, el destino en el momento de delinearse el horóscopo, el presente. Define la personalidad, la apariencia, la disposición, las maneras, la forma como la gente lo ve a uno. También los puntos de vista de uno frente a la vida y la forma de comportarnos. Es la ventana por la cual nos asomamos al mundo.

Casa Segunda: Es lo que posees, como tus recursos, talentos, situación financiera, dinero, posesiones materiales, paz mental, forma o manera en que enfrentas a tus responsabilidades u obligaciones. Es el almacén de los deseos sensuales, de los deseos profundos del ser humano. También es la casa de los valores y la capacidad de ganar y de gastar.

Casa Tercera: Es lo que piensas. Tu habilidad para relacionarte con el mundo que te rodea, los poderes de la mente consciente, la mente analítica, tus destrezas y cualidades, inquietudes, educación y ambiente primario, viajes cortos, tus hermanos, conocidos y vecinos y tu actitud para con ellos. También lo que escribes, noticias, comunicaciones, chismes, rumores, memoria, percepción, palabra y lengua. Es la casa de las habilidades naturales, no estudiadas.

Casa Cuarta: Tu base de operaciones en el mundo externo es tu hogar y en el mundo interno es tu alma; aquello que se oculta a los ojos del mundo y que se encuentra en el interior del ser humano. Esta casa es el índice del hogar y de los asuntos domésticos. Es la casa que nos aconseja dónde permanecer o a qué lugar mudarnos. Define la naturaleza de la residencia del que se está consultando. También el fin de asuntos o la última parte de la vida del nativo o del que se está consultando. Todo lo que tiene que ver con tierras, bienes raíces y propiedades está relacionado con esta casa. Rige la madre, y también lo que va a suceder, cómo va a acabar lo que se está preguntando en la astrología horaria. La casa de la cuna y de la tumba.

Casa Quinta: Rige la expresión personal. Todo esfuerzo que hace un ser humano por distinguirse de sus semejantes: los hijos que ha criado, los libros que ha escrito o está escribiendo, los afectos que demuestra, todo lo que lleve el sello personal del individuo, sus tendencias románticas, emocionales, salidas del propio corazón. Es la casa del karma oculto: el mal uso que se ha hecho de la voluntad y del principio básico del amor en otras existencias. Rige los niños, los hijos de la mente o de las emociones del cuerpo, especulaciones, diversiones, teatro, arte dramático, escuelas. Sunset Boulevard y Broadway están regidos por la Casa Quinta, que está relacionada con el signo de Leo. También rige los asuntos y aventuras amorosos y la suerte que se tenga, o la falta de ella, en dichos asuntos y aventuras.

Casa Sexta: Tiene que ver con los ajustes personales. Es la casa del trabajo y de la salud o la falta de ambos, aunque estos dos aspectos están sumamente unidos. La gente ocupada tiene menos tiempo de enfermarse; la que se enferma es la que menos crea y la que menos trabaja. También está relacionada con la ropa, el alimento, las comodidades, los animales domésticos, los conflictos mentales y físicos que resulten de la expresión del ego, y con todo tipo de enemistad entre el auténtico habitante de tu cuerpo, o sea, de tu *Thetan,* de tu espíritu, con el físico y los problemas mentales, nerviosos, enfermedades, que surgen de esta guerra que hay entre tu espíritu y tu cuerpo. Se la llama la casa del servicio: la capacidad de servir, de ayudar, de tener una misión en la vida. También tiene que ver con los empleos, los dependientes y tu relación con ellos. Todo tipo de condición de trabajo está regido por la Casa Sexta.

Casa Séptima: Es la opuesta al yo personal. Por lo tanto, es la casa del "no yo", cuando se deja de ser uno mismo para convertirse en otro ser, o unirse a otro ser. Es el ángulo de relaciones humanas, asociaciones, la conciencia del "nosotros". Matrimonio, amantes, uniones, la cooperación o la falta de ella, los enemigos y adversarios abiertos que uno conoce, todo esto está regido por la Casa Séptima.

Casa Octava: Es la casa del sexo, de la generación, degeneración y regeneración. Regeneración a través de nuevos puntos de vista, tanto espirituales como mentales. Rige la muerte y la forma de llegar a ella, los niveles psíquicos, el plano astral y legados, herencias o bienes que han dejado los muertos. También es la casa de la brujería, de la magia, el misterio, lo oculto, pero en forma de poder espiritual.

Casa Novena: Es la casa que rige la mente superconsciente, la más elevada. Tiene que ver con la religión, la filosofía, intuición, inspiración, visiones espirituales, profecías, viajes largos —la casa opuesta, la Tercera, tiene que ver con los viajes cortos—. La Casa Novena se relaciona con la expansión de horizontes, tanto mentales como espirituales, por lo que también se le llama la Casa de Dios, del espíritu. Rige los deportes, la naturaleza, las publicaciones y otorga comprensión. Rige a los suegros y las suegras.

Casa Décima: Está relacionada con el prestigio, el honor y con el lugar que uno ocupa en la sociedad. Nos habla de nuestra personalidad según nos ve el público. Tiene que ver con la carrera profesional, la reputación, el padre, la figura más fuerte de la familia, el empleo, o si trabajas para ti mismo, tu trabajo y lo que puedes llegar a alcanzar en prestigio y honores. Todo esto está regido por la Casa Décima.

Casa Undécima u Once: Tiene que ver con metas, objetivos, amistades, relaciones sociales, sueños, proyectos, ambiciones, las luchas que debemos realizar para obtener grandes satisfacciones en los niveles altos de la vida. Rige también el sentido humanista, la disolución de barreras y diferencias sociales. También tiene que ver con ideas socialistas o comunistas.

Casa Duodécima o Doce: Es la casa de lo oculto, de las sombras, de la más profunda espiritualidad y del genio creativo, de la mente "reactiva". La mente reactiva es la porción de la mente no analítica, la que no razona, sin control voluntario. Es todo lo que se denomina nostalgia, tristeza y conflictos no solucionados del pasado y de vidas anteriores. Es la casa de la autodestrucción, frustración, limitación, confinamiento y del servicio y el sufrimiento: o servir o sufrir. También es la casa de la caridad dada o recibida, del karma: la ley de la causa y el efecto, según uno hace, recibe. Se la llama la Casa de Dios. Rige hospitales e instituciones.

CUERPOS CELESTES,
SU SIGNIFICADO Y SU REGENCIA

Los planetas son cuerpos celestes que viajan constantemente influyendo con su energía a todo el Universo. Estos forman la estructura donde se fundamenta la ciencia Divina o sea la astrología.

El Sol: Significa sexo masculino en general, marido, padre, autoridad, éxito, individualidad. Lo más importante en un mapa natal es el Sol. Gobierna el signo del corazón, Leo.

La Luna: Sexo femenino en general. Esposa, madre, hogar, vida familiar, popularidad, nacimiento y muerte. Gobierna a Cáncer.

Mercurio: Comunicación física, verbal, intelectual, afinidades mentales, viajes cortos, educación e instrucción, habilidades. Gobierna a Géminis y Virgo.

Venus: Atracción amorosa, arte, belleza, vida afectiva, modales, lo estético, placeres. Gobierna a Tauro y Libra.

Marte: Virilidad, pasión sexual, el amante, el enemigo, el conquistador, peleas, guerra y sensualidad. Gobierna a Aries y Escorpión.

Júpiter: Buena suerte, fortuna, protecciones espirituales, principios religiosos, visiones y profecías, el extranjero y la filantropía. Gobierna a Sagitario y Piscis.

Saturno: Ancianidad, obstáculos, sabiduría, pruebas, frigidez, fatalidad, lutos. Gobierna a Capricornio y Acuario.

Urano: Lo raro, lo imprevisto, relaciones no convencionales, uniones libres, amistades, rupturas y divorcios. Gobierna a Acuario.

Neptuno: Lo secreto, lo oculto, uniones místicas o platónicas, sacrificios, genialidades, falsedades, vicios y traiciones. Gobierna a Piscis.

Plutón: Transformaciones profundas, destrucción de ilusiones, sexo, muerte y resurrección, eliminación de lo inservible. Gobierna a Escorpión.

Lilith: Lo prohibido, prácticas demoníacas, autoerotismo, traumas, impotencia, pasión criminal. No es planeta ni cuerpo físico por lo que no gobierna a ningún signo. Es un punto abstracto geométrico que se conoce como la Luna Negra.

FACTORES MUY IMPORTANTES QUE TODOS DEBEMOS RECORDAR

En la astrología laboramos con los planetas que son, sencillamente, energías que están operando, o sea centros poderosos de energía en acción. Dicha energía afecta todo lo que sea sublunar, lo que esté en la planicie terrenal.

Los signos son el carácter, cómo el individuo ha usado dichas energías en otras vidas, cómo las está usando en este momento y qué potenciales o probabilidades tiene de seguir usándolas. Los planetas que están en caída o en estado de detrimento siempre nos dicen que hay mal uso de energías y que existen defectos en el carácter que necesitan urgentes cambios. Las casas son las circunstancias, el ambiente donde las energías operan, donde tú estás llevando a cabo el proceso de absorber energías o de ponerlas en práctica, utilizarlas.

La astrología nos enseña a qué hemos venido a esta tierra, por qué estamos aquí ahora y qué podemos hacer para mejorarnos. La astrología es una potencialidad dinámica, jamás un hecho estático. Es el uso que hagamos de ella, científicamente hablando, lo que nos da el poder, es decir, el conocimiento de los planetas, las casas y los signos.

El horóscopo es, sencillamente, como unos rayos X de la persona, por medio de los cuales podemos conocer sus limitaciones, potenciales y qué hay que corregir o descartar. Una casa vacía en un horóscopo no significa que haya falta de actividad; solamente significa ausencia de problemas serios en dicha casa. La carencia de planetas en una casa significa que hay más libertad de acción, o sea, que la persona puede manifestarse o expresarse mejor a través de esa casa. Las casas donde hay muchos planetas son sumamente importantes y deben ser cuidadosamente estudiadas porque asuntos vitales de la propia vida están pidiendo ayuda o dándonos algún consejo a través de ellas. ¿Qué deseas? Busca el planeta. ¿Dónde tienes que buscarlo? En la casa. ¿Cómo puedes llegar a la claridad total? A través del signo.

2

EL CARÁCTER INDIVIDUAL Y PERSONAL DE CADA SIGNO

Si conocemos lo que estaba marcado al instante de nacer —eso que nos hace ser tan individuales, tan únicos— podemos determinar talentos, deficiencias, potenciales, habilidades y qué limitaciones tenemos que vencer para poder llegar a la cumbre o al perfeccionamiento como seres humanos. Aquí sigue la descripción del carácter individual y personal de cada signo del Zodíaco junto con las fechas aproximadas que encabeza cada signo. Estas fechas varían por uno o dos días de año en año.

ARIES (20 DE MARZO-19 DE ABRIL)

Este signo gobierna la cabeza, la cara y la conciencia, que forma el carácter del individuo, el cual siempre se expresa a través de la cabeza, que es la parte más importante para Aries.

Hallamos que las personas nacidas bajo el dominio de este signo siempre miran al porvenir, nunca al ayer. Constantemente están inventando, marcando rumbos en cuanto a ideales y son precursoras del pensamiento avanzado. Tienen gran energía mental pero se inclinan a ser muy obstinadas e impulsivas, tanto como los Tauro. Muestran talento para la profecía y casi siempre lo que predicen suele ocurrir cuando están libres de otras influencias y no son esclavas de su personalidad; así llegan a ser verdaderas clarividentes.

Aries siempre está lleno de nuevos proyectos y planes e invariablemente se encuentra explorando y creando. Le agradan los cambios constantes, rápidos, las novedades, el romance, y casi siempre vive en un mundo de ideales. Es el primer signo intelectual del Zodíaco. Son personas sumamente sensibles y todos sus sentidos son muy agudos, excepto uno, el tacto, porque dado que la conciencia se expresa con mayor facilidad en la cabeza tienen muy buenos los sentidos de la vista, del oído y del paladar, pero debido a que viven más en la cabeza, carecen completamente de tacto.

Son muy egocéntricas, egoístas; son como niños que nunca han crecido. Solamente les interesa lo que a ellas les gusta y nada más. Son muy independientes en sus opiniones, francas y directas en su expresión —aunque no tanto como Sagitario— e impulsivamente generosas.

En el aspecto negativo son combativas y sumamente agresivas. Son personas un tanto ambiciosas. Les encanta dedicarse a las grandes empresas. Todo lo empiezan con gran entusiasmo, con gran interés, pero luego se cansan; y tal vez un Capricornio o un Virgo deba terminar lo que comenzó un Aries. Su principal rasgo es el intelecto, pero siempre les resulta difícil comprender sus propias emociones y sentimientos. Esperan mucha lealtad de sus compañeros y de sus amores. Son excelentes conversadores. Les agradan los ambientes armoniosos y como casi todas ellas poseen gustos artísticos, tratan de embellecer el ambiente que las rodea, en todo lo posible. Como la cabeza es la parte más sensible de Aries, ésta es la primera en ceder siempre; por esta razón, cuando falla la salud, sufren intensos dolores de cabeza. Dado que Aries también gobierna la cara, cuando se agota el sistema, sufren de los ojos y también son propensas a la neuralgia. Muchas suelen padecer de migraña. Para Aries es esencial tener mucho aire fresco y hacer ejercicio todos los días. La mejor cura de todos sus males físicos es la paz, la quietud, el reposo y mucha afirmación positiva: "Yo soy", "Yo puedo", "Dios está en mí", "Cada día me siento mejor, mejor, mejor".

Siempre he deseado que mi familia naciera bajo Aries, y me siento feliz y complacido, ya que tengo cinco sobrinos bajo este signo: Miguel Suárez Benet, Vivian Cates, Dannette Benet, Michelle Morales y Daniel Robert Cates, todos brillantes intelectualmente y hermosos. También Betty Morales, mitad Aries y mitad Piscis.

Las personas nacidas bajo Aries se desempeñan mejor como organizadores, arquitectos, diseñadores, decoradores, promotores de empresas y todo lo que esté relacionado con comenzar algo. También como vendedores, detectives, compañeros de viajes, agentes de bienes raíces, gerentes, conferencistas, novelistas, escritores, astrólogos, fotógrafos, reformadores, literatos y científicos.

El objetivo en la vida de Aries es que siempre parece vivir con la mente, lo cual lo hace muy independiente, de ideas claras y decididas y espíritu valiente; intrépido, ambicioso, osado, no le teme a nada. En el fondo, Aries es muy inseguro —para mí, son como eternos niños.

La cualidad interior o destino de este signo es la Verdad. Su frase sagrada es "Yo soy", porque para ellos lo más importante es encontrar su verdadera personalidad: el "YO".

El poeta representativo de Aries en Puerto Rico, es don José de Diego. En su poesía se filtra siempre el concepto de "Yo soy la patria", "Yo soy". De Diego es el autor de la poesía "En la brecha", cuya primera estrofa dice:

Ah desgraciado si el dolor te abate,
si el cansancio tus nervios entumece,
haz como el árbol seco: ¡reverdece!
y como el germen enterrado: ¡late!

Es un llamado a la lucha, a la agresividad, a la combatividad. Aries rige a Alemania y a Inglaterra, países de guerras y de luchas.

TAURO (20 DE ABRIL–19 DE MAYO)

Los nacidos bajo el signo de Tauro son sumamente lentos. Necesitan tiempo para desarrollarse, para pensar. Son muy trabajadores, pacientes, perseverantes, reposados. Insisten en algo hasta que lo consiguen. Son muy buenos ejecutivos. Reposados en extremo; tienen mucha calma exterior e interior. Son muy conservadores y nunca parecen derrochar sus fuerzas. Bajo este signo nacen las personas de mayor fuerza de voluntad, que cuando viven exclusivamente para sí mismas, se tornan obstinadas, testarudas. Suelen ser muy decididas, dogmáticas, persistentes y hablan con tono sereno, firme y autoritario. Poseen mucha vitalidad física. Los Tauro se ponen muy furiosos y violentos solo una vez. Pueden soportar lo insoportable, pero cuando explotan son terribles. Recuerdo que en un lugar de Sudamérica, el cantante del club nocturno en que me encontraba comenzó a atacar a uno de los señores presentes, tomándolo de objeto de burla, de charla, de crítica. El señor, quien era un Tauro, soportó y soportó hasta que llegó el momento en que se levantó y le disparó al cantante, hiriéndolo en la mano.

Los nacidos bajo este signo se distinguen por su perseverancia, constancia, paciencia y su capacidad de resistencia; y a pesar de que hablan poco y son reservados, logran conquistar amistades y amores fieles. Son excelentes compañeros. Poseen grandes reservas de energía. Como masajistas o como curanderos no tienen paralelo. Siempre benefician a las personas de escasa vitalidad, y tienen el poder de curar y aliviar magnéticamente a las personas nerviosas e irritables. La vitalidad mental y física de los taurinos es tremenda y poseen una "psique" espléndida. Son intrépidos, generosos y bondadosos cuando están plenamente evolucionados. Son románticos. Cuando concentran su pensamiento, tienen un poder inmenso y entonces la voluntad parece prevalecer sobre el deseo, tal como le pasa a su signo opuesto: Escorpión.

Si eres Tauro debes prestar atención a la garganta, ya que es la parte más sensible de tu organismo. También debes evitar el agotamiento mediante el habla o canto. Los Tauro tienden a sufrir más por su exceso de fuerza física que por la falta de ella, y cuando incurren en lo que suele ser su flaqueza más grande, la pereza, la inercia, la apatía, se acarrean muchos trastornos que conducen a consecuencias fatales en poco tiempo. Son propensos a la apoplejía, a la muerte súbita. Muchas veces abandonan sus cuerpos prematuramente debido a una especie de estancamiento magnético; por tanto, si se ejercitaran un poco más mentalmente y vivieran menos de sus sensaciones, su salud se beneficiaría considerablemente. Deben cuidarse de absorber vibraciones morbosas o negativas del ambiente. Los taurinos poseen la habilidad de obtener dinero y cosas materiales, como propiedades. Es el signo del dinero, que rige los bancos. Son las personas a quienes más les interesa la seguridad económica. Son excelentes banqueros, comisionistas, tesoreros, cajeros y especuladores. Todo lo que sea manejo de dinero, lo rige Tauro. Cuando viven más en la naturaleza personal tienen muy buenas condiciones para los trabajos manuales y mecánicos, que exigen lentitud y paciencia. También son buenos en toda labor ejecutiva; excelentes animadores, locutores y cantantes. Raphael, el cantante español, es del signo Tauro, así como también lo son Penélope Cruz, Barbra Streisand, Alejandro Fernández, Enrique Iglesias, George Clooney y David Beckham. Muchos artistas han nacido bajo el signo de Tauro; cualquier persona que tenga planetas positivos o benéficos en Tauro, puede favorecerse de una carrera en la cual tenga que usar la voz. Son, además, excelentes jardineros, floristas, cultivadores, granjeros, constructores, químicos, compositores, modistos, pintores, decoradores de casas, colaboradores y agentes de seguros.

Los taurinos poseen más vitalidad que cualquier otro de los restantes signos y hasta parecen sufrir de superabundancia, y lo repito, tienen la más hermosa característica, que es la de adquirir. Son conservadores, reservados y callados. A Tauro se le llama el signo más materialista —aunque yo tengo amigos sumamente espirituales que pertenecen a este signo, que ven lo material como un aspecto importante de la vida, pero que concentran toda su energía en buscar a Dios y en buscar lo espiritual en su interior. El taurino parece haber nacido para realizar la demostración práctica de la ley, porque su cualidad interior o destino es la *obediencia,* ya sea obediencia al mandato interior, obediencia a las leyes naturales u obediencia a la ética. Cuando no viven con ética están destruidos.

La palabra sagrada de los taurinos es *tener.* Ellos, dicen: "Yo soy, porque yo tengo". Cuando dejan de tener, dejan de ser. Concentran toda su fuerza mental en obtener, en hacerse de algo en la vida, ya que tener les da valor para continuar en este sendero de la vida.

Son excelentes amigos, el mejor que pueda tener un Piscis. Mi sobrino Henrito Mercado y mi querido cuñado Héctor Luis Morales son perfectos taurinos, al igual que Iván Hernández, otro angelito que nos regaló Dios.

GÉMINIS (20 DE MAYO–20 DE JUNIO)

Este es el primer signo de aire y también el primero de los signos mudables. Los signos de aire son Géminis, Libra y Acuario, y todos viven en el mundo de las ideas. Estos rigen las condiciones mentales de la humanidad. Los mudables son Géminis, Virgo, Sagitario y Piscis, que son los que cambian constantemente, se mudan, y nunca son estables en nada, siempre están en mutabilidad.

Géminis gobierna los pulmones y los brazos, ambos son órganos duales. Todo lo doble del cuerpo está regido por Géminis. Rara vez los Géminis se conforman con una sola ocupación o actividad. Se adaptan con mucha rapidez al ambiente y son notables por su versatilidad. Son sumamente sensibles, nerviosos, pero mientras más evolucionados, más calmados. La habilidad de razonar, de pensar, de analizar, la tienen muy desarrollada. Les agrada la variedad de pensamiento y los deleitan todas las actividades mentales, las cuales a veces llevan a extremos. Emprenden una cosa, la terminan en parte y luego pasan a otra, que también, con toda probabilidad, habrá de quedar inconclusa. Se desempeñan mejor colaborando con otros, porque cuando trabajan unidos con quienes entienden sus peculiaridades, son capaces de hermosas realizaciones. Algunos pueden ser generosos, pero también muy tacaños, ya que es un signo dual. Es el yin *yang* del Zodíaco, donde se pueden reflejar características hermosísimas, pero también sumamente negativas.

Los géminis suelen ser —los que yo conozco o que la vida me ha puesto enfrente— impulsivos, incapaces de soportar preocupaciones o ansiedades, porque se destruyen. Todo les perturba de sobremanera. Para ellos lo más negativo es la preocupación, ya que les afecta el sistema nervioso. Especialmente deben tratar de no excitarse demasiado y de mantenerse libres de ansiedad y de no tomar la vida tan seriamente. Deben recordar que la vida es un juego donde hay propósitos, libertades y barreras. Todos estamos jugando en el drama cósmico. Yo les recomiendo que estudien las leyes de la higiene en cuanto a la dieta. Siempre deben dormir mucho para recuperar energías.

Los nacidos bajo este signo son excelentes contadores, empleados, viajeros. Les encanta la variedad de empleos. Su mejor campo de acción es el mundo literario. También tienen buen éxito como comentaristas, editores, cronistas y periodistas. Poseen habilidad para entrar en contacto con la mente del público. Captan bien los gustos literarios y el arte. Todo lo que signifique comunicación está regido por Géminis, por lo cual son excelentes con la palabra, ya que ésta, la lengua, está regida por Géminis.

En la vida de todo géminis hay siempre dos amores, dos grandes amores, que jamás pueden olvidar. Y en los hombres de este signo, al igual que en las mujeres, hay algo muy interesante. Viven buscando su gemelo, un ser ideal, un ser que no se consigue en el mundo material y que solamente ellos han creado en su imaginación; en esta búsqueda pasan toda su vida. Son románticos. Les encanta la música, todo lo que sea aéreo, exquisito, fino, todo lo que es perfume, música, especialmente la comunicación.

La personas de Géminis son inquietas, intelectuales, nerviosas e irritables. Tienden a desplazarse constantemente de un lado a otro, o de un pensamiento a otro. Es algo así como si estuviesen colocadas entre dos polos, y siempre tuviesen que decidir por cuál de ellos han de inclinarse, de manera que sus experiencias en la vida invariablemente surgen de la dualidad. Todas poseen una magnífica disposición organizativa y la capacidad de ser muy listas, muy abiertas, muy alertas. Lo malo es que las otras personas que las rodean no están al mismo ritmo de comprensión que ellas, y se frustran. Ven la vida desde distintos aspectos, desde distintos puntos de vista.

Las características principales de los géminis son la fuerza y la motivación. Cuando tratan de descubrir los motivos de sus acciones, se los puede considerar muy progresistas, pero cuando viven una vida personal desequilibrada, o sea, de drogas, alcohol, pensamientos negativos o de "carga cruces" que ellos mismos inconscientemente se han impuesto, se tornan difusos y poco confiables.

Como las manos están regidas por Géminis, la mayoría de los ladrones que guardan prisión en las cárceles pertenecen a este signo. Y también la gente que más engaña, la que tiene más facilidad para ello, ya que Géminis rige, además, la palabra, y ésta puede tanto encumbrar, como engañar. Son las personas que pueden convencer o persuadir a uno de cualquier cosa, y salirse con la suya.

Géminis rige a grandes actores del teatro, del cine, de la televisión y de la radio como Lawrence Olivier, Marilyn Monroe, Judy Garland y muchas modelos, ya que también rige la belleza en la mujer. Si Tauro da una belleza terrenal, práctica, de Madonna terrenal, Géminis da una belleza aérea, espiritual, exquisita.

He tenido experiencias con géminis que han sido excelentes amigos, conversadores, gente sumamente inteligente e inolvidable.

Aunque algunos no están bien preparados culturalmente, pueden hablar de cualquier tema conociendo solo lo más básico, lo más rudimentario, y pueden convencer a cualquier persona de que son maestros en la materia.

Mi querida sobrina Bibi Benet Mercado, encantadora, artística, serena, inteligente y muy positiva, al igual que mi cuñada Lucy Calderón de Mercado y mi sobrino Cristhian Caicedo Benet, son ejemplos positivos de este signo..

CÁNCER (21 DE JUNIO–21 DE JULIO)

Aquí comienza la trinidad maternal. Cáncer es el primer signo de agua, los otros son Escorpión y Piscis. Cáncer es el río, hablando simbólicamente; Escorpión, las aguas profundas, estancadas, la ciénaga, todo lugar donde hay aguas a las que no se le conoce el fondo, donde éste es un misterio. El mar es Piscis.

Cáncer gobierna el pecho y el estómago. Es uno de los signos más sensibles del Zodíaco, y como es el primero de la trinidad maternal, rige el hogar y los asuntos domésticos. Aquí se desempeñan los sentimientos. Las personas nacidas bajo este signo se caracterizan porque son lentas, pero seguras. Cáncer está representado por el cangrejo, cuya tenacidad es lo que lo define; antes de soltar su presa, prefiere perder sus tenazas.

Los cancerianos tienen una memoria excelente. Son un tanto anticuados, les encanta referirse largamente a los acontecimientos de otros tiempos. Siempre hablan de su hogar cuando niños, de su mamá, de su abuela; repasan en su memoria hechos anteriores fácilmente. A menudo se tornan un tanto limitados y cerrados. Tienen gran apego a la familia y mucha tendencia a la aprobación. Siempre anhelan la simpatía de los demás. Son tímidos, reservados, vergonzosos. Temen, con pánico, al ridículo, al reproche, y eso los hace un poco convencionales y los ata estrechamente a la familia, al grupo al que pertenecen. Cuando profesan la fe católica, o cualquier otra, son muy sinceros y dedicados en la observación de todos los rituales. Les encanta agruparse en sectas, en grupos. Cuando están bien evolucionados tienen una imaginación creadora extraordinaria, pero cuando se inclinan más a la parte negativa, o no se han desarrollado plenamente, son fantasiosos, fanáticos y supersticiosos.

Como son extraordinariamente sensibles, es muy fácil herir sus sentimientos. Son económicos y muy dados al ahorro. Son tan tacaños o más cuidadosos con el dinero que Virgo y Tauro. Acumulan cantidad de cosas raras y les encanta especialmente todo lo antiguo, igual que a su polaridad en el Zodíaco, Capricornio. Siempre respetan la ancianidad, lo de ayer, las costumbres, y tienden a ser, como los Tauro, muy conservadores, persistentes y tenaces. Viven más el lado personal de su naturaleza, de lo que sería conveniente para su bienestar y para el de quienes los rodean. Tienen cierto grado de tacto que los ayuda considerablemente. Cuando están bien evolucionados aman el poder de una forma inteligente. En realidad no son ambiciosos, sino más bien amantes de la fama, del reconocimiento público, cosa que desean ardientemente, pero viven buscando la aprobación del mundo entero, como si no tuvieran seguridad personal.

Como este signo gobierna el estómago, este órgano es la parte sensible de su sistema, y cuando el elemento personal es fuerte, hallamos que estas personas tienen trastornos digestivos, problemas gástricos, úlceras. Deben tener cuidado extremo con la dieta porque tienen tendencia a sufrir fermentación en el estómago. La preocupación, la ansiedad y los nervios son causa frecuente de indigestión. También deben cuidarse de trastornos circulatorios, constipación, reumatismo y enfermedades crónicas.

En mis años de experiencia y de estudios he descubierto que el signo opuesto siempre tiene que ver profundamente con el signo del que estamos hablando. Muchos cancerianos tienen problemas con las piernas, con los huesos, con la piel, como su signo opuesto, Capricornio. Cuando están enfermos siempre están nerviosos y temen los peores resultados de cualquier trastorno funcional. Llegan a ser tan aprensivos que realmente producen la enfermedad que creen sufrir. Yo digo que aquello que tú temes o que tú resistes, en eso te conviertes, y los cancerianos, de tanto temerle a las enfermedades las atraen con su propia mente. Su cura consiste en una imaginación sana, en mantenerse libres de toda ansiedad, especialmente en lo que concierne a asuntos domésticos: hogar, hijos, esposo, esposa. Siempre deben mirar el lado positivo de la vida, no concentrarse en las espinas sino más bien en las rosas.

Las personas del signo Cáncer están mejor dotadas para las ocupaciones que requieren atraer a los públicos, a las masas, o para cualquier actividad o profesión que se relacione con el público, ya que Cáncer rige las masas. Son espléndidos historiadores, para contar cuentos y chistes son excelentes. Se desempeñan muy bien en el mundo militar, como capitanes, generales, marinos; en profesiones que tengan que ver con el agua, con el mar. Son excelentes enfermeros, hoteleros, camareros, actores, actrices, cocineros, ya que Cáncer rige la cocina, la comida. También todo lo relacionado con libros, con modas, con el parto, está regido por Cáncer.

Resumiendo, sobre el carácter del canceriano, yo diría que la *tenacidad* es su característica principal y su naturaleza interior o destino es el *poder*. Cuando un canceriano ama, aunque sufra, lo humillen, lo destrocen, continúa amando. Pero tienen algo muy lindo: pueden dejar de amar, mas jamás olvidan a los seres que han dejado huella en sus vidas. Son muy reservados y sensibles, misteriosos algunos, simpáticos, persistentes, impacientes, impresionables y emotivos. Para ellos es esencial llegar a ser lo que el mundo califica de egoístas. Cuando alcanzan esta condición son fuertes, aplomados y muy confiados en sí mismos.

En mi vida he tenido gran contacto con mucha gente nacida bajo Cáncer, gente a la que le fascina viajar y conocer el mundo. Dicen que su hogar es el mundo, pero lo interesante es que siempre vuelven al punto de partida. El más hermoso regalo que he recibido en mi vida es el nacimiento de mi sobrino Héctor Luis Morales Benet (Coco),

Cáncer del año del carnero, una hermosa encarnación de luz y amor en este Universo. Otros cancerianos son mi eficiente y comprensiva secretaria Wilma Cristina Torres y mi sobrina Aídita Suárez Benet, así como Meryl Streep, Chayanne, Sofía Vergara y Tom Cruise.

LEO (22 DE JULIO–22 DE AGOSTO)

Es el segundo signo de fuego, el primero es Aries y el tercero Sagitario. También es el segundo signo fijo del Zodíaco; el primero es Tauro, el tercero Escorpión y el cuarto Acuario. Fijos son los signos más testarudos, más fuertes, fijos de ideas, de opiniones más cerradas. Componen la cruz, los cuatro puntos de la cruz de la Era de Acuario, asociada con los cuatro apóstoles y con los cuatro puntos cardinales. Por lo tanto, Leo encierra el punto central del Zodíaco. Cuando se une con el signo siguiente, con Virgo, contiene la esencia de todos los doce signos.

Leo gobierna el corazón, por tanto, basado en ello, es que debe juzgarse a los nacidos bajo este signo. Encontramos que las fuerzas del corazón corren hacia arriba, o hacia abajo, pero únicamente en quienes han evolucionado la consciencia, las fuerzas se centralizan en el corazón. Las emociones están plenamente activas en los seres de Leo. Son fuertes, magnéticos y poseen abundante vitalidad. Llevan consigo un aura beneficiosa para todos. Donde hay un Leo siempre hay un levantamiento en la escala de tono emocional. Son auténticamente amables, cariñosos y de buen corazón. Gustan expresar su amor en acción. Su naturaleza emocional pertenece al corazón. Pueden ser impulsivos, efusivos y sumamente generosos. Poseen una individualidad muy atractiva y tienen un carácter decidido. A veces, o casi siempre, son muy habladores con respecto a lo que van a hacer, pero, o no hacen nada, o realizan algo completamente distinto a lo proyectado. No son rencorosos. Suelen ser muy prácticos respecto a sus ideales.

Leo tiene gran fe en sí mismo. Son orgullosos, algunos pedantes, dondequiera que llegan llaman la atención porque son el centro mismo de todo lugar en que se presentan. Son el centro del triángulo de fuego. Poseen una naturaleza amorosa muy fuerte, lo cual los hace muy ardientes y sinceros en sus afectos. Les encanta mandar, aunque su mando es más del corazón que de la cabeza. Una amiga mía, una bruja famosa llamada Sybil Leek, decía que ninguna mujer u hombre debe decir que ha sido amado, si no es por alguien nacido bajo Leo.

Los leones tienen capacidad para enviar sus pensamientos a cualquier distancia. Cuando conservan sus energías, curan por medio de la simpatía, del contacto físico, del pensamiento mismo, pero lo malo es que cuando se invalidan a sí mismos, pierden esta facultad tan hermosa. En su centro parece irradiarse un maravilloso calor, como el del Sol que es el regente de este signo. Cuando orientan sus fuerzas hacia abajo y viven en el aspecto de la vida no evolucionada —negativa—, exageran el lado del amor bajo. Son promiscuos, dados a pasiones intensas y destructivas, a imponerse y a absorberle la energía a otros seres humanos. Se dejan arrastrar por sus sensaciones. Se asocian con personas sumamente despreciables y caen en la disipación, en las drogas, en el alcohol, aunque siempre el verdadero fuego espiritual arda dentro de ellos. Como el Ave Fénix, se yergue dentro de sus propias cenizas mortales para elevarse a la altura de las cosas más grandes y más nobles.

Leo es la Casa del Sol y aquí, a través de este signo, los rayos del Sol se cargan de energía y de fuerza espiritual. Como Leo gobierna el corazón, esta parte del sistema es su centro y, por tanto, es la que más se resiente cuando falta armonía en su vida. Cuando hay desorden o discordia, se afecta inmediatamente el corazón, sufren de la circulación y aparecen muchos problemas de naturaleza febril. Sufren congojas, depresiones horribles o desasosiego. Recomiendo a los nacidos bajo el signo de Leo dedicar quince minutos diarios a la soledad, al reposo absoluto y si son de la fe cristiana, hacer todos los días los "Quince minutos en compañía de Jesús Sacramentado", o alguna otra oración que les interese o les inspire fe; esto les permite poner en marcha la maquinaria, desde el corazón, con un ritmo de vibraciones luminosas y armoniosas. Su mejor medicamento, por supuesto, es el amor, la paz y la armonía. Un leo sin amor, muere, se destruye.

Los nativos de Leo triunfan mejor cuando ejercen autoridad, poder y cuando ocupan un cargo elevado y responsable. Son excelentes decoradores y se destacan en todo lo que se relacione con arte, con belleza, con creatividad. Son notables como escritores de novelas, principalmente de amor, y comedias dramáticas. Inolvidables actores nacen bajo este signo. El teatro está regido por Leo; también la famosa calle de Los Ángeles, Sunset Boulevard. Países como Francia e Italia y Puerto Rico, que con sus demostraciones al hablar todo lo exageran, están regidos esotéricamente por Leo. Puerto Rico está regido místicamente por Leo, pero por la fecha de su descubrimiento es Escorpión.

Podemos resumir a las personas de Leo, o a aquel que tenga muchos planetas en Leo, como individuos firmes que se dominan a sí mismos y que adquieren siempre aquello que aspiran, lo más elevado y noble. Nacen con nobleza de carácter. Son tolerantes frente a las faltas ajenas, fieles, sinceros, emprendedores y perseverantes, y si bien ambiciosos, su ambición es casi siempre alcanzar el perfeccionamiento de sí mismos. Alabándolos se llega a su corazón, ya que son sumamente orgullosos y lo que más desean en la vida, desde el punto de vista espiritual, es que los admiren.

Este signo otorga las intuiciones del corazón, y como es el centro de la trinidad maternal, retiene y une a todos los demás por el poder del amor. Su naturaleza interior o destino es la *armonía*.

En mi vida he tropezado con extraordinarios seres de Leo. Una de mis sobrinas es Leo: modelo, artista, inteligente, brillante, sumamente sabia, aunque a veces no revela sus sentimientos por orgullo, lo vence todo con amor. Es un ser sumamente espiritual, pero no fanático. Es como yo, que ve a Dios, a la Divinidad, en toda la Creación. Mi sobrina se llama Ivonne Benet. También nació bajo Leo mi sobrino más joven Alex Hernández, así como los reconocidos Barack Obama, Antonio Banderas, Jennifer López y Madonna.

VIRGO (23 DE AGOSTO–21 DE SEPTIEMBRE)

Virgo es el segundo signo de la triplicidad de Tierra; el primero es Tauro y el tercero Capricornio. Tauro representa simbólicamente el valle, Virgo la planicie, la parte nivelada de la Tierra, y Capricornio la cumbre, la parte más alta de la montaña. Virgo representa la tierra virgen, el espíritu y la materia en unión perfecta.

Los individuos nacidos bajo este signo son constructivos, capaces de aprovechar al máximo sus condiciones. La mayoría de las veces se los encuentra en el mundo comercial, en ocupaciones que proveen el bienestar de toda la comunidad. Son filosóficos, aunque parezcan mezclar maravillosamente lo práctico con lo ideal, lo cual los hace muy discriminantes. Se les conceden grandes poderes de razonamiento, métodos de trabajo sumamente ingeniosos. De todos los individuos, son los que más critican, pero por lo general vuelcan esa crítica dentro de sí mismos. Son muy exigentes consigo mismos; se critican todas sus faltas y no se valoran todo lo que deberían. Son cuidadosos y prudentes. Actúan con método, reflexionando mucho de antemano. Como estrategas o planificando ataques o campañas son excelentes. Virgo es el ser de los detalles, de los cuidados. Puede morir por un ideal.

Los nacidos bajo este signo son industriosos, persistentes, perseverantes, precisos. Corrigen con facilidad todo error y defecto en su propio carácter, pero son extremadamente sensibles. Son muy introspectivos y podría decirse que se conocen mejor a sí mismos que los nacidos bajo otros signos, porque poseen una agudeza intelectual que surge más de la experiencia que de la educación. Su tacto y su ingenio son notables. Tienen plena conciencia de sus realizaciones y tienden a enorgullecerse un tanto de ellas, de manera que cuando desarrollan sus ideas personales resultan muy egoístas, más que muchos de los otros signos.

Virgo es el signo de la preocupación, aunque a veces se preocupan por tonterías que nunca ocurren, especialmente por asuntos de seguridad personal, dinero y familia. Todo les preocupa, los saca de quicio, pero Virgo no debería preocuparse siendo un signo de Tierra. Es el signo al que nunca le faltan recursos, nunca le falta dinero, es como si estos le cayeran del cielo. Los virginianos pueden tener un problema, pero al poco tiempo se les resuelve. Tienen una mente muy capaz para el presupuesto. Siempre están ahorrando, economizando el dinerito, porque temen que vendrán días de lluvias en que no podrán sobrevivir. Son personas espléndidas, sabias, discriminantes por naturaleza. Tienen gran empatía ya que son capaces de captar sentimientos y emociones en otros seres humanos, de leer el corazón de quienes les interesa. Poseen grandes poderes para restablecerse.

Virgo es el signo de las enfermedades. Son hipocondríacos, como los Géminis, que inventan las enfermedades, las atraen con la mente, pero generalmente son saludables. Pueden atribuir parte de sus trastornos de salud a sus propios hábitos de vida. Son, por naturaleza, estudiosos de las leyes de la higiene. Suelen saber vivir sabia y debidamente. Tienen pánico a los microbios, a la suciedad; aman la limpieza, el orden, los detalles. Siempre deben evitar el consumo de drogas de todo tipo, porque como físicamente son muy sensibles, absorben con facilidad sus venenos, los cuales afectan tarde o temprano la circulación de la sangre.

Repito, son muy sensibles a las vibraciones que los rodean, captan los cambios en las condiciones atmosféricas casi directamente en el momento en que se inician, sus cuerpos son barómetros que expresan el alma sensible que está en su interior. El mejor medicamento para todas sus enfermedades es estar a solas con la naturaleza, ir al campo, donde haya tierra y árboles. De los indios americanos aprendí un remedio muy lindo: cuando la persona está deprimida, negativa, descargada o se siente enferma, debe abrazarse a un árbol y decir: "Estoy absorbiendo toda la energía de la Naturaleza y la fuerza del cosmos, la fuerza de Dios".

Este otro medicamento, especialmente para los Tauro, también se

aplica a los Virgo: deben pararse descalzos sobre la tierra y absorber
por los pies —mientras que la cabeza es la parte negativa, los pies son
la positiva—, llenarse de energía, poner en su terminal a la tierra de
manera que absorban de ésta su fuerza.

Definiría a un virginiano como un ser solitario, ingenioso, discriminante, brillante, inteligente, activo y mercurial. Se ha dicho por
siglos que el regente del signo Virgo es Mercurio, el cual tiene que
ver con la comunicación, con la palabra, con los nervios, con la rapidez de ideas. Para mí hay un planeta que aún no se ha descubierto,
Vulcano, y que para mí será su regente, ya que Virgo llega más allá
de lo mercurial, lo trasciende. Tiene poderes, sensibilidades que no se
pueden describir fácilmente. Si conociéramos la historia de Vulcano,
se la podríamos aplicar a la mayoría de los virginianos.

Los nativos de Virgo deben actuar siempre con plena consciencia
de lo que hacen. Tienen gran genio inventivo. Captan perfectamente
las ventajas y desventajas y se adaptan con facilidad a los requerimientos de quienes los rodean. Son excelentes animadores, compañeros sociales y muy compañeros respecto a ideales. Por sus ideales
patrióticos llegan hasta a morir. Son compositores, creadores dentro
de líneas muy conservadoras. Prefieren no ganar dinero, pero sí llevar
a cabo sus ideales como ellos creen que deben ser ejecutados o realizados. Mi sobrina Karmen Mercado es una digna representante del
signo de Virgo, aunque tiene al Sol en Leo ascendiendo, y mi padre,
a quien adoraba, José M. Mercado(QPD), también era del signo de
Virgo. Ambos amantes de la tierra, la naturaleza y la música.

Los virginianos viven en constante armonía con el mundo que los
rodea, o por lo menos, tratan de estar en armonía con él. Son seres
pasivos, pacíficos, tranquilos, de una gran vida interior, meditativos y
sumamente espirituales. Mi padre presentía, veía, escuchaba y recibía
mensajes espirituales. Tenía un conocimiento personal de las cosas
que quería hacer y podía orientar a muchos que se lo solicitaban.

Las personas nacidas bajo este signo se adaptan con facilidad a
cualquier ambiente, pero obtienen sus mayores éxitos en el mundo

comercial. Son excelentes en los negocios. Todas las empresas comerciales triunfan bajo el signo de Virgo, como la administración. Son además, buenos proveedores y se desempeñan notablemente bien en cuestiones que tengan que ver con alimentos, como en el caso de las personas que tengan casas donde se vendan alimentos saludables de dieta. También son buenos médicos y enfermeros. Como son químicos por naturaleza, triunfan en asuntos relacionados con la química y la medicina. Generalmente son aficionados a la literatura y se destacan siempre en ocupaciones literarias, desde editores hasta impresores. Son excelentes agentes. Donde exista o se necesite alguna habilidad mental, ahí triunfan. Su mayor éxito se haya en el mundo comercial más que en el profesional. Les agrada manejar materiales sólidos. El mundo comercial, en cuanto a mercancía se refiere, ofrece amplios horizontes a sus habilidades comerciales.

La naturaleza interior o el destino de este signo es la *discriminación*. Mi cuñado Miguel Suárez, gran ser humano, pertenece a Virgo. Mi adorado padre José María Mercado (QPD), mi brillante y destacada sobrina y cantautora Karmen Mercado al igual que mis otros sobrinos Brandon Michael Cates y Michael Christopher Montgomery son ejemplos de Virgo, así como los reconocidos Michael Jackson (QPD), Salma Hayek, Hugh Grant y Beyonce.

LIBRA (22 DE SEPTIEMBRE–22 DE OCTUBRE)

Libra, signo de la balanza, signo igualitario del Zodíaco, es el segundo signo de aire, el primero es Géminis, y el tercero Acuario. Es el tercero de los signos cardinales que son los que forman este Universo. Aries crea, Cáncer preserva, Libra nivela y Capricornio hace que las cosas progresen y lleguen a la realización. Son las cuatro esquinas donde se fundamenta o se hace firme este Universo. Libra es el primero de la trinidad reproductora.

La individualidad de este signo se expresa en justicia, equilibrio, balance, orden y juicio desapasionado. Los nacidos bajo este signo son notables por sus poderes de comparación. Son capaces de pensar y equilibrar mentalmente todas las cosas como si estuvieran inspirados por Dios. Como todos los signos cardinales, son extremistas. Tarde o temprano en la vida les llegan oportunidades que los hacen adoptar un punto de vista imparcial y desapasionado. Continuamente están buscando la paz. Ejemplo de ello es que los judíos, en la astrología judaica, dicen que es el signo de la paz y de la guerra. Aquí nacen todos los grandes guerreros y grandes peleadores. Su signo opuesto es Aries, que es regido por Marte, el cual es la guerra misma. Y ellos, los de Libra, lo que hacen es buscar la paz y motivan, quieran o no, muchas guerras. Les agrada en extremo la armonía. Su disposición, sus maneras, son cordiales, amigables y muy dulces. No saben decir no y esto les trae grandes contratiempos en la vida. Están regidos por Venus, el planeta del amor, la diosa del amor, de la belleza, asociado con el arte.

Todo individuo de Libra, evolucionado o no, un día llega a comprender que no solamente hay un mundo visible, sino que hay otro invisible que es el importante, realmente el eterno, y que todos somos seres espirituales dentro de un cuerpo físico, el cual habitamos transitoriamente.

Libra es intuitivo. Para conocer a Libra hay que conocer también a Aries. Tienen dones psíquicos que se obtienen a través del dominio del pensamiento. Expresan con moderación el conocimiento oculto contenido en la única y grande religión del mundo que es el conocimiento de lo espiritual, de la esencia divina de las cosas que solo han sido en un principio pensamiento, y que luego se realizan en el universo físico. Parecen aceptar el destino de una manera de la que otros no son capaces, y comprenden la justicia de todas las cosas. Se atienen a la ley de la vida, a la ética. Cuando trabajan siguiendo las líneas personales, viven más en el aspecto de la vida concerniente a las formas. Llegan a ser extraordinariamente dóciles, muy sensibles, un poquito impacientes y propensos a ser un tanto descuidados, olvi-

dadizos, muy despistados y muy nerviosos. Cuando están desequilibrados sufren dolencias comunes a los signos cardinales: a Aries le da
dolores de cabeza, a Cáncer le afecta el estómago, a Libra los riñones
y la espalda, y a Capricornio las piernas. Sus partes más sensibles, especialmente en Libra, son la cintura y los riñones. Su mejor medicamento: la música, la armonía, la soledad, la tranquilidad y el cariño.

Los libra prosperan mejor en la vida como artistas, en empleos
refinados. Las mujeres son sumamente administrativas, pero en una
forma sutil, callada, no demostrada abiertamente. Todos son excelentes en el arte, la decoración, la belleza, la música, la televisión. Tienen
una aguda percepción, pueden administrar los asuntos con seriedad,
con calma. Generalmente son excelentes bibliotecarios, secretarios,
directores escénicos y musicales. Triunfan en todas las profesiones
que les permitan preservar la armonía o transmitirla a los demás.
También obtienen éxito como decoradores, diseñadores y lumino-
técnicos.

Para resumir, la individualidad de los libra hay que considerarla
en base a su carácter inspirado, perceptivo, su inclinación hacia el
lado espiritual de la vida. Viven engañados en que están buscando
lo material, cuando realmente lo que buscan es lo espiritual. Con
respecto a su personalidad, son sensibles cuando no tienen plena conciencia de sí mismos. Siempre son justos y generosos. La naturaleza
interior o el destino de este signo es el *equilibrio*.

A los libra les gustan las cosas finas y delicadas, como los floreros,
adornar el hogar con mucha belleza, con objetos de arte caros. Yo
les digo siempre a los libra que gastan más en las plumas del pavo
real, que en otros objetos más importantes de la vida. Claro, están
regidos por Venus, que es la diosa de lo caro y lo exquisito y del amor
romántico. Son sumamente románticos. Viven buscando, también
como los géminis, signo de aire, un ser ideal que llene ese vacío interior. Son honestos a veces, como los sagitario y pueden ofender con
su verdad. Muchos son seres muy sociables y necesitan revolotear
en el mundo social. Deben evitar la compañía de seres negativos y

represivos, ya que estos los destruyen. La mejor inversión para un ser de Libra debe ser conseguirse un buen compañero, esposo o esposa, porque sin relaciones de amor correctas, sucumben.

Si usted está casado con un libra siempre debe decirle cumplidos y preocuparse por los pequeños detalles: la tarjetita, las flores, el bizcochito, todos esos pequeños detalles que embellecen la vida. Mi madre Aída Salinas de Mercado (QPD) nació bajo el signo de Libra, con ascendente en Escorpión. Amaba la belleza; todo lo que era belleza llenaba su vida, su mundo interior. Tocaba piano, leía continuamente, pero nunca fue feliz. El libra nunca es feliz. Siempre se pasa balanceando las cosas y nunca logra la armonía que tanto desea. La vida me ha puesto enfrente de muchos seres de Libra, todos excelentes en el arte, el baile y en la decoración. Mi sobrina Charito Mercado, bailarina y modelo, el ser más imaginativo y soñador, pertenece a este hermoso signo. También es de Libra mi sobrina Laura Martínez Benet, un ángel de luz, inteligente y artística, y la pequeña Jessalyn Morales Short, hija de mi sobrino Coco, un regalo divino que es fuego de creatividad. Otros reconocidos del signo de Libra son Catherine Zeta Jones, Will Smith, Gwyneth Paltrow y Hugh Jackman.

ESCORPIO
(23 DE OCTUBRE–21 DE NOVIEMBRE)

Y ahora llegamos al signo que todo el mundo teme, el signo de la vida y de la muerte y del sexo: Escorpio. Es el tercero de los signos fijos: el primero es Tauro, el segundo Cáncer y el cuarto Acuario. Escorpio es el segundo signo de la triplicidad de agua, el primero es Cáncer y el tercero es Piscis. Escorpio también es el segundo de la trinidad reproductora. Su símbolo es el escorpión, aunque también lo es la paloma cuando llegan a evolucionar tremendamente, y el águila que se pasa observándolo todo, estudiándolo todo, siempre en acecho.

Evolucionando a través de este signo encontramos todos los caracteres, desde los más bajos y degradados hasta los más elevados y exaltados. Aquí nace Charles Manson, el criminal del caso de Sharon Tate, y a su vez también nace Sammy Sosa o Dayanara Torres. Es el signo de los extremos.

El carácter de los escorpio es decidido, inconfundible. Jamás son vacilantes o débiles. Aquí se encuentran el bueno y el malo. Es el octavo signo del Zodíaco y señala la Octava Superior. Aquí se resume el fracaso de todos los siete signos precedentes al igual que lo más maravilloso de todos. Hay que extraer el aguijón del escorpión antes de que logre un verdadero progreso a través de los demás signos.

Cuando un escorpio lleva una vida puramente personal, dedicada exclusivamente a los placeres y a sí mismo, es un ser intransigente, exigente, abusa de su organismo, tiene tendencia a la venganza y busca las fallas de los demás. La ignorancia y la lujuria señalan el carácter del escorpio que no ha logrado desarrollarse o evolucionar.

Este signo gobierna el sistema genital y cuando se minan o derrochan fuerzas vitales mediante excesos sexuales, estos personajes se tornan endemoniados; siembran el mal a su alrededor. Cuando son malos son inequívocamente malos, y con la exhaustividad que caracteriza a los signos fijos, se lanzan al pecado, o a lo que le llaman pecado, desde el punto de vista católico o cristiano, con un deleite que es inconcebible en los demás signos. Cuando se regeneran, cuando adquieren plena consciencia de sí mismos como seres espirituales, llegan a hermosas alturas, y de esta manera la fuerza generadora que hay dentro de ellos y el mal, el llamado mal, que en ellos se convierte en facultades síquicas, es extraordinario.

Son auténticos místicos; tanto el brujo negro, como el mago blanco, reinan en este signo. Captan todo lo que es posible captar cuando no están envueltos en la carne y en la materia. Están dotados de lo que se denomina la doble vista, o sea, la clarividencia. Cuando se dedican al ocultismo, son reyes en este campo. Son notables por su lucidez de juicio. Saben criticar con perfección, emitir juicios de manera decisiva y clara, ágiles de pensamiento, ven inmediatamente el propósito de todas las cosas que critican. No hay mejor tipo humano que los nacidos bajo este signo, porque comprenden lo que pueden llegar a ser cuando despiertan, pero critican por el placer de criticar, de destruir. Cuando llegan a los planos inferiores, siempre se ven envueltos en alguna tragedia: sangre, muerte, venganzas, lo desastroso. Son celosos, posesivos, destructivos, crueles, severos y duros; en el aspecto positivo son comprensivos, cariñosos y excelentes amigos. Cuando aman lo dan todo, no se preocupan por lo material, dan hasta su propia vida. Tienen una capacidad de cariño, de amor, de afecto, notabilísima. Parecen contener en sí el silencio de Piscis y la tenacidad de Cáncer. Son afables, corteses, listos para hacer valer su dignidad, muy abruptos, bruscos cuando quieren, pero siempre se prestan a dar su aprobación. Poseen la habilidad dramática; son dramáticos por excelencia. Tienen desarrollada la capacidad para dominarse a sí mismos cuando están evolucionados; capacidad para fiscalizar la totalidad de su naturaleza sexual, transformándola, claro está, en un alto desarrollo espiritual.

En lo que respecta a sus problemas de salud, éstos se deben a trastornos inflamatorios, del bajo vientre; sufren desórdenes que afectan la parte genital. Son propensos a la gota, enfermedades del corazón y también, como su signo opuesto Tauro, de la garganta. Son propensos al buen comer, a gastarse físicamente en placeres y en lo sensual. Tienen ilimitada vitalidad y poderes para recuperarse, reponerse, regenerarse en todo. Cuando un escorpio está destruido en lo que sea, de momento se encumbra como el Ave Fénix, resurge de sus cenizas y sale un nuevo escorpión.

Como curanderos son excelentes y magnéticos. Rigen la medicina, la cirugía en particular. Tienen un especial conocimiento de la química y triunfan plenamente como químicos y en la farmacia, en todo lo que tenga que ver con aceites, con líquidos. Son excelentes como odontólogos y perfectos como detectives. Poseen el aplomo y el ingenio necesarios de esas profesiones. Cuando viven una vida más humilde, más personal, triunfan como carniceros, herreros y en la metalurgia.

Resumiendo, podríamos decir que las personas nacidas bajo este signo de Escorpio son decididas, reservadas, introvertidas, firmes, altivas, capaces de inequívocos rasgos de carácter que las hace ser o muy apreciadas o muy odiadas. La naturaleza interior o destino de este signo es *regeneración, recuperación*. No tienen tantos enemigos ocultos como Piscis, pero siempre motivan grandes enemistades. De naturaleza recelosa, son desconfiadas; tienen el empeño y la fortaleza necesarios para alcanzar realizaciones superiores a las nacidas en cualquier otro signo. Tienen la sabiduría de la serpiente. Pueden llegar a ser sumamente sabias, discretas y prudentes, y todas llegan a lo genial.

Se ha dicho que cuanto más grande es el animal más grande es el hombre; podría ser que en las pasiones animales estén los gérmenes o las semillas de lo espiritual, que cuando se orientan hacia arriba, hacia lo auténtico, hacia lo eterno, se logran cosas grandes y poderosas. Lo que en Tauro era voluntad y deseo latente aquí se convierte en energía expresada. El hombre de Escorpio tiene poderosos deseos y está cargado del poder necesario para lograrlos. Cuando los deseos están supeditados a la voluntad, no hay nadie más poderoso ni decidido que alguien nacido bajo el signo de Escorpio.

Mis mejores amigos, ya que tengo la Luna en Escorpio, han sido los escorpio: directores, amigos personales, seres maravillosos que jamás olvidan lo que es la amistad. Podemos estar separados por años y años, pero a pesar de la distancia, llega el día de mi cumpleaños y ¿quién me recuerda? Mi amigo Edwin Ramírez, de Escorpio, en Nueva York y mi amigo Ramakrishna Saharti, en la India. Cuando dan amistad, la dan para toda una vida y son extremistas, como mi amigo Albert Carn, gran director. Yo confío plenamente en los escorpio. Cuando son, son, pero cuando dejan de ser, olvídense, lo entierran a uno. Jamás olvidan una ofensa. Es signo de pasiones tremendas, pero también de pasiones sumamente destructivas. Escorpio es signo que todo el mundo respeta. Como yo trabajo con una ética muy clara, digo y hago lo que creo es realmente justo y correcto y no temo a nada ni a nadie, tengo excelentes amigos bajo todos los signos, ya que no conceptúo a nadie como enemigo. En mi familia mi sobrino Jeshua Jonattan Rivera Mercado representa lo más poderoso del signo de Escorpio. Entre los escorpio reconocidos, se encuentran Julia Roberts, Demi Moore y Leonardo DiCaprio.

SAGITARIO
(22 DE NOVIEMBRE–20 DE DICIEMBRE)

Sagitario es el viajero. El viajero de largas distancias que se pasa toda una vida en busca de sí mismo. Para encontrar el centro de su ser, para encontrarse a sí mismo, viaja el mundo entero. Todo lo experimenta para llegar a su propio yo. Es el signo del arquero que está listo para disparar con su arco la flecha que, según se dice, siempre da en el blanco, lo cual se refiere al poder de la profecía, del vaticinio. El símbolo del arquero transmite una idea de libertad, y los seres de Sagitario siempre tratan de alcanzar lo más elevado. También representa la unión de dos signos: Aries y Leo. Los tres signos de fuego son Aries, Leo y Sagitario. Aries la cabeza y Leo el corazón. Sagitario es la unión de las cualidades de la cabeza y el corazón, lanzadas ahora hacia arriba, en devoción de todas las cosas, o sea de Dios.

Cuando los nacidos bajo este signo están evolucionados, son grandes amantes de la ley, del orden, sumamente intuitivos y proféticos. Poseen el poder de enviar sus pensamientos a cualquier distancia que deseen. Grandes médiums, videntes y maestros espirituales nacen bajo Sagitario, como mi maestro Bhagwan Shree Rajneesh, de Poona, Bombay, India (OSHO).

Cuando despiertan son personas más confiadas y dependientes en sí mismas que las de cualquier otro signo. Siempre miran al futuro con ánimo brillante. Son muy optimistas, gente feliz, llena de regocijo y esperanza por el futuro. Son decididas para expresarse de manera inconfundible. Sumamente francas llegan hasta la ofensa porque tienen gran intuición y poseen gran conocimiento y sabiduría.

Las poco evolucionadas, tienen una personalidad muy fuerte, intensa, agotadora. Son inquietas, excesivamente activas, nerviosas, tensas e inclinadas al orgullo, la petulancia, la irritabilidad, al pensar que valen por lo que tienen o por lo que han alcanzado en cosas materiales. El sagitario negativo es un individuo altisonante, ruidoso, exigente, con propensión a dominar a todo el mundo. Cuando este signo se pervierte, su naturaleza es rebelde. Se resiste a someterse a la menor restricción. Cuando se enfurece sabe exactamente dónde herir. Esta última característica se debe a su habilidad para captar los puntos débiles de los demás.

Sagitario es la Novena Casa. La Casa del Maestro, la mano derecha de Dios, la casa del Gurú, que a través de la ciencia conduce a la filosofía y de allí, a la verdadera religión de la ley y el amor fuera de dogmatismos, sectarismos y fanatismos. Como es el tercero de los signos mudables, encontramos muchas personas de carácter indeciso naciendo bajo este signo. Estas son personas que no tienen nada interesante y a menudo son vagas, indolentes y amantes del alcohol. En el aspecto sumamente negativo, gustan recostarse sobre otros seres para explotarlos.

Al ser un signo noveno, es el signo del futuro: la promesa de la humanidad, cuyos pensamientos ya no estarán dispersos, sino que serán orientados decididamente hacia el objetivo que todos estamos destinados a alcanzar en nuestro paso por la vida.

Como Sagitario es un signo mudable, signo de fuego, tiene simpatía por Géminis, que es su signo opuesto, y al igual que a este, la parte del cuerpo que se le afecta primero son los pulmones. También sufre agotamiento por la dispersión de las fuerzas vitales. La mejor cura para los Sagitario es caminar al aire libre. De esta manera incorporan la vitalidad que necesitan, pero deben hacerlo todo con moderación, porque también en este sentido tienden a esforzarse demasiado. Como aman por naturaleza los deportes, el ejercicio al aire libre y la vida social, suelen desarrollar vidas sanas, aunque están más expuestos que otros a sufrir accidentes, golpes y quemaduras. A pesar de todo son saludables y de todo se recuperan.

Yo considero a Aries como el representante del soldado en el Zodíaco, a Leo—otro signo de fuego, el segundo— como el capitán y a Sagitario como el comandante, el general. El soldado común que se lanza de frente a la batalla, con impulso, con atrevimiento e ímpetu, es característico de la naturaleza de Aries. El capitán, que con su decisión, determinación y minuciosidad es capaz de fusionar los elementos en un todo coordinado, es Leo, mientras que el comandante, que con su admirable presencia y su capacidad para planificar se encarga de dirigir, manejar y controlar los distintos cuerpos de combate, es Sagitario.

Otras vocaciones preferentes de los sagitario son la enseñanza, el sacerdocio, la abogacía, la astronomía, la fotografía y el dibujo. También destacan como inspectores, jinetes, atletas, apostadores de caballos, deportistas y agentes de publicidad.

Resumiendo, los nacidos bajo Sagitario, diremos que son impresionables, activos, emprendedores, un tanto introspectivos, siempre francos, sinceros, generosos, honestos, leales con quienes aprecian y, por lo general, sabios en sus expresiones afectivas. Saben reconocer la ley del orden y la armonía. Son espléndidos caracteres cuando se les otorga una libertad total. En cambio, cuando se les restringe o limita su capacidad de acción, se tornan ansiosos, irritables, rebeldes y resulta muy difícil apaciguarlos. A los sagitario les gusta hacer una sola cosa a la vez. En este aspecto en particular son totalmente distintos a Géminis, el signo opuesto, al que le gusta dejar las cosas sin terminar, empezar muchas, planificar muchas o hacerlas por partes. Para mí, Aries es también el que planifica, es la idea que comienza. Leo es el que organiza y Sagitario el que edifica, construye y completa el ciclo de acción. Lo que empieza Aries, lo continúa Leo y lo termina Sagitario.

La naturaleza interior o destino de Sagitario es la *ley*. Su palabra sagrada es ver: "Yo veo". Un centauro, mitad humano y mitad caballo, representa a Sagitario. Por lo tanto, algunos tienen de lo humano, lo divino: buscadores de ideales, filósofos. De lo animal heredan su materialismo y su apego a lo práctico, a lo terrenal. Una amiga, astróloga, maestra espiritual y profunda conocedora de caminos de la luz, Xiomara Mayor, es un perfecto ejemplo de Sagitario. Mis dos únicos hermanos, Henry y Aída, son de este signo, y los dos nacieron sabios; como todos los nacidos bajo este signo, son amantes de la libertad. Otros sagitario reconocidos son Brad Pitt, Gael García Bernal, Britney Spears y Christina Aguilera.

CAPRICORNIO
(21 DE DICIEMBRE–18 DE ENERO)

Capricornio es el último de los signos cardinales; los otros son Aries, Cáncer y Libra. Constituyen los cuatro puntos cardinales de este Universo. También es el último de la triplicidad de Tierra, el primero es Tauro y el segundo Virgo. Y el primero de la trinidad servidora: Capricornio, Acuario y Piscis.

En este signo está contenido el número perfecto. Todos los atributos del hombre perfecto también están ocultos en él. En pocas palabras se puede expresar este signo de la siguiente manera: "Quienquiera sea el jefe entre vosotros, que sea vuestro servidor". Su símbolo representa una elevada montaña en cuya ladera una cabra asciende firmemente hacia la cumbre. Y todo capricornio vive una vida ascendiendo a través de problemas y de obstáculos hacia la cumbre de sus aspiraciones. Muchos símbolos pueden emplearse para representar el maravilloso poder que está oculto en este signo, que es el más fuerte de todos los del Zodíaco, aunque muchos astrólogos discuten y argumentan que es Escorpio.

Si seguimos al Sol en su recorrido desde el primer punto de Aries, que es la primavera en el hemisferio Norte, hasta Capricornio, que es ya el invierno, y consideramos el despliegue gradual de las fuerzas vitales hasta alcanzar la madurez, veremos en Capricornio la consumación perfecta del carácter del hombre.

Cuando los capricornio están evolucionados son imparciales, justos, meticulosos, exactos, precisos, constantes. Realizan todas las cosas mediante un esfuerzo persistente, industrioso y perseverante. Son cuidadosos, celosos y diligentes. Resisten todo con una paciencia increíble, serena, con una voluntad de acero y una profunda actitud reflexiva. Llevan a la perfección la economía de Cáncer. Saben ser económicos, frugales, prósperos, sin llegar jamás a la tacañería o la mezquindad. Son contemplativos, reservados, profundos, meditativos, independientes y tranquilos. Cuando hay mucha urgencia, emergencia o guerra, el capricornio trae la calma. Es el verdadero servidor de la humanidad.

Cuando son negativos se vuelven melancólicos, vacilantes, escépticos y tienden a la indiferencia, a la crueldad, a la perversidad y también a la crítica morbosa. Expresan una naturaleza pesada, perezosa, fría y distante. Su crueldad resulta dolorosa, tanto para ellos mismos como para quienes los rodean. Se tornan miserables, avaros, traicioneros, deshonestos y pervertidos. En tanto, los evolucionados son capaces de alcanzar grandes alturas, puesto que poseen ambición y perseverancia. Con sus métodos frugales, sistemáticos, adquisitivos, son capaces de hacer milagros en lo que otros simplemente sueñan con hacer. Aprovechan al máximo todas sus oportunidades ya que su frase clave y mística es: "Yo uso". Y lo usan todo. Dependen de sí mismos. Siempre logran sus fines. Saben producir en forma concreta y práctica el ideal que está en sus mentes, tal como si todos los ideales concedidos al signo precedente se convirtieran en hermosos y verdaderos cristales en Capricornio.

Sus problemas de salud surgen del pesimismo, la melancolía y el agotamiento de fuerzas. Pueden entrar en un estado morboso. Cuando se envuelven en la tragedia familiar y en los problemas del hogar, se van destruyendo poco a poco y de aquí surgen numerosas dolencias que parecen tener asiento en el trastorno del aparato digestivo. Su mejor medicamento es la esperanza, afirmación positiva, optimismo, viajes, cambio de lugar y de ambiente y cuidarse de jamás ceder a sus más grandes enemigos: la depresión y la tristeza.

Muchos de los nacidos bajo Capricornio ascienden en la vida mediante su propio esfuerzo y su mérito·personal. Adquieren riquezas a través de su trabajo constante y paciente. Una amiga mía, la gran escritora cubana Caridad Bravo Adams, me dijo que los relojes de la felicidad siempre están atrasados para los nacidos bajo este signo. Pero muchas veces hay abundante riqueza en relación con él. Los más grandes millonarios y aristócratas han nacido bajo Capricornio, que también es signo de buenos investigadores, científicos, escritores, agricultores y pintores. Triunfan en cualquier vocación donde se requiera aplicación y laboriosidad. Tienen grandes ambiciones y son capaces de llegar al éxito, pero siempre a través de grandes sacrificios. Tienen mejores condiciones para ser constructores, diseñadores y decoradores, son ideales para las empresas complicadas de iniciativa gigantesca.

Podríamos resumir el carácter de los nacidos bajo este signo —signo que para mí es el de los auténticos individuos saturninos— diciendo que todo en la vida les llega lenta, pero seguramente. Buscan la seguridad, tanto de ellos, como de su familia. Es el signo del padre. Mientras Cáncer es el signo del sentimiento, de la emoción, del hogar, de la madre, Capricornio siempre representa en el mapa natal al padre. Los capricornio varían desde lo más frío, limitado y desierto hasta la serena, refrescante y contemplativa meditación de las cosas divinas. Muchos son sumamente religiosos en el aspecto ceremonial.

Al estudiar a Capricornio debemos aprender mucho de la raza que mejor lo representa: la de la India. Los hindúes, por su gran sabiduría, espiritualidad, poder, jerarquía y capacidad de servicio, son sus más dignos representantes. También pueden ser, en el aspecto negativo, muy egoístas, pero su gran virtud radica en la paciencia, la contemplación y la reflexión. El destino de este signo es el *servicio*.

Luis Alberto Benet, el esposo de mi hermana Aída, es perfecto ejemplo de un capricornio evolucionado. Trabajador, estudioso, buscador de la verdad y perseverante. En lo artístico Juan Gabriel, José Luis Rodríguez "El Puma", Ricky Martin y Don Francisco son excelentes ejemplos de capricornios positivos. Mi amiga y astróloga Mabel Vallejo también pertenece a este signo.

ACUARIO (19 DE ENERO–18 DE FEBRERO)

Llegamos al signo por excelencia: Acuario, el signo humano. No tiene animal alguno asociado con él, como el caso de Leo, el león; Tauro, el toro, y Cáncer, el cangrejo. Acuario es el hombre. No es signo de agua, sino de aire. Las corrientes que caen de las urnas sagradas son las de la sabiduría, las eléctricas, ya que la electrónica y la electricidad están regidas por Acuario. Es el portador de la consciencia universal, la consciencia cósmica y también de la sabiduría sagrada eterna. Para Acuario todo el mundo es su hermano. No hay distinción entre seres humanos: es la igualdad de derechos. Bajo la Era de Acuario, han surgido todos estos movimientos de liberación: la liberación femenina, la liberación gay, la liberación en todos los aspectos. La idea de la vida comunal está regida por Acuario, que es el último signo de la triplicidad de aire; el primero es Géminis y el segundo Libra, y el último de los signos fijos; el primero es Tauro, el segundo Leo y el tercero Escorpio. Es el centro del corazón de la trinidad servidora.

Llegará el día en que toda la humanidad avance a la condición de este signo, cuyo símbolo es el hombre comúnmente conocido como el aguador. Y aquello que el hombre llegará a ser en el mundo concreto, práctico y objetivo de Capricornio, también se alcanzará en el mundo subjetivo de los nacidos bajo Acuario.

Los acuario son individuos decididos, pacientes y tranquilos. No se inmiscuyen en lo que no deben y son sumamente fieles cuando son positivos. Tienen el poder de concentrar sus pensamientos. Generalmente son filósofos y científicos. Se inclinan hacia lo raro o distinto, lo no convencional. Resultan excelentes reformadores. La reforma social está regida por Acuario. De intelecto brillante y claro, inspiran confianza debido a sus cualidades fuertes y decididas. Son cordiales, humanos y de temperamento reservado. Aparentan ser sumamente fríos y algunos lo son. Aman extraordinariamente el arte, la música, la literatura, pero parecen tener más habilidad para los estudios científicos, en lo cual los ayuda su naturaleza intuitiva y penetrante. Cuando son evolucionados poseen mucho amor por todas las empresas y ocupaciones humanitarias. Tienen pronunciada tendencia social. Son pacientes en su devoción y cuidadosos en su pensamiento. Desarrollan excelente memoria. El principal rasgo de este signo es la habilidad que otorga al estudio de la naturaleza humana. Los individuos de Acuario tienen la facultad innata de conocer el carácter de los demás y raras veces se equivocan en sus juicios. Parecen contener la esencia pura, la esencia misma de la triplicidad de aire, pues poseen una mentalidad de la más alta y refinada calidad que los hace ser clarividentes, claros soñadores y cuidadosos estudiantes.

Los negativos son egoístas y tienden a usar su voluntad inflexible en la dirección de los deseos mentales. Cuando quieren algo no les importa explotar y descender a las condiciones más humillantes para conseguirlo. Son vacilantes, indecisos, caprichosos, vagos y se jactan de cosas que no pueden hacer o que no tienen. Para ellos todo el mundo está mal, mientras que ellos están perfectamente bien.

Hay pocas personas de Acuario auténticas todavía; se irán desarrollando poco a poco. Sin embargo se acerca el día en que tendremos lo que se puede esperar de un perfecto acuario. Mi sobrina Betty Benet, pintora, visionaria y humanista es ejemplo extraordinario de Acuario al igual que mi sobrino Alejandro Caicedo Benet.

Entre los ejemplos famosos se destacan: Dickens, Edison, Galileo, Darwin y el gran clarividente Swedenborg. Los escritores de cuentos infantiles están regidos por Acuario. Al igual que la televisión y la astrología, ya que el planeta de esta última es Urano, que también rige a Acuario.

La causa principal de los problemas de salud de los acuario, es que no llevan una vida sana y progresista. Cuando esto ocurre les afecta la circulación, sus fuerzas corporales, el corazón, la presión arterial, la espalda y sufren de taquicardia. Los tobillos son una parte muy débil de los acuario. Los benefician mucho los parajes hermosos, el mar, los ambientes armoniosos y el concentrar sus pensamientos en la buena salud y la perfecta circulación.

Los acuario triunfan más en ocupaciones que requieran una constante dedicación de la mente, una intensa concentración del pensamiento. Son buenos pintores, músicos, diseñadores y poseen un extraordinario genio inventivo. Son los responsables de las invenciones que más han beneficiado a la humanidad. También obtienen éxito en los empleos relacionados con la electricidad o la electrónica, como escritores y en lo concerniente a percepciones extrasensoriales, magia, ocultismo, brujería o magia blanca.

Para resumir el carácter de los acuario decimos que son honestos, constantes, discriminantes y muy inteligentes. Se destacan por su integridad y sinceridad. Poseen firme amor por la naturaleza, los animales y las plantas. Triunfan donde otros fracasan. Son estudiosos, reflexivos y sumamente versátiles. Retienen todo conocimiento que adquieren y pueden aparentar que son sabios, aunque no lo sean. Son adquisitivos sin ser miserables y se inclinan a legar sus posesiones para beneficio de la humanidad. Están dispuestos a aceptar a los desconocidos. Tienen amigos de todo tipo social. Rara vez consideran extraños a los demás y debido a su excelente habilidad para captar y juzgar el carácter humano, pocas veces cometen errores en sus apreciaciones. Todos poseen capacidad latente para convertirse en el hombre esperado, el bíblico, el mesiánico, el hombre de la Era de Acuario, al que no le hace falta hablar para comunicarse, porque lo hace telepáticamente.

La naturaleza interior o destino de este signo es *humanidad*. Su palabra sagrada es *saber*: "Yo sé". No quieren creer en nada, ni en Dios. Ellos saben que existe Dios, una mente superior y un poder creador. Es el signo de los experimentadores naturales. Les gusta experimentarlo todo para saberlo todo. Es un signo fascinante. Acuario quiere cambio y lo quiere ahora. Es el signo del aquí y ahora. Los acuario son los seres más impredecibles, abruptos y extraños, los que siempre nos traen un elemento de sorpresa.

Mi adorado sobrino Alejandro Caicedo Benet y la genial artista y astróloga Betty Benet son ejemplos del signo Acuario al igual que mi amiga Cristina Saralegui. Algunos famosos son Abraham Lincoln y Franklin Delano Roosevelt. La Rusia Blanca y Suecia, están regidas por Acuario.

PISCIS
(19 DE FEBRERO–19 DE MARZO)

Piscis es el último signo del Zodíaco. También el último de los signos mudables, de agua y de la trinidad servidora. Es el signo de los peces. Por eso está representado por dos peces atados, uno de los cuales nada en una dirección y el otro hacia la opuesta. Este signo refleja las fallas de la humanidad, así como todas las virtudes de los restantes signos. Se caracteriza porque es el signo del deshacerse de sí mismo y unificarse al cosmos. Es la disolución del yo o del ego en el Universo. Los éxitos, las virtudes, lo que no han logrado realizar o cristalizar los demás signos se va acumulando para formar los dos tipos de Piscis.

Este signo indica los fracasos de la vida que ocurren principalmente en los piscis negativos: propensión a las drogas, timidez, encierro en sí mismos, búsqueda del fracaso y la derrota. Son demasiado inquietos y ansiosos. Carecen de vitalidad y energía. Jamás logran decidir cómo actuar, y viven una vida entera esperando una oportunidad en el trabajo y en el amor. Entre cien personas nacidas bajo el signo de Piscis, no hay una que admita su propio carácter. Casi siempre fingen ser distintas de lo que realmente son. Es el signo del poeta, del artista, de las máscaras. Algunos piscis tienen una exagerada estimación por sí mismos, combinada con una gran docilidad. Pero jamás admiten sus fallas.

El carácter personal de Piscis parece surgir de la falta de decisión. Los nacidos bajo él son muy receptivos a las condiciones circundantes, por lo cual hay que evitar que los niños piscis tengan ambientes nocivos, gente dominante y supresora a su lado que le mutile su personalidad y su desarrollo de expresión. También hay que evitar que los adolescentes concurran a sitios de diversión de ambiente negativo, donde haya drogas y emociones o pasiones malsanas.

Frecuentemente los piscis negativos son un montón de inconsistencias unidas a la cuerda del descontento. Bajo este signo nacen más médiums, espiritualistas, espiritistas y magos que bajo cualquier otro signo. Se obsesionan con mayor facilidad que cualesquiera de los demás tipos. Son tan psíquicos y receptivos que atraen a su lado muchos espíritus que viven en su aura, que están flotando a su alrededor. También cautivan a seres explotadores, dependientes, neuróticos, enfermos mentales, que vienen a absorber su energía. Debido a sus emociones, que son muy fuertes, se apegan mucho a sus amigos, a un familiar, a la madre o al padre. Aceptan en silencio los consejos u opiniones de los demás, y se empeñan en actuar de acuerdo a ellos siempre que sea posible. Viven en un mundo de romance, de efectos, de novela, dramatizando la vida. Los no evolucionados se entregan a las drogas y al alcoholismo. Sufren mucha ansiedad y preocupación, y ceden a las peores formas de tentación. Pero cuando son positivos se individualizan y adquieren mayor dominio de sí mismos. Son pacientes, suaves, sumisos y poseen una gran compasión por toda la humanidad.

Cristo, el Maestro Jesús, representa la Era de Piscis y al signo de Piscis; por eso todas sus enseñanzas están fundamentadas en el mar, en los peces, en pescadores. Todo el cristianismo tiene una gran similitud o usa mucho el simbolismo de los peces.

A medida que un piscis va desarrollando su carácter, se torna más digno de confianza, pero le cuesta trabajo depender de sí mismo. Es capaz de ser muy honesto, amigable, cariñoso, bondadoso, y siente mucha simpatía por todos los animales, especialmente por los torpes. Tiene tendencia a ser demasiado tímido, o sea, no muy audaz. Es esencial que los piscis vivan una vida pura y limpia porque son muy magnéticos y propensos a absorber las influencias nocivas que los rodean. Les gusta vagar sin rumbo soñando, con la mente siempre en las nubes. Son un tanto meticulosos, majaderos y a veces demasiado dados a los detalles. Sin embargo, son muy hospitalarios y tratan de hacer todo lo posible por quienes dependen de ellos. Sus puntos fuertes en la vida se encuentran en el misticismo, en lo espiritual, en ayudar a la humanidad a ver un nuevo estado de conciencia porque en él se encierran experiencias terribles, ya que sus almas, sus seres, han pasado por muchas vidas a través de todos los demás signos del Zodíaco.

Las más grandes figuras de la televisión puertorriqueña son piscis: actores, actrices, bailarines. También bailarines de la talla de Nijinsky, Nureyev, Julio Bocca, Fernando Bujones, grandes figuras del arte, y en el misticismo Edgar Cayce, Ranakrishna, Meher Baba y otros santos de la India, renacieron bajo Piscis. También fueron piscis Einstein, Rimski-Korsakov y Chopin.

Piscis parece estar dotado de una luz interior. Cuando es evolucionado, es genial. Cuando sufre o está triste tiene problemas estomacales y los pies se le debilitan. Es propenso a tumores, a sangre dañada o afectada. No debe fumar ni tomar alcohol, o drogas. Es demasiado ansioso y aprensivo, lo cual afecta su salud y debilita su sistema orgánico. Para preservar la salud debe unirse a seres saludables, sumamente positivos, practicar deportes, ser muy limpio en sus hábitos y evitar todo magnetismo y contagio impuro. Debe vivir o estar cerca del mar. Triunfa más en actividades relacionadas con el agua, con el mar, con el río y es excelente como capitán u oficial naval.

Para resumir, los seres representativos de Piscis son los poetas, los médiums, los artistas y los creadores. Son emotivos y reservados, pacientes y meditativos, bondadosos y generosos. Son imitativos, por lo cual son tan buenos actores, receptivos y pacíficos cuando viven de acuerdo a lo mejor de su naturaleza. Aman investigar los fenómenos y parecen poseer una comprensión peculiar de las leyes cósmicas. Se sienten atraídos por lo espiritual, en lo negativo, por la brujería y el espiritismo barato (no el serio, el científico). Están regidos por el planeta de la ilusión, del arte, del misticismo y de las drogas: Neptuno.

La naturaleza interior o destino de este signo es la *espiritualidad*. Su palabra es *creer*: "Yo creo". Todo piscis se pasa la vida creyendo. George Washington, piscis por excelencia, usaba una táctica muy particular de este signo para recuperar sus energías: la técnica de la retirada estratégica. Se desaparecía por un tiempo, se encerraba en soledad, y cuando regresaba, ya estaba todo perfecto, en buenas condiciones para empezar a luchar de nuevo.

La palabra mar en latín es *mare,* y ésta viene de la palabra antigua sánscrita *maya,* que significa el velo de la ilusión, el velo que cubre la verdad de este Universo. De *mare* y de *maya* viene el nombre de María, la madre de Jesús, y *Jesús* proviene de la voz griega *Ichthys* que significa pez. Del mar viene el pez. María es la Virgen Madre, Virgo, el signo opuesto a Piscis, y Jesús es el pez, la Era de Piscis. Toda creación presente está dormida en el mar, y del mar viene la Creación. Toda chispa de creatividad, toda idea, surge de sueños y fantasías. Y en todo Piscis, como en el mar, en el agua, se encuentran recursos para lograr creaciones maravillosas siempre que la energía se canalice hacia fines. Si se dispersa, a nada llegará en la vida.

He conocido artistas, bailarines y figuras destacadas que han nacido bajo este signo. Muchas de las mujeres que usan el cuerpo para llamar la atención por su belleza física, las *vedette,* nacen bajo el signo de Piscis, al igual que las cantantes de cuplés más destacadas. Es el signo del romanticismo, de la nostalgia.

Mis sobrinas Betty y Michelle Morales, nacidas en la cúspide de Piscis-Aries, son psíquicas y muy hermosas. Y mi amigo de gran valor, excelente asistente, Willie Acosta, nació bajo los peces. Yurek

Vázquez, quien me representa, es un perfecto pisciano. Y entre los reconocidos se encuentran Benicio del Toro, Javier Bardem, Eva Mendes y Drew Barrymore.

Si Aries es "Yo soy, porque yo soy" y Tauro es "Yo soy, porque yo tengo", Géminis es "Yo soy, porque yo pienso" y Cáncer es "Yo soy, porque yo siento". Leo es "Yo ordeno", es la voluntad del ordenar, del mandar, del regir. Virgo es "Yo discrimino", "yo analizo", pienso en una forma discriminante, inteligente, por lo tanto "Yo soy". Libra es, "Yo hago el amor, no la guerra; yo busco la justicia, hago el balance de la vida". Escorpio es, "Yo deseo". Por tanto Escorpio es sexo, la fuerza sexual. Sagitario es "Yo veo", la búsqueda; todo lo ve. Es el signo espiritual por excelencia, por lo tanto es el signo de la expansión. Capricornio es "Yo uso", el uso de lo práctico de la vida; por lo tanto, es el signo de las ambiciones. Acuario es "Yo soy, porque sé". Ya dejamos el creer para convertirnos en el conocer, conocer mediante el conocimiento propio: "Yo sé, que yo sé". Por eso la filosofía o ciencia, o religión de la Era Espacial, en el aspecto místico, es la astrología científica, porque la astrología quiere *saber*. Piscis es, "Yo creo", la creencia, "Yo soy porque yo creo". *Creencia,* esa es la palabra sagrada de Piscis.

3

¿QUÉ SON LAS CÚSPIDES
Y LOS DECANATOS?

¿Qué significa la cúspide en los signos del Zodíaco? Con mucha frecuencia, al leer horóscopos, tiende a aparecer esa palabra "cúspide", sin que tengamos una idea bien definida de qué quiere decir.

Cúspide es una línea imaginaria que uno traza para colocar a esas personas que nacen pegadas a la línea divisoria entre dos signos. Tomemos el ejemplo de alguien nacido el 21 de marzo o quien nace el 20 ó 19, ya ese no tiene la influencia total de su signo, porque cae también bajo el influjo del otro signo que se va acercando. Debido a esto, es que hay cúspides más intensas que otras, dependiendo si el signo que se acerca es más poderoso que el que se retira.

Yo siempre uso como ejemplo la luz. A medida que te acercas a una luz roja, vas sintiendo el efecto del color y lo ves con más claridad. Cuando estás bajo esa luz es bien intenso y luego, al irte retirando, disminuye el efecto. Igual con el sonido: vas por la calle junto a una casa en la cual están escuchando música, cuanto más te acercas, mejor la oyes y a medida que te alejas, pierde intensidad.

La persona nacida en la cúspide tiene de ambos signos. Hay que determinar la influencia que tiene de cada uno. Si está muy pegada a la cúspide, tiene menos del signo que ha dejado. A continuación, detallo cada una de esas cúspides entre los signos, que afectan a quienes han nacido en esa línea divisoria, que separa las casillas del horóscopo y determina a veces la actitud de esas personas que nos parecen tener doble personalidad.

ARIES-TAURO (17 al 22 de abril)

Esta cúspide conlleva una personalidad que combina la impulsividad, fuerza y espontaneidad de Aries con la estabilidad y persistencia de Tauro. Jamás pierden, ya que todo los impulsa al éxito. Se considera la cúspide más brillante de todo el Zodíaco.

TAURO-GÉMINIS (18 al 22 de mayo)

Las energías de los nacidos bajo esta cúspide son utilizadas en lo mental e intelectual. Son prácticos, inteligentes, muy objetivos pero obstinados. Aman la música, el arte, la literatura y son excelentes comunicadores. También son seductores y fascinantes. Ganan la simpatía de todo el mundo.

GÉMINIS-CÁNCER (18 al 23 de junio)

Sumamente emocionales y sensibles, su mundo es el de las ideas y el análisis realmente profundo. No soportan que los manden ni que interfieran en su vida. Su mundo está lleno de belleza y originalidad. Atraen el dinero y saben cómo emplearlo para su provecho. Viven en busca del placer y del entretenimiento. Nunca se arriesgan en nada. Son sumamente bondadosos.

CÁNCER-LEO (19 al 24 de julio)

Su personalidad única y dramática compite por convertirse en el centro de atracción donde quiera que van. Combinan la agresividad y el liderato de Leo con la sensibilidad y talento de Cáncer. Lo que más valoran son la honestidad y la franqueza. Son muy generosos, pero jamás olvidan lo que ellos consideren una ofensa.

LEO-VIRGO (19 al 24 de agosto)

Los que nacen dentro de esta cúspide tienen mucha lógica, intelecto práctico, vitalidad y entusiasmo. Son sumamente ambiciosos. Todo el fuego de Leo se mezcla con la sabiduría calmada de Virgo, dando una profunda y sensible personalidad. Muy selectivos en todas sus amistades y gustos.

VIRGO-LIBRA (19 al 24 de septiembre)

Naturales, excepcionalmente refinados, los que nacen bajo esta cúspide tienen gran sentido de observación y crítica, una fascinación por el arte y mucho talento para expresarlo. Se frustran buscando la perfección en el amor y el matrimonio. Se ganan al público, si son espontáneos, con su encanto y gran personalidad.

LIBRA-ESCORPIO (19 al 24 de octubre)

Esta es la cúspide más difícil del Zodíaco. Una mezcla de ensoñación y romanticismo con una intensidad emocional que puede hacerlos muy infelices. Tienen fascinación por lo oculto, lo detectivesco y lo misterioso. No soportan la mediocridad y la fealdad, pues, sobre todo, aman la belleza.

ESCORPIO-SAGITARIO (19 al 24 de noviembre)

Los nacidos bajo esta cúspide tienen una naturaleza idealista, amorosa y sociable. El amor es lo más importante para ellos, pero a la vez tienden a regalarlo a quien menos lo merece. Jamás se cansan. Les fascina viajar y lograr imposibles. Dan un colorido especial a la vida diaria hasta convertirla en una experiencia encantadora y divertida.

SAGITARIO-CAPRICORNIO (19 al 23 de diciembre)

Estos seres lo aprenden todo aunque no estudien mucho. Tener una gran sabiduría natural es su tesoro. Nacen para dirigir, para guiar a otros. No se conforman hasta llegar a la cumbre. Aunque les cuesta trabajo, su persistencia y dedicación les brinda lo anhelado. Son artísticos, sensibles y creativos.

CAPRICORNIO-ACUARIO (16 al 21 de enero)

Los nacidos bajo esta cúspide son sumamente prácticos, inteligentes y ambiciosos. Viven dos vidas, la del hogar y la profesional, pero jamás las mezclan. Son reformadores, innovadores y tienen la intuición para alcanzar el éxito. Muy bondadosos y altruistas, aunque siempre están pensando en su seguridad personal.

ACUARIO-PISCIS (15 al 20 de febrero)

Aman a la humanidad sin hacer distinciones de ninguna clase. Les fascina lo raro, lo extraño, lo oculto, lo exótico. Nada los asusta. Son sumamente artísticos, soñadores, amorosos, talentosos e inspirados. Es la gran cúspide de la genialidad artística. Son transgresores y pueden motivar escándalos.

PISCIS-ARIES (17 al 24 de marzo)

Los nacidos bajo esta cúspide tienen una personalidad fuerte, agresiva y luchadora. No les gusta perder el tiempo. Son muy emocionales en el amor y en la amistad. Deben tratar de dominar ciertas tendencias testarudas y destructivas. Tienen en sí la fuerza y el poder para combatir lo malo en otros y en sí mismos. Brillan con luz propia y logran la cumbre.

LOS DECANATOS

Cada signo comprende treinta días. Los primeros diez días equivalen al primer decanato, que está regido por el planeta que rige a todo el signo. Usemos como ejemplo a Aries. Para este, el primer decanato —que comprende del 21 al 31 de marzo— lo rige Marte. Los otros diez días es el segundo decanato, que en Aries comprende del 1 al

10 de abril y el regente es el Sol, asociado con Leo. Y el tercer decanato, en el caso de Aries del 11 al 20 de abril, lo regiría Júpiter, relacionado con Sagitario.

ARIES

Primer decanato (21 al 31 de marzo): Los nacidos del 21 al 31 de marzo están regidos por Marte. Son peleones, infantiles, impetuosos —son los que lo prueban todo aunque sea solo una vez. No soportan recibir órdenes, ni siquiera del médico. Son arriesgados y vencen donde otros han fracasado. Constelación Regente: ANDRÓMEDA (Amor).

Segundo decanato (1 al 10 de abril): Los nacidos del 1 al 10 de abril, están regidos por el Sol. Deben tener un cuidado especial con la vista, con los ojos. Su gran vanidad les hace evitar los espejuelos. El Sol, por su parte calcinante, afecta el cabello de estos seres y hay muchos aries del segundo decanato que son calvos o de cabello problemático. Tanto hombres como mujeres poseen piel seca. Deben exagerar cuidados al estar en contacto con el sol, especialmente en las playas. Deben evitar el alcohol, ya que reseca la piel y deben beber mucho líquido y cuidar sus dientes exageradamente. Constelación Regente: CETUS (La Ballena Celestial).

Tercer decanato (11 al 20 de abril): Los nacidos en el tercer decanato están regidos por Júpiter, el planeta de la buena suerte. Son más adaptables, más flexibles, más tolerantes que sus hermanos de otros decanatos. Tienden a ver el lado hermoso de la vida. Ríen con facilidad. Todo lo planean en grande, sueñan en grande, piensan en grande. Ante situaciones difíciles se desorientan y lucen como un tapón de corcho en el mar. Los hijos de este decanato padecen de las arterias, de mala circulación de la sangre. Deben evitar que el colesterol aumente, ya que endurecerá las arterias. No traten de quemar la vela por ambos lados. No se gasten en una vida social desenfrenada. Necesitan tomar descanso durante el día para combatir la nerviosidad, la inquietud y renovar energías y vitalidad. La nicotina es destructiva para ellos. El mineral de Aries es el hierro orgánico, de elemento marciano. La falta de él ocasiona anemia y enfermedades debilitantes del organismo. Constelación Regente: CASSIOPEIA (Guía Celestial).

TAURO

Primer decanato (21 de abril al 1 de mayo): Los nacidos en este decanato, están regidos por Venus y son artistas natos. Son los venusianos por excelencia de rostros armoniosos, cutis perfecto y gran belleza exterior e interior. No soportan la soledad. Engordan con gran facilidad. Eviten sobre todo estimulantes. La falta de yodo en tu dieta puede ser destructiva a tu salud. Constelación Regente: TRIANGULUM (Misticismo).

Segundo decanato (2 al 11 de mayo): Regidos por Mercurio y los más rápidos en acción y pensamientos, sus nervios se excitan con facilidad y son testarudos e irritables. El cuello es su área de accidentes. Consejo especial: nunca coman hasta que su estómago esté tranquilo. Cualquier líquido caliente es preferible a una comida. La vitamina B no debe faltarles. El calcio tampoco. Constelación Regente: ERIDANUS (Justicia).

Tercer decanato (12 de mayo al 20 de mayo): Los nacidos en este decanato, están regidos por Saturno. Son los tauro cautelosos, prácticos, ambiciosos, confiables. Su temperatura es más baja de lo normal. Saturno puede traerles problemas con el oído (especialmente el derecho). Hay posibilidades de alergia. Catarros e infecciones de la garganta los atacan con frecuencia y permanecen por más tiempo con ellos. Necesitan ejercicios diariamente para evitar artritis y otras enfermedades que limitan su libertad de movimientos. Su salud está a la par con sus emociones. Eviten ingerir mucho café y los cigarrillos. Constelación Regente: PERSEUS (Victoria).

GÉMINIS

Primer decanato (21 de mayo al 1 de junio): Bajo la regencia total de Mercurio, toda enfermedad que los ataque será de naturaleza mercurial. Deben tener en su dieta mucho calcio y magnesio.

Coman queso, yogurt, vitamina D, huevos, frutas y vegetales. Hay dos tipos completamente distintos. Uno delgado alto, elegante y otro más bajito, sumamente brillante en mentalidad y exageradamente nervioso. Constelación Regente: LEPUS (La Liebre).

Segundo decanato (2 al 11 de junio): Regidos por Venus, de cuerpo redondo y suave, los nacidos bajo este decanato engordan con más facilidad y sus movimientos son más lentos. Toda enfermedad los destruye emocionalmente. Es obligatoria para ellos una rica dieta en proteínas como garbanzos, hígado, pescado, nueces, leche y queso. También, como una necesidad para su sistema venoso deben comer frutas cítricas, pimientos verdes, brócoli, lechuga, cerezas, melones y melocotones. Constelación Regente: ORIÓN (Belleza e Inteligencia).

Tercer decanato (12 al 20 de junio): Regidos por Urano, los nacidos en el tercer decanato son geniales, raros, erráticos, explosivos y poco convencionales. Se parecen a los Acuario. Sus ojos llaman poderosamente la atención. Las enfermedades más comunes de estos hijos de Géminis son afecciones pulmonares, cansancio y agotamiento en manos y brazos, asma y una espina dorsal débil. No olviden en su dieta alimentos proteínicos como ostras, langostas, aceite de hígado de bacalao, vegetales frescos y frutas. La luz del sol no debe faltarles. Eliminen la nicotina. El alcohol para combatir la tensión nerviosa es también peligroso. Eviten píldoras depresivas, estimulantes y todo lo que cree estados ilusorios. Constelación Regente: AURIGA (Comunicación).

CÁNCER

Primer decanato (21 al 30 de junio): Los que nacen bajo este decanato están totalmente regidos por la Luna. Aunque tienen tacto al hablar y al actuar, dudan de todo el mundo. Su imaginación es fértil y adoran el romance y la aventura aunque sea en sueños. Cuando se enferman es que algo emocional los ha afectado. La retención de líquido en sus tejidos es sumamente peligroso para ellos. Eviten la sal. Frutas, vegetales y ensaladas verdes no deben faltarles. Mastiquen bien lo que comen y háganlo en una atmósfera de paz. Constelación Regente. CANIS MINOR (Razón).

Segundo decanato (1 al 11 de julio): Están regidos por el agresivo y enérgico planeta Marte. Su naturaleza es más excitable y su estructura física es más muscular que la de sus otros hermanos. Los afectan enfermedades de naturaleza inflamatoria o infecciosa. Si eres mujer, tu ciclo se perturba con los ciclos de la Luna. Para mantenerse saludables, deben incluir en su dieta: leche, queso, yogurt, yema de huevo, espárragos, lechuga y tomate. Constelación Regente: CANIS MAJOR (Triunfo).

Tercer decanato (12 al 22 de julio): Neptuno es el planeta regente de este decanato. Les fascina dormir, soñar e imaginar. Tan pronto llegan a los treinta años, el peso se convierte en un problema. Neptuno rige la secreción del estómago, el contenido de ácido y otros factores enzimáticos. Tenderán a ser nerviosos y padecer de pesadillas y hasta de insomnio. Para fortalecer sus organismos no deben faltarles semillas de girasol, germen de trigo, hígado, nueces, almendras, pescado, mariscos, vegetales, hongos, algas y todo aquello que ofrezca vitaminas y minerales. El mineral de todos los Cáncer es fluoruro de calcio. Ayuda a filtrar los venenos del cuerpo. El cloruro es necesario para la producción de ácido en el estómago. Las fuentes de este mineral son coles, berros, tomates, aguacates, pepinillo, moras y fresas, carne y pescado. Traten de hacer ejercicios para corregir sus abdómenes y cinturas. Constelación Regente: ARGO NAVIS (Barco Mágico de Poseidón).

LEO

Primer decanato (23 de julio al 3 de agosto): Regidos totalmente por el Sol, su presencia impone respeto. Son bondadoso y cariñosos con todo el mundo. No gastan en regalos materiales porque creen que lo realmente valioso es el regalo del corazón. Cuídense de su mal carácter. En sus dietas no pueden faltar alimentos ricos en proteínas. También incluyan ciruelas, manzanas, pasas, naranjas, toronjas, piñas y mucha ensalada verde. Constelación Regente: URSA MINOR (Luz).

Segundo decanato (4 al 12 de agosto): Júpiter es su regente. Tienen gran sentido del humor. La buena mesa y la compañía bella y agradable no les puede faltar. Son sumamente selectivos en cuanto a las personas y pocas entran en sus reinos. La diplomacia es su fuerte. Su magnetismo en lo sexual se extiende hasta la vejez. Animales y niños los adoran. Sus problemas de salud parten de la circulación y de lo vascular. Cuando tienen problemas, aumentan de peso y se les afectan el corazón y la salud en general. Tengan preocupación con sus dietas. Que no falten carne, mariscos, espárragos, queso, yogurt y mucho aceite vegetal. Constelación Regente: URSA MAJOR (Sabiduría).

Tercer decanato (13 al 22 de agosto): Los rige Marte. Son leones agresivos, fuertes e individualistas. Su carácter ha sido causa de grandes conflictos y victorias. No le temen a nada y aceptan cualquier reto. Sumamente independientes, jamás se doblegan ante nada. Cuando son amigos, lo son de verdad. Son susceptibles a fiebres, dolores musculares y de huesos, diabetes, infecciones y enfermedades raras y difíciles de diagnosticar. Deben balancear sus dietas, por ser tan carnívoros, con más frutas y vegetales. La vitamina C y la E no deben faltarles nunca. Constelación Regente: HYDRA (Serpiente Acuática).

VIRGO

Primer Decanato (23 de agosto al 3 de septiembre): Mercurio los rige totalmente. Son sumamente sutiles y astutos. Detestan discutir porque saben que hay otras formas de conseguir lo que desean. Sus enfermedades son de origen nervioso: indigestión, mal funcionamiento del hígado, problemas hormonales. Para ustedes tengo un remedio que ha resultado milagroso para muchos hijos de su decanato. Tomen un vaso de leche caliente con una cucharadita de miel de abejas cuando su salud esté afectada, les aseguro que se acordarán de mí. Un buen desayuno es indispensable, pero en vez de café, tomen té con crema o limón. No les debe faltar en sus dietas: habichuelas verdes, col, quimbombó, perejil, nueces, almendras, pasas y muchas frutas. Tomen suplementos y minerales. Constelación Regente: CRATER (La copa de Apolo).

Segundo decanato (4 al 13 de septiembre): Los rige Saturno, el disciplinario, el maestro. Tienden a la melancolía y a la preocupación por tonterías, a encerrarse en si mismos. Sus intestinos y sus estómagos les darán sorpresas. Cualquier problema o emoción repercute en el sistema digestivo. Alimentos proteínicos y leche no deben faltarles. Eviten las salsas muy condimentadas. Coman mucha papa, arroz, ensaladas, carnes frescas y mucha fruta. La uva, el mango, el melón y la papaya deben estar siempre sobre sus mesas. Piensen que ustedes no lo saben todo, alguien puede aconsejarlos y darles luz. Constelación Regente: HERCULES (Fortaleza).

Tercer decanato (14 al 22 de septiembre): Venus, el planeta del amor, los rige y bendice. Sus naturalezas son emocionales. El arte, el teatro, la música, lo romántico son su mundo. Les gusta la buena comida, bien servida y en un lugar elegante. Detrás de su exterior sonriente se oculta una gran seriedad y fuerte (inflexible) voluntad. Viven preocupados por su seguridad económica. Su dieta debe incluir mucha proteína, mucho queso, frutas cítricas, espinacas, nabos, cocos, semillas de girasol y todo lo que contenga vitamina B. El zinc también es muy importante, ya que estabiliza la respiración de los tejidos y regula el uso de los carbohidratos en el cuerpo. Cuiden su piel tomando diariamente una cucharada de aceite de oliva, semilla de algodón, girasol o germen de trigo. Huyan del alcohol. Constelación Regente: BOOTES (El Oso del Conocimiento).

LIBRA
Primer decanato (23 de septiembre al 4 de octubre): Venus los rige doblemente. Son seres artísticos, encantadores, fascinantes,

dulces, amigos de dar la mano y hacer favores. Su misión es traer la paz donde haya conflictos y guerras. Les gusta sacar tiempo para estar solo consigo mismos. Siempre recuerdan a todo ser que hayan amado. En sus dietas lo más importante es un buen desayuno aunque luego no almuercen. Su régimen dietético debe incluir alimentos proteínicos, mucha fruta y vegetales frescos. Eviten el azúcar, ya que les hace mucho daño. Sustitúyanla por miel de abejas. Tomen aceite de bacalao. Constelación Regente: CORVUS (El Cuervo del Idealismo).

Segundo decanato (5 al 14 de octubre): Los rige el errático, explosivo y genial Urano. Son un tanto extraños, a veces difíciles, muy independientes, individualistas y de ideas sumamente originales. Les fascina pensar y meditar. Su mundo es muy difícil de penetrar. Les hacen falta alimentos que fortalezcan sus cerebros y sus sistemas nerviosos. Establezcan hábitos regulares al comer. Los huevos y la leche no deben faltar nunca, al igual que el arroz, las habichuelas, el pescado, la carne, las frutas y los vegetales. Constelación Regente: CENTAURUS (Dualidad).

Tercer decanato (15 al 22 de octubre): Los rige Mercurio, el señor de la comunicación y la velocidad. Sus nervios los delatan. Son sumamente nerviosos, inquietos y activos. Son inteligentes, brillantes y salen airosos de cualquier emergencia que se presente. Les gusta administrar, ordenar, ganarse la gente, persuadir inteligentemente a otros. Al igual que sus hermanos de los otros decanatos, necesitan una dieta rica en proteínas, vitaminas y minerales. Pollo, langosta, carne de res, hígado, frutas cítricas y agua de coco son indispensables. Constelación Regente: CORONA BOREALIS (La corona nupcial de Adriadne).

ESCORPIO

Primer decanato (23 de octubre al 3 de noviembre): Marte y Plutón son sus regentes. Son temperamentales, sensibles e inflexibles. No hay nada en la vida que sea imposible para ustedes. Se mueven entre íntimos. No soportan las multitudes, ni las intromisiones en sus vidas privadas. Son sumamente generosos cuando simpatizan o quieren a alguien. Ustedes escogen sus amistades. Sus dietas deben ser ricas en proteínas, ensaladas y vegetales frescos. También deben comer limones, naranjas, guineos y piñas. Para problemas de eliminación, coman diariamente ciruelas, higos y dátiles. Constelación Regente: SERPENS (Serpiente del Poder Oculto).

Segundo decanato (4 al 13 de noviembre): Los rige Neptuno. Son callados, observadores, fríos, misteriosos y meditativos. Gente nueva tiene que pasar por exámenes para poder entrar en sus círculos. Prefieren amistades que tengan intereses por lo oculto y espiritual. Hay un aire de misterio en ustedes, que llama la atención de todo el mundo. Sus enfermedades son ocasionadas por afecciones glandulares, adicción a drogas, extenuación nerviosa, exceso de agua en los tejidos, infecciones, alergias y asma. Necesitan la vitamina C. Eliminen el tabaco y toda clase de píldoras. Constelación Regente: LUPUS (El Lobo de la Regeneración).

Tercer decanato (14 al 21 de noviembre): Los rige la Luna. Son magnéticos, atractivos y muy persuasivos. Ganan y pierden peso con facilidad. Su guerra es fría pero poderosa. Son independientes, individualistas y muy sensibles. Les gustan las cosas buenas de la vida, la mejor comida, la mejor bebida y el romance. Cuiden su peso controlando su dieta. Les recomiendo que confíen sus problemas y dudas a aquellos que quieren y tienen su confianza. Constelación Regente: AQUILA (El Águila de la Luz).

SAGITARIO

Primer decanato (22 de noviembre al 3 de diciembre): Están bajo la regencia completa de Júpiter. Sus vidas están llenas de excesos. Son sumamente activos y necesitan de estímulos mentales y emocionales para poder vivir. Son honestos, sinceros y les gusta dar la mano a necesitados y amigos. Exigen mucho de los seres que los quieren. La duda y la sospecha habitan en ustedes. El sobrepeso es su mayor problema. Deben comer hígado y riñones para que sus propios hígados produzcan glicógeno. Que no falte en sus dietas vitamina C para evitar rupturas en los capilares. Coman más de tres veces al día, pero en pequeñas cantidades. Constelación Regente: OPHIUCHUS (Victoria sobre Adversidad).

Segundo decanato (4 al 12 de diciembre): Marte, el guerrero, los rige. Son temperamentales, dominantes, independientes y guerreros. Les gusta imponer su voluntad en aquellos que los quieren y sirven. Lo que ustedes dicen es ley y no soportan intromisiones en sus mundos privados o profesionales. Les fascina viajar, moverse, conquistar, persuadir, ganarse el mundo. Su naturaleza es romántica y pueden haber destrozado más de un corazón. Se recuperan de todo con facilidad. Les gusta la comida exótica, bien condimentada y elegantemente servida. El fumar y el beber están prohibidos para ustedes. Constelación Regente: SAGITTA (Destrucción del Mal).

Tercer Decanato (13 al 21 de diciembre): El Sol, dador de vida, es su regente. Son serios, filosóficos y les fascinan la ciencia y el estudio. Les llaman la atención los grupos de ocultismo, magia y espiritualismo. El arte y la música no pueden faltar en sus vidas. Tienen aspiraciones nobles y viven ambicionando lo mejor. Su salud está sujeta a altas y bajas debido a nervios, agotamientos y excesos en el comer. Lechosa, mango, aguacates, piña, no deben faltar en sus dietas, al igual que pescado y mariscos. Constelación Regente: ARA (El Altar de Baco).

CAPRICORNIO

Primer decanato (22 de diciembre al 1 de enero): Los rige Saturno, el maestro. Poseen un carácter fuerte y difícil. Tienen un aire de dignidad y de elegancia que los distingue. Prefieren colores sombríos y sobrios. Son sumamente negativos para ellos mismos. Les fascina saber, conocer, investigar. Cuiden esmeradamente sus sistemas digestivos. La falta de calcio en sus huesos les ocasiona grandes males. Atiendan especialmente a sus rodillas. En el trabajo llegan hasta el agotamiento afectando negativamente su salud. Deben tomar una cucharada de melaza en leche antes de acostarse lo cual les beneficiará la piel y los nervios. No coman chocolate. Constelación Regente: CORONA AUSTRALIS (Corona de los Dioses).

Segundo decanato (2 al 11 de enero): Este decanato se conoce como el corazón de Capricornio, relacionado con el karma y lo místico. Venus, el planeta del amor, los rige. Saben mezclar la dulzura, la elegancia y la belleza de Venus con la disciplina, seriedad y responsabilidad de Saturno, para abrirse paso en la vida. Los conocen por su seriedad. Seriedad en el amor, en lo profesional y en lo social. Sin embargo, el humor negro está regido por ustedes. Prefieren poco, pero bueno. Adoran lo exquisito, lo antiguo, lo de valor perdurable. Si tienen control y moderación, jamás se enfermarán. Constelación Regente: LYRA (El Arpa de la Armonía).

Tercer decanato (12 al 19 de enero): Regido por Mercurio, planeta de la inteligencia, son sumamente nerviosos aunque no lo den a demostrar. Son versátiles y les interesa la comunicación, prensa, arte, música, crítica y todo lo regido por Mercurio. En ustedes se combina la agresividad con la timidez aparente. Logran hacer mucho en poco tiempo, ya que viven adelantados a su tiempo. Les fascina sorprender con su velocidad al pensar y al actuar. Les gusta viajar para enriquecerse culturalmente. Todas sus enfermedades y males surgen de su sistema nervioso y de su mentalidad. Todo alimento que ayude al sistema nervioso —proteínas, alimentos que contengan magnesio, mucha leche, yogurt, huevos, habichuelas soya— será indispensable para ustedes. Constelación Regente: DRACO (El Dragón de la Intuición).

ACUARIO

Primer decanato (20 al 30 de enero): Urano los rige totalmente. Todo lo diferente, lo nuevo, lo original, lo creativo, lo llamativo, lo misterioso, lo oculto, atrae poderosamente su atención. Creen en la amistad y esperan mucho de ella. Buscan el progreso económico, aunque el dinero los abandona con facilidad. Son una mezcla de

afecto y posesión pero sin perder su libertad e independencia. Engordan con suma facilidad. Para ustedes es obligatorio comer frutas
diariamente. Suplementen sus dietas con vitaminas y minerales, para
mantener las venas de sus piernas funcionando correctamente. Constelación Regente: DELPHINUS (El Delfín de la Espiritualidad).

Segundo decanato (31 de enero al 9 de febrero): Mercurio
domina sus vidas. Sus problemas de salud surgen de condiciones
nerviosas. Neuralgia, neuritis, estómago, nervios y carácter violento
acompañan sus vidas. Su apariencia física, aunque no sea hermosa, es
sumamente atractiva. Atraen a otros seres como hormigas a la miel.
A veces atraen a seres débiles, dependientes, neuróticos, inestables
que dañan su aura y los colman de vibraciones negativas. Lo más que
ustedes desean es compatibilidad intelectual y mental con otro ser
humano. Por eso van de uno en otro sin encontrar a alguien que los
satisfaga. Necesitan alimentos que les ofrezcan grandes cantidades de
energía. Constelación Regente: PISCIS AUSTRINUS (Franqueza).

Tercer decanato (10 al 18 de febrero): Venus, el planeta del arte,
la belleza y el amor los rige. Su naturaleza aparentemente controlada
y tranquila puede tener explosiones emocionales. Ustedes creen en el
amor y saben que existe un ser nacido para hacerlos feliz y compartir
sus existencias. Tienen pocos pero buenos amigos. Detestan el engaño
y la hipocresía. Sueñan con tener casa propia, hijos, tranquilidad, un
futuro estable junto a seres que los quieran, respeten y consideren.
Tienen buenos amigos porque ustedes saben ser amigos. Descansen
mucho, descansen mentalmente. Eviten las drogas y los estimulantes.
Que no falten frutas y vegetales en sus dietas. Constelación Regente:
EQUULEUS (El Caballito Hermano de Pegaso).

PISCIS

Primer decanato (19 de febrero al 1 de marzo): Neptuno es su
regente. Su naturaleza es soñadora e imaginativa. Necesitan la armonía, la paz y la calma para poder vivir. Buscan en lo espiritual fuerzas
y conocimientos para poder enfrentarse a las dificultades que la vida

pone ante ustedes. No les gusta demostrar sus verdaderos sentimientos aunque todo motiva en ustedes pena y compasión. Los animalitos buscan en ustedes cariño y calor. Sus dietas deben ser ricas en proteínas, vitaminas y minerales. Coman siempre en un ambiente propicio donde haya belleza, música y paz. Constelación Regente: PEGASO (Buena Fortuna).

Segundo decanato (2 al 11 de marzo): La Luna rige sus vidas. Se le llama decanato de la genialidad. (Anna Magnani, Miguel Angel, el Papa León XIII, Héctor Villalobos, Antonio Vivaldi, D'Anunzio, Torcuato Tasso y Juana de Ibarborou pertenecen a él). Este es el decanato que mezcla lo artístico y psíquico. Toda labor realizada con el público les dará dinero y prestigio. En el amor buscan y sueñan con un ideal. Aman la noche, el misterio y todo lo oculto. Constelación Regente: CYGNUS (El Cisne de Paz y Amor).

Tercer Decanato (12 al 20 de marzo): Marte rige sus vidas. Son individualistas, independientes y enérgicos. Después de algunas experiencias tristes en el amor se ponen cínicos e incrédulos. Sus problemas emocionales pueden destruirlos. El alcohol no los beneficia en nada. Las drogas los llevan a vivir un mundo falso destruyendo sus posibilidades de éxito y progreso en la vida. No beban café. Suplementen sus dietas con vitaminas y minerales. Constelación Regente: CEPHEUS (Monarca de la Constancia).

4

LA ASTROLOGÍA
ORIENTAL

El Zodíaco oriental se basa en el año de nacimiento y en ciclos de doce años. Cada doce años rige un animalito de la buena suerte.

Según la leyenda, Buda (Maestro Sublime) convocó a todos los animales en el Año Nuevo. Solamente doce animales se presentaron y él, para premiarlos, les dio la oportunidad y el honor de regir cada doce años, y que todo ser humano que naciera en dichos años tuviera un destino parecido. Esta leyenda tiene tal importancia que miles de seres humanos rigen su vida, ya sea en el arte, la política, los negocios o en lo personal, basándose en la astrología oriental.

El año oriental tiene distintas fechas para comenzar; desde el 20 de enero hasta el 18 de febrero. Si tú has nacido en enero, tienes que corroborar qué día empezó a regir tu animalito en el año de tu nacimiento y en que fecha termina.

AÑO DE LA RATA (1900, 1912, 1924, 1936, 1948, 1960, 1972, 1984, 1996, 2008, 2020)

Seductores, espirituales, artísticos, de mucho atractivo físico, intelectuales, elegantes y testarudos. Son negociantes naturales, jamás les falta dinero. Viven vidas privadas, íntimas, de gran intensidad. Por fuera son todo control; por dentro, volcanes de pasión y ternura. Jamás los comprenden totalmente. En la última fase de su vida tienen mucho dinero, éxito profesional y felicidad. Pasan por experiencias amorosas antes de encontrar a su alma gemela. Quien no los conoce, los conceptúa como egoístas.

Comparten tu año: Shakespeare, Antoine de St. Exupery, Mozart, Tolstoy, Marlon Brando, Herman Hesse, Julio Verne, Sean Penn, Cameron Diaz y Al Gore.

AÑO DEL BUEY O BÚFALO (1901, 1913, 1925, 1937, 1949, 1961, 1973, 1985, 1997, 2009, 2021)

Hermosos, luchadores, prácticos, tranquilos y autoritarios. Aunque aman viajar, adoran su hogar, familia e hijos. Son únicos, originales, espontáneos, naturales; siempre tienen "golpes de buena suerte" que los llevan a la gloria. Sus vidas se componen de ciclos: en la primera fase tienen dificultades personales, hogareñas o profesionales. Luego todo se suaviza y alcanzan lo anhelado. Son fanáticos de lo que creen y defienden lo suyo como nadie. Pueden lucir plácidos y dulces por fuera, pero son de acero por dentro. Sumamente apacibles y espirituales, poseen gran magnetismo sexual con apariencia angelical.

Comparten tu año: Napoleón, Hitler, Robert Kennedy, Jane Fonda, Charlie Chaplin, Van Gogh, George Clooney, Jack Nicholson, Walt Disney y Meryl Streep.

AÑO DEL TIGRE (1902, 1914, 1926, 1938, 1950, 1962, 1974, 1986,1998, 2010, 2022)

Nada les llega fácil. Tienen que luchar para lograr el éxito y el amor. Inspiran cariño de todos por que a pesar de su grandeza, lucen tímidos y humildes. Nacieron para ser estrellas. No ha existido un "tigre" mediocre o tonto. Tienen grandes decepciones en el amor, pero se recuperan prontamente, aunque jamás olvidan. Dan todo a quien gane su total confianza. Su magnetismo es secreto, callado. Pueden hacerlo todo y lucen inocentes y puros. Su gran inspiración es el arte, la música, el mar, la familia, los amigos. No hay padre ni madre como un "tigre". Dejan huellas en todo el que los ha amado.

Comparten tu signo: Beethoven, Rudolf Nureyev, Marilyn Monroe, Isadora Duncan, Stevie Wonder, Tom Cruise, Emily Brontë, Demi Moore, Carlos Gardel y Simón Bolívar.

AÑO DEL CONEJO O GATO (1903, 1915, 1927, 1939, 1951, 1963, 1975, 1987, 1999, 2011, 2023)

Afortunados, reyes de la palabra, talentosos, ambiciosos, filósofos y psicólogos naturales. Afectuosos y de grandes entregas en el amor. Se guían por su instinto, su voz interior. Aunque lucen calmados, son temperamentales y de fuertes emociones. En el fondo son sentimentales, melancólicos, soñadores. Otros pueden lucir pedantes, rebeldes, porque saben lo que valen y lo que quieren. Tienen la magia de hacer reír o distraer aunque estén deprimidos. Motivan grandes penas en los seres que los aman. Son carismáticos, nerviosos, excelentes compañeros y muy visionarios. Su astucia y talento no tiene límites.

Comparten tu signo: Kate Winslet, Frank Sinatra, Eva Perón, Sting, Arthur Miller, Albert Einstein, Orson Welles, Drew Barrymore, David Beckham, Enrique Iglesias, Confucio y Johnny Depp.

AÑO DEL DRAGÓN (1904, 1916, 1928, 1940, 1952, 1964, 1976, 1988, 2000, 2012, 2024)

Salud y buena fortuna los define. No hay nada que hagan que no esté bien o perfecto, hasta lo malo lo hacen mejor que nadie. Testarudos, obstinados, honestos, sensibles, excéntricos, su vida y su profesión es como las olas: desaparecen por un tiempo, para regresar con más fuerza. Hay que reconocer que son indestructibles, poderosos, ingeniosos, talentosos y distintos. Aunque gustan del chisme, no hacen daño a nadie. Aman la vida social en pequeños grupos y en gran intimidad. Son maestros de la emoción y simpatía. De pocos y profundos amores, el Dragón simboliza en el oriente: dinero, armonía, longevidad y valor.

Comparten tu signo: Salvador Dalí, Abraham Lincoln, Martin Luther King Jr., Juana de Arco, Joan Báez, John Lennon, Plácido Domingo, Ringo Starr, Al Pacino, Sandra Bullock y Robin Williams.

AÑO DE LA SERPIENTE (1905, 1917, 1929, 1941, 1953, 1965, 1977, 1989, 2001, 2013, 2025)

Sabios, pasionales, extremistas, inolvidables, médiums o magos naturales, perceptivos, inspiradores y sacrificados al amar, todo el que les hace daño, se destruye tarde o temprano. Cuando aman, dan la vida. Necesitan de la música para armonizarse y crear. En Oriente aconsejan no provocar a "una serpiente" porque no saben perder. Lo espiritual ejerce una influencia poderosa en ellos. Aman los animales y los seres desvalidos. Caritativos y generosos, sin hacerse publicidad, siguen su corazón en todo y sufren mucho. Sus verdades asustan.

Comparten tu signo: Jacqueline Kennedy Onassis, John F. Kennedy, Grace de Mónaco, la Reina Farah Diba, Mahatma Gandhi, Picasso, Sartre, Goethe, Mao, Brahms, Oprah Winfrey, Greta Garbo y Palito Ortega.

AÑO DEL CABALLO (1906, 1918, 1930, 1942, 1954, 1966, 1978, 1990, 2002, 2014, 2026)

Tienen gracia y atractivo especial. Traen suerte al que se une a ellos. "Leen" fácilmente a los otros seres humanos. Teniendo grandes atributos no prestan atención a ellos. Son sumamente mentales, inspiran confianza en otros. Les encanta ayudar, dar, orientar, servir (aunque salgan perdiendo). Lo comprenden todo y lo perdonan todo. Son espontáneos, naturales, poco convencionales y muy amistosos. Para ellos no hay diferencias raciales, sociales o culturales. Son humanistas y universales. Terriblemente independientes y muy leales en la amistad.

Comparten tu signo: Paul McCartney, Barbra Streisand, Jimi Hendrix, Raquel Welch, Rembrandt, Janet Jackson, Theodore Roosevelt, Isabella Rosselini, John Travolta, Rita Hayworth y Aretha Franklin.

AÑO DEL CARNERO (1907, 1919, 1931, 1943, 1955, 1967, 1979, 1991, 2003, 2015, 2027)

Artistas, músicos, maestros, graciosos, creativos, pesimistas, tímidos por dentro y arriesgados por fuera, los que nacen bajo el Carnero siempre tendrán ropa linda, buena cena, seres que los amen y admiren, enemigos ocultos y mucha pasión. Tienen que aprender a recibir, ya que les fascina dar y darse. En el fondo son niños buscando amor o "ancianos" de profunda sabiduría. Los maestros espirituales que rigen el mundo (Bhagwan Shree Rajneesh, Ram Dass, Sai Baba y otros) nacen bajo el Carnero. El 90% de las cortesanas y de los gigoló nacen también bajo el Carnero. Son magnéticos, embrujadores, súper atractivos y brillantes.

Comparten tu signo: Rodolfo Valentino, Catherine Deneuve, Liberace, Julia Roberts, Robert de Niro, Miguel Ángel, Andy Warhol, Miguel de Cervantes, George Harrison, Krishnamurti, Osho y James Dean.

AÑO DEL MONO (1908, 1920, 1932, 1944, 1956, 1968, 1980, 1992, 2004, 2016, 2028)

Maestros en resolver problemas difíciles, se los llama los genios erráticos, los incomprendidos. Su memoria es fenomenal para lo que les interesa. Pueden improvisarlo todo. Hablan con autoridad y convencen a cualquiera (aunque desconozcan de lo que hablan). Siempre triunfan en los proyectos más ambiciosos. En el amor está su cruz; su dicha amorosa jamás es completa. Son mercuriales, pasan de un estado a otro con suma facilidad. Nadie llega a conocerlos plenamente. Son trabajadores, sacrificados y ambiciosos. Tienen mucha magia para la atracción sexual. Excelentes consejeros. Son medio "brujitos" y lo que imaginan o intuyen es verdad.

Comparten tu signo: Elizabeth Taylor, Leonardo Da Vinci, Diana Ross, Federico Fellini, Jennifer Aniston, Tom Hanks, Charles Dickens, Paul Gauguin, María Marta Serra Lima, Alejandro Sanz, Libertad Lamarque y Will Smith.

AÑO DEL GALLO (1909, 1921, 1933, 1945, 1957, 1969, 1981, 1993, 2005, 2017, 2029)

Bellos artística y espiritualmente, les gusta conocerlo todo por experiencia propia. Rompen fronteras y aman la libertad. Valoran su privacidad y no temen a la soledad. Soñadores, idealistas, románticos; fabrican castillos en el aire. Pero a la hora de la verdad son prácticos y realistas. Rompen con lo tradicional y con lo convencional. Predican lo que menos practican. El arte, la poesía y la música los inspira a amar y a vivir. Dejan a su paso muchos corazones rotos o son totalmente destruidos al entregarse al amor. Devotos a su trabajo, siempre creen tener la razón y buscan mil justificaciones para quedar bien. Les gusta ocultarse para leer, meditar y enriquecerse interiormente. Son eternos en el arte y en el amor. De todo se recuperan.

Comparten su signo: Katherine Hepburn, Yoko Ono, Mia Farrow, Gloria Estefan, el Papa Pablo VI, Eric Clapton, Michelle Pfeiffer, Julio Iglesias, Sandro, Elton John y Juan Luis Guerra.

AÑO DEL PERRO (1910, 1922, 1934, 1946, 1958, 1970, 1982, 1994, 2006, 2018, 2030)

El amor es su salvación o su derrota, hasta que no llegue el "que es" viven sin dirección y a ciegas. Las mejores cualidades de la raza humana se encuentran en los nacidos bajo el perro. Saben guardar secretos propios y ajenos. Su vida se mezcla misteriosamente con segundas o terceras personas. Rigen la moda, la elegancia, lo nuevo, lo distinto o lo muy antiguo y tradicional. Dejan amistades a su paso por el mundo y embrujan con su arte y su belleza espiritual. Un hijo (o hija) es la razón de su existencia. Extremadamente generosos y amigables, también son despistados para lo realmente importante. Son depresivos, introvertidos, fascinantes, locuaces, temperamentales y de "doble personalidad".

Comparten tu signo: Sofía Loren, Madonna, Liza Minnelli, Sócrates, Moliére, Pierre Cardin, Brigitte Bardot, Deepak Chopra, Bill Clinton y la Madre Teresa.

AÑO DEL JABALÍ (1911, 1923, 1935, 1947, 1959, 1971, 1983, 1995, 2007, 2019, 2031)

Galantes, corteses, inocentes, amantes de la paz, honestos, sinceros, tienen muchos conocidos, pero muy pocos amigos. Cuando dan su amistad, es completa. Detestan las peleas aunque las motiven. Son excelentes padres y madres. Casi nunca reciben el mérito que merecen. Son tímidos e inseguros en su infancia. No soportan la crítica y son súper sensibles. Les fascinan la buena comida y bebida. El dinero (aunque no lo tengan) nunca les falta y son derrochadores. En salud, males raros los atacan, pero de todo se recuperan. Pueden tener muchos coqueteos, pero solo un gran amor verdadero. La vida para ellos es un juego donde lo importante es ser feliz y no hacer daño a nadie. Su familia puede ser motivo de guerra o de mayor ayuda para los "jabalíes".

Comparten tu signo: Woody Allen, Ernest Hemingway, Fred Astaire, Paulo Coelho, María Callas, el Dalai Lama, Julie Andrews, Carlos Santana, Hillary Clinton y Ricky Martin.

SEGUNDA PARTE

LA RELIGIÓN, LA ASTROLOGÍA Y OTRAS CIENCIAS OCULTAS

5

LA ASTROLOGÍA:
LA CIENCIA DIVINA

Nací astrólogo. Mientras otros niños jugaban en el fango, yo jugaba mirando al cielo, las nubes y las estrellas. En el barco que nací, una pitonisa vaticinó que yo traía luz a este mundo, nacía en el mismo momento en que se levantaba el Sol. Viví en el campo y junto a aquellos que viven en comunión con la naturaleza. De ellos aprendí mucha astrología. Empecé a asociar lunas con sucesos y señales en el cielo con catástrofes terrenales. Los animales me enseñaron mucho. En el silencio (nunca tuve amigos ni jugué debido a que lo tenía prohibido porque era un niño muy débil, enfermizo, con un soplo en el corazón) y en contacto con Dios a través de la meditación fui desarrollándome. Los problemas y limitaciones pueden ser transformados en bendiciones con amor y dedicación.

En la escuela me temían. Todo lo que vaticinaba se realizaba con exactitud. Curaba con plantas que yo desconocía, orando, pidiendo y sobre todo enviando caudales de amor al enfermo que padecía. Yo viví y vivo en un mundo de magia, pero magia Divina regida por leyes cósmicas. Siempre supe que en este mundo no hay imposibles cuando uno se unifica con el Padre. Que la fe absoluta e incondicional es la llave que abre cualquier puerta. Sabía que la astrología ayuda al hombre a acercarse a Dios. Sabía, intuía, que la astrología era el Libro Sagrado de los Cielos y que representaba el plan perfecto de Dios. Ya lo dice la Biblia: "Todo tiene su momento para nacer, momento para sembrar y cosechar, momento para amar, momento para morir…". Todo tiene su momento; conocer dichos momentos y prepararnos, es la astrología en acción.

En mis años estudiando la Biblia pude ver la astrología como fundamento vital de la misma. Tres astrólogos (Biblia versión "King James") siguiendo una estrella (conjunción de Saturno y Venus, probablemente) encuentran y rinden culto al niño Dios. Para los fanáticos ciegos a la verdad que condenan y hablan sin saber, les pido que lean e interpreten (recuerden que la Biblia tiene muchas, muchas interpretaciones y según se van haciendo estudios y descubrimientos sigue sufriendo transformaciones) estas citas bíblicas:

- **Génesis I-16:** "Y Dios hizo dos grandes luces, la luz mayor para iluminar el día, la luz menor para iluminar la noche y también hizo las estrellas". (Astrología básica)
- **Revelaciones XII-1:** "Y apareció una gran maravilla en el cielo —una mujer vestida con el Sol, la Luna a sus pies y en su cabeza una corona de 12 estrellas". (Las 12 constelaciones)
- **Revelaciones IV 7–8:** "Y la primera bestia es como un león (San Marcos), la segunda como un toro (San Lucas), la tercera con cara de hombre (San Mateo), y la cuarta un águila voladora (San Juan)". La interpretación de los cuatro signos fijos que componen la estrella de Acuario en relación a los cuatro evangelistas ha sido difundida por maestros ocultistas y místicos como Rudolf Steiner, quien escribió *Deeper Secrets of Human History*.

- **Job 38:** "Hablando de estrellas y constelaciones, ¿sacarás tú a su tiempo los signos de los cielos?", pregunta Jehová a Job.
- **Corintios I - Cap. 12, 4–12:** "Hay repartimiento de dones, más el mismo espíritu es. A uno le es dada palabra de sabiduría, a otro de ciencia, a otro de fe, a otro dones de sanidades, a otro operación de milagros, a otro **vaticinios** y **profecías,** a otro discreción de espíritu".
- **Profecías de Joel:** "Derramaré mi espíritu sobre toda carne y **profetizarán** vuestras hijas; vuestros viejos soñarán sueños y vuestros mancebos verán visiones".

La astrología es una ciencia que se remonta a los principios de la humanidad y que estudia el influjo de los astros (energía cósmica) sobre el mundo terrenal para determinar la personalidad de un individuo, aportar información sobre la evolución de su comportamiento y elaborar previsiones sobre su futuro. Para mí, además de ciencia es filosofía, arte, religión y todo lo que lleva al hombre hacia Dios.

El Reverendo John Butler, rector de Litchborough, se sintió llamado a exterminar la astrología en Inglaterra. Para llevar a efecto su propósito, empezó a estudiar con parsimonia la materia, con el resultado que revelan sus propias palabras: "Suscitó en mí la veneración por esta antigua ciencia que tan injusta como neciamente había despreciado… encuentro que después de la teología, nada me conduce más cerca de la presencia de Dios como este sagrado estudio astrológico de la naturaleza".

Tycho Brahe dijo: "Los astros rigen la suerte del hombre".

Santo Tomás de Aquino dijo: "Los cuerpos celestes son la causa de todo cuanto acontece en el mundo sublunar".

Hipócrates, el hombre más venerado en la medicina, dijo: "Un médico, desconocedor de la astrología, no tiene derecho a llamarse tal".

Shakespeare dijo: "Los astros rigen desde lo alto nuestra suerte".

Cada día más escépticos se convierten, con hechos, a la astrología. Yo no obligo ni impongo criterios. A todos nos llega la hora de crecer, evolucionar, aprender y saber. La hoja o fruta madura se cae cuando está madura. Condeno a todo aquel que impone su credo o religión a la fuerza. A Dios, a Cristo, a la Verdad, a la astrología, se llega por amor.

LOS 12 DISCÍPULOS DE CRISTO Y LA ASTROLOGÍA

Se dice que los doce discípulos de Cristo fueron escogidos por representar cada uno los doce tipos y cualidades fundamentales, con una trinidad imperante del Sol central (el Padre), cuya luz espiritual e intelectual (el Espíritu Santo), reflejada por la Luna (el Hijo), se difundió a través de estos doce apóstoles por todo el mundo, el cual representa a toda la humanidad en doce tipos básicos o doce signos zodiacales.

Aries: Pedro, el vehemente guía de los pioneros. Inspirador.

Tauro: Simón, el dogmático, el fanático que tuvo que ver con asuntos de propiedad y la hacienda pública. Materialista.

Géminis: Santiago el Menor, elocuente, predicador, activo, evangelista y exhortador. Intelectual.

Cáncer: Andrés, el simpático hombre de pueblo, seguidor de Juan el Bautista. Hogareño.

Leo: Juan, el más amado de los apóstoles. Amoroso.

Virgo: Felipe, siempre preciso, práctico, calculador. Perfeccionista.

Libra: Bartolomé (Nataniel), el persuasivo lleno de tacto y diplomacia. Equilibrado.

Sagitario: Santiago el Mayor, quien con Pedro y Juan fueron los dirigentes espirituales de la iglesia primitiva. Visionario.

Capricornio: Mateo, el publicano, el político. Ambicioso.

Acuario: Judas Tadeo, que le preocupaba la suerte de los campesinos pobres. Humanitario.

Piscis: Ha habido controversia entre adjudicarlo a Juan o a la misma figura de Cristo que representa la religión cristiana, cuyo símbolo es un pez. Otros lo adjudican a Judas Iscariote por su debilidad ante la tentación y su remordimiento de conciencia. Inestable.

CÓMO LLEGAR A DIOS:
ORACIÓN Y MEDITACIÓN

Lo primero que realicé cuando niño fue orar, rezar, pedir, hablar con Dios, a los santos, a los dioses, que es la forma más conocida de comunicarse con otros poderes, con Dios o con el concepto que cada cual tenga de Él.

La palabra encierra el sentir del que está orando. La magia aparece con la palabra, la cual se usa en los encantamientos y en todo tipo de magia. En las antiguas creencias védicas se exalta y manifiesta el poder de la palabra. En los libros védicos se dice que los dioses cabalgan sobre los himnos. Los himnos otorgan realidad a los dioses, son su alimento. Las cosas fueron creadas al ser nombradas. Cuando nombramos algo, se crea lo que hemos nombrado. La palabra no solo designa la realidad, sino que constituye la realidad de un principio como su naturaleza íntima. Los egipcios daban gran potencia a la palabra. Bastará decir que la vida era para ellos como una emisión fecundante del verbo creador. Los Magos fueron denominados en el antiguo Egipto de modo harto significativo: los que crean mediante la palabra. La palabra sirve para la oración. No hace falta que se emita o que se diga en voz alta, basta que uno la sienta en el corazón para que surta su efecto. La oración, o sea, la palabra Divina, es la conversación del hombre con Dios. Para mí es la más secreta e íntima relación que puede haber entre el hombre y el Señor del Universo o el objeto de la fe, ya que para un santero, un hindú o un mahometano, el Señor del Universo cambia de nombre, aunque la esencia es la misma.

La oración o meditación debe hacerse tuteando a Dios porque esto es lo que produce esa profunda intimidad mediante la cual el ser pequeño, el hijo, el producto, se siente de tú a tú con algo profundo y grande, con el Creador. No debe hablarse a Dios con respeto que inspire miedo o temor porque Dios es amor. No entran en mi mentalidad los conceptos caducos de que Dios es vengativo, que envía pestes, y que azota a la Humanidad por sus llamados pecados.

La oración puede ser improvisada o podemos emplear una forma consagrada como una de esas fórmulas santificadas que han usado nuestros abuelos: la oración de Caravaca, cuyo origen se remonta a muchos años atrás. También existen los himnos védicos y oraciones sumamente extrañas que han persistido a través de los tiempos. Un ser humano puede elevar una plegaria en el fondo de su corazón. Algunos la acompañan con gestos o ademanes, a lo cual se le llama en el orientalismo *mudras.* Los primeros cristianos levantaban sus brazos cuando rezaban; los católicos romanos y ortodoxos se persignan antes y después de la oración y luego dicen amén, que es el *om,* "así sea" de los brujos o de los magos blancos; el ruso se postra en tierra; el protestante junta sus manos; el musulmán inclina su cabeza mirando hacia la Meca y el hindú eleva sus manos enlazadas hasta su frente. Cada una de estas actitudes expresa humildad, respeto, entrega, devoción, salutación y, en algunos casos, miedo, que es lo que yo condeno.

Los fieles rezan para pedir lo que les falta, para dar gracias por algún bien recibido o por alguna promesa que han hecho. Otros rezan protestando contra algo o contra alguien. Algunos, sin saberlo, por ignorancia, rezan para hacerle daño a otro ser humano. Y aquí está en juego la voluntad del que reza, pues lógicamente, quien hace mal, mal recibe. También hay quienes simplemente conversan con Dios porque estar en comunicación con Él trae paz a sus almas. Para mí la oración es el vehículo que nos conduce hacia Dios. Los que están de la mano de Dios no necesitan palabras para dirigirse a Él; con un solo suspiro basta para que Dios los oiga. Estos son mis conceptos particulares.

El yogi Ramakrishna siempre decía: "Los nombres de Dios son múltiples, como son infinitas las formas en que nos llega su revelación. Cualquiera que sea el nombre y la forma con que tú lo invoques, en esa forma y bajo ese nombre tú podrás contemplarlo".

Yo tuve la gran oportunidad de ver, escuchar y entrevistar a personas que me contaban cómo Satya Sai Baba se le presenta a cada ser humano, según su religión, en la forma que cada cual quiere ver a la Divinidad, algunas veces como diosa, otras como Cristo. Es decir, en su grandeza espiritual Él puede asumir la forma en que cada cual concibe la Divinidad o en el ser que cada uno cree es su *ishta-devata*, que significa objeto de adoración.

Rezar no es solo hacer un ruego o dar gracias; también es dar una respuesta. Lo que hay de divino en nosotros responde a las interrogantes que persisten en nosotros, y entonces fluyen y manan la revelación y la fuerza. San Agustín rezaba así: "Señor, dame la fuerza necesaria para hacer todo lo que tú me pidas, y luego dime lo que tú quieres que haga". Por tanto, cuando rezamos, lo hacemos a esa partícula del Sumo Creador que vive en cada uno de nosotros, que es el ser inmortal. El gran santo del amor, San Francisco de Asís, rezaba por el mundo entero, por todas las criaturas vivientes y por toda la Naturaleza. Su oración, para mí la más bella de todas porque evoca amor, humildad, abnegación y clemencia, dice:

Señor, haz de mí un instrumento de tu paz.
Que allí donde haya odio, ponga yo amor; que allí donde haya ofensa, ponga yo perdón; que allí donde haya discordia, ponga yo armonía; que allí donde haya error, ponga yo verdad; que allí donde haya duda, ponga yo la fe; que allí donde haya desesperación, ponga yo esperanza; que allí donde haya tinieblas, ponga yo la luz; que allí donde haya tristeza, ponga yo alegría.

Oh Divino Maestro, que no me empeñe tanto en ser consolado, como en consolar; en ser comprendido, como en comprender; en ser amado, como en amar; pues dando es como se recibe, perdonando se es perdonado y muriendo se resucita a la vida eterna.

Esta oración es un hermoso diálogo que tenemos entre Dios y lo divino que hay en nosotros.

Mohandas Gandhi, conocido por *Mahatma,* que significa El Magnánimo, gran líder político y religioso de la India que promulgó y abogó por la "no violencia", rezaba diariamente una oración que me fue entregada cuando visité su tumba, lo cual ha sido una de las experiencias más grandes de mi vida. Asesinado en 1948 por un fanático y quemado inmediatamente después de morir, sus cenizas fueron esparcidas. Aunque en aquel lugar, donde debemos comportarnos con sumo respeto, no hay restos de su cuerpo, se siente su presencia que nos llega con el aire que allí respiramos como algo muy espiritual y nos produce una gran emoción que, en ocasiones, nos impide hablar. Sus últimas palabras fueron *"Rama, Rama, Rama".* Y perdonó al que le quitaba la vida. *Rama* significa Dios, y es una de las encarnaciones de Krishna, el Padre Supremo, según el hinduismo. Mahatma rezaba así todos los días: "Quiero ser sincero; no quiero sufrir la injusticia. Quiero estar libre del miedo; no quiero hacer uso de la fuerza. Quiero tener buena voluntad con todos los hombres".

Todo aquel que reza penetra en Dios a través de su oración, y llega a unificarse con él. Esa es la suprema y más profunda significación que tiene la oración. Lao-tse, el místico más conocido y renombrado del Oriente, decía: "La razón de que yo sienta el dolor es que tengo una conciencia. Si no la tuviera, ¿qué otro dolor podría haber en mí?".

Mi primer Maestro espiritual fue Paramahansa (que significa "Cisne de Amor") Yogananda, que siempre insistía a sus discípulos que debían pedir a Dios que se revelara Él mismo a ellos, pero no desear cosas transitorias y mundanas. Preguntado una vez por sus discípulos si nunca debían pedir bienes del mundo, o sea, bienes materiales, contestó: "Desde luego, tenéis derecho a pedir a Dios cualquier cosa, pero también podéis decir: 'Señor, tú conoces mis necesidades. Ayúdame según tu voluntad'. Si pedís un automóvil y ponéis voluntad en vuestro deseo, tendréis un automóvil. Sin embargo, es posible que no sea lo que realmente necesitáis en este momento. Suele ocurrir también que Dios no atienda vuestra pequeña petición por tener algo más importante preparado para vosotros. Tened más fe en Él. ¿No creéis que puesto que Él os ha creado también puede protegeros, daros y salvaros?".

El Swami Sivananda dice: "Que toda tu vida sea una plegaria porque la vida misma es servir. La vida es dar, es perdonar. La vida es amor, es aspirar a la perfección, y tiene sentido cuando hacemos felices a otros, cuando compartimos con ellos lo que tenemos. La vida es pensar siempre en Dios y conocer nuestra propia unión a Él. La vida no tiene sentido si no somos valerosos, puros y amorosos con el prójimo, si no somos buenos y si no hacemos el bien".

Cuando hablamos de la palabra, el rezo y la oración, lógicamente hablamos de la comunicación del hombre con Dios y para ello, en primer lugar, debemos entrar en el mundo de la Sabiduría. Una de las filosofías más antiguas es la china porque China no produce religión alguna en el sentido que nosotros damos a la palabra religión, sino una filosofía, una doctrina, sobre el lugar que el hombre ocupa en este Cosmos o Universo, y cómo ha de conducirse con sus semejantes, su familia, los animales, la Naturaleza, la Tierra y el Cielo y con Dios o con el concepto que uno tenga del Creador. Por supuesto, en esta filosofía no existe Dios personificado, pero en ella se reconoce una gradual espiritualidad de todo el Cosmos, como una interacción entre la Naturaleza y las fuerzas creadoras que no carece de sentido ni se opera al azar, sino que responde a la armonía o a la falta de ella en las relaciones entre estas fuerzas.

Los chinos hablan del yin y del *yang* y dicen que todo lo que hay bajo el Sol de este Universo corresponde al yin o al *yang*, que significan las dos corrientes o polaridades, hombre-mujer, noche-día, frío-calor. En los principios opuestos de cada cosa o ser viviente siempre están presentes estas dos fuerzas en diferente grado o cantidad. Cuando existe equilibrio entre ellas la armonía, la felicidad y la buena salud, dominan. La forma de alimentación de los chinos, la dieta macrobiótica, está fundamentada en el yin o el *yang*. Si se come excesiva cantidad de cualquiera de ellos, se enferma, o el consumo de mucho *yang* puede producir agresividad o el mundo yin, pasividad. Todo en este Universo está relacionado con el yin y el *yang*. Si se altera esta relación entre ellas se rompe la armonía y surgen entonces las enfermedades, la tensión, desgracias, catástrofes y guerras. La significación esencial de toda criatura en el Cosmos consiste en aspirar por encima de todo a lograr la armonía y luchar por obtenerla. Este es el supremo bien que todo ser humano debe alcanzar. Situado en su centro, en su espacio, entre el Cielo y la Tierra, el ser humano está dotado de razón y de poder para ir progresando hacia esa armonía y se tiene que valer de su capacidad de pensar, de discernir y de tomar acciones, de ser autodeterminado. El hombre sabio es el ideal no solo de China sino de todo el Oriente. En Japón está representado por el Maestro *Zen;* en la India por el *Yoghi*, el *Sadhu* y el *Swami;* en Rusia por el *Staretz*. En Oriente la idea se mantiene viva en el sabio y ecuánime anciano del Consejo de Ancianos. En América se rinde más pleitesía a un artista de cine, a un deportista o a un político que a un sabio o místico. En una ocasión, en Tokyo, pregunté a un señor de aspecto muy espiritual:

—¿Qué elemento considera usted de mayor valor en toda su nación?

—Nuestros ancianos —me contestó.

Su respuesta me dejó asombrado porque acá en Estados Unidos los ancianos son, para muchos, un estorbo.

La Sabiduría en el más amplio sentido del término es la suprema, grande y óptima finalidad de todo hombre. En Rusia millares de personas acostumbran ir en peregrinación a los monasterios so-

lamente para ver al *Staretz* y recibir su bendición. Cuando llegó a
Moscú la noticia de que el Conde León Tolstoi, quien había sido
excomulgado por la Iglesia Ortodoxa, iba a la ciudad, una multitud
de aproximadamente cien mil personas se congregó para mostrarle
cómo lo estimaban, querían y rendían pleitesía. Recuerdo que en la
India, acompañado por los yoghis y los *swamis,* y vestido yo con las
ropas del Renunciado, de color ocre anaranjado, que muchos llaman
manto amarillo, era llamado *Baba,* que es el padre espiritual, y también me decían su Santidad. En la India los yoghis como Ramakrishna, Ramana Maharshi —uno de los más grandes santos maestros
de la India—, Aurobindo, Yogananda, Sivananda, Bhagwan Shree
Rajneesh, en fin, todos los maestros y místicos reciben el tratamiento
de su Santidad y son reverenciados como jefes, y al entrar o salir de
algún lugar les arrojan pétalos de flores.

Ahora trataremos sobre una de las formas de adivinación que yo
más utilizo: el *Yi-Ching,* también llamado *Li-Ching.* Consiste en
unos trocitos de madera de bambú que al caer forman seis líneas
mediante las cuales se puede saber qué está pasando en el ser humano
que se está consultando y qué debe hacer en ese momento de su
vida. Porque según el *Yi-Ching,* el más antiguo de los libros del
mundo, todo es cambio. Este libro nos enseña que todo es mortal,
todo cambia y nada permanece, salvo el espíritu. Cuantos esfuerzos
se hagan por poseer y adquirir cosas y poder están condenados a la
disolución, a la destrucción. Lo único que tiene valor eterno son el
espíritu y la armonía a que aspira el hombre sabio. Los dos grandes
filósofos chinos Confucio y Lao-tse estuvieron influidos por dicho
libro que ahora es conocido en todo el Universo. El *Yi-Ching* es un
sistema meditativo de adivinación. Yo lo hago con el siguiente ceremonial: enciendo incienso, me doy un baño de rosas, invoco todos
los poderes Divinos y pongo los cuatro elementos en acción: una vela
por el fuego; un vaso de agua por el agua; una flor, una piedra o un
poco de tierra por la tierra, y el incienso por el aire, y en completo
silencio se va consultando el *Yi-Ching.* Esto aplica al destino de la

persona. Pero como básicamente se trata de saber sobre los cambios que se acercan, nos da una imagen o retrato que forma así el destino a través de esa personalidad en el momento que vive, en el "aquí" y "ahora" y en el futuro cercano. Hay 64 *kuas* en el *Yi-Ching,* que son las interpretaciones sicológicas de ese momento. Es curioso observar con cuánta sabiduría, bondad, tolerancia y perspicacia descubrían los chinos en la antigüedad el fondo del hombre y sus implicaciones en las fuerzas del destino. Estados Unidos, como la India, es un país de una gran tolerancia religiosa. Recuerdo que yo viajé a través de la India en un automóvil cuyo chofer era musulmán, mahometano, y a su lado viajaban un adorador de Ganesha —el Dios de la cabeza de elefante, al que primero se consulta o alimenta en toda ceremonia religiosa, asociado con Eleguá, que es un niño en la cultura o religión africana—, un hinduista, un jaimista, es decir, creyentes de distintas religiones que hablaban, compartían y se respetaban mutuamente. A partir de 2012 nacerá el nuevo hombre, más espiritual que religioso, más profético, más compasivo y humanitario.

Siguiendo con este tema, debemos destacar que Lao-tse, Confucio y otros maestros chinos contemporáneos no reconocieron personificación alguna de Dios ni tampoco la resurrección de la carne. Consideraban a todo hombre sujeto a las fuerzas de la dualidad de la que ya hemos hablado, a las del yin y el *yang.* El camino del hombre quedaba determinado por su desarrollo hacia la Sabiduría, la tranquilidad, la bondad y la armonía, y hablaban de ética: no hacer nada que pueda herir a otro ser humano o pueda afectar a la humanidad o a uno mismo, ya sea física, mental o espiritualmente.

Cuando visité Hawai observé y aprendí que los *kahunas,* los magos o místicos de dicha isla, creen que el único pecado es desear o hacer mal a otro ser humano por acción o pensamiento; lo demás no es pecado para ellos.

Las enseñanzas de Confucio fueron más tarde compiladas en el *Lun-yu,* que contiene los discursos y diálogos que sostenía con sus discípulos. En él se dice que el orden comienza dentro de uno mismo, dentro de nuestro propio ser, en nuestras costumbres, conducta y actitudes; en la manera de expresar y formular nuestras ideas; en los alimentos que consumimos; en el dominio de nuestros impulsos, gustos y aficiones, así como en ordenar nuestras relaciones con los demás; en el respeto a nuestros muertos, padres, hermanos; en la mayor consideración con nuestros semejantes; en el dominio de sí mismo; en el culto a la amistad; y en respetar siempre al prójimo, más que a nosotros mismos, y concederle mayor valor que a uno mismo.

Lao-tse —el más admirado por mí—, autor de *Tao-te-ching* o *Tao-te king* (Libro de la razón suprema y la virtud), es el que requiere el vacío interior, la calma, la inmovilidad, la concentración, la meditación, la disolución del ego, que siempre llama mezquino e insignificante, e insiste una y otra vez en la necesidad de vaciarnos completamente de nuestro fuero interno, de despojarnos de todos los pensamientos negativos que no nos dejan ver las cosas en su forma más linda y pura. La calma, la concentración, el vacío interior que tanto pide Lao-tse para poder ver en toda la extensión de la palabra, y escuchar (pues quien cuando escucha, está pensando cómo y qué va a contestar, no está escuchando); la inactividad aparente, el quedarse largo rato sin hacer absolutamente nada, es muy difícil de lograr para el hombre de Occidente tan acostumbrado a una vida agitada y al eterno buscar de valores externos. A mí particularmente, me costó gran trabajo en el templo de Bhagwan, en Poona, Bombay, vaciarme interiormente y quedar totalmente inactivo. Pero cuando lo conseguía salía completamente reconfortado y podía ver las cosas que antes, por tener la mente tan llena y apretujada de pensamientos, queriendo dar nombre a todo, pasaban desapercibidas para mí. Después de esta experiencia empecé a no calificar o dar nombre científico a las cosas, y sí a saborearlas en su más intrínseco valor. Para poner un ejemplo de esto citaremos un mensaje muy lindo de la obra *El Principito* de Antoine de Saint-Exupéry, que es cuando la Zorra dice:

—*Buen viaje, y he aquí mi secreto. Es muy sencillo.*
   Solo se puede ver con el corazón. Lo esencial es invisible para los ojos.

Tanto el hombre sabio como el que se siente unificado con las cosas de su mundo, se va, se repliega, se mete en su interior, y no necesita confirmación alguna del exterior. Como dice Lao-tse:

Estar sobre la punta de los pies no es estar.

Andar a zancadas no es andar. Quien ambiciona brillar no da ninguna luz. El que desea llegar a ser algo en nada sobresale. El que se alaba a sí mismo se hace más oscuro. El que se ama a sí mismo pierde el camino: la luz del conocimiento no pasará por él. Es como los restos de comida putrefacta, como la maleza que crece sin utilidad: lo contrario de toda mente esclarecida… Lo dúctil y blando vence a lo fuerte y duro. Lo invisible resplandece a través de lo visible. Así es la actividad de la inactividad revelada: hablar sin palabras, actuar sin actos. Esto es lo que a muy pocos es dado.

Hay un lindo mensaje místico oriental que dice: "El árbol duro, fuerte, se parte con la tormenta. Al pino débil, flexible, la tormenta le pasa por encima y no lo toca". Como conclusión a esta parte de la sabiduría que estamos tratando citaremos una vez más las palabras de Lao-tse para que nos sirvan de guía en la conversión de lo externo en interno:

Sin salir de uno mismo puede uno estar fuera.

Sin mirar hacia afuera puede uno ver. Cuando se sale muy lejos es muy difícil volver a entrar. Cuanto más cerca del mundo se está, tanto menos se ve de él. Una mente esclarecida es así: siente y experimenta las cosas más distantes sin moverse, siente la realidad de otras sin conocerlas. Lo que haces es perfecto sin hacer nada.

6

FILOSOFÍAS ORIENTALES

EL BUDISMO

El budismo es el camino de la compasión y la más tolerante de las religiones del mundo, aunque para muchos no es religión, sino filosofía. En ella encontramos el más bajo porcentaje de delincuencia. El budista constituye un pueblo amable, tranquilo, sufrido, servicial, sumamente moral y paciente, que todo lo logra por esfuerzo propio y no propiciando dioses o fuerzas externas. La regla máxima del budismo es el culto de las cuatro actividades divinas: ilimitada amabilidad, ilimitada compasión por el sufrimiento ajeno, ilimitado regocijo por la alegría del prójimo y serenidad inconmovible. El propósito de las enseñanzas de Buda es liberar al hombre de su vida dependiente del karma —que es la ley de la causa y del efecto: si hacemos mal, recibimos mal—, de las ligaduras del destino y del sufrimiento, lo cual solo puede alcanzarse mediante una consciente dirección, por esfuerzo propio, responsabilizándose cada ser humano de sus actos y de sus pensamientos y preparándose y adiestrándose uno mismo, incansablemente, para la no violencia, la serenidad y la meditación.

La causa del sufrimiento y cómo vencerlo fueron descritos por Buda en la siguiente forma:

¿Qué es sufrir? Nacer es sufrir. Envejecer, enfermar, morir son su- frimientos. Se sufre al estar unido a quien no es amable, y se sufre al separarse de quien es amable. Y desear y aspirar a lo que no se alcanza es sufrir. En una palabra, las cinco normas de la atrac- ción y del afecto a las cosas terrenales son formas de sufrimiento. Eso es sufrir.

¿Cuál es la causa del sufrimiento? Es aquella sed incansable de conseguir, de devenir, que conduce de una encarnación a otra combinada con el placer y la lujuria, hallando su dicha aquí y allí, o sea, la sed de gozar, de cambiar, de conseguir otra cosa, y la sed de no conseguir nada más. Esta es la causa del sufrir.

¿Cómo eliminar el sufrimiento? La supresión completa de aquella sed insaciable de conseguir, de obtener, de devenir, que conduce de una encarnación a otra combinada con el placer y la lujuria, hallando su dicha aquí y allí, se inicia al nacer y desapa- rece al morir. Esta es la eliminación del sufrimiento.

¿Cuál es el camino que conduce a la eliminación del sufri- miento? Ese camino está formado por ocho santas sendas lla- madas: justa creencia. ¿Creencia en qué? En uno mismo. Justo pensamiento, justa palabra, justa acción, justa lucha, justa in- tención y justa concentración. Y el primer deber del budista es meditar sistemáticamente en la concentración de estas cuatro ver- dades antes expuestas. Algo primordial es el voto de ahimsa, *una actitud básica de existencia: No matarás y no harás uso jamás de tus fuerzas.*

Desde muy pequeño he estudiado y leído sobre el budismo, y he estado en contacto con budistas. En la Escuela Superior de Ponce tuve dos profesoras que practicaban el budismo. En ellas solamente había bondad, seriedad, responsabilidad, no violencia. Llevaban una vida ejemplar y jamás se afectaban por nada. A lo largo de mi vida he leído sobre meditación y sobre el budismo. Me ha llamado mucho la atención cuando he estado en templos budistas la organización, el ejemplo que da cada ser humano de una vida justa, correcta y responsable. Cada ser humano se crea problemas, pero si conoce las causas de dichos problemas puede disolverlos. En el budismo cada uno responde de sus actos y no se puede culpar a un dios, a un ser exterior o al mal pensamiento: uno crea y uno destruye.

Para el budista, al igual que para un cristiano o mahometano, es inmaterial la calificación, el título o etiqueta de las cosas o las personas; lo importante es la esencia, el valor puro. Las calificaciones sectarias más bien son un obstáculo para la comprensión independiente de la verdad y siempre producen prejuicios muy dañinos en la mente de los hombres. Yo he aprendido mucho del budismo en la clasificación de los seres humanos. Cuando conocemos a un hombre y estamos indoctrinados en la enseñanza occidental, lo juzgamos por lo que sabe, por el título, por el nombre, por la raza y todos los prejuicios asociados a ella, y realmente nos es muy difícil ver a un ser humano completamente libre de errores o defectos. Todo lo contrario ocurre en un templo budista. Allí, cuando entramos, lo importante es lo que hacemos y pensamos, y no interesan los títulos y estudios que tengamos o si somos una persona famosa.

En Nueva Delhi, India, me hospedé en el Hotel Ashoka donde hay unos edictos del budismo tallados en roca que fueron hechos por orden de un emperador budista. En ellos se explica que uno no solo debe honrar y dar valor a su propia religión, sino que jamás debe condenar a otras. Si no respetamos a las demás religiones y las *atacamos*, estamos impidiendo que la nuestra crezca y progrese. Este espíritu de tolerancia y comprensión es el ideal más adorado y perseguido en la cultura budista, cuya religión o filosofía no ha hecho derramar una lágrima en la conversión de otras gentes a su forma de pensar. Ahora mismo el budismo cuenta con más de 500 millones de seguidores.

La emancipación del hombre depende de su propia realización

de la verdad. Y nada es verdad hasta que no lo sea para uno mismo. La libertad no depende del hombre, ni su progreso, ni el volver a tener las habilidades que se supone debe tener un hermano, un ser espiritual. Todo ello no depende de la gracia benevolente de un Dios o de un poder extraño al hombre que llega a él en forma de recompensa por una conducta buena. Cada cual debe labrar su propio sendero. La posición del hombre de acuerdo al Budismo es suprema: el hombre, el ser humano, es su propio maestro y no existe poder o fuerza mayor que pueda enjuiciar o que gobierne su destino. Cada cual es su propio refugio. Nunca debemos buscar refugio o depender de otro ser humano, aunque se llame maestro: el maestro sólo indica el camino, pero cada cual debe encontrar la fuerza y el poder para recorrerlo en sí mismo. El poder para liberarse de toda adhesión o deseo a las cosas, el estado de *nirvana*, se encuentra dentro de cada hombre, y este debe liberarse de todo tipo de ataduras y dependencias de otras fuerzas. Pedir es debilitarse. El que logra algo por sí mismo se enriquece y fortalece con ello. Buda nunca dijo que fuera un Dios sino, sencillamente, que era un ser humano simple y puro. Sin embargo, otros maestros han dicho que son Dios o el Hijo de Dios, o una encarnación de Dios en forma distinta o inspirada por él. Pero Buda solamente dijo y reclamó al mundo que era un ser humano, que a través de grandes esfuerzos y luchas logró la liberación, y atribuye toda su realización, sus logros y éxitos, a la lucha personal, a su propia responsabilidad y a la inteligencia humana. Todo hombre puede llegar a alcanzar lo logrado por Buda ya que en cada ser humano existe la fuerza y potencia para ello. Como bien dice Buda en el *Udana*:

> *Mis pensamientos han vagado en todas direcciones a través del mundo entero. Nunca he encontrado a un hombre que poseyera algo más querido que su propio ser. Siendo esto verdad para todos los hombres, el que busque su propio bien no habrá de hacer el mal a su prójimo. El hombre, los animales, los insectos, son reflejos de tu ser. Todo lo que hagas, bueno o malo, te lo haces a ti mismo.*

Tú atas tu karma con el de ellos y te comprometes a sobrellevarlo a través de toda tu vida u otras formas de existencia hasta que te hayas redimido de ello.

Para ilustrar todo lo tratado hasta ahora citaremos el diálogo sostenido entre Buda y uno de sus discípulos, Purna, quien pidió permiso al Maestro para ir a una región inhóspita habitada por bárbaros con el objeto de difundir entre ellos sus enseñanzas. Para probar a su discípulo Buda le dijo:

—Las gentes de Sronapranta son salvajes, violentas y crueles. Tienen un carácter que las impulsa al insulto y a la calumnia entre ellas y se provocan unas a otras. Si te insultan y te provocan con palabras crueles y soeces, con mentiras y ofensas, ¿qué pensarás?

—Si eso hicieran pensaré que es gente buena y amable porque no me tiran piedras —respondió Purna.

—Si te quitan la vida, ¿Qué pensarás?

—Pensaré que es gente buena y amable pues me han librado de este cuerpo mancillado —respondió Purna.

—Quédate en la tierra de los Sronaprantas porque has llegado a la mayor bondad y paciencia logrando el Nirvana —finalmente le dijo Buda.

Una de las cosas que más enseña el budismo es la práctica de la pura observación. El discípulo tiene que absorber con sus sentidos todo objeto o ser viviente tal como es, sin añadirle nada de su propia vida emocional, ni odio, envidia o temor, sino que solamente debe observarlas sin ninguna idea preconcebida y retenerlas en su memoria en su forma natural. De esa manera consigue un registro objetivo de las cosas y los hechos. Con esta observación pura se limpian, aclaran y fortalecen las bases del conocimiento, la meditación y la moralidad. La observación pura deja que las cosas hablen primero por ellas mismas o que se expresen por sí solas. Les deja decir lo que son sin interrumpirlas con una opinión precipitada o un juicio anticipado. Y todo objeto o ser humano tiene mucho que expresar.

Gran parte de los males que padece el mundo no se deben tanto al resultado de la maldad consciente como a la falta de reflexión, a la precipitación y a la indisciplina. La observación pura tiende a enseñar en la actualidad lo que muchos hombres no saben hacer hoy: vivir conscientemente en el presente. El budista es el que más nos repite: "Vive el hoy, vive de instante en instante, entierra el pasado. No te preocupes por el futuro. Vive en el aquí y ahora". Si uno sabe comportarse y observar los acontecimientos pura y simplemente, se dará cuenta de que los días en que así lo haga pasan mucho más armoniosamente que aquellos en que cedemos a cada leve tentación de intervenir en dichos acontecimientos, ya sea con la acción, la palabra, el sentimiento o el pensamiento. Los días que uno emplea así, observando sencillamente las cosas, tranquilo, en su espacio, son aquellos en que uno se siente en un estado benéfico de libertad y serenidad. Si logramos ver así a distancia a los hombres, las cosas y los sucesos, nuestras propias actitudes para con ellos llegan a ser más comprensivas a través de esa ecuanimidad. Por supuesto, la observación pura es la escuela de la pasividad. También la observación atenta y constante de la respiración nos ayuda a alcanzar el reposo, tanto físico como mental, y el estado de concentración. Esta regla, que también aparece en el budismo, aconseja que observemos nuestra propia respiración y vayamos disminuyendo su ritmo lentamente.

Cuando ingresé en el templo budista tenía que levantarme muy temprano y pasar casi todo el tiempo en absoluto silencio, dedicado a la meditación, para lo cual cada alumno o discípulo permanece sentado, estático, en unos cojines o esteras como las que usan los santeros para consultar. Al principio uno se siente incómodo y todo le molesta; el cuerpo resulta un impedimento y el pensamiento viaja a una velocidad asombrosa, pero poco a poco, a medida que va pasando el tiempo, uno se va tranquilizando. Es como las aguas que, cuando se van clarificando, todo el sedimento —que en este caso son los pensamientos, ideas e imágenes— va al fondo. Logrado esto se siente una paz increíble, aunque, como dije, al principio todo molesta, hasta el más leve ruido llega a nuestros oídos. Hay momentos en que los recuerdos acumulados en nuestro cerebro comienzan a pasar velozmente por nuestra mente; es como si estuviéramos viendo una película retrospectiva de nuestra propia vida, pero con la particularidad de que en ella nos enfrentamos a problemas, cosas y tal vez hasta enfermedades, las cuales no pudimos confrontar verdaderamente cuando sucedieron. Cuando se sale de una de estas sesiones de meditación, todo se ve de otro color, surgen nuevos conceptos mentales y mayor compasión por la humanidad. También somos más tolerantes y saboreamos todo con nuevos sentidos.

He practicado el budismo zen, que es un tipo de budismo meditativo, en Miami, Nueva York y Tokyo. Y entre las cosas que más recuerdo figura un mensaje que había en uno de los templos que visité, que decía: "Cuando quieras andar, anda; cuando quieras sentarte, siéntate; pero nunca vaciles. Cuando estés comiendo, come; cuando estés durmiendo, duerme." Suele ocurrir que mucha gente se lleva a la cama los problemas del día, con lo cual ni duerme ni descansa; o también que cuando va andando está pensando en otra cosa y por eso tiene accidentes. Todo acto que hagas, hazlo con la mente puesta en él; piensa sólo, entera y completamente en lo que estás haciendo en ese instante, y así serás libre como un ave. Para los dioses del zen, la mesa, el escritorio, el pupitre, el banco de la calle, el sumidero de la casa, son altares y su primer y único mandamiento es: seguirás el camino.

Otras de las cosas que recuerdo del budismo zen, que como hemos dicho es un tipo de budismo meditativo, es el uso del *koan*, que es una palabra que si la analizamos, carece de sentido. El *koan* se hace cuando se está en actitud de meditación, sentado, tranquilo, con la espina dorsal recta, o cuando se está meditando propiamente, o sea haciendo *zazen*. *Koan* es una frase o dicho que utilizaban y utilizan los antiguos maestros Zen para liberar y llevar al ser humano a la realización espiritual del Zen dentro de sí mismos. El Zen es como una armadura o un instrumento para que uno no tenga que usar el poder de razonar ni el intelecto y para que pueda reconocer que es incapaz de llegar a los asuntos vitales y trascendentales a través del conocimiento que uno cree tener. Entre los ejemplos de los *koanes* está uno que yo he practicado, que es el hacer chocar dos manos y determinar cuál es el sonido de una sola mano. Cuando se hace uno de estos *koanes*, de momento ocurre como un despertar interior de consciencia y de comprensión enormes. Otro, muy antiguo, es el hombre que mantenía un ganso encerrado en una botella. El ganso creció hasta que ya no tuvo más espacio para seguir creciendo, pero el hombre no quería romper la botella ni tampoco herir al ganso. ¿Cómo lo sacarías de ahí?

Entre los mensajes más importantes que recuerdo del budismo zen figura el que aconseja no dejar que nada turbe nuestra calma. Lo que nos hiere no es lo que nos hacen, sino lo que nosotros o nuestra mente permite que nos hagan. Si nos parapetamos, nada puede herirnos, y un hombre que no medita, que no tiene sabiduría o responsabilidad, es como un árbol sin raíces: la más leve brisa puede arrastrarlo. El budismo zen es la religión de la amabilidad compasiva. En él, otras cosas, otra persona, el Cielo, la Tierra, las plantas, los insectos, los animales, deben ser más importantes que uno mismo. Su primer mandamiento es: vivir para el bien de la humanidad. El budismo, lo repito, carece de deidad personificada; tampoco tiene oraciones. La meditación, *metta*, no tiene más que una frase, ofrenda o plegaria: que la vida sea buena para todos los seres; que los pobres puedan ser asistidos y los que se hallen en peligro, salvados gracias al corazón bien abierto por la compasión.

Otro aspecto que me impresionó mucho en el templo budista en el que viví fue la limpieza, el orden y la ética personal. No se hace nada que esté en contra de la ética porque esta es algo muy personal. Lo que uno cree que está mal hecho perjudica tanto a uno mismo como al ambiente o a otras personas. Y lo más importante es el bienestar de todos los demás. Todo ser humano debe velar por la ética y no hacer nada que se considere un acto dañino, negativo o perjudicial, bien sea a la Primera Dinámica que es el "yo" personal, o a la familia, a los amigos, a los animales, a las plantas o a la raza humana. En fin, nunca debemos hacer nada que pueda perjudicar la supervivencia de los demás.

El arte zen, básicamente el pictórico, tiene una particularidad que a mí me enseñaron. En él nada se corrige. Se lanzan los trazos y se dejan tal como quedaron. Aquí no hay nada prefabricado ni preconcebido. Es el reflejo de un instante; ahí radica su belleza. Así, sin corregir, la mente humana y los ojos captan simplemente lo que la mano ejecutó en el preciso momento. Cuando se corrige ya entra la escuela, la técnica, lo preconcebido. Esta forma de pintar conlleva mucha espontaneidad, ya que no hay ni un solo pensamiento preparado, sino que se da rienda suelta a la creatividad. El zen nos lleva al vacío mental.

Cuando viajé a la India fui a los lugares visitados por Buda. Allí se encuentran los monasterios budistas de Ajanta y Ellora, los cuales figuran entre los más grandes monumentos del mundo. Ajanta es una cadena montañosa compuesta de roca volcánica, situada al noreste del puerto de Bombay, de 200 pies de altura y forma de herradura. En estas montañas hay veintinueve cuevas, que son monasterios budistas, las cuales fueron excavadas por monjes budistas entre los siglos II a. de C. y VI d. de C. En las paredes de estas cuevas fueron tallados grandes bajorrelieves y columnas que soportan bóvedas muy adornadas, y murales donde están representadas imágenes de Buda, batallas y estampas domésticas. Cerca de Ajanta está el templo de Ellora, que consta de treinta y dos cavernas o grutas excavadas en la forma descrita. En él se conservan grandes esculturas en perfecto estado. En estos lugares se respira algo intangible, sumamente espiritual. Es como si aún Buda estuviera allí, lo cual nos lleva a meditar, a encerrarnos en nosotros mismos y mirarnos por dentro para buscar ese centro, ese punto de tranquilidad y paz que hay en todo ser humano. Los postulados hechos por Buda, con toda su fuerza y energía, permanecen allí, en Ellora y Ajanta y en otro lugar que llaman la Isla de Elefanta, también en el puerto de Bombay. El guía que me llevó a estos sitios me refirió que Buda siempre decía que había diez cosas consideradas realmente buenas y diez malas, negativas y destructivas, para todo ser humano. ¿Cuáles son estas últimas? Tres de ellas dependen del cuerpo, cuatro de la boca y tres del pensamiento. Los tres actos diabólicos o negativos que dependen del cuerpo son matar, robar y cometer adulterio. Los de la boca son chismear, levantar falsos testimonios, mentir, maldecir y alabar a quien no lo merece. Los del pensamiento son la envidia, la ira y la fatuidad. Todo esto está en contra del camino de la santidad y, por lo tanto, es malo. Cuando la persona así lo reconoce, no comete estos actos o no los vuelve a hacer, y se convierten así en diez actos benéficos para la humanidad.

Lo interesante que descubrí en este viaje fue que el guía turístico, aunque practicaba el vedantismo —vedanta es la filosofía del Veda—, alababa y admiraba mucho al budismo y al hinduismo.

EL HINDUISMO

En las Escrituras Sagradas de la India, las más antiguas conocidas en este mundo, el término vedanta no solo cubre a los vedas y sus escrituras, sino a todo el cuerpo de literatura incluyendo el *Bhagavad Gita* y los trabajos espirituales de Shankara. La filosofía vedanta es la base de todas las sectas que hoy existen en la India, y consiste de tres proposiciones:

1. La naturaleza real del hombre es divina.
2. El objetivo de la vida humana es realizar su naturaleza divina.
3. Todas las religiones son una en esencia. La forma, los rituales y los dogmas cambian, pero básicamente todas las religiones nos conducen a Dios.

Algo muy interesante y que me llamó mucho la atención en la India es que para muchos, el brahmanismo es una religión politeísta en la que se cree o adora a muchos dioses. Todo lo contrario, hay un solo Dios con millones de manifestaciones: Dios en la Creación. Una persona u observador no católico o cristiano podría considerar al cristianismo como una religión politeísta ya que oye hablar de Cristo, de Dios Padre, del Hijo de Dios, del Espíritu Santo, de la Virgen María, de Nuestra Señora, de los ángeles, los santos, los beatos, los diablos y demonios. En tanto que el hindú califica a Brahma como el Supremo Ser y dios más sublime. El hombre también puede rezar o invocar a Vishnu el Preservador y a Shiva el Transformador. Y son numerosos los dioses protectores y los demonios destructores que andan por encima y alrededor del hombre, defendiéndolo o atacándolo, pero todo es solo la manifestación de un solo ser: Dios.

Existe un dios que no es una deidad personificada, Brahma, el gran Ser que todo lo penetra, todo lo es, pero que no dicta leyes ni reglas. Tanto el niño como la rosa, el insecto, la araña, los animales y las plantas, el hombre como persona y como ser espiritual, son partes invisibles de Brahma. El hindú medita con la idea de "Yo soy Brahma", "Yo soy Él".

Unida a esta enseñanza hay que hablar de la filosofía de los hindúes, que difiere fundamentalmente del concepto moderno de Occidente. Para ellos el mundo de la realidad es solo apariencia, ilusión *(maya)*, y lo que parece real solo es transitorio e irreal y está condenado a cambiar. La única realidad es el espíritu. El hindú no solo cree en la eternidad y en la vida eterna del alma, sino que también cree en la perpetuidad de la Naturaleza y en la mutabilidad de todos los seres vivientes. Para él, todo lo que posee un alma está sujeto al gran ciclo de nacer, cambiar, devenir y desaparecer.

Otra temática sumamente importante en el hinduismo es el karma, la ley de causa y efecto. El objetivo final de toda existencia es librarse de las cadenas que la atan, de los malos pensamientos, los insultos, la maldad hablada o cometida o el empleo de la fuerza para satisfacer el odio y la codicia. Por cada buena acción que uno haga, recibe una bendición, en tanto que, por cada acto, pensamiento negativo o actitud destructora para el grupo donde uno se desenvuelve o para la humanidad, recibe una lección. *Ahimsa,* que es uno de los votos que se hacen al iniciarse en el hinduismo, significa "no harás uso de la violencia, de la fuerza". Este es el más alto postulado de esta religión, y uno de sus más grandes y perfectos hijos, Mahatma Gandhi, introdujo estas enseñanzas en el mundo de la política, aún de gran vigencia. El hindú vive sin historia y sin temor, pues no solo vive el presente porque sabe que su vida es una cadena de existencias que se suceden sin cesar hasta el infinito. Y también se da cuenta de que por sus pensamientos, actitudes y hechos, puede determinar y moldear su propio destino encaminando todo su ser hacia un ideal que es la norma del hombre santo y sabio.

El supremo libro hindú es el *Bhagavad Gita, La canción de Dios* o *El canto del bienaventurado,* como también se lo conoce en español. En una de sus partes más hermosas dice: "Como el hombre que desecha su vieja vestidura para escoger la nueva, así se desprende de su viejo cuerpo a fin de que el alma pueda hacerse otro nuevo".

En su oración y rezos el hindú no pide bienes de este mundo, éxitos, la realización de sus aspiraciones ni se proyecta hacia el exterior. Es un ser pasivo que sabe que el mundo entero se encuentra al mismo tiempo dentro y fuera de él, y que va a obtener de la vida lo que realmente merece y por lo cual ha luchado. El hinduismo es serenidad y tolerancia. Por tanto, un hinduista considera inadmisible cualquier acción para arrancar a alguien de su propia fe e imponerle una ajena. Esta religión no reconoce fundador alguno en específico, mas tiene santos que vuelven a la Tierra una vez completado el ciclo de reencarnación, y alcanzada la suprema perfección regresan voluntariamente, sacrificándose para aportar a la pobre humanidad la divina revelación. Tales reencarnaciones son Krishna, Rama, Ramakrisha, Ramana Maharshi, Bhagwan, Mahavir, Guru Nanak y otras. Jesucristo es venerado como uno de los radiantes y sublimes avatares —avatar significa reencarnación, transformación de Dios. Ninguna otra religión ha llegado, al cabo de tantos milenios, a un grado tan alto de refinamiento y enriquecimiento de bases sicológicas en la enseñanza de la espiritualización del hombre o la llamada autorrealización. Buda mismo, por un tiempo, profesó el hinduismo, es decir, el Brahmanismo, y se inspiró en la misma fuente al concebir su doctrina.

En los siglos inmediatos anteriores a Cristo, Patanjali, quien es conocido como el padre y fundador del yoga, dejó fijada de forma definitiva la enseñanza clásica del yoga en los *Yoga-Sutras,* libros donde se explica la teoría del yoga, la disciplina, las técnicas, los ejercicios mentales y la concentración interior, y que contienen los mandamientos. De estos, uno de los más importantes es el *ahimsa:* no matarás ni harás uso de la fuerza. También se exigen respeto a todo ser humano y a todo lo viviente y sinceridad total: no mentirás. El pensamiento y la palabra son las fuerzas que mueven al mundo. De cada buena palabra o pensamiento fluyen poderes purificadores que curan y salvan. Otro de los mandamientos es: no te apoderes de lo que no te han dado. No es solo un mero no robarás, sino, no pedirás o solicitarás nada que no te sea dado. A aquel que nada pide ni solicita para sí mismo, las cosas le llegan abundantemente.

En el yoga exige también la castidad, la liberación de todo deseo; el amor ha de ser tan libre que debe dejar absoluta libertad al objeto de dicho amor. Cuando yo practicaba y estudiaba el yoga también se pedía la práctica del vegetarianismo: no comer carne. Yo pasé años comiendo sólo semillas de girasol, frutas y vegetales. Y me fue muy bien porque me producía una gran paz, calma y tranquilidad, pero a veces me sentía como si me faltaran energías para luchar. Todo me daba igual, y vivía en un constante estado de paz. Todavía hoy me alimento de frutas y vegetales y a veces como pescado.

El primero y más importante propósito de los ejercicios de yoga es alcanzar la absoluta inmovilidad y el desarrollo de la paciencia hasta el más alto grado. Para ello se puede recurrir a las ochenta y cuatro posturas básicas o *ásanas*. La más famosa posición sentada es el *Padmasana* o postura del loto, que se consigue siguiendo este método: sentado, se dobla la pierna izquierda por la rodilla y la planta del pie hacia arriba se coloca contra el muslo derecho para que descanse sobre la ingle, próximo a la altura de la cadera. Luego se hace igual con la pierna derecha, cruzándola sobre la izquierda y colocándola en la forma descrita. Finalmente se ponen las manos sobre las rodillas con las palmas abiertas, con los dedos pulgar e índice formando una letra O. Y así se alcanza una postura sentada muy firme e inmóvil. La postura perfecta o avanzada es *Siddhasana*, y la que yo he practicado desde que empecé en el yoga es *Sirshasana* o postura sobre la cabeza que es la más importante de todas y se la conoce como la reina de las *ásanas*. Aquel que padezca de presión arterial, corazón débil, sinusitis, infecciones de los oídos, desprendimiento de retina o sobrepeso, nunca debe intentar hacerla. Recuerdo que cuando yo estudiaba canto con Alicia Morales, hermana de Noro Morales, entre los estudiantes de la clase había una señora que estudiaba ópera, la cual lucía increíblemente joven. Al principio pensé que realmente lo era, pero un día le pregunté la edad y cuál no sería mi sorpresa cuando contestó: "Soy muy mayor. Tengo nietos, pero yo no tengo edad. Si vamos a contar por los años, tengo muchísimos. Lo que ocurre es que toda mi vida he practicado el *Sirshasana* y jamás pienso envejecer".

Cuando se practica esta *ásana* los órganos que siempre están hacia abajo, se colocan al revés y vuelven a su lugar. También controla el peso, el metabolismo y se le adjudican miles de virtudes.

El *Kundalini* o Poder de la Serpiente es el consciente despertar a través de la meditación de siete centros, *chakras*, que son centros nervofluídicos que se encuentran repartidos dentro del cerebro y la médula, comenzando en la parte más baja de la espina dorsal hasta la corona del cráneo. Según la enseñanza india estos *chakras* y el despertar del *Kundalini* contienen fuerzas secretas mágicas.

El *Raja Yoga*, llamado el Rey de los Yogas, es el yoga de la meditación. A través del control de nuestro cuerpo nos conduce al desenvolvimiento y dominio de la mente y, finalmente, a la gran experiencia de *Samadhi* que es un estado de relajamiento, superconciencia y bienaventuranza por medio del cual la mente se separa de todo lo que la ata a las cosas terrenales.

Para el entrenamiento de la serenidad y como condición previa al vacío interno existe un medio eficaz de ayuda, el *Japa Yoga. Japa* significa repetición continua de una palabra o nombre divino, y cuando uno lo practica por mucho tiempo produce una gran sensación de ligereza, como si uno no tuviera cuerpo físico y nos levantáramos sin esfuerzo alguno sobre el suelo. Cada cual puede escoger un mantra para hacer su *Japa.* El hindú prefiere el *Aum* o el *Om;* el tibetano canta o repite muchas veces el *Om Mani Padme Hum;* los devotos de Krishna repiten el *Hare Krishna, Hare Krishna, Krishna, Krishna, Hare, Hare Rama, Hare Rama, Rama, Rama, Hare, Hare,* que es el mantra superior de todos; el griego ortodoxo medita con el mantra, *Kyrie Eleison, Christe Eleison* (Señor, ten piedad; Cristo, ten piedad). Esta repetición de un mantra, cuya técnica se llama *Japa,* no es meramente un rito religioso, sino también una disciplina síquica. Hay una letanía luterana que, para mí, es un *Japa.* Dice:

> *El cielo es su cabeza; la Tierra sus pies. Los cuatro puntos cardinales son sus manos y sus pies. El Sol y la Luna son sus ojos. El éter es su respiración; fuego es su boca; enseñanza es su pecho; ignorancia es su espalda; hierba y planta son sus cabellos; montañas son sus huesos. El mar es su vejiga; los ríos son sus venas.*

El *Japa Mala*, o sea, el uso del rosario, es algo sumamente importante para la práctica del *Japa.* Brahmanes, budistas, musulmanes, católicos, cristianos y ortodoxos aplican el *Japa Mala* o rosario para lograr la concentración, meditación y para rezar el rosario. *Japa* significa en sánscrito rezar y también rosal. Según los historiadores el rosario tomó este nombre por su parecido con una corona o guirnalda de rosas. La mayoría de los historiadores dice que fue traído de Oriente a Occidente por Pedro *el Ermitaño* durante la Primera Cruzada (1096–1099), el cual lo tomó de los musulmanes, y estos lo habían adoptado de los judíos, quienes lo llamaban *Meaberacoth* o "las cien bendiciones". Cada cuenta del rosario corresponde a una plegaria, súplica, palabra sagrada o a un mantra, de aquí que se use para rezar y para concentrarse interiormente. El Swami Sivananda siempre recomienda el uso del *Japa Mala* porque, según él, facilita el desarrollo de la concentración y la meditación.

El Yantra Yoga es la meditación ante una imagen, modelo o figura. El hindú medita frente a un *lingam,* símbolo fálico que para ellos significa el Creador o Creación Universal, y algunos ante los dioses Shiva, Vishnu o Ganesha —el de la cabeza de elefante. También medita ante las diosas madres Kali, Laxshmi, Saraswati y Durga, o tocando la flauta frente a Krishna. El budista medita ante la imagen de Buda; los chinos y japoneses ante cualquier pintura o concepto religioso; el musulmán ante una pintura de la frase *Allah il Allah* (no hay más Dios que Alá); el judío ante el Sello de Salomón, que representa la armonía entre el microcosmo y el macrocosmo; el cristiano ante la Cruz, que simboliza la vida eterna; el hindú y el tibetano ante la palabra signo *Om;* los chinos ante el signo *Yi-ching,* y los cristianos orientales rezan frente a un ícono, donde casi siempre está representada la imagen de Nuestra Señora del Perpetuo Socorro.

Una leyenda que escuché en la India y que aparece en muchos libros, porque es muy importante e interesante conocerla para saber el poder la fe, es la de la anciana señora que siempre que su hijo salía de viaje le pedía que le trajeran un diente de Buda —algo absurdo porque el ser físico de Buda hace muchos años que murió y toda esa materia se ha desintegrado y ha desaparecido. Pero el hijo siempre olvidaba la petición de la buena mujer y a su regreso se excusaba diciéndole que no se había acordado y que había tenido mucho trabajo. Cuando volvía a viajar, su madre nuevamente le suplicaba que le trajera el diente del Buda. En una ocasión, cuando estaba ya muy cerca de llegar a la casa, vio a la orilla del camino una perra muerta.

Se acercó, le arrancó un diente y al llegar a la casa le dijo a la madre: "Este es el regalo que te traigo. Es un auténtico diente de Buda".

La madre quedó encantada e hizo una urna para el diente, y ella, sus amigos y vecinos, comenzaron a rendirle culto a aquel diente, convirtiéndolo en objeto de adoración y devoción. Al cabo del tiempo el diente empezó a brillar y a irradiar una extraña luz, y comenzaron a sucederse los milagros. A medida que pasaban los días, más milagros se producían. Lógicamente los milagros eran producto de los postulados y de la certeza y fe que tenían todos al pedir a aquel diente. Cuando se supo que el diente provenía de un perro, perdió toda su eficacia y ya nunca más produjo milagro alguno.

Paramahansa Yogananda siempre decía que sea cual sea la religión a que uno pertenece, se pueden utilizar los objetos de meditación de su propia religión. Toda persona que practica la meditación logra que su pequeño ser cotidiano disminuya cada día más y se haga más transparente a la vez que su alma, su ser espiritual, su ser cósmico, se hace fuerte y radiante y experimenta el milagro de estar en Dios, de sentirse dentro de Dios mismo. El hombre llega a ser esencia, llega a ser Dios. El estado espiritual del hombre que practica la meditación es uno de imperturbabilidad, amabilidad y serenidad.

Los fundamentos de la doctrina que conducen a la autorrealización, a la unificación con Dios y, por supuesto, a la felicidad, según nos enseña el Swami Sivananda en su retiro al pie del Himalaya en Rishikesh, son los siguientes mandamientos:

- Levántate temprano y dirige tus pensamientos al Supremo Ser, no importa cómo lo llames.
- Siéntate en la postura que prefieras durante media hora, con tu cara, con tu faz, vuelta hacia el Este. Haz veinte ejercicios de respiración rítmica. Sencillamente, llénate de aire, retenlo y al expulsarlo piensa que estás botando hacia afuera todo lo negativo. Inspira nuevamente pensando que estás absorbiendo del ambiente salud, paz, felicidad y todo lo que tú

deseas. Aguanta la respiración firmemente y luego exhala pensando que estás arrojando todas las toxinas y todo lo negativo. Repite un mantra, una palabra sagrada o verso que te parezca apropiado. Hazlo varias veces al día.

- Come poco. Jamás te cargues el estómago y escoge siempre alimentos simples, sanos y puros.
- Sé siempre compasivo y nunca dejes pasar una oportunidad para hacer el bien a una criatura cualquiera.
- Estudia diariamente las Sagradas Escrituras, la Biblia si eres cristiano; el Bhagavad Gita, el Corán, el libro que más te inspire fe.
- Conserva puros tu ser y tus pensamientos. Antes de entrar en meditación repite la oración que más te guste.
- Libérate de toda mala costumbre y vicios. Evita las malas compañías.
- Lleva siempre contigo un rosario y reza tus oraciones o mantras con él.
- Quédate en silencio varias veces al día por lo menos media hora.
- Dí la verdad siempre.
- Habla poco, pero con amabilidad.
- No te excites, no discutas, nunca ataques a nadie, no hagas daño a nadie, no pienses mal de los demás. Elimina la ira y sustitúyela por el amor.
- Sé compasivo e independiente. Recuerda que la muerte te espera a cada momento.
- No olvides cumplir tus deberes y vive preparado para dejar este mundo en todo momento.
- Entrégate siempre completamente a Dios. Considérate su instrumento.

ISLAM

En mi constante búsqueda y bregar he conocido a muchos mahometanos. Me han sido revelados secretos. He leído el Corán y he tratado de buscar y familiarizarme con su esencia y enseñanzas. Islam quiere decir sumisión a la voluntad de Dios. El Corán es el último gran libro de profecías, y el único de la doctrina islámica. Corán significa "lo que ha de leerse". La fe islámica es una doctrina tolerante, pero hoy día muchos tergiversan sus enseñanzas con fanatismos y violencias. En su esencia enseña a respetar a las demás religiones, especialmente al judaísmo, al cristianismo, al hinduismo y al budismo. Como en ella solo se reconoce a un Dios, la oración principal de los musulmanes dice así: *"Allah ilaha il Allah; Mohamed il rasu Allah"* (No hay más Dios que Alá; Mahoma es su profeta). A Cristo se le rinden honores como un gran y santo profeta, y se lo admira por su doctrina, pero jamás se lo reconoce como al Hijo de Dios, pues se lo considera solo un hijo de Dios. En el Corán no se rinde culto alguno a los santos. Todos los hombres son iguales y todos son hermanos porque son hijos de un solo y mismo Dios. Y esto, comprendiendo a los pueblos de otras religiones. Todo musulmán conoce el Corán, lo lee cada día y recita sus versos, ya que está obligado a leerlo de principio a fin por lo menos una vez al mes, y cinco veces al día, a las horas fijas, recita la oración en la forma prescrita. Y a las horas especiales en que el *Imam* o el muecín —en muchos textos se usan las grafías *mu'adhdhin* y *muezzin*— lo anuncia, el creyente, esté donde esté y haga lo que haga, debe volver su faz hacia la Meca, concentrar sus pensamientos y su corazón en el Todopoderoso, y decir: "Alá es grande". Al decir estas palabras mirando hacia Dios, se olvida de su pequeño ser, de sus preocupaciones y deseos del momento. Luego se arrodilla y dice: "Gloria a ti, Dios mío; tú el grande". Y levantándose repite: "Alá oye a quien le reza. Nuestro Dios, para ti todas las alabanzas". De nuevo se postra ante Dios en acción de gracias y humildad y reza: "Señor, nuestro Dios, perdóname y ten piedad de mí. Condúceme, guárdame y llévame". Luego de levantarse se postra nuevamente y después se sienta con las piernas cruzadas, diciendo: "Todo honor a ti, Alá, toda pureza de corazón. La paz sea contigo, oh profeta. Alá bendiga todos nuestros bienes. La paz sea con nosotros y con todos los píos servidores de Dios. Yo creo que no hay más Dios que Dios, y creo que Mahoma es su profeta".

En el islamismo los hombres se llaman entre sí hermanos, y no existe entre ellos sentimiento alguno de inferioridad o relegación. El musulmán realmente respira el amor de la paz y siente una fuerte aversión por todo lo que represente riña, pelea o inarmonía. Cristo es reconocido por el Corán como un sublime maestro, un profeta del amor. Para el hindú Cristo es uno de los dioses que se encarnaron; para el musulmán sólo es un hombre que recibe la gracia divina, un servidor de Dios. En el Corán también se dice que Cristo no fue flagelado ni crucificado, sino que subió a los Cielos por obra de Alá y que ha de ser enviado de nuevo a este mundo antes de su fin para redimirlo, y que todos los creyentes lo aceptarán como el mensajero de Dios. Ellos dicen: "Nosotros no matamos al Mesías, Jesús, el Hijo de María, el mensajero de Alá". Ni lo mataron ni lo crucificaron; con toda seguridad no lo mataron porque Alá se lo llevó con él.

"Alá siempre fue poderoso y sabio".

El Corán enseña dos fundamentos: el temor a Dios y la obediencia a sus mandamientos. Haz el bien y, al final del camino, hallarás gloria eterna. Hacer el bien no solo se aplica a cada musulmán, sino también a cada creyente en Dios. El Corán contiene trece enseñanzas que hablan de las cualidades de Dios:

1. Dios es en verdad el gran conocedor de lo invisible.
2. Dios sabe lo que tú ocultas y lo que tú revelas.
3. Dios sabe lo que tú haces en secreto y abiertamente.
4. Dios sabe lo que tú guardas en tu corazón.
5. Dios sabe lo que tú haces de día y de noche.
6. Dios sabe tus secretos y tus consejos.

7. Dios sabe adónde te encaminas y adónde te quedas.

8. Dios conoce las cosas secretas y los impulsos inconscientes.

9. Dios conoce la frivolidad de los ojos.

10. Dios está contigo dondequiera que tú estés.

11. Dios siempre está velando por ti.

12. Dios conoce todas tus acciones.

13. Ellos podrán ocultar sus acciones a los hombres, pero no pueden ocultárselas a Dios.

EL SUFISMO

No puedo dejar de mencionar una religión que cambió el rumbo de mi vida: el sufismo. En una época de gran búsqueda conocí, a través de los libros, a quien considero mi maestro en esta religión, Hazrat Inayat Khan. He leído mucho sobre el sufismo, y en Nueva York me uní a un grupo sufista con el propósito de investigar, de conocer más sobre la "religión del amor" y el camino de la iluminación perfecta donde el amante y el amado se unen en un solo ser. Esta religión parte del mahometanismo y se originó en Persia en el siglo VII. La raíz del nombre de esta religión se debe a que en un principio quienes la practicaron, de los siglos VII al IX, eran vagabundos del desierto, ascetas, que vestían con ropas hechas de lana que en árabe son llamadas *suf*, y *sufi* en dicha lengua significa "el que va vestido de lana"; de ahí nace, pues, la palabra sufismo.

El progreso del discípulo de esta religión transcurre a través de siete estados. Cada uno de ellos está relacionado con algo que se logra mediante el esfuerzo propio, aunque, por supuesto, siempre con la ayuda de Dios. Las siete exigencias o requerimientos de esta religión son:

• *Arrepentimiento* de algo que uno cree que le hace daño a uno mismo o al mundo que le rodea.

- *Abstinencia* de todo aquello que pueda afectar nuestra salud y sentimientos.
- *Separación* o *alejamiento* de todo aquello que nos pueda perjudicar.
- *Soledad* para poder concentrarse en sí mismo.
- *Pobreza.* No necesitar cosas que verdaderamente no nos hagan falta, lo cual no quiere decir que debemos pasar hambre.
- *Paciencia.* Ser paciente, saber esperar, ya que todo llega a su momento.
- *Entrega* total a Dios.

El nombre del conocimiento místico de los sufíes es gnosis. Uno de los estados que busca el sufí es el del éxtasis, que en esta religión se logra a través del baile. Los derviches, que integran una comunidad de discípulos de esta religión, especialmente los famosos derviches danzarines, ejecutan una danza circular que llega a alcanzar un frenético ritmo, y es entonces cuando caen a tierra y entran en un estado de éxtasis mediante el cual se exteriorizan. El verdadero gnóstico es aquel que ve la manifestación de Dios en todo aquello que adora.

De los mensajes que aprendí de Hazrat Inayat Khan, el que más efecto hizo en mí es el que dice: "La vida es la misma para el Santo que para Satán, y si luce diferente es por la forma en que uno la ve o cómo responde a la vida que lo rodea". Hay dos actitudes básicas: mientras que para uno todo es malo, para el otro todo es correcto. Nuestra vida en este mundo, de la mañana a la noche, está llena de experiencias buenas y malas, y lo que hace la diferencia al ver las cosas buenas o malas son nuestras actitudes y condiciones.

¿Cómo se reconoce un santo o un maestro espiritual en esta religión? No por sus milagros, sino por su presencia que irradia vibraciones de amor. ¿Y cómo se expresa este amor en el santo? Con tolerancia, perdón, respeto a todo lo viviente y sin concentrarse en buscar las faltas a los demás. La simpatía y el amor cubren los defectos de los otros. La idea sufí es: no importa la religión que una persona profese, si no tiene amor, nada es. El que ha estudiado miles de libros sin amor, nada conoce. El amor no necesita palabra alguna para expresarlo porque, sencillamente, no hay ninguna adecuada para ello. Vivimos, nos movemos y tenemos nuestro ser solamente en Dios. No existe un solo átomo que no se mueva por el mandato divino. Cuando deseamos algo, nos convertimos en algo más pequeño que aquello que deseamos. Aquel que todo lo da, se convierte en algo más grande que lo que ha dado. Por tanto, para un místico, cada acto de renunciamiento es un paso más hacia la perfección. Forzar la renunciación o la moralidad o la ley, no es tal renunciación. El verdadero espíritu de renunciación es voluntario y ocurre cuando se ha evolucionado; entonces, ya no necesitamos nada de lo que deseábamos antes para poder lograr la felicidad.

¿Qué es el sufismo, qué religión es ésta? Es la religión del corazón en la cual lo único importante es buscar a Dios en cada corazón humano, y hay tres maneras de lograr esta búsqueda:

1. Reconociendo lo divino que hay en cada persona. Ser delicado, cariñoso, atento, preocupado y cuidadoso con toda persona que esté en contacto con nosotros. Estas cualidades tienen que ser de pensamiento, palabra y acción, ya que el ser humano es delicado por propia naturaleza.

2. Pensar y tener buenos sentimientos para las personas que no están a nuestro lado. Hablar de alguien que está presente, es fácil, pero hablar del que no está con nosotros y saber defenderle la espalda es algo aún más hermoso. Quien simpatiza o se compadece de los problemas de alguien que no está a su lado es más grande que aquel que sólo habla bien o simpatiza con la gente que tiene a su lado.

3. Reconocer que cada impulso del corazón es un mandato de Dios, y que el amor que sentimos en nuestro corazón es una llama, una prueba constante de Dios.

El símbolo de este movimiento mundial es un corazón con alas. El corazón representa tanto lo terrenal como lo celestial. Es el receptáculo del espíritu divino en la Tierra. Las alas significan volar, levantarse hacia el Cielo. El mensaje sufí para el mundo —el sufismo no da teorías ni doctrinas para ser añadidas a las ya existentes, que por consiguiente solo traerían mayor confusión a la mente humana— es el del amor. El mundo solamente se salvará a través del amor, la armonía y la belleza. La ausencia de estos tres elementos produce la tragedia en la vida. El mensaje sufí no da una nueva ley, sino que despierta en la humanidad el espíritu de hermandad, tolerancia con todas las religiones del mundo y perdón para las faltas de los demás. Enseña a ser conscientes, a pensar, tener consideración y creer tanto en la vida nuestra como en el mundo que nos rodea. También nos enseña a servir, a ser útiles y que la satisfacción de cada alma radica en servir a Dios y unificarse con Él. El amado y el amante, como hemos dicho, se funden en un solo ser.

El sufismo utiliza parábolas, pequeños cuentos, a veces humorísticos, para enseñarnos lecciones. Uno de los que más recuerdo y celebro es acerca de cuatro viajeros: un persa, un turco, un árabe y un griego. Los cuatro eran compañeros de viaje y se encontraban en una calle de una ciudad, en otro país. Venían de un lejano país y discutían sobre cómo gastar una moneda en algo que los cuatro deseaban.

—Yo quiero comprar *angur* —dijo el persa.

—Yo deseo *uzum* —respondió el turco.

—Y yo *inab* —agregó el árabe.

—No, no, yo quiero *stafil* —dijo el griego.

En eso pasó por allí un lingüista, quien, habiendo oído la discusión les dijo:

—No discutan más. Entréguenme la moneda y yo voy a satisfacer los deseos de todos. —Dicho esto se marchó a una tienda cercana y regresó con cuatro racimos de uvas y le dio uno a cada uno.

—Este es mi *angur* —dijo el persa, saltando de alegría.

—Este es mi *uzum* —exclamó el turco.

—Ese es mi *inab* —replicó el árabe.

—Y mi *stafil* —dijo el griego.

En este pequeño cuento los viajeros representan a aquellos que están en busca de algo, en busca de Dios: la gente del mundo. El lingüista que los sacó de la confusión es el sufí. La gente sabe que desea algo, tiene una necesidad en su interior y busca aquello que llene ese vacío interior que es la búsqueda de Dios. Cada cual, de distinta manera y según su religión, busca algo hasta que llega aquel que les dice que lo importante es la esencia. Para el sufí la uva siempre ha significado religión. De la uva se saca el vino. Por tanto, el vino es la verdadera esencia y es lo que busca el sufí. Él persigue salir de todas las apariencias, de todas las palabras que confunden, para llegar a la única esencia que es la Divinidad que habita en cada corazón humano. Según cada uno va evolucionando, así va entendiendo los cuentos o las parábolas de distinta manera.

Actualmente la Orden Internacional Sufí la dirige Pir Zia Inayat Khan, hijo de Pir Vilayat y nieto de Hazram Inayat Khan. Yo sigo unido al sufismo y en especial a Rumi, el poeta sufi del amor. Rumi es mi inspiración y mi fuente de luz en cada instante de mi vida.

7

EL CRISTIANISMO Y
LAS AFIRMACIONES

Mi hogar espiritual ha sido la doctrina cristiana, pero en su más pura esencia, más allá de dogmatismos y fanatismos. Dos mil años de historia han traído gran diversidad a esta religión. Desde el nacimiento del Sublime Maestro Jesús, pasando por su vida, pasión y muerte, y luego lo que el hombre ha hecho con sus mensajes eternos y vitales, pasando por el Vaticano y los Papas, Santo Tomás de Aquino, el catolicismo romano, la ortodoxia oriental, el protestantismo y tantas otras sectas que emanan de lo mismo y buscan lo mismo, a pesar de sus externas apariencias. Cada era astrológica está compuesta de más de 2.000 años y la Era de Piscis está regida por el Sublime Maestro Jesús.

Tres astrólogos (ya en algunas Biblias, en vez de Magos, usan la palabra correcta, "Astrólogos" o "Maestros en la ciencia de las estrellas") siguieron una estrella y llegaron donde había nacido la Luz del Mundo, el Niño Dios.

El Pez (en griego "ICHTHYS", cuyas letras sirven de iniciales a la frase: Jesús-Cristo-Hijo de Dios, Salvador), es el símbolo de la Era de Piscis, y símbolo de Cristo.

Toda la cristiandad está matizada de símbolos referentes a la Era de Piscis; Pescadores, aguas, peces, panes, milagros…

Para mí los salmos, los mensajes de Cristo, en particular, "Amaos los unos a los otros", sin importar quiénes y cómo son los otros y el Sermón de la Montaña, ocupan un lugar preferente.

Bienaventurados los pobres de espíritu, porque de ellos es el reino de los cielos.

Bienaventurados los mansos, porque ellos poseerán la Tierra.

Bienaventurados los que lloran, porque ellos serán consolados.

Bienaventurados los que tienen hambre y sed de justicia, porque ellos serán hartos.

Bienaventurados los misericordiosos, porque ellos alcanzarán misericordia.

Bienaventurados los limpios de corazón, porque ellos verán a Dios.

Bienaventurados los pacíficos, porque ellos serán llamados Hijos de Dios.

Bienaventurados los que padecen persecución a causa de la justicia, porque de ellos es el reino de los cielos.

Bienaventurados vosotros, los que habéis sido inculpados y perseguidos por toda clase de acusaciones, falsamente, por el amor mío.

Podéis regocijaros y estar sumamente contentos, porque grande ha de ser vuestra recompensa en los cielos.

Cada palabra de este divino mensaje vive grabada en el corazón del cristiano. El cristiano vive el mensaje de Cristo, no habla de él, ni quiere convencer a nadie a que piense, ore o crea como él: es vivo ejemplo de lo que predica.

Recibe compadecido a todos los que acuden a él en súplica de ayuda. Ama de corazón al prójimo, no desprecia a nadie, ni siquiera al criminal, ni al otro, ni al de la otra religión, ni al desgraciado; es Amor, Compasión y Comprensión en Acción. No impone su fe ni con espada, ni con gritos, ni con la condenación.

El gran Leo Tolstoy narra una hermosa historia de tres monjes cristianos llamados Staretzi, que vivían en una pequeña isla del Océano Ártico. Un obispo de gran jerarquía decidió ir a visitarlos. En la playa de la isla encontró a tres humildes hombres sin dientes, barbudos y muy ancianos. El obispo les preguntó cómo rezaban. Ellos respondieron: "Rezamos así: Vosotros sois tres, nosotros somos tres, ¡tened piedad de nosotros!".

El obispo no pudo disimular su asombro ante aquella aparente tontería y empezó a enseñarles cómo habían de rezar. Los obligó a que aprendieran de memoria la oración del Señor y que la hicieran diariamente.

Zarpó el barco y cuando habían navegado bastante, advirtieron que unas extrañas nubes se formaron al horizonte y que se avecinaban rápidamente. Para admiración de todos, las nubes se convirtieron en los tres ancianos que les decían con tristeza que habían olvidado la oración que el obispo les enseñó.

Entonces, el obispo se santiguó e inclinándose ante ellos dijo: "Dios oirá vuestra oración tal como la decíais antes. No hay nada que yo pueda enseñaros. Volved a vuestra isla y rogad por nosotros, pecadores". El obispo se postró ante ellos. Entonces, dieron media vuelta y se fueron *caminando sobre las aguas,* dejando tras sí una estela de luz resplandeciente.

San Agustín, Supremo Maestro Eclesiástico, dice: "La oración es un grito que sale del corazón, no de la voz, ni de los labios". Cuando oramos, todos somos mendigos ante Dios. El comienzo del amor verdadero es el comienzo de la Santidad; un gran amor es ya una gran santidad.

La enseñanza del yoga recomienda ciertos "mantras". En el cristianismo, "Kyrie Eleison, Christe Eleison", Dios mío, mi Todo, Señor Jesucristo, ten piedad de mí, son perfectos mantras de sumo poder.

El único remedio contra todos nuestros males, es el encuentro con Dios, con el Cristo que mora en el interior de todo ser. Cuando veamos en el amigo y en el enemigo a Dios, cuando demos por el placer de dar, cuando aceptemos las eternas leyes cósmicas que nos rigen, cuando comprendamos que somos un espíritu inmortal dentro de un cuerpo transitorio, cuando despertemos a la realidad, cuando salgamos de la ignorancia, del fanatismo, del estancamiento, cuando pensemos con el corazón y podamos adquirir sabiduría a través de las experiencias vividas y no porque nos sepamos de memoria libros, cuando nos aceptemos como algo único, hermoso, insustituible, que Dios creó para embellecer este Universo, habremos entrado en el Sendero.

Que mis experiencias te hayan despertado y enseñado el camino de la Verdad, para que tú también encuentres tu propio camino.

EL PODER DE LA AFIRMACIÓN

Lo que tú afirmas con fe lo haces realidad. Somos lo que pensamos. La fe obra milagros. La única justificación científica que yo puedo aplicar a lo que ocurre diariamente en mi vida y ocurría en mi templo, es la fe. Seres que habían perdido toda esperanza de curación, seres enfermos del alma, madres que habían tenido dieciocho abortos espontáneos y que ya los médicos les habían dicho que nunca tendrían hijos y lograron su anhelo; hombres y mujeres que no habían conocido el amor y de momento su vida cambió en forma dramática hacia una unión compatible y feliz. Una de las técnicas de mejoramiento personal que más resultado me ha dado es la afirmación positiva.

Lo que tú diariamente (tres veces al día, al levantarte, al mediodía y al acostarte) bajo estado de relajamiento total y visualizando clara y detalladamente repites, logras.

La visualización creativa es la técnica de usar tu imaginación para crear lo que tú desees en tu vida (si te conviene). Todo esto me recuerda a Emile Coué que enseñaba a sus pacientes a repetir constantemente, "Cada día me siento mejor, mejor y mejor", y logra aparentes milagros en curación de supuestos males incurables.

Afirmar, o sea hacer firme o realidad algo que uno desea, es el elemento más importante de la visualización creativa. Una afirmación es una frase o idea que se repite en tiempo presente. Nunca afirmes diciendo "que yo tenga", o "que yo tendré" o "llegaré a tener en mi vida". Repite, "Yo tengo salud, he logrado mi sueño de amor, soy rico…", todo siempre en presente.

Una afirmación puede ser hecha en silencio, en voz alta, escrita, cantada o visualizada. Puede ser específica o general. Te repito que hagas tus afirmaciones en tiempo presente. Ejemplo: "Tengo un empleo maravilloso. Yo tengo amor y satisfacción sexual". Entre más simple y corta la afirmación mejor. Siempre afirma aquello que esté dentro de la lógica y el sentido común.

Las afirmaciones más poderosas son aquellas que hacen referencia a Dios, Cristo, Buda, Ganesha, Santa Bárbara o cualquier Divinidad que inspire tu fe. Por ejemplo: "El amor Divino guía mis pasos. Cristo mora en mi interior. Ganesha me quita todos los obstáculos del camino".

Continúa afirmando lo que deseas hasta que la idea quede integrada en tu consciencia y subconciencia. Puedes grabar tus afirmaciones y oírlas cada vez que tengas oportunidad durante el día.

Dios nos quiere a todos felices, prósperos, sexualmente satisfechos, saludables. Si algo no camina, hay que ver qué está causando el problema. Para cada efecto hay una causa.

Tuve una discípula que quedó paralizada de la cintura para abajo. Los médicos no se ponían de acuerdo sobre qué estaba causando la parálisis. En mi análisis descubrí que ella había pasado por una situación sumamente traumática con un amigo meses antes de ser invadida por el mal. Deseó la muerte, perdió interés en la vida y se fue encerrando en sí misma. Lo peor de todo fue que no había perdonado al amigo que la traicionó. Vivía llena de odio y rencor.

Cuando reconoció que ella se estaba suicidando, cuando aplicó el perdón y la compasión, cuando aprendió a relajarse y a afirmar en forma positiva su curación, lo demás fue milagroso. Todo lo que ocurre en forma extraña y sin razón lógica lo llamamos "milagro". Quien conoce las leyes cósmicas, quien vive unificado con Dios, sabe que no existen los milagros.

Afirma todo aquello que deseas, que no haga daño a nadie, todo aquello que esté dentro de tu ética y moral; sigue mi procedimiento y verás que tú también lograrás aparentes milagros.

AFIRMACIONES DE PODER PARA CADA SIGNO DEL ZODÍACO

Aries
- "Dios está conmigo y laborando a través de mí".
- "Me lleno de Luz Divina y energía creativa".
- "La Luz en mí, está creando milagros en mi vida, aquí y ahora".
- "Tengo salud, dinero, paz y amor".
- "De mis labios jamás saldrá una palabra negativa o pesimista".
- "CON DIOS SE PUEDE".

Tauro
- "Cada día estoy mejor, mejor y mejor".
- "Todo me llega fácilmente. Soy un ser radiante, lleno de amor y perdón".
- "Me siento amado y triunfador. Mi vida está floreciendo hacia la total perfección".

Géminis
- "Todo lo que quiero y necesito está llegando a mi vida, gracias a mi fe".

- "No necesito de nadie para ser feliz. Estoy arropado por el Amor Divino. Me siento protegido, estable y feliz".
- "De todo me recupero".

Cáncer
- "Amo y me aman".
- "Salgo del error, egoísmo y de la ignorancia".
- "La Luz Divina se hace en mi mente y corazón".
- "Me amo y me respeto tal y como soy".
- "Entre más doy, más tengo".
- "Este será mi año".

Leo
- "Me he graduado en la escuela de la vida".
- "Bendiciones llegan a mí".
- "Atraigo relaciones satisfactorias y felices a mi vida. Disfruto de cada instante de mi vida".
- "Merezco amor y satisfacción sexual".
- "A partir de hoy, soy el ser más dichoso del mundo".

Virgo
- "Nadie ni nada me afecta. Disfruto de todo".
- "Cada día tengo más salud, abundancia, paz y felicidad".
- "Me responsabilizo por todo lo que hago".
- "Soy millonario de amor y de fe".
- "VIVO EN DIOS Y DIOS ME QUIERE FELIZ".

Libra
- "El miedo, la inseguridad y la indecisión acaban para mí".
- "Soy bello y adorable. Cada día tengo mejor suerte, más magnetismo, más logros y éxitos".
- "El Ser que me comprende y me ama, llega a mí, para juntos crecer espiritualmente".

Escorpio

- "He pagado mi karma, y me siento en paz y lleno de amor".
- "Cada día tengo más dinero, salud y amor".
- "Eso que deseé llega a mí sin esfuerzo alguno".
- "Estará conmigo sólo aquello que me brinda auténtica felicidad".

Sagitario

- "Me reiré de todo. Gozaré plenamente de cada instante de mi vida".
- "Nada me perturba, ni me entristece".
- "Lo comprendo todo y lo perdono todo".
- "A partir de hoy la suerte me arropa completamente".
- "Me siento saludable, próspero, victorioso y, sobre todo, amado".

Capricornio

- "Dios me da el poder para vencerlo todo y lo venzo todo".
- "No le temo a nada, ni a nadie".
- "La soledad acaba. Entre más me amo, más puedo amar a otros".
- "Me dedico más tiempo a mí, para mi desarrollo espiritual".
- "CRISTO ME LLEVA DE LA MANO".

Acuario

- "Milagros ocurren en mi vida. Lo aparentemente imposible, se hace realidad ahora para mí".
- "Triunfo en trabajo, dinero y amor".
- "Tengo la sabiduría para orientarme correctamente".
- "LA LUZ DIVINA ME AMPARA CONSTANTEMENTE".

Piscis

- "DIOS Y EL CRISTO MORAN EN MI".
- "Empiezo una nueva vida con valor, amor y fe. Mi salud está en óptimas condiciones. El amor está a mi lado y me hace feliz".
- "Cada día tengo más abundancia".

8

LAS LLAVES DEL ÉXITO
EN LOS SALMOS BÍBLICOS

Desde niño conozco cabalistas que han laborado con fe absoluta en los Salmos y han obtenido milagros. Reconozco que estos seres piadosos han llevado vidas ejemplares, tienen una fe inquebrantable en los nombres del Sumo Creador y rara vez piden para ellos, siempre lo hacen para alguien en desgracia.

Los salmos son una colección de poemas religiosos, cantos y oraciones procedentes de las distintas épocas de la historia veterotestamentaria (desde el siglo x hasta el siglo v o ix a. de C.) y que en el tiempo que siguió al exilio fueron reunidos en el libro bíblico. El término salmo significa "canto con acompañamiento de cuerdas", y en la designación hebrea "himno de alabanza". Hay salmos de lamentación, algunos exculpatorios y penitenciales. Los hay de gratitud y alabanza, triunfales, sapienciales (doctrinales), históricos y espirituales.

Lo importante es el poder que encierran. Un anciano cabalista me aseguró que no hay mal sobre la tierra que no se pueda vencer con los salmos. En momentos de atribulación un salmo salva al caído. Cuando mayor desesperación ataca, un salmo restituye la paz y la esperanza.

Yo recomiendo que al recitar los salmos haya incienso encendido en el lugar de oración. Que no falte agua, vela blanca, flores blancas (rosas, claveles o azucenas). La actitud mental cuenta al igual que tu estado emocional. Vacía tu mente de lo que te atormenta y entrégaselo a Dios; tranquilízate, relaja tu cuerpo completamente, perdona y perdónate por todo lo negativo que has hecho o te han hecho. Al hacer lo que te aconsejo estás preparando el altar cabalístico para llevar a cabo tu ceremonial mágico con los salmos. No es recomendable invocar fuerzas o entidades que tú desconozcas a menos que estés acompañado de un Maestro Cabalístico. Usa los nombres del Señor (Dios) que te sean familiares como: Jehová, Eel Chad, Dios, Padre Celestial o alguno que surja de tu amor por Dios. Aquí siguen algunos salmos que pueden servirte de ayuda en la vida.

Para la mujer encinta o en parto peligroso: Escribir el Salmo I y llevarlo en una bolsita o relicario al cuello. En la antigüedad y aun hoy en día hay quien lo escribe o lo manda a escribir en pergamino de piel de venado. El nombre de Dios que se invoca es Eel Chad y la oración especial dice:

"Sea tu voluntad, Oh, Eel Chad, conceder a esta mujer, _____, hija de _____ y _____ que no tenga ahora o en ningún otro tiempo, un nacimiento o parto prematuro, concédele además que su parto sea afortunado y dale a ella y al fruto de su vientre buena salud. Amén. Selah."

Para el dolor de cabeza "incurable" o la migraña: Quienquiera que esté afligido por este mal que rece el Salmo 3 con los nombres de santos y oración apropiada, untándose aceite de oliva donde se ha mezclado alcanfor en polvo (triturado) en la frente y la parte de atrás de la cabeza. La oración dice:

"Adon (Señor) del Mundo, sea tu voluntad ser mi doctor y ayuda. Cúrame y quítame mi severo dolor de cabeza (o de espalda o el dolor que sea), porque sólo en ti puedo encontrar ayuda, ya que el consuelo y la sanación solo se encuentran en ti. Amén. Selah."

Para tener buena suerte: Si lo has tratado todo y cada día todo te resulta peor, debes rezar el Salmo 4 tres veces al día con humildad y devoción, y sabiendo de antemano que tendrás éxito, ya que el Señor Todopoderoso te escuchará y te ayudará. El nombre de Dios invocado es Jiheje (él que es y será). Se dice con la boca, la mente y el corazón esta oración:

"Sea tu voluntad, Oh, Jiheje, hacer prosperar mis medios, pasos y acciones, permite que mis deseos se cumplan ampliamente para mi bien y para el de todos. La buena suerte me acompañará por la gracia de tu gran nombre, todo poder y digno de eterna alabanza. Amén. Selah."

Para casos de la corte: Si deseas conseguir un favor especial en asuntos de corte y sabes en tu corazón que eres **inocente**, haz el Salmo 5 bien temprano al salir el sol y en la tarde al ponerse el mismo. Realiza tu invocación sobre aceite puro de oliva y pensando con total unción en el nombre Santo de Dios (Chananjah) que significa Dios Misericordioso. Luego untándote el aceite en la cara, manos y pies, haz esta oración:

"Ten misericordia de mí, por la gracia de tu nombre grande, adorable y Santo, Chananjah, ablanda el corazón de los que me atacan y me juzgan y lean en mi interior sólo inocencia. Concédeme que me miren con consideración, amor y justicia. Amén. Selah."

Para tener éxito en los negocios: Para asegurarte la buena voluntad, el apoyo, la cooperación y el cariño de con quién tengas que negociar, debes rezar el Salmo 8 por tres días consecutivos en el nombre santo de Rechmial que significa grande y fuerte Dios de amor, de gracia y de misericordia. Además del Salmo, haz la oración siguiente sobre aceite puro de oliva, untándote del mismo en la cara, manos y pies. La oración dice:

"Oh Rechmial, haz que yo obtenga éxito y reconocimiento en mi labor seria y sacrificada en este negocio _____. Que yo obtenga afecto, gracia y favor ante los ojos de los hombres de acuerdo a tu santa voluntad. Amén. Selah."

Para librarse de un espíritu maligno: Quienquiera que sea perseguido por un espíritu inmundo, molesto y malo, que lleve una vasija de arcilla nueva con agua de la fuente o del lugar sagrado y en nombre de la víctima, que eche en el agua aceite de oliva puro y pronuncie el Salmo 10, nueve veces, teniendo en mente y corazón el nombre poderoso de Eel Mez que significa Dios fuerte de los oprimidos y diga al final de cada Salmo:

"Sea tu santa voluntad, ¡oh! Eel Mez, curar el cuerpo y alma de _____ y librarlo de todas las posesiones, plagas y aprensiones; dale fuerza de cuerpo y de alma y líbralo del espíritu maligno."

Para librarse del dolor corporal y de la muerte no natural: El que rece el Salmo 13 con toda fe y devoción junto con la oración correspondiente y al mismo tiempo se concentre en el nombre poderoso de Essiel que significa mi ayuda es de Dios Todopoderoso, se librará por veinticuatro horas de la muerte no natural y de sufrimientos y castigos corporales. La oración dice:

"Protégeme según tu buena voluntad y complacencia de la muerte violenta, inesperada y no natural, y de todo accidente maligno y aflicciones corporales severas, pues tú eres mi ayuda y mi Dios y en ti están el poder y la gloria. Amén, Selah."

Para descubrir el nombre de un ladrón: Si uno ha sufrido un robo debe proceder en esta forma: Tomar barro, limo o arena de un riachuelo, mezclarlos bien y luego escribir los nombres de las personas sospechosas en pequeños pedazos de papel y ponerlos en el reverso de la mezcla ya preparada. Luego se echan en una tina con agua fresca de riachuelo uno a uno al mismo tiempo que se reza el Salmo 16 y la oración siguiente:

"Sea tu voluntad Eel, Caar, Dios Viviente, que aparezca el nombre del ladrón que me robó (di lo que te fue robado). Dios permita que el nombre del ladrón, si es que está entre estos nombres, se presente ante mis ojos y sea descubierto. Que tu nombre, mi Dios viviente, sea glorificado. Concédeme esto por la gracia de tu santo nombre. Amén. Selah."

Para recibir revelación o información por medio de un sueño o de una visión: Si quieres recibir instrucción o luz respecto a algo que te preocupa en visión o sueño, purifícate por medio del ayuno y del baño, pronuncia el Salmo 23 con el nombre Santo de Jah siete veces y al final de cada repetición di la siguiente oración:

"Padre Amoroso, que sea tu santa voluntad y revélame por medio de un sueño la solución de este asunto, deuda o conflicto, así como revelaste por sueños la suerte de nuestros predecesores. Concédeme mi petición por la gracia del Santo Nombre de Jah. Amén. Selah."

Para quien esté condenado a prisión severa y sea inocente: El Salmo 26.

Para reconciliarse con enemigos: El Salmo 28.

Para destruir la difamación: El Salmo 36.

Para lograr la paz entre esposo y esposa: Los Salmos 45 y 46.

Para atraer buena suerte a tu casa: El Salmo 61.

Para asegurarte para siempre contra la pobreza: Escribe el Salmo 72 con el nombre de Aha sobre un pergamino puro, ponlo en una bolsita y cuélgalo del cuello y te convertirás en el favorito del Universo.

Se han hecho estudios sobre el salmo de la máxima protección, o sea, el Salmo 91. Todo soldado que fue a la guerra y que llevó junto a su cuerpo el Salmo 91 regresó sano y salvo. Quien tiene en la cartera, automóvil u hogar el Salmo 91 debe sentirse protegido ya que el poder de este Salmo es milagroso. Antes de cualquier empresa, viaje, entrevista o momento cumbre de tu vida, reza el Salmo 91 tres veces. Recibo cartas del mundo entero agradeciéndome que los iniciara en el culto al Salmo 91 y a los otros salmos. Muchos seres humanos, ante momentos difíciles, se desorientan y empiezan a perder tiempo y dinero visitando lugares o seres que tal vez están en peor situación que ellos y que simplemente negocian con la desgracia ajena, cuando lo que deberían hacer es quedarse tranquilos, saturarse de fe en Dios y rezar los salmos, especialmente el 91.

Hay que tener sumo cuidado con sanadores "milagreros", espiritualistas falsos y miles que anuncian y pregonan poderes. El que cura, el que ayuda, el que salva es Dios y sólo Dios. Cuídate del que más se anuncia y usa testimonios confusos. Nadie logrará traerte lo que no te mereces o lo que de obtenerlo sería tu desgracia. En salud pueden ocurrir milagros de sanación inmediata porque coinciden con un cambio drástico en tu conducta, recuperación de fe o transformación en tu forma de pensar y de sentir.

Hay seres que usan la enfermedad para autocastigarse, manipular a la pareja o la familia o para llamar la atención. Hay que recordar siempre que lo primero que se enferma es el alma, luego la mente y lo último es el cuerpo físico, o sea, la parte más densa del ser humano. Quien vive armonizado, feliz, esperanzado, en contacto con la realidad, disfrutando de cada instante de su vida, sin esperanzas ni frustraciones, perdonándose y perdonando, jamás se enferma.

En el amor hay quienes se destruyen al volverse adictos a los "imposibles", casos clínicos o complicándose con seres negativos, aprovechadores y falsos. Si no hay amor con A mayúscula, si no hay compatibilidad astrológica, si no hay igualdad al nivel de la conciencia: ¿por qué insistes en tu destrucción total? Dios y la magia te ayudan a limpiar tus caminos para que tu alma gemela se una contigo. Nada logrado por brujería o magia negra perdura o da la auténtica felicidad.

Ya lo dijo el Sublime Maestro de la humanidad, Jesús: "Por sus frutos los conoceréis". Investiga qué ha hecho o qué ha dado en bien de la humanidad el llamado "milagrero" y no te dejes deslumbrar por histeria en objetos exóticos. La honestidad, humildad, la pureza de sentimientos, la fe que inspira, la libertad de compartir lo que sabe, el poder de quitar el miedo y la inseguridad, en vez de asustar con castigos o profetizar accidentes, muertes, divorcios, rompimientos que solo existen en la imaginación del "milagrero", son las claves o índices a seguir en la elección de tu orientador o maestro espiritual. Si quieres visita lugares, gasta dinero, pon tu fe en duda, y cuando te hayas cansado de todo, escríbeme (no mandes dinero) y el Dios que mora en mí (es el mismo que mora en ti y en todos) te ayudará. No te aseguro un milagro inmediato (aunque puede ocurrir), pero sé que te sentirás mejor física, emocional, mental y espiritualmente para vencer cualquier obstáculo. Yo o cualquiera como yo que labore seria y responsablemente en bien de la humanidad tendrá siempre la bendición de Dios y de Cristo.

En dinero tendrás "lo que te mereces" hasta que madures, te responsabilices, te prepares profesionalmente, te cultives como ser humano. Hoy en día, no importa el sexo, condición social o edad para triunfar en estudios y profesión, según apliques toda esta sabiduría que te regalo, yo sé que tu vida cambiará para tu bien, no solo económicamente, sino en salud y amor.

Te repito, los salmos son llaves muy poderosas, pero deben ser utilizados con gran seriedad y devoción. Los salmos son contactos directos con el Padre Todopoderoso. Aprende a comunicarte con Él a través de los salmos. Mil bendiciones.

9

LA REENCARNACIÓN Y LOS DOCE VIAJES DEL ALMA

La reencarnación tiene sus raíces en el hinduismo y creció aún más en el budismo. La reencarnación es la creencia de que al morir el cuerpo físico, el alma inmortal regresa en otro cuerpo. El hombre vio que el Sol sale, luego se esconde (muere) y al otro día nace de nuevo. Lo mismo ocurre en la vida vegetal y en las estaciones del año. En la astrología esotérica se dice que en el alma espiritual va reencarnando en cada signo su karma individual.

¿QUÉ FUISTE EN TU VIDA ANTERIOR?

Aries: En la vida anterior tuviste que ver con el mar, misticismo, medicina y guerras. Asumiste responsabilidad por todo el mundo. Fuiste chivo expiatorio. Morir ahogado te horroriza. Muchos hundidos en el Titanic eran nativos de Aries. Sueñas con gente y lugares que no conoces y eres profético respecto a tu futuro. Huye del alcohol y de las drogas. Tienes fascinación por lo oculto. Muchos vivieron en la época de Jesús.

Tauro: Tu tendencia a ser dictatorial, independiente o rebelde, te viene de tu vida anterior. Perteneciste a un culto o una religión unificada con la naturaleza. El fuego y su destrucción, quemaduras, explosiones, te amedrentan por lo que pasó. Tuviste autoridad y si no la supiste usar, ahora te enfrentas a dudas y miserias. En vidas anteriores fuiste peleón, agresivo, destructivo. Lo dejaste todo por el amor. Te fascinaban las orgías y la libertad absoluta de ser, amar y hacer. Viviste en palacios, junglas misteriosas y lugares de placer y resplandor como Inglaterra, Alemania, Honolulu o Hawai.

Géminis: Vives insatisfecho con el presente. Te sientes soñando con un pasado, o fantaseando con el futuro. Todo te deprime porque en vidas anteriores supiste lo que fue felicidad y no lo apreciaste. Hay una inquietud o búsqueda de alguien ideal o de algo que tú mismo no conoces. Tienes el poder de soñar con tus vidas anteriores. Tuviste mucho dinero, por eso te gusta lo mejor. Si rompieras con patrones destructivos y aprendieras a vivir en el hoy, volverías a tener el mismo éxito otra vez. Puedes desarrollar pánico a túneles, cuevas, lugares sin aire, porque tuviste que esconderte de tus enemigos. Viviste en lugares distantes y exóticos, Brasil o California.

Cáncer: Fuiste herido en tus sentimientos y aún quedan heridas. Ventas y la habilidad de convencer a otros fueron prominentes en tu vida anterior. Viviste libre, independiente, caminaste muchos caminos, tuviste fuertes y tristes experiencias. Ahora quieres descansar y tener estabilidad. Fuiste maestro e influenciaste la mente de muchos. Tuviste que ver con los primeros días de la aviación. Todavía tienes viajes astrales. Viviste en Egipto, África; trataste de hacer del mundo un lugar más lindo para vivir. Londres, Madrid y París aún te fascinan. Te enloquece el lujo que una vez conociste.

Leo: Todavía te quedan recuerdos románticos y sentimentales de tu vida anterior. Palacios, amores gitanos, toda la grandeza y la pasión del pasado. Tu alma anhela un príncipe o princesa como de cuentos de hadas. En el fondo eres un niño, porque a pesar de todo crees y vives para el amor. Conquistaste mundos para el ser que amabas. Tu corazón está en tu hogar y en hacer feliz a tu familia y a los tuyos, para pagar viejas deudas kármicas. Fuiste cruel, déspota, orgulloso, avaro —ahora estás evolucionando para ser un centro de luz, paz, creatividad y amor.

Virgo: Ya viviste toda la pompa, la intriga, la realeza, la nobleza, las guerras y de todo te cansaste. Te vienen "ramalazos" de la Rusia Imperial, la nobleza inglesa y la historia de Europa y sus guerras todavía te tocan. Vives adelantado a tus contemporáneos. Tu intuición se adelanta a los hechos. Fuiste de los ricos del pasado, que lo podían comprar todo con oro. Estuviste en lugar de mando, de jefe y todavía te gusta que te sirvan y tener esclavos. Francia, Italia y España viven en ti. Excesos o pánicos sexuales son huellas del ayer. Todo lo misterioso y secreto te atrae. No soportas la miseria, ni la suciedad. Viviste en Noruega, Estados Unidos o lugares habitados por gitanos.

Libra: Tienes aún miedos y fobias, nostalgias y depresiones sin comprender la razón. Tu niñez y el tiempo pasado ejercen una triste influencia sobre ti. Te sientes como prestado en este mundo. El viajar y el soñar no pueden faltarte. Fracasaste al decidir y todavía te amedrenta tomar una dramática decisión. Truenos, rayos e inundaciones te recuerdan calamidades de vidas anteriores. Fuiste amado y traicionaste. Ahora buscas fidelidad y entrega total. Has aprendido que con dulzura y con verdad se logra mucho más en la vida. Tu salud física y mental se afectó en la anterior. Por eso tienes que atenderte y cuidarte esmeradamente.

Escorpio: Tu sentido de justicia todavía te delata. Sabes que estás pagando por lo que hiciste en el pasado. Tu atracción por lo oculto o espiritual dice que fuiste brujo, mago o maestro. Tú buscas un tesoro escondido, o la llave de la felicidad. Lees, investigas, experimentas, siempre averiguando, descubriendo. Nada ni nadie te satisface completamente. Comprendes mejor a la gente joven y te unes a ellos —nietos, hijos. Hay seres encarnados de otras vidas que tú no soportas y no sabes el por qué. Fuiste envidiado y atacado. Pensamientos de prisiones, secuestros, complots, engaños, aún te afectan. Viviste en Egipto, India, Austria y Rusia.

Sagitario: Fuiste espía o detective y todavía te pasas descubriendo a la gente. La familia y los "amarres emocionales" te afectaron en vidas anteriores, por eso, amas ser libre, independiente, sin cadenas. Buscas una isla desierta, un paraíso terrenal, un lugar con mucho espacio donde habitar libremente. El no tener dinero, el vivir encerrado, atado o en lugares cerrados, son fobias de vidas anteriores. Ya pasaste por fanatismo religioso y persecuciones. Tu fe se sustenta en pruebas y en realidades, no en mitos ni rituales.

Capricornio: Eres un trotamundos aventurero, que se cansó de volar, aunque algunos aún en esta vida siguen volando. Fuiste egoísta, exigente y franco hasta la ofensa. Estás aprendiendo a mezclarte con seres conflictivos. Has desarrollado técnicas para convencer y persuadir y salirte con la tuya. Mucho conflicto y triángulo amoroso te hizo hacer daño a muchos. Hoy lo reconoces y te estás reivindicando. Te cansaste de hablar y gritar al mundo tus verdades, ahora prefieres la soledad, un buen libro o una buena compañía. España, Australia, Canadá y Arabia te reclaman. Tu amor a lo fabuloso, exquisito y grandioso aún persiste en ti.

Acuario: La libertad que no tuviste, ahora la buscas. Todavía chocas con imposiciones sociales, caretas y falsas disciplinas. Aunque no quieras, tienes que educar, orientar, ayudar y servir a otros. La magia, la astrología, el ocultismo, te buscan y tienes que bregar con ellas. Te gusta aventurarte y arriesgarte aunque tu corazón te pide echar raíces y estabilizarte. Fuiste reprimido, responsabilizado, esclavizado; ahora quieres volar con alas propias. No soportas la esclavitud del tiempo, ya que has vivido muchas vidas sufriendo por exactitudes y horarios. Tu alma ha pasado por muchas experiencias, por eso te sientes tan viejo y tan sabio.

Piscis: Ya tú has pasado por todo y tu alma desea descansar, traer paz al mundo, y encontrar una madre o padre que te tome en los brazos. Fuiste el poder detrás del trono, pero fuiste falso, engañoso y traicionero. No te importó engañar para lograr tus propósitos. Tienes que aprender a vivir solo y a gozar de tu propia compañía (y entonces el amor llegará a ti). Confundiste sexo, pasión y amor. Tuviste problemas de identidad. No sabías quién eras, ni qué querías. Cualquier amigo cambiaba tus gustos y personalidad. Te envolviste en lo prohibido y condenable. Ahora te estás purificando para ser la luz del mundo.

LOS DOCE VIAJES DEL ALMA

Cada ciclo de reencarnaciones se divide en doce y cada nuevo viaje del alma a través de este planeta está relacionado con un signo astrológico. Cada vez que el alma regresa, trae en sí las características de una etapa diferente, que va avanzando a través de las distintas casas del Zodíaco. Analicemos estos misterios.

Aries, el primer viaje: Nacimiento prematuro o difícil; el niño es llorón, inquieto y sumamente majadero. Trae al nacer ciertos problemas en el hogar. Al nacer en este viaje, se desea romper con lo pasado, moverse hacia delante, ser cabecilla o jefe. Es un viaje de luchas, de valor, de grandes victorias. Siempre tienen prisa, siempre están en movimiento física o mentalmente. La lección de este viaje es controlar el carácter y evitar el egoísmo, el creerse superiores.

Tauro, el segundo viaje: También empieza con un parto difícil; el niño es testarudo, inflexible, pero muy cariñoso. En este viaje hay amor por las ganancias materiales, por el dinero y todo lo que es conveniente para hacer la vida estable y agradable. El alma no soporta estar sola y busca el amor, se da al amor una y otra vez. Le preocupa más ganar la aprobación en la Tierra que la entrada al Cielo. Es un viaje largo en el que se goza de buena salud.

Géminis, el tercer viaje: Nacimiento rápido, adelantado o prematuro. Desde que se empieza este viaje hay como una especie de urgencia por terminarlo. Jamás logran estar en paz con el mundo que los rodea. Viven pensando, dudando y preguntando todo, filosofando y en comunicación con los misterios que los rodean. Tienen ya la intuición de otros viajes anteriores realizados por esa alma. Poseen sentido del humor y aprenden pronto a reírse del mundo. Es un viaje de inquietud, de investigación.

Cáncer, el cuarto viaje: Con las experiencias vividas en los tres viajes anteriores, el alma busca paz y armonía en el hogar. No desean luchar con el mundo exterior, quieren descansar y ser felices en la privacidad. Es un viaje de placeres y de gran sensualidad. Tienen una sensibilidad exagerada que los destruye emocionalmente. Indagan en lo oculto, en lo espiritual y tienen visiones premonitorias de los próximos viajes que emprenderán. Muchos poseen el don de médiums.

Leo, el quinto viaje: El alma necesita en este viaje de manifestarse, de demostrar su poder para crear o para destruir, para amar u odiar. Napoleón sabía que estaba en un quinto viaje y aprovechaba al máximo sus poderes. En esta etapa, el alma necesita ser apreciada, querida, admirada. Es el viaje de los sueños irrealizables. El alma se afirma a sí misma en el dominio sobre los demás.

Virgo, el sexto viaje: El alma recuerda glorias pasadas, pero desea descansar privadamente en un mundo muy especial de paz y amor. La salud y el trabajo —o sea las enfermedades y las preocupaciones— se intensifican en este viaje. Hay comprensión de vidas pasadas y se recuerdan momentos de dichas vidas. Desean reivindicarse de lo malo que hicieron en su última reencarnación y esto los lleva a veces a un puritanismo exagerado. Lo observan todo, lo critican todo, con un deseo innato de mejorar su espíritu para tener menos carga de remordimiento en vidas futuras.

Libra, el séptimo viaje: El alma desea y necesita unirse con otras para poder realizar este viaje. Hay lucha entre lo que quieren ser y lo que puedan lograr. Se adquieren mucho conocimiento y sabiduría para ser utilizados en la próxima reencarnación. Mahatma Gandhi llegó a su último ciclo en el séptimo viaje. El alma sufre mucho por amor pasional, amor de familia, amor espiritual y amor a la patria. Es la etapa en que el alma puede llegar al heroísmo y al martirio.

Escorpio, el octavo viaje: Viaje de exacerbada sensualidad, con tendencias hacia lo oculto, lo enigmático. Representa la transformación de lo creativo-sexual en una esfera de alta espiritualidad. Los que practican la magia blanca o negra nacen en este viaje. El alma busca desesperadamente la contestación a preguntas sobre la vida y la muerte, sobre la naturaleza divina. La llegada de un niño que va a emprender el octavo viaje se anuncia con la muerte de un familiar muy próximo tres años antes o después de su llegada al mundo.

Sagitario, el noveno viaje: Se considera un viaje de prueba, ya que la persona puede obtener lo que desea, pero está siempre insatisfecha, preocupada, sobre todo por su oficio. Es el viaje de los grandes éxitos, los grandes poderes y el gran intelecto. El alma lucha por liberarse de todo lo que la limita y en esa lucha puede destruirse. Buscan la verdad, porque jamás le temen. En este viaje se reconoce que todo lo que nos pertenece surge y es de Dios.

Capricornio, el décimo viaje: La entidad ya nace con sabiduría. Recuerda su vejez pasada. Respeta las tradiciones y sueña con lo mejor, lo perfecto, la cumbre. El alma sufre mucho y se purifica en este viaje, ya sea por enfermedad, por amores o por ambiciones frustradas. Santa Juana de Arco estaba en el décimo viaje cuando su alma hizo su último ciclo. Son almas rebeldes contra la mediocridad, la conformidad y la inercia.

Acuario, el undécimo viaje: Su símbolo místico es un ave que jamás puede posarse sobre la tierra. En este viaje el alma piensa, analiza, sueña con un mundo de armonía, paz y comprensión. No se ata a nada ni a nadie. El alma busca la unificación de todos: le preocupa más la humanidad en general que el ser humano en particular. Es un viaje de almas intensas que se sacrifican a sí mismas y hasta a sus seres amados en aras de un ideal. Es un alma que busca libertad y que se siente como prestada en este mundo.

Piscis, el duodécimo viaje: El alma ha llegado al final de un ciclo y se siente cansada. Han comprendido que, en lo material, polvo somos y polvo seremos. Saben intuitivamente que la cadena de reencarnación continúa y por eso viven más en lo espiritual que en lo material. En este viaje estaban Albert Einstein y George Washington. El alma se entrega sin esperar recompensas. Es el fin que se encadena a un nuevo principio. Nacen viejos, pero su ansia por nuevas vidas los mantiene espiritualmente jóvenes.

TERCERA PARTE

LOS SECRETOS DE LO OCULTO

10

LA NUMEROLOGÍA

Hay distintas ciencias que el vulgo llama *ocultas* y *ocultismo,* que son ciencias que hablan sobre nosotros y de nuestra relación con el cosmos y los seres humanos. Las más conocidas son la astrología, la quirología o estudio de la palma de la mano, la grafología o análisis de la escritura y la numerología, una ciencia exacta basada en hechos y fundamentada en reglas.

La numerología es la ciencia de los números o las vibraciones de dichos números. Fue una de las ciencias más practicadas en la antigüedad por hombres de gran sabiduría. En ella todo está hecho de energía y de vibración, pues cada número tiene su influencia vibratoria. Por lo tanto, cada número posee sus propias características.

El palmista o quirólogo, quien adivina o predice por las líneas de la mano, los montes y los dedos, nos dice que todo esto no está en la mano por mera casualidad o porque nosotros escogimos la mano, sino que todo esto se ha formado en un patrón individual y definido porque nosotros, en otra vida, por nuestras acciones y pensamientos, hemos ido formando tanto las líneas de la mano como escogido el momento de nacer. Por otro lado, un astrólogo nos dice que nacemos a cierto tiempo y por ello estamos gobernados por determinados planetas, y que la influencia de éstos tampoco es un asunto de casualidad, sino de "causalidad", pues la casualidad no existe para nosotros los astrólogos.

La numerología tiene en común con estas ciencias que hemos mencionado la creencia absoluta de que una persona llega a este mundo, nace en cierto momento y tiene determinado nombre no por casualidad, sino porque el ser, el espíritu, lo ha escogido así, y podemos saber mucho de esa persona si conocemos su nombre y fecha de nacimiento.

La numerología nos da la oportunidad de vernos a nosotros mismos bajo una nueva luz; de realizar nuestros talentos y habilidades; ver cuáles son nuestras limitaciones; qué hacemos aquí; para qué hemos venido a la Tierra; qué es lo que debemos llevar a cabo como misión profesional o como misión en la vida; cómo podemos cumplir con el destino; qué lecciones tenemos que aprender en esta vida para poder seguir evolucionando; qué deudas tenemos que saldar; qué fuerzas rigen nuestro destino; cuáles son nuestras áreas de mayor poder, los ciclos de nuestra vida y las vibraciones de dichos números; nuestros retos; qué nos espera en el futuro; y qué es mejor hacer o no hacer. También a través de la numerología los padres pueden comprender por qué sus hijos son de una determinada forma y cómo pueden educarlos más eficientemente y, lógicamente, ayudarlos a crecer. Esta ciencia ayuda enormemente a que las personas casadas o simplemente unidas logren armonía y comprensión. Para la gente joven es una gran ayuda para decidir cuál vocación deben seguir para eliminar el estar saltando de carrera en carrera o de estudio en estudio. Yo recomiendo que todo ser humano conozca su número maestro, su número del destino y otros más que según vamos profundizando en esta ciencia debemos identificar.

CÓMO APLICAR LA NUMEROLOGÍA

No importa quién eres o qué estás haciendo, tu vida va a mejorar si empleas la numerología. Si sabes sumar, es muy sencillo aplicarla a tu vida. En la vida las cosas tienen un valor o se determina el valor de ellas por lo bien que se pueden poner en práctica o lo bien que trabajan para uno. Nada es verdad hasta que no lo sea para uno mismo.

Para aplicar la numerología debes dar a cada letra de tu nombre y apellido el valor que le corresponde según la siguiente tabla:

1	2	3	4	5	6	7	8	9
a	b	c	d	e	f	g	h	i
j	k	l	m	n	o	p	q	r
s	t	u	v	w	x	y	z	

Para saber cuál es tu número vibratorio, el número que te representa, el mayor y más importante, sencillamente das valor numérico, según la tabla anterior, a cada letra, tanto consonante como vocal, de tu nombre y apellido. Luego sumas los números y vas reduciendo la cifra resultante hasta dejarla en un solo dígito. Por ejemplo:

Walter   Mercado
5 1 3 2 5 9 = 25   4 5 9 3 1 4 6 = 32
2 + 5 = 7   3 + 2 = 5
Suma del nombre y apellido: 7 + 5 = 12
12 = 1 + 2 = 3

Mi número sagrado es, pues, el tres. Cuando yo quiero obtener un número maestro, entonces puedo cortar el apellido y arreglar mi nombre de manera que sume once, veintidós o treinta y tres, que son los números maestros, sagrados, los números de misión en la vida, los de gran responsabilidad.

Todo número tiene su lado positivo y su lado negativo. Por tanto, también los números maestros tienen estos dos aspectos, pero son muy poderosos y quien no sepa bregar con ellos puede hasta destruir su vida. Todo aquel que tenga la numeración once, veintidós o treinta y tres debe manejar su vida con mucho cuidado.

LA PERSONALIDAD SEGÚN LOS NÚMEROS

El número uno: A este número se le llama el número de lo "individual". A quien su nombre le sume uno es un solitario, un creador, un iniciador, una persona sumamente independiente, individualista, original y progresista. Es el líder, el jefe, el director. Este número da vibración de actividad, energía, voluntad, iniciativa, positivismo, fuerza, inventiva, valor, fe en sí mismo y en sus propias ideas, y un deseo de ser diferente, de romper con la norma. Todo el que nace bajo el uno rompe el patrón familiar: no se parece a nadie de la familia. Tiene un estilo y una mente muy propios. Son los que actúan impulsivamente, son los pioneros, los rebeldes. El número uno está asociado con el signo de Aries.

Cuando las personas están vibrando en el aspecto negativo del número uno, son testarudas, vagas, dependientes, egoístas, crueles, tiranas, antagonistas, peleonas, dictatoriales, no les importa a quién hieren, y el peligro de este número es la autodestrucción y el alcoholismo. Por tanto, cuando esto ocurra, deben empezar a meditar, a llenarse de amor, a amarse a sí mismas en forma correcta, a comenzar a mirar con compasión al mundo que los rodea y notar que nadie es una isla, que todos en un momento u otro dependemos de otros seres humanos.

El número dos: Al número dos se le llama el número de la "cooperación" y de la "diplomacia". Para los que tienen este número lo más importante es la compañía: tener alguien al lado. Son seres llenos de amor, encanto, receptividad. Sumamente gentiles, emocionales y sensibles, les encanta servir y son muy estudiosos; aunque no lo sean de universidades y libros, lo son de la vida misma. Analistas, les fascina el detalle y el orden. Lo que más desean en la vida es balance, paz y equilibrio. Son altamente amigables, pacientes y muy humildes. Les gusta el ritmo, la música y la noche, y les fascina el mundo del ocultismo.

En el aspecto negativo son indiferentes, descuidados, desagradables, neuróticos, imitativos y criticones. Sumamente tímidos, "enconchados", les falta valor y tienen un temperamento irascible e irritable, y son crueles y sarcásticos. Gustan mucho de alabar para conseguir favores. Les encanta el chisme y hablar mal de los demás seres humanos. Son muy pesimistas y la mentira los mueve en la vida. Este número está asociado con el signo de Cáncer.

Los nacidos bajo el dos necesitan autodisciplina. Todos los días deben practicar afirmaciones positivas y lograr comunicación con un gurú o maestro espiritual que les dé un mantra para tratar de limpiar sus vidas lo más posible de todo lo tóxico y negativo tanto del ambiente como de la alimentación. Deben decidir tener cierto propósito, imponerse metas, y cumplirlas; acabar todo ciclo de actividad que comiencen, aunque les cueste mucho trabajo, y endurecerse aceptando toda lección que se les presente en su camino por la vida.

El número tres: Tres significa "expresión" y "palabra". Quienes pertenecen a este número logran éxitos en el arte, el trabajo literario, la escritura y en el campo del entretenimiento. Son los grandes artistas y bailarines. Les gusta hablar, hablar y hablar. Cuando no hablan con la boca, lo hacen con las manos. Tienen alegría de vivir. Rara vez se preocupan por algo. Son, por naturaleza, sumamente optimistas. Representan la juventud del alma y del cuerpo, la felicidad, la imaginación, la inspiración, el talento, la espiritualidad y el encanto. Tienen un excelente gusto. Son muy finos e insuperables anfitriones: inteligentes, emocionales, bondadosos, muy populares con todo el mundo y muy tiernos y cariñosos. Lo que más aman es el baile, el color, el ritmo y todo lo que represente belleza. El tres tiene, básicamente, tres partes: la física, la mental y la espiritual. Esto se manifiesta en la imaginación, que es la parte del intelecto y la intuición.

En el aspecto negativo son extravagantes, exagerados, ridículos, vanos, triviales, criticones, celosos, malgastadores, intolerantes y superficiales. Les encanta la hipocresía. Viven preocupándose por todo y tienen muchos orgullos vanos. Por hablar tanto pueden resultar monótonos y pesados, por lo cual la gente llega a esquivarlos. Deben tener cuidado de no herir susceptibilidades ya que son sumamente hirientes.

Mi consejo para el número tres: desarrollar control, paciencia; estudiar *Raja Yoga,* o sea, la habilidad para concentrarse, poner la mente en blanco, ir sublimizándose y mejorándose como ser humano y estar en contacto con cosas hermosas; evitar lecturas o películas que lo bajen en el tono emocional; vivir siempre con la mente en Dios, en lo espiritual de la vida; y alejarse de personas depresivas, explotadoras, dependientes, adictas a las drogas y enfermos mentales.

El número cuatro: Este número es el número del "trabajo" y la "disciplina". Los nacidos bajo este número son prácticos, pacientes, exactos, persistentes, económicos, organizados, leales, muy conscientes; viven en el presente; puntuales, enérgicos, patriotas devotos, dignos y muy confiables.

Es la persona normal, el empleado perfecto, del cual se puede depender, que trabaja sin importarle el tiempo o la ganancia, y piensa que todo en la vida se consigue a base de mucho trabajo, ya que las cosas de valor cuestan tiempo y sudor. Es una persona lógica, analítica y mentalmente siempre ocupada en algo positivo. Le fascina el detalle, la proporción y todo aquello que requiera concentración. No son emocionales.

En el aspecto negativo puede ser de mente estrecha, muy reprimida, frustrada sexualmente, cruda, cruel, vulgar, celosa, rígida, enferma, hipocondríaca, muy aburrida, violenta, inhumana, destructiva, sin sentimientos, llena de odio y salvaje en su forma de actuar. Los que pertenecen a este número también son, en este aspecto negativo, autómatas. Son los robots vivientes: no viven la vida.

Les aconsejo que rompan la rutina y que saquen tiempo para gozar las cosas que la vida les ofrece; que vayan a la naturaleza, al mar, al río, al campo; que busquen libros agradables, cómicos; pensar que en la vida lo más serio es un muerto y que para estar vivo hay que reír; que Dios nos quiere felices; no condenar nada porque todo tiene su lado lindo y su lado feo; que no existe nada bajo el Sol que no tenga su sombra; aceptar todo en la vida tal como es; que lo más importante es ser feliz, gozar plenamente lo que Dios nos ha dado; no condenar nada, ni al sexo, porque esto es producto de conceptos falsos y absurdos implantados por religiones caducas; que lo más hermoso es vivir plena y felizmente; aprender a ser tolerante; despojarse de todo lo viejo, caduco y anticuado, y mantener la mente abierta a todo lo que la vida les ofrezca.

El número cinco: Es el número de la "libertad" y la "variedad". Libertad de pensamiento, palabra y acción. Los nacidos bajo el cinco son versátiles, progresistas, adaptables, comprensivos, aventureros, inquietos, nerviosos, curiosos mentalmente y observadores de la naturaleza humana. Les encanta viajar, probar y experimentarlo todo. Brillan en la vida social y les fascina lo sexual. Son, además, inteligentes y amables. Rejuvenecen fácilmente: un día lucen viejos y al otro como niños. Manejan a los seres humanos como quieren con la palabra y la inteligencia. Tienen el poder de la persuasión: convencen a cualquiera. Le venden un palillo de dientes a un desdentado o una nevera a un esquimal.

En el aspecto negativo de esta vibración el número cinco es irresponsable, inestable, descuidado y muy inconsistente. Todo lo deja para mañana y nunca hace nada, aunque se pasa pensando y creando lo que va a hacer, pero todo lo empieza y nunca lo acaba. Tiene un gusto pésimo. Si es bien negativo se envuelve en perversiones, borracheras, alcoholismo y drogas. Abusa de su naturaleza física tanto en el comer como en el sexo.

Para poder funcionar en la vida el número cinco tiene que desarrollar lealtad y paciencia, tener propósitos limpios; envolverse completamente en el aspecto espiritual; comprender que todos somos un espíritu dentro de un cuerpo, el cual sólo es el templo maravilloso de ese espíritu, y que este es lo más importante, lo que nunca muere, lo inmortal y eterno en nosotros; aprender a meditar para controlar los nervios, y obligarse a soportar y vencer el aburrimiento y la monotonía de horas de meditación.

El número seis: El seis significa "responsabilidad", "hogar" y "servicio". Hay quienes lo llaman "el padre cósmico". Es el número del amor, de la simpatía y de la comprensión, aquel que le gusta proteger o ser una especie de mamá de todo el mundo. Los que nacen bajo el seis aman en grado supremo la armonía, la firmeza, la estabilidad y la justicia. Solamente son felices cuando tienen un hogar propio. Les fascina aconsejar aunque rara vez aplican a sus vidas los consejos que dan a otros. Son idealistas, conscientes, muy tranquilos, equilibrados y centralizados, y excelentes en la conversación. Tienen el poder de curar, aunque no lo sepan. Es el número del servicio a la humanidad y al hermano en la Tierra. Deben cuidarse de dar cuando no les pidan porque a veces, cuando dan en demasía, es como si estuvieran arrojando sus perlas a los cerdos y entonces reciben tristes decepciones.

En el aspecto negativo es el número de la preocupación, la ansiedad, los nervios, la destrucción mediante la ansiedad. A los pertenecientes a este número les encanta interferir en la vida de todo el mundo. Son enredadores, instigadores, muy convencionales, cínicos, egoístas. Sospechan de todo. Viven en una constante tragedia personal. Tiranos en el hogar, celosos, orgullosos, como padres o madres destruyen a sus hijos.

Sabiendo todo esto, el seis debe cuidarse de caer en el aspecto negativo de su número. Deben reconocer y buscar la parte hermosa de cada ser humano; en vez de concentrarse en la espina o el barro, deben mirar la rosa; aprender a manejar las cosas por sí mismos; tener habilidad y tacto para no intervenir donde no son requeridos; servir, dar, ayudar, mejorarse y purificar su cuerpo para que sea un vehículo más limpio y perfecto de la Divinidad.

El número siete: Es el número de la Nueva Era. Son los analistas, los innovadores, los que tienen la sabiduría interna despierta. El que nace bajo este número es el mentalista, el introspectivo, que le gusta investigar científicamente; el que tiene talentos técnicos y manuales naturales, no por estudios, y que se interesa por mejorar tanto el mundo físico como el espiritual. Es el número de los espiritualistas intuitivos, que tienen fe y pueden sembrarla en otros seres humanos. Aman el silencio, la meditación, la actividad, pero no hacen alarde de lo que han logrado. Tienen paz interior. Estar junto a ellos contagia felicidad y alegría. Son perseverantes, refinados, sabios y se puede confiar en ellos. Son hijos de la perfección, aunque se critiquen o se analicen negativamente ellos mismos, en ellos se encuentra la perfección. Tienen que vivir y actuar según la imagen propia de que son perfectos. Son una autoridad en todo lo que dicen y hacen, aunque no sepan de lo que están hablando. Son sensibles, atractivos, graciosos y saben guardar secretos.

En el aspecto negativo son melancólicos, sarcásticos, escépticos y engañan con una facilidad asombrosa. Les encanta robar. Por eso muchos presidiarios pertenecen a este número. Algunos se convierten en ermitaños, se encierran y se olvidan del mundo y de quienes lo habitan. Son del tipo de persona que puede vivir encerrado, solo, en una habitación. No les gusta comunicarse con nadie. Algunos son enfermos mentales y neuróticos.

El consejo mío es que se puede estar solo sin sentirse solitario o abandonado. Por tanto, es necesario aprender a estar solo y gozar de la presencia propia, pero también dar de lo mucho que Dios ha regalado al ser humano; desarrollando más comprensión hacia los demás; cuidar de nunca tener miedo —el miedo paraliza y destruye; solamente hay que temer al miedo mismo—; jamás reprimir nada; tener el valor de ser tú mismo sin importarte la opinión pública para poder desarrollar toda tu potencialidad, grandeza y belleza.

El número ocho: Significa "libertad material" y "autoridad". Es el número del éxito material y de la eficiencia. Rige el plano material y representa el éxito, el dinero y la ganancia que se obtiene mediante el trabajo, la habilidad ejecutiva, el tacto, el esfuerzo y la inteligencia. Este número corresponde a personas prácticas, brillantes, autodeterminadas, con control y diplomacia ejecutiva, de las cuales se puede depender. Son sumamente elegantes, inteligentes, cultas, con un juicio claro y excelentes críticos. Bajo el número ocho han nacido casi todas las personas acaudaladas como famosos millonarios y gente que ha triunfado en el mundo material y de los negocios.

En el aspecto negativo los nacidos bajo este número son duros, materialistas, intolerantes, muy intrigantes y maquiavélicos. Tensos, descuidados, aman el poder, viven preocupados, tienen un juicio muy malo, sufren muchos accidentes y disipan mucha energía en lo que no deben. Tienen un deseo estúpido de reconocimiento propio. Cuando son demasiado negativos, son crueles, criminales, poco escrupulosos y destructivos.

El número ocho tiene que aprender la palabra perdón y aplicar la tolerancia. No hablar tanto y sí ser lo que dice ser. No ser hipócrita. Si alaba la pobreza, debe vivir con pobreza. También tiene que aprender que en la vida no todo es material; que lo material es transitorio, que un día acaba; que el amor es más importante que el poder material; que el amor todo lo vence; que con dinero nada se compra; que el dinero sólo momentáneamente puede dar comodidades, pero que a la corta o a la larga empobrece el espíritu y materializa al hombre, tornándolo duro, negativo, pesimista y desconfiado de todo y con todos.

El número nueve: Es el número de la "comprensión", la "complementación" y la "espiritualidad". Es el número del amor universal. En los aspectos espirituales lo llaman "el número de los muertos". Las personas positivas del nueve son caritativas y humanitarias, compasivas, románticas, magnéticas, eficientes, muy espirituales, cooperadoras, creativas e independientes. Tienen muy poco ego. A través de muchas encarnaciones ahora comprenden el verdadero significado del amor, la libertad y la disciplina. Poseen mucho talento artístico y comprenden la vida y a los seres humanos. Llegan a alcanzar la salud, el dinero y el amor. Lógicamente, cuando una persona ha llegado al nueve es porque ha pasado por experiencias terribles en otras encarnaciones. Es la culminación de los ciclos de vida en el aspecto humano.

En el lado negativo son personas poco prácticas, muy emocionales, soñadoras, egocéntricas, de un sentimentalismo exagerado, a las que todo hiere y ofende; amargadas y sumamente inmorales, vulgares, indiscretas y egoístas.

El nueve necesita balance, control emocional, tener propósitos claros en la vida, vivir el aspecto hermoso del espíritu, meditar, leer libros sagrados, poner en práctica toda esa belleza y hermosura que ha ido aprendiendo a través de muchas encarnaciones, no incurrir en viejos errores, no recorrer caminos ya trillados y romper con patrones destructivos y con uniones poco favorables.

NÚMEROS SAGRADOS O MAESTROS

Los números sagrados o "maestros" son el once, el veintidós y el treinta y tres. El primero es el número de la inspiración y la revelación; el segundo es el número del Creador, del maestro, y el tercero representa la unificación perfecta con Dios.

El número once: Este número es eléctrico, es el poder dinámico de este mundo. Los nacidos bajo él son intuitivos, espirituales, llenos de fuego, de poder, de invención e ideales. Son los clarividentes. Aman la música, la poesía, el arte y lo espiritual. Son la inspiración de todo aquel que los conoce. Como es un número tan poderoso, hay que tener mucho cuidado en su manejo porque si cae en el aspecto negativo, quienes lo poseen se tornan miserables, incomprensivos, fanáticos, orgullosos, poco honestos, engañosos, diabólicos y se envuelven en la magia negra.

El número veintidós: Como hemos anticipado es el número del Creador y del maestro. Es el que tiene la visión inspirada en crear un nuevo mundo y llevar dicha visión a su uso práctico. Tiene poder y comprensión en todos los planos y en todo tipo de naturaleza humana; dirección, organización, perfecta intuición y una diplomacia maravillosa. A los nacidos bajo él, les encanta viajar, conocer muchas personas y comunicarse con todo tipo de ser humano en cualquier nivel. Logran todo lo que se proponen. No hay cosa que postulen en su mente que no obtengan. Viven en el plano más alto del espíritu. Pero, cuando caen en el aspecto negativo, son de ese tipo de gente que hace dinero para promoverse ellos mismos; indiferentes, con grandes complejos de inferioridad, viciosos, que tarde o temprano se envuelven en el crimen y en la magia negra, y reciben lecciones "kármicas" horrendas tanto en esta vida como en otras. Aquí hay que escoger el camino correcto o morir.

El número treinta y tres: Este número es la cumbre, el poder máximo, la conciencia cósmica, la unificación perfecta con Dios. En este número ya el hombre es Dios, es el "yo soy", la vibración cumbre de lo espiritual, el amor en el sentido divino de la palabra donde las fronteras son sustituidas por la completa tolerancia, paciencia, comprensión, realización de todas las leyes de la armonía universal en el ser humano, servicio a la humanidad sin ningún interés, devoción a todo. Ven a Dios en todo lo creado, aun en el aspecto negativo, porque todo lo que compone este Universo, los planetas y galaxias, es creación de Dios.

Los que pertenecen a este número tienen poderes extraordinarios para lograr todo. Estar junto a un treinta y tres es estar junto a un ser supremo y perfecto.

El aspecto negativo de este número apenas lo mencionaremos porque solamente casos muy excepcionales pueden caer en él, pero si ocurre que la persona llega a sucumbir, entra al Infierno mismo.

EL NÚMERO DEL DESTINO
Y CÓMO OBTENERLO

En la numerología también existe el llamado "número del destino", el cual nos enseña hacia dónde vamos en la vida. Si no caminamos en la dirección correcta de la vida, aparecerán frustraciones, insatisfacción con lo que la vida nos ofrece y muchos problemas. Cuando ignoramos nuestro destino atraemos la inarmonía y la destrucción. Nuestro número del destino nos revela por qué estamos en la Tierra, qué hemos venido a hacer en ella y nos dice que si no seguimos nuestro destino estamos desperdiciando la maravillosa oportunidad de crecer y evolucionar.

Antes de pasar al método para conseguir el número del destino quiero que tengan presente que dicho número no es un asunto de casualidad, sino que uno mismo, aunque no lo recuerde, o su espíritu, lo escoge "kármicamente", según lo que uno ha hecho en otra vida, en acciones y pensamientos. Tu alma elige exactamente el momento de nacer. No importa que el niño nazca a los siete o nueve meses, lo que importa es el instante mismo en que entra en este Universo, que es cuando se marca el número del destino del recién nacido.

Para obtener dicho número hay que utilizar la fecha de nacimiento: día, mes y año. Recordemos que los meses tienen un orden: enero es 1; febrero, 2; marzo, 3; abril, 4; mayo, 5; junio, 6; julio, 7, y así hasta diciembre que es 12. Tomando los números que componen la fecha de nacimiento y sumándolos, siempre reduciéndolos a la mínima expresión, llegamos al número del destino. Por ejemplo, para encontrar el de una persona que nació el 7 de julio de 1941 trabajamos así:

Día   Mes
7   +   7   = 14 = 1 + 4 = 5

Año
1941 = 1 + 9 + 4 + 1 = 15 = 1 + 5 = 6

Luego se suman el resultado del día y el mes al del año:

5 + 6 = 11, que se descompone de la siguiente manera: 1 + 1 = 2 que
    sería el número del destino de la persona que hubiera nacido en
    la fecha que hemos tomado como ejemplo.

El número uno: A este número se lo llama el número del "propio desenvolvimiento". Si has nacido bajo este número tienes que aprender en tu vida sobre individualidad, a confiar más en ti mismo, a ser independiente, a pensar que has venido solo a este mundo y solo te irás, y que en ti se encierran grandes poderes que puedes desarrollar. Ahora, cuando ya sabes tu número del destino, es el momento de crear, originar, inventar, tomar la iniciativa, fortalecer tu voluntad, luchar por lo tuyo y romper con todo lo negativo para poder cumplir con tu propósito, con tu misión en la vida. Debes conocerte mejor, aceptarte, conocer los aspectos de tu vida, tu cuerpo, tu mente y tu espíritu, y aprender a ser el jefe, la cabeza, porque si no estás mal. Tú puedes ser el jefe y también lograr hacerte indispensable para otros en todas las áreas de tu vida. No te sientas atado a nada ni a nadie y mucho menos a viejos patrones que te fueron dictados por seres que no estaban a tu altura. Sé inventivo. Descubre y establece tus nuevos métodos y estilo de vida. Tan pronto empieces a funcionar con tu número del destino, el uno, tu vida tomará un rumbo nuevo. La limitación que ahora tienes es sólo la que tú mismo te has impuesto con tus propios pensamientos. En ti existe el poder para conseguirlo todo. No dependas de nada ni de nadie. Cuando descubras tus propios valores y te armes de fuerza, atrevimiento y agresividad, tu camino se va a abrir y llegarás a la cumbre.

El número dos: En Norteamérica se le llama a este número *self surrender,* que es la entrega a un poder superior. Es decir, el sometimiento de la voluntad propia a una voluntad superior. Tú estás aquí para aprender a servir, a ayudar. "Los últimos serán los primeros", este sería tu lema. La idea es cooperar, mantener la paz, dar más de ti mismo, pensar en los sentimientos de los demás, respetar al ser humano, a Dios, a otros cultos y religiones; estar consciente de que todo el mundo tiene su propia realidad; ser paciente, compasivo, bondadoso, diplomático; cuidar más los detalles tanto de tu vida como la de los seres que están a tu cargo y aprender el auténtico significado de dar y recibir. Sé un amigo leal y aprende el verdadero valor de la amistad. Habla menos y escucha más. Busca el silencio. Este no es el momento de tu vida para glorias personales y vanidades. Usa tus talentos y habilidades en beneficio de otros porque solo dando recibirás. Sé más receptivo y sensible a las necesidades y deseos de aquellos que están unidos a ti "kármicamente". Ahora tienes oportunidades de ayudar y trabajar junto a otros en actividades de la comunidad o en grupos y de atender a toda situación que se te presente. Es como un reto que tienes que vencer, pero siempre pensando que también otros se van a beneficiar con tus acciones. Aunque te cueste trabajo, aprende a mantenerte en un segundo plano. Recuerda, siendo el último serás el primero. Solamente progresarás si sirves mejor a tu amigo y hermano en la Tierra. Somete tu voluntad a la voluntad de Dios. En este número hay muchos discípulos unidos a su maestro que aprenden una lección de humildad y a través de ella desarrollan virtudes que los conducen al más grande éxito en la vida.

El número tres: Este es el número de la "expresión personal". Es aprender a dar en forma externa de lo que se posee en grandes cantidades en el interior; empezar a usar los propios talentos y habilidades sin imitar ni admirar a nadie; tratar de hacerle la vida mejor, más saludable y feliz a otros seres humanos; atreverse a expresar los sentimientos, pensamientos y creencias aunque a muchos les moleste; aprender el valor de la amistad, de la belleza, la alegría y las cosas sencillas de la vida. Se trata de alejar totalmente la preocupación, el miedo y la depresión; seguir tu camino, aunque otros se burlen de tu forma de ser; ser ejemplo viviente de una vida pura y natural. Le brindas a otros fortaleza, esperanzas y optimismo; trabajas en el arte, ya sea en pintura, canto o baile, pero en una forma personal, en tu Universo, porque él vale porque es único, distinto, diferente. Buscas la belleza dondequiera porque en cualquier cosa o lugar está la mano de Dios, aún en el aspecto feo de la vida. Reconoces que todo en la vida tiene un lado positivo y uno negativo; estás más en contacto con los demás seres humanos; encuentras tus propios caminos de expresión; usas más tu imaginación; confías más en ti mismo; perfeccionas tu sentido del humor, reír; cuidas más el uso de las palabras; tratas de comprender el significado de la vida. Este es el momento para la expresión propia. No para promover tu ser solamente, sino para ser tú quien ilumine el camino de todos los que tengan la oportunidad de entrar en tu espacio.

El número cuatro: Se le llama el número de la "disciplina propia", y la mejor manera de obtenerla es a través de trabajo y más trabajo. Es obligarte a acabar las cosas que empieces; tener control, persistencia; edificar con las manos y con el pensamiento tanto para ti como para otros; atender seriamente tus responsabilidades; lograr que todos puedan confiar en ti; cumplir con el tiempo, los relojes, la hora; ser exacto y, sobre todo, estar atento al mundo que te rodea; no vivir el pasado ni soñar con el futuro. Vivir el presente. Tú estas preparando el futuro con cada acción que realizas hoy. En este momento en que me estás leyendo los fundamentos del futuro se están afirmando en ti. Ve lentamente, pero con tu mente y tu corazón puestos en lo que haces y así todo saldrá perfecto. Haz poco, pero bueno. Presta atención al más mínimo detalle. Haz todo con esfuerzo; cumple con todo; no te perdones nada; toma las cosas en serio; sé aplicado en lo que estás haciendo; aléjate de todo tipo de compasión; exígete mucho. Tu oportunidad de crecer está en aprender el valor del trabajo, de la rutina, en ser paciente, en lograr que se pueda depender de ti, en hacer lo que se necesite cueste lo que cueste, edificar tu futuro actuando en el presente en forma disciplinada, siendo el capitán de tu propio barco, el arquitecto de tu destino. Esta disciplina propia te llevará a la gloria o a la meta que te propongas.

El número cinco: Se le llama el número de la "libertad o emancipación de espíritu". Como ahora ya sabes que perteneces a este número, debes aprender a ser libre de todo aquello que te ata o ataba; libre de todos los conceptos que te han enseñado; libre para empezar a ver belleza en todo lo que antes tal vez no habías visto, a pesar de observarlo cientos de veces. Pero no abuses de la libertad. Tienes que adaptarte a los cambios, a la variedad, a las nuevas cosas, ideas, lugares, gentes, situaciones inesperadas, experiencias completamente raras y drásticas. No te limites en este momento de tu vida por nada ni por nadie. No te reprimas por nada; no te llenes de responsabilidades que no son tuyas. Vuela como una gaviota, rompe las cadenas. Tienes toda una vida. En este momento mismo en que me lees, empieza a vibrar con libertad, a respirar libertad. Lo que te espera es aventura, miedo. Lo nuevo te asusta; lo viejo te parece seguro, pero te estanca. Mas, ¿cómo crecemos? Solamente enfrentándonos al miedo, a lo desconocido, para conquistarlo y así poder crecer y evolucionar. Aprenderás mucho explorando y haciendo frente a otras experiencias. Usa las habilidades que Dios te ha dado en todo lo que se te presente en la vida. Te llegarán oportunidades y viajes en los cuales conocerás seres humanos extraños, gente inteligente y progresista. Tómate tu libertad en una forma seria; aprende a usarla en una forma propia, correcta, valórala; no abuses de ella. Las aves libres emigran, se van, vuelan lejos, edifican sus nidos y se detienen un tiempo para alimentar su cría. Es decir, cumplen con sus obligaciones, pero siguen volando a grandes alturas. La libertad te dará todo lo que has anhelado y soñado durante muchas encarnaciones. Tú no eres esclavo de nadie. Eres el jefe, el maestro, en lo que te propones. Exígete cada día grandes cosas, búscalas, descúbrelas, explóralas, pero también dales oportunidad a otros para que vuelen y puedan llegar a otros cielos, a otras cumbres.

El número seis: Es el número de la "armonía del alma". Nos enseña que solo tendremos armonía si nos aceptamos a nosotros mismos y a nuestras responsabilidades y cumplimos con nuestra misión en la Tierra. En este número hay que aprender a no resentirse ni amargarse por lo que tenemos que hacer. La carga que nos han impuesto debemos llevarla con felicidad y resignación. También hay que aprender comprensión, simpatía, ayuda, a estar en afinidad con el mundo que nos rodea y hasta con las cosas que nos desagradan, y comunicarnos con todo lo que está a nuestro alrededor. Tenemos que usar la habilidad que Dios nos ha dado para proporcionar paz y alegría a todos aquellos que encontremos en nuestro paso por la vida. Debemos estar deseosos de dar ayuda tanto material, mental, como espiritual; manejar un hogar con eficiencia; hacer la vida fácil y agradable a los seres humanos que están a nuestro lado; aceptar que no todos somos iguales y ajustarnos y aceptar diferencias de los demás; amar, dar cariño y comprensión y preocuparnos por otros aunque estos no nos den nada a cambio. También debemos preocuparnos por mejorarnos en todos los aspectos de nuestra vida. Abrir el corazón a otros y dar sin limitación, porque mientras más damos y servimos, más engrandecemos nuestro espacio interior para llenarlo de cosas lindas, especialmente de amor.

Aquí en este proceso, en este paso por la vida, yo siempre recomiendo a los seres que están en el destino del seis que practiquen la meditación del corazón: sentarse en un lugar con la espina dorsal recta, tranquilizarse, observar la respiración por un rato, vaciar la mente lo mejor que se pueda y estudiar y ordenar los pensamientos, sin amarrarse a ninguno en particular. Es como mirar un río donde pasan hojas, ramas, animales muertos y basura, pero sin tratar de rescatar nada. Luego concentrarse en el *chakra anahata,* que es el del corazón, y llenarse de cariño, amor y compasión por toda la humanidad hasta que ese torrente se desborde y salga fuera de nosotros. Dejar que otros manejen sus vidas, pero enseñarles con amor y bondad lo que podamos.

El destino del número seis es un sendero muy hermoso.

El número siete: Es el número del "camino interior del alma". Es el número de muchos espiritualistas que en vez de caminar hacia afuera caminan hacia adentro para descubrirse por dentro. Por eso se llama este número "el camino de la sabiduría interna" o de la "iluminación interna", porque tan pronto se descubren los tesoros del alma encontramos que todo el conocimiento universal reside en nuestro interior. Para llegar a ser hombre hemos sido todo: roca, árbol, gusano, flor, ave. Aquí se empiezan a ver otras de nuestras encarnaciones, se aprende el poder de la mente, el valor del análisis, del conocimiento, del estudio, y se llega a la realidad de los mundos invisibles y se logra el contacto con seres de luz. Aquí se aprende a pensar y mirar todo en forma tal como si fuéramos ajenos a las consecuencias; a ver que detrás de todo lo material hay un contrapeso o existe un mundo invisible, espiritual. En este paso por la vida vemos que todo lo que piensa el ser humano, o por lo menos todo lo que ve materialmente, es producto de una idea, pues todo surge de la mente.

Este número dice: es el momento de la introspección, la meditación, la devoción, del yoga, de la auténtica espiritualidad, de pasar tiempo a solas y perder el miedo de sentirse solitario; de empezar a indagar y llegar a saber que realmente somos un Dios en potencia. En este paso por la vida se le pide al ser humano que use sus talentos para aumentar aún más su sabiduría para luego usarla para bien de la humanidad, y que ore por que reine la paz en el Universo. Este número es el camino de la verdad y en él se llega a la plena convicción de que la verdad solamente está en nuestro interior; y que se puede hablar de dogmas y dar nombres a Dios, pero que Dios es la esencia misma, el Creador de todo universo y que reside en todo lo creado y en todo ser humano.

Aquí también es el mundo del estímulo intelectual, de los libros y de las experiencias extrasensoriales llamadas sobrenaturales por quienes las desconocen pero que, lógicamente, no son sobrenaturales sino leyes perfectas universales en acción. Este es el camino por el cual nos lleva el guía interno, es el sendero de la fe, la fuerza, la gran paz, es el camino del espíritu y no de la religión, sino de la auténtica espiritualidad. Porque religión ha llegado a ser un grupo dogmático que sigue y cree que lo de ellos es perfecto. Aquí se llega a comprender que todas las religiones buscan la verdad; que todas tienen parte de ella, pero que la única verdad es Dios y que la verdad es una y la misma, no importa dónde se encuentre o cómo se llame.

El número ocho: Es el número "del poder del alma y de la mente". Aquí hay que saber que el poder está en ti y que lo puedes usar tanto en el mundo material como en el espiritual. En este número se llega a comprender que el mundo espiritual y el material son uno solo y que para lograr éxito y felicidad todo se fundamenta en el espíritu. Es el número o el camino del éxito, del mundo comercial, de los negocios y del dinero. En él hay que aprender —en este camino— organización, dirección, el manejo de las cosas materiales; lograr imposibles mediante el talento o el poder que hay en uno mismo y obtener siempre el éxito.

Para ti, este es el momento de reconocer que no existen limitaciones, excepto las que tú mismo te impongas; de aprender a acumular o usar el dinero sabiamente; de desarrollar cada día más eficiencia y juicio; y usar cada habilidad que descubras en ti para llegar al éxito. Todos los que están en este grado alcanzan grandes éxitos en el mundo comercial; pueden hasta llegar a amasar una cuantiosa fortuna, pues tienen habilidad ejecutiva, un magnetismo especial para atraer el dinero y gran poder de persuasión.

En este paso por la vida debes tener muy presente la ley de dar y recibir. No permitas que el materialismo absorba completamente tu vida. Aprende a estar en el mundo material pero no seas esclavo de él. Sé el maestro, el creador, el director de dicho mundo y cuídate de no pararte encima de nadie para llegar al último peldaño de la escalera que te llevará a la cumbre del triunfo.

El número nueve: Es el número de la "humildad", donde muere el ego, donde la persona se disuelve totalmente en el Cosmos. Aquí la persona viene nada más a servir; son los misioneros que cuidan a los leprosos y enfermos, que dedican toda su vida a ayudar a la humanidad sin importarles ellos mismos.

El nueve es el número de la renuncia. Por eso cuando se comprende su vibración, la persona que lo posee renuncia, da sin esperar nada a cambio. Aquí se aprende el significado de lo que es servicio y desprendimiento. Siempre los otros tienen un lugar más importante para los de este número. En él se aprende lo que son realmente el amor, la comprensión, la simpatía, la bondad y la generosidad. Es dar todo, como Cristo; morir por la humanidad, lavar los pecados al mundo, ver a cada ser viviente como nuestro hermano, comprender que el Sol sale para todos, tanto para el santo como para el criminal;

aprender a no juzgar, condenar, limitar, controlar y suprimir, y sí a dar, a desarrollar toda comprensión humana usando paciencia, tolerancia y tacto. Hay que ver cada día como una oportunidad hermosa y maravillosa para servir más y mejor y hacer de este mundo un lugar muy lindo, de mucha paz y amor, para que cada ser humano se sienta feliz de habitarlo.

LA IMPORTANCIA DE LOS NÚMEROS
A TRAVÉS DE LA HISTORIA

Los números han jugado un papel muy importante tanto en la fe como en la superstición en todo tiempo y lugar. Antiguamente eran sagrados o diabólicos, favorables o nefastos.

El número uno: es el número divino, el símbolo más puro de la unidad fundamental del mundo. El judaísmo, al profetizar el reino de Dios sobre la Tierra, proclama que: "El Eterno es uno y en aquel día uno será su nombre".

El número dos: es el número de la antítesis: bueno-malo, hombre-mujer, yin y *yang,* positivo-negativo, día-noche.

El número tres: es el número sagrado principal de la serie de los números místicos. En todas las religiones ocupa un lugar importante. En el catolicismo lo encontramos en la Divina Trinidad y en la triple invocación que es necesaria cuando uno se dirige a la Divinidad. También en el tibetanismo, el budismo del Tibet, siempre se pide tres veces porque si no se hace así, no se logra lo que se desea. La triple invocación también es necesaria cuando se está orando. El diablo, considerado una Divinidad negativa —aunque yo no creo en ello— debe ser llamado tres veces según la famosa historia de Fausto. En las antiguas leyendas tenemos las tres deidades de las Nornas que tienen la misma función que las Moiras o Parcas de los griegos y romanos, y que en la mitología escandinava son tres vírgenes del pasado, el presente y el futuro llamadas Urd, Werdandi y Skuld, que controlan la vida de los hombres y el orden del Universo. En el budismo está la trinitaria, compuesta por Buda, Dharma, que es la doctrina misma, y Sangha, la comunidad a que pertenecemos los budistas. En el Antiguo Testamento el uso místico del tres es frecuente. El santuario del templo de Jerusalén estaba compuesto de tres partes. Las bendiciones más importantes, como todos sabemos, son impartidas tres veces. Las tres siguientes fueron las frases que dictó Jahvé a Aarón por medio de Moisés: "Que Jahvé te bendiga y te guarde", "Que Jahvé te ilumine con su presencia y te conceda gracias" y "Que Jahvé vuelva a ti su rostro y te dé la paz". En el Nuevo Testamento encontramos a Los Tres Reyes Magos y la triple negación de San Pedro. Tres cruces simbolizan la protección contra Satanás. En el dominio temporal de nosotros en la Tierra está la noción de los tres. Los cuerpos tienen tres estados: sólido, líquido y gaseoso. En la corriente eléctrica: tensión, intensidad y resistencia. En la pintura tres son los colores fundamentales: rojo, azul y amarillo.

El número cuatro: pertenece al dominio de lo material. Los cuatro elementos, los cuatro puntos cardinales, las cuatro estaciones del año. También las cuatro paredes de una casa.

El número cinco: se encuentra en numerosos actos místicos y simbólicos. Recordemos el pentagrama que se usa en la brujería, en la magia blanca y en la magia negra.

El número seis: en el hexágono que se traza tomando como base dos triángulos superpuestos e invertidos, los cuales forman una Estrella de David, tiene un gran significado mágico.

El número siete: en la antigüedad es el número más interesante: en siete días creó Dios el mundo; siete arcángeles rodean el trono de Dios; siete son los pecados capitales y siete las virtudes opuestas; los siete días de la semana de Pentecostés tienen lugar siete semanas después de la Pascua de Resurrección.

El número ocho: según Pitágoras es el símbolo de la versatilidad, del éxito material y también de la muerte. Es la serpiente que se muerde su propia cola. Es el infinito.

El número nueve: es un número místico, especialmente en la mitología. Tiene gran significado en lo sobrenatural. Para mí su importancia es que el niño representativo del nacer permanece nueve meses en el vientre de la madre. En la brujería y en la santería se le adjudica a *Oyá* y a los muertos.

Al llegar aquí debemos recordar que el diez es el uno, el once el dos, el doce el tres, el trece el cuatro y así sucesivamente.

El hombre más famoso en la numerología es el gran filósofo y matemático griego Pitágoras, al cual se le atribuye, entre otros, el invento de las tablas de multiplicar. También existe una numerología de los caldeos o naturales de Caldea, cuya capital era la ciudad de Babilonia. La numerología que yo practico, la que utilizo todos los días en mi templo es la de Pitágoras.

Aquí solamente he dado el principio, la iniciación, en el mundo de la numerología, que es un mundo sumamente complicado. Además de los números que hemos repasado aquí también existen los números del corazón, que se consiguen sumando las vocales; el número del yo, o sea, del ego personal, y muchos más a través de los cuales, a medida que se van conociendo, nos dan un completo análisis del ser humano. También podemos determinar por ellos fechas propicias para empezar un negocio, para viajar, para comprar o vender o para tomar cualquier decisión importante.

Me da pena que no haya más gente dedicada a profundizar y poner en práctica la aplicación de los números por medio de la cual se pueden obtener todos estos conocimientos y sabiduría que hemos mencionado.

11

CÓMO APLICAR LOS NÚMEROS EN TU VIDA

Cada signo astrológico tiene su número. El de Aries es el ocho, y como éste no tiene fin, un Aries nunca acaba lo que empieza; el de Tauro es el seis, que es el número del amor y la belleza; el de Géminis es el cinco, que es el número de la inteligencia y significa el hombre integral; el de Cáncer es el dos; el de Leo el uno; el de Virgo el cinco; el de Libra el seis; el de Escorpio el ocho; el de Sagitario el tres; el de Capricornio el cuatro; el de Acuario el siete y el de Piscis el nueve.

Muchos seres humanos condicionan su vida a los números. En el transcurso de la historia podemos comprobar impresionantes ejemplos que parecen dar la razón a los que realmente creen —y yo soy uno de ellos— en la magia y en el poder de los números. Entre estos ejemplos tenemos el de María Antonieta, cuyo destino estuvo dominado por el número cuatro. Su nombre suma trece, que es cuatro. La desgraciada Reina de Francia se casó con el Delfín —título que se le concedía a los primogénitos de los reyes de Francia— en una fecha que sumaba cuatro. Fue la esposa de Luis XVI, cuyo número descompuesto contiene cuatro veces cuatro. Nació el día 2 de noviembre, fecha que sumada entre sí y reducida a su mínima expresión como les hemos indicado antes, es igual a cuatro. Y por supuesto, después de todas estas aparentes coincidencias no podía subir al patíbulo en una fecha que no tuviera relación con dicho número. Fue guillotinada el día 16 de octubre, fecha que siguiendo el método anterior suma ocho, el cual contiene dos veces cuatro.

En cambio, la Reina Victoria de Inglaterra tuvo una suerte muy diferente. El número uno rigió toda su vida. Nació en 1819. Reinó desde el año 1837 hasta el 1901, o sea, sesenta y cuatro años. Se convirtió en Emperatriz de la India un primero de enero, y murió el 22 de enero de 1901.

Para el gran compositor alemán Ricardo Wagner el trece fue un número de gran importancia. Nació en 1813, cifra que además de contener dicho número también suma trece, y murió un 13 de febrero. Su casa fue abierta un 13 de agosto; escribió trece óperas; su nombre se compone de trece letras; un 13 de octubre se inició el primer impulso que lo lanzó a la carrera musical; se presentó como director de orquesta un día 13; su obra *Tannhauser* fue concluida un 13 de abril; permaneció trece años en el destierro; el último día que pasó en Bayreuth fue un 13 de septiembre; Liszt lo visitó por última vez en Venecia un 13 de enero y, finalmente, el año de su muerte fue el decimotercero de la Unificación.

Enrique IV, Luis XVIII y muchos otros personajes históricos creyeron ciegamente en el fausto poder del trece, que en cambio aterrorizaba al poeta y escritor francés Teófilo Gautier, al novelista francés Flaubert y al poeta y escritor italiano Gabriel D'Annunzio. Hay muchas personas que no aceptan el número trece en aspecto alguno de su vida porque lo consideran nefasto —esto ocurre con otros números también—, mientras que otras lo consideran favorable. Aunque la mayoría de la gente teme al trece, éste encuentra la simpatía del joven Rey belga Balduino I, quien parece ser que tiene favor por el veintisiete. Muchas personas no dudan en declarar que el trece es su número favorable y que solo trae mala suerte en el caso de que sean trece los invitados que asistan a un banquete.

Parece difícil comprender la relación que existe entre un determinado número y la vida de una persona, así como también es difícil comprender las relaciones que existen entre las diversas supersticiones que ejercen influencias, a menudo negativas, entre los hombres. Una explicación que en modo alguno es completamente convincente es la dada por los psicoanalistas, los cuales después de haber afirmado que la superstición está radicada en el alma y que existen algunos fenómenos que están justificados tan solo a través de los sentidos, en cambio, estando completamente ajenos a la razón afirman que las mujeres son tan supersticiosas como los hombres y que los jóvenes lo son más que los viejos.

Puede ser, por ejemplo, que un día 7, 13 ó 17, de un mes determinado haya sucedido un acontecimiento importante en la vida de una persona y que esta lo haya afrontado, bueno o malo, sin relacionarlo con la fecha en que ocurrió. Pero esta fecha no observada por dicha persona ha sido registrada en su subconsciente, por lo cual más adelante el individuo reacciona con un sentimiento de opresión o de alegría, según el caso, en los momentos en que se encuentra otra vez con dicha fecha o número.

Los cosmobiólogos dan otra explicación a este fenómeno. Estos científicos afirman que el Sol, la Luna y las estrellas se mueven según un determinado ritmo, el cual ejerce un indudable influjo sobre los seres humanos. Precisamente en esta teoría encontramos que el ritmo del Sol es asociado al número 23, el de la Luna al 28 y el del espíritu al 33. Según estos científicos, llamados también biorrítmicos, todos los acontecimientos que tienen lugar en este mundo deben ser relacionados con estos tres números, y que estos tienen su origen en su combinación con otros, relacionados de manera particular con algunos determinados individuos. Esta es una teoría muy complicada cuyas conclusiones no persuaden del todo y mucho menos a mí.

En mi vida el nueve ha sido un número de muy buena suerte. Nací un 9 de marzo; la mayoría de las veces que he hecho viajes muy especiales han sido un día 9; los días en que he obtenido premios extraordinarios han sido 9. Trato de que los números de mi teléfono y de mi casa sumen nueve. Por tanto, el nueve rige mi vida, aunque me gustan mucho el tres y el siete, y si tengo que escoger prefiero el siete, el tres o el nueve.

Yo recomiendo a algunos artistas que se cambien el nombre cuando veo que el que tienen de nacimiento en la numerología es negativo. Por eso muchos artistas de Hollywood se han cambiado el nombre porque así obtienen el número correcto vibratorio que les traerá suerte. En California tengo una amiga puertorriqueña, Kimra, experta en numerología y una de las más destacadas de Norteamérica, hija de un artista de Broadway, Tony Martínez, y se dedica a orientar a presidentes, gobernadores y artistas. Pues bien, ella me fue a visitar al teatro Embassy Auditorium de Los Ángeles y me leyó mi carta numerológica. En aquel momento yo tenía ciertos planes para traer a Puerto Rico a una persona para que trabajara conmigo. Ella me dijo: "Ni lo intentes, porque numerológicamente son totalmente opuestos. Te va a traer grandes problemas". No le hice caso y fui víctima de su vaticinio. Todo lo que me dijo en aquella ocasión, o por lo menos lo que analizó en la carta numerológica, fue perfecto. Me progresó mis números, me orientó acerca de ellos y le vivo eternamente agradecido.

LA NUMEROLOGÍA Y SU APLICACIÓN EN LA SANTERÍA

Para los santeros, en la religión *lucumí,* hay dos tipos de oráculos: el *Obbi* que es de coco, y el *Diloggun* que es de caracoles. En ambos, cada número que va saliendo es interpretado y asociado a un santo. El oráculo de *Biagué* es el sistema de adivinar mediante el uso de cuatro pedazos de coco y recibe tal nombre porque según el *apattaki* correspondiente fue un *Awó*, un adivino llamado Biagué, quien creó tal método de adivinación y luego lo transmitió a su hijo Adiatotó. Cuando se procede a *moyubbar* —que es el llamado a todos los santos, cuando el santero o quien vaya a consultar comienza a registrar con coco— se debe invocar a Biagué y a Adiatotó pidiéndoles su fuerza y su irradiación ya que ellos fueron los precursores de la adivinación con coco.

Las letras, los santos y los números

Las cinco letras que se pueden obtener con el coco tienen, respectivamente, los siguientes nombres: *Alafia, Otawa, Eyeife, Okana Sodde* y *Oyekún*.

Cuando caen los cuatro *obinús*, o sea, los cuatro pedazos de coco, con la parte blanca hacia arriba, se llama *Alafia*. En esta letra hablan Shangó y Orula y significa: sí, paz, prosperidad y gracia. *Otawa* es cuando caen tres *obinús* con la parte blanca hacia arriba y uno invertido. En ella hablan Shangó, Yemayá, Ogoun y Achosi. Esta letra dice "sí", pero con condiciones. Es decir, que responde si es posible lo que se le pregunta, pero sujeto a una condición tal como hacer un *ebbo* que es dar algo a un santo. Se llama *Eyeife* cuando caen dos *obinús* mostrando la parte blanca y dos invertidos. En esta letra hablan Eleguá, Ogoun, Ochosi y Ochún. Es el "sí" más rotundo y afirmativo. Es la letra más firme que tiene el coco. Cuando caen tres *obinús* invertidos y uno blanco se llama *Okana Sodde* y hablan Shangó, Babalú-ayé y los *ikús* o muertos. Esta letra puede significar "no" y también barruntar muerte o alguna dificultad grave. Se llama *Oyekún* cuando los cuatro *obinús* caen invertidos. También se le llama *Okana*, pero verdaderamente es *Oyekún*. Es lo contrario de *Alafi*. En ella hablan *Shangó y Yansa*. Dice "no" y anuncia muerte. Es la peor letra.

Respecto al sistema del caracol tenemos que en él el número uno, cuando sale un solo caracol, se llama *Okana Sodde* y hablan Eleguá,

Shangó, Agallú, Obatalá y los muertos. El refrán del uno es: "Por uno empezó el mundo. Si no hay bueno, no hay malo". Cuando salen dos caracoles, que es el número dos, se llama *Elleoko*, y hablan los *imelli*, también llamados *bedyi*, que son los gemelos, los mellizos; y Ochosi, Eleguá, Obatalá, Shangó y Ogoun. Su refrán es: "Lucha entre hermanos". Mientras que el del tres es: "Discusión, tragedia", y en él hablan Ogoun, Ochosi y Obatalá. En el cuatro, cuyo refrán es: "Nadie sabe lo que hay en el fondo del mar", hablan Olokún, Shangó, Ochosi, Orula y los *imelli*. *Oché*, que es el cinco, tiene como refrán: "Sangre que corre por las venas". Ahí hablan Ochún, Orula y Eleguá. El seis es *Obbara*. Su refrán: "El rey no miente", y hablan Shangó directamente, Ochún y Eleguá. En *Odi*, el siete, hablan Yemayá, Ochún, Ogoun y Eleguá. En el ocho, *Eyeunle*, hablan Obatalá y todos los santos. Su refrán es: "La cabeza es la que lleva el cuerpo". El nuevo es *Osa*. "Su mejor amigo es su peor enemigo", es su refrán, y hablan Ollá, Agallú, Obatalá, Ogoun, Ochún y Obba. El diez, *Ofún Mafún* u *Ofún Lorobi*, tiene por refrán: "Donde nació la maldición". En él hablan Obatalá, Ochún y Ochá. En el once u *Ojuani Chober*, el refrán es: "Sacar agua con canasta. Mal agradecimiento", y hablan Babalú-ayé, Eleguá, Ochún y Ochá. El doce, *Eyila Chebora*, tiene el refrán siguiente: "Cuando hay guerra el soldado no muere". Habla Shangó en persona.

Todo esto que hemos explicado es para saber la importancia de los números en la lectura del caracol al igual que en la del coco, y cómo se aplica la Numerología en todo tipo de oráculo.

LOS CLIMATERIOS, PERÍODOS CRÍTICOS DE LA VIDA

El climaterio es el período de la vida que antecede y sucede a la extinción de la función genital, y climatérico se refiere a cualquiera de los períodos de la vida que se consideran críticos y peligrosos. Ambas palabras provienen del término griego *klimakter,* que significa escalón. Un año climatérico es aquel en que ocurren cambios notables en la constitución física de una persona y se refiere, específicamente, a los años séptimo o noveno, y sus múltiplos, de la vida humana, especialmente al sexagésimo tercero o sesenta y tres, llamado el "gran climatérico".

En la astrología también significa esos períodos notables y críticos de la vida del hombre donde hay cambios o sucesos importantes que transforman dicha vida. Y los ciclos climatéricos son esos años donde se notan mutaciones y transformaciones en la vida de una persona tanto en su constitución física como en la salud, fortuna, suerte o profesión, y en todos los demás aspectos.

El método más sencillo para determinar esos períodos es el llamado "ciclo septenario". Se consigue simplemente multiplicando el número siete por los números impares 1, 3, 5, 7 y 9, y finalmente, el 9 por sí mismo. Por tanto, el primer ciclo climatérico tendría lugar a los siete años $(1 \times 7 = 7)$; el segundo a los veintiuno $(7 \times 3 = 21)$; el tercero a los treinta y cinco $(7 \times 5 = 35)$; el cuarto a los cuarenta y nueve $(7 \times 7 = 49)$; el quinto a los sesenta y tres $(7 \times 9 = 63)$; y el sexto a los ochenta y uno $(9 \times 9 = 81)$. Las edades de cuarenta y nueve, sesenta y tres y ochenta y uno, o sea, cuando uno cumple tales años, están considerados los puntos vitales o de mayor significación. Todo esto está relacionado con las matemáticas de Pitágoras.

Para ilustrar la importancia del año sexagésimo tercero, o sesenta y tres, citaremos los ejemplos de famosos personajes que murieron a tal edad: Akbar el Grande, Emperador del Indostán; Cicerón, el gran orador y legislador romano; Ulysses Simpson Grant, decimoctavo presidente de los Estados Unidos; la Emperatriz María Teresa, mujer de extraordinarios logros; Alfredo B. Nobel, fundador del Premio Nobel; y Rembrandt, el gran pintor y grabador holandés, uno de los más famosos del mundo.

Para una persona debe ser muy importante observar los cambios que se producirán al cumplir tales edades, ya que si dicha persona es negativa o poco evolucionada se le presentarán confusión, melancolía, preocupación, miedo, pérdidas notables, persecución, muerte o caída del poder. Mientras que si es positiva o evolucionada le llegarán grandes éxitos, cambios muy prósperos, premios, beneficios en la salud, adquisiciones y herencias.

LOS CUADROS MÁGICOS

Algo muy importante en los números son los cuadros mágicos, que desde la antigüedad pertenecen al mundo del pensamiento místico.

¿Qué es un cuadro mágico? Pues, es un cuadro dividido en sectores cuadrados donde se escriben cifras de tal modo que den un resultado determinado. Si dividimos un cuadro en nueve casillas y colocamos los números del uno al nueve de manera que al sumar, bien sea en forma diagonal, horizontal o vertical, el producto sea el mismo, estamos haciendo un cuadro mágico. Veamos:

4	3	8
9	5	1
2	7	6

Como podrán comprobar, en cualquier dirección que sumen el resultado será el mismo: 15. Así habremos hecho una combinación de un cuadro mágico. Este que acabamos de ilustrar y describir se le adjudica a Saturno y se le atribuyen efectos notabilísimos si se tiene en un pedazo de cuero o pergamino de oveja. Es milagroso para alejar todo lo malo.

También se pueden componer cuadros mágicos con letras. La antigüedad nos ha transmitido una fórmula, la de Sator-Arepo, que a pesar de haber suscitado numerosos comentarios todavía permanece en el misterio. Recordemos que los misterios son artículos de fe y todo intento de esclarecerlos está condenado al fracaso. Esta fórmula que hemos mencionado se encuentra en muchas iglesias. En ella se colocan las palabras sator, arepo, tenet, opera y rotas en la siguiente forma:

s	a	t	o	r
a	r	e	p	o
t	e	n	e	t
o	p	e	r	a
r	o	t	a	s

Observarán que como quiera que se lean, de arriba hacia abajo o viceversa, de derecha a izquierda o viceversa, las palabras siempre son las mismas. La palabra del centro, que es tenet, puede leerse indistintamente en todos sentidos ya que forma una cruz. Por supuesto, estas palabras carecen de sentido o significado, pero encierran un misterio. Como el viento y la rueda, esta inscripción sería la representación gráfica de la eternidad y del infinito, es decir, de Dios. Dicha fórmula se encuentra en una columna de Pompeya y era conocida desde el año 79 d. de C. Se trata de un signo secreto, para muchos de los cristianos de aquellos tiempos.

12

¿QUÉ ES LA MAGIA?

La magia es un complejo de creencias y prácticas según las cuales ciertos individuos privilegiados —los magos, brujos, shamanes y hechiceros— pueden actuar sobre las cosas de un modo distinto a como puede hacerlo el común de los hombres. Es cambiar a voluntad el orden que rige en el Universo. En ella se ponen en juego la voluntad férrea, determinada, la emoción, el deseo profundo de que algo suceda, esa eficaz energía que es el poder mental y la convicción de que lo que uno desea va a suceder. Dicha convicción, que en este caso es la fe, es la seguridad total de que lo que uno ha planificado y deseado, exactamente así será.

Hay dos tipos de magia: la *homeopática* o *por imitación*, y la *contagiosa* o *magia por contacto*. Los principios del pensamiento primitivo en que yace la magia son dos. Según el primero, todo lo semejante está relacionado entre sí, es decir, que el efecto siempre será similar a la causa. El segundo principio es aquel según el cual las cosas que una vez estuvieron en contacto continúan en íntima relación de influjo, aunque el contacto haya cesado ya. En el primer principio el mago concluye que puede provocar cualquier efecto por mera imitación. Aquí se hace en el universo personal lo que uno quiere que se realice en el gran Universo, lo cual se logrará teniendo en cuenta la dedicación, la persistencia, la fuerza y la devoción que se ponga en la labor de hacer en materia, en físico, lo que uno desea que se repita en el gran Universo. En el segundo se considera que todo aquello que afecte a un determinado objeto que haya estado en contacto con una persona, afectará también a esta.

Designaremos con el nombre de magia *homeopática* o *imitativa* al conjunto de encantamientos cuya operación se basa en la ley de semejanzas, y con el de *magia contagiosa* a aquellas prácticas que se basan en la ley de contagio y continuidad. Un ejemplo de magia homeopática es clavar agujas en una muñeca de cera con la malévola intención de que la persona a la cual aquella imagen representa y con la que se asocia, sufra análogamente dolores en las zonas correspondientes. Ejemplo de magia contagiosa o por contacto sería disparar sobre las huellas de un animal con la idea de que, puesto que el pie del animal estuvo allí, si herimos la señal del mismo, el efecto pasará a su pata. En la brujería del Caribe se recoge la tierra que ha pisado una persona y se trabaja con ella con el propósito de que la persona regrese al hogar. También se limpia el polvo de los zapatos y se trabaja con él para el mismo fin.

La boca es la puerta del alma. Por esa puerta escapan los suspiros y las penas del corazón, y por ella entran los alimentos que nos sostienen la vida. No es raro, pues, que exista una magia amorosa de tipo oral. La magia de este tipo se basa en hacer tragar o comer algo, generalmente de muy mal gusto, a la persona que se quiere embrujar o hechizar. Es frecuente utilizar en estos menesteres algunas secreciones orgánicas. La sangre menstrual ha servido a lo largo de muchos siglos como condimento secreto en los alimentos o bebidas que se preparan para los varones que se quieren atraer o encantar. En algunos lugares de Italia aún se usa este procedimiento. También se ha empleado el semen en fórmulas para elaborar el *filtro,* que ha de subyugar a la mujer en el caso de que sea el hombre quien desee conquistar. Se han utilizado también cabellos, polvo de las uñas, vellos de pubis y sudor. Fueran cuales fueran los ingredientes lo importante era la ingestión oral de partículas humanas. La palabra *filtro* se deriva de la voz griega *philton,* que significa bebida o composición que se ha supuesto tiene virtud para conciliar el amor de una persona.

En la magia del amor se habla también, y se ha hablado siempre, de los famosos bizcochos de amor. La dama que deseaba obtener los favores o el cariño de algún galán, tenía que recurrir a ciertas artes culinarias. Primero, hacía falta la colaboración de alguna bruja renombrada. Con el mayor secreto la dama acudía a la cocina de la bruja y la vieja le iba quitando los vestidos mientras murmuraba extrañas palabras, simplemente de encantamiento, para causar efecto, pero para que este fuera total y decisivo, la dama debía quedarse completamente desnuda. Debemos aclarar que los brujos consideran que el hecho de estar desnudo activa de un modo especial, poderoso, las energías ocultas que pueden actuar de forma extraña e incomprensible. Luego de desnudarse, la dama debía tenderse de bruces en el suelo y entonces la bruja le colocaba sobre las nalgas una tabla, sobre esta un hornillo y arriba de este el pastel o bizcocho que estaba preparado. Casi siempre en el bizcocho tenía que haber secreciones impuras de la dama. El pastel era reforzado añadiéndole el corazón de una paloma blanca —el ave de Venus— previamente quemado y reducido a polvo. En Cuba aún se usan muchas fórmulas y trabajos en los que se emplea el corazón de una paloma blanca. Después de lo narrado la dama debía permanecer cierto tiempo con el bizcocho en la parte posterior de su cuerpo mientras la bruja cantaba extrañas palabras. Finalmente, el paso más importante era que la dama tenía que hacer que el galán comiera de dicho pastel. Por supuesto, como había tanto pensamiento y fuerza mental en acción, el efecto esperado sucedía, o por lo menos, se alega que ocurría.

En Ecuador se usan filtros amorosos, o los simplemente llamados afrodisíacos, para lograr el amor de un hombre. Entre ellos se cuentan el del té de un tubérculo llamado *arim*. Si la mujer empeñada en el menester no establece la dosis correcta, el pobre hombre puede llegar hasta la locura. También se usa una planta llamada *guakanki*, de las que solo las indias conocen el uso y cómo se prepara. Muchos hombres que se han prendado de una mujer por estos métodos han perdido la voluntad y quedan fascinados por quien les preparó el té. En la Amazona peruana se recurre a la *pusanga* para elaborar eficaces filtros para los hombres. Allí este es un tema prohibido, y cuando se hace referencia a él todos se sienten muy ofendidos. Pero se ha comprobado que mucha gente se ha valido de este método.

En la mitología hindú se apoya también el prestigio y el misterio de plantas y yerbas como medios maravillosos para conciliar el amor. El mismo Dios Indra, el orgulloso Dios védico, fue seducido por el simple efecto de la "planta de la Luna". Tenemos que recordar que muchas de las sustancias empleadas en la elaboración de los filtros del amor pueden provocar efectos muy negativos si las dosis fallan, como en el caso de Fernando el Católico, quien con el anhelo de revivir la fuerza sexual y lograr descendencia de su joven esposa Germana de Foix, murió intoxicado por la cantaridina, sustancia que producen las moscas cantáridas.

En la magia sexual del Caribe muchas mujeres dejan de bañarse por un día, y cuando se bañan, al siguiente día, recogen el agua para utilizarla en la preparación de arroz y darla de esta forma al hombre que quieren conquistar. En esta magia también se usan otras partes del cuerpo humano.

En la colección de "amarres" de Lidia Cabrera hay uno famoso. En él la *illalocha*, o persona que está preparando el amarre, tiene que estar en muy buenos términos con Eleguá —que es el santo al que primero hay que propiciar en toda ceremonia, y el que abre o cierra los caminos— para que el amarre sea efectivo. Se prepara un "omiero", que es como un extracto de hojas, con las yerbas consagradas al *Oricha* y todos los demás ingredientes necesarios: pescado ahumado, *jutía*, agua bendita, los tres precipitados, bálsamo tranquilo, polvos de Valeriana, semilla de adormidera, raíz de ruda, apasote y vergonzosa; dos muñecos atados con cadenas, en uno el nombre de la persona que ata y en otro el de la persona que se quiere atar. A las cadenas, que deben ser de madera, se les ponen una piedra de imán, tres clavos de hierro, un trocito de palo *paramí,* que domina; uno de *amansaguapo,* que desarma; y uno de *llamao,* que atrae; miel de abejas y aguardiente. A los nombres de las personas escritos en un papel y envueltos en un algodón, se les ponen encima cabellos de las dos personas y, si es posible, semen para el ligamen de un hombre. Todo esto se tiene que "entisar" en hilo blanco y negro. Los muñecos y el paquete se colocan en una caja y ésta se clava y se entierra bajo un árbol de Ceiba.

Una amiga mía, que hizo el siguiente amarre, alega que le dio resultado. En una cazuela nueva se echa aceite de comer, vino tinto y aguardiente. Con hilo blanco y negro se ata un papel con los nombres de la pareja escritos; luego el papel se atraviesa son siete agujas y se mete dentro de la cazuela.

Una santera del barrio de Atarés, de la Habana, Cuba, me enseñó ciertos amarres, como el de ponerle a Ochún cinco girasoles con un poco de miel de abejas por arriba. También el de echar en un frasco dos muñequitos —de los que se usan para adornar los bizcochos— y atarles los nombres de las dos personas que se van a amarrar, y luego agregar pétalos de rosas, miel de abejas, azúcar negra y blanca y cundiamor o cundeamor (balsamina). Se cierra el frasco y a las doce de la noche se entierra. Esto tiene por propósito que, según se entierra el frasco, así se entierra la persona que está haciendo el amarre en el corazón de la otra persona para toda la eternidad.

En el vudú haitiano se hace un trabajo en el cual hay que untarse las manos con mantequilla para luego "bautizar" a una vela como si fuera una persona. Se toma la vela y de la mitad para arriba se embarra de esta grasa con la mano derecha y de la mitad para abajo con la izquierda. Luego se colocan los nombres de las personas que se van a unir frente a frente y la vela encima de ellos. A la vela se le ponen, además, un poco de azúcar y de miel, un trago de ron y un tabaco, y se invoca a Belié Belcán cuyo doble católico es San Miguel Arcángel. También hay quien le pone whisky o alguna otra bebida para atraer al ser amado.

Otra de estas prácticas que aprendí de una santera en Country Club, Puerto Rico, es en la que se utilizan nueve berenjenas, las cuales se van abriendo, una por una, con las uñas y metiéndoles dentro el nombre de la persona que se desea embrujar; luego se las le ponen a Oyá, que es la deidad que cuida la puerta del cementerio, y al lado se les coloca una vela grande. A los nueve días se las lleva a la puerta del cementerio. Otro trabajo para Eleguá es ponerle tres arenques ahumados, un poco de aguardiente y pedirle a esta entidad que abra los caminos de la persona que se desea atraer para que se acerque a quien así lo desea.

Hay una magia que me enseñó una santera de muy avanzada edad. Es para las ánimas benditas del purgatorio: se ponen nueve velas pequeñas, de esas de muertos, afuera en el patio —los trabajos fuertes de brujería siempre se hacen afuera, en el patio, de las doce de la noche en adelante, y quien los hace debe estar completamente desnudo—, y se les prepara a los muertos, a las ánimas benditas del purgatorio, nueve bolitas de ñame, el cual hay que hervir previamente y luego majar. Al lado de cada vela se coloca una de estas bolitas y en el centro de las velas un vaso de agua y se invoca con gran fuerza, con fe, a las benditas ánimas del purgatorio. Cuando se siente que se está ya en contacto con dichas entidades, se les pide que la persona deseada venga. Yo aconsejo siempre a las personas que van a hacer esta magia que digan: "Si me conviene, si está de Dios". Porque doblegar a alguien en contra de su voluntad es muy destructivo, pues afecta el karma. Luego la persona apaga las velas, bota el agua y dice: "Cuando me lo traigan, tendrán luz y agua; mientras tanto, vayan a trabajar". Al día siguiente, a las doce de la noche, repite el mismo ritual y así durante nueve noches. Dice la señora que me la enseñó que esta magia es infalible.

Todo esto que estoy explicando es el producto de mis años de estudio, de análisis, de recopilación de fórmulas, encantamientos y filtros, y de una profunda búsqueda de la verdad en todo esto. Para mí todo radica en el postulado: la certeza, la seguridad de que algo va a funcionar como queremos. El poder mental, la emoción y el deseo profundo, que son los que obran el milagro, están en uno mismo.

El pueblo tibetano, que es un pueblo mágico por excelencia y a la vez religioso y amante de lo extraño y lo maravilloso, niega toda intervención sobrenatural en estos llamados milagros de amor. Conscientes de que todo el Universo deriva del pensamiento, los tibetanos buscan únicamente la razón de todos los hechos inexplicables. Según la sentencia del sabio Buda en el *Dhammapada:* "El universo es el resultado de nuestros pensamientos. Ellos son su fundamento y su materia". Las fuerzas mágicas pueden ser orientadas hacia el bien o hacia el mal para crear o para destruir, para curar o para matar. El principio que las forma es siempre el mismo: el pensamiento, la voluntad y la imaginación. En cuanto al modo de aplicarlas, consiste en la concentración; es decir, en la atención firmemente concentrada en ese propósito que se pretende. No nos cansaremos de repetir que el pensamiento es una fuerza poderosa: la más fuerte e irresistible que existe, puesto que los fenómenos se originan mediante la fuerza del pensamiento. Todo lo bueno o todo lo malo que existe en el mundo es el resultado de los pensamientos conscientes o inconscientes concebidos o manifestados por los hombres.

Según hablamos de los milagros de amor, también hablamos de la curación de enfermedades, aparentemente incurables, por la fuerza del pensamiento, de la fe o de la brujería. Cada uno de nosotros posee en su interior un ser misterioso y milagroso que se llama el subconsciente. Este es mitad genio y mitad esclavo porque obedece a cuanto se le manda o simplemente se le sugiere.

Aquí entra en juego la autohipnosis. Cuando uno se repite continuamente en estado de relajamiento cierta idea, llega a hacerse realidad, al igual que la sugestión misma: uno oye decir que está enfermo;

uno llega a enfermarse. El subconsciente es crédulo y carece de desconfianza y sentido crítico, de manera que, si se deja penetrar una idea en el subconsciente este se encarga de manifestarla. Si la idea es de una enfermedad, el subconsciente la crea en el cuerpo. Si la idea es de fuerza, salud, buen humor, amor, el subconsciente no tarda en traducirlos también en el cuerpo. Nuestro estado físico, mental, emocional, espiritual, es retrato y reflejo fiel de las ideas contenidas en nuestro subconsciente.

Entonces, ¿qué hacen el mago, el hechicero, el brujo, el santero, el taumaturgo, especialmente el taumaturgo tibetano, con un enfermo? Apartar de la mente cualquier otro pensamiento. El curandero se concentra y dirige toda la corriente del pensamiento sobre el subconsciente del enfermo. Sustituye mentalmente la imagen enfermiza, triste, destruida, deprimida, que tiene ante sí por otra figura que retiene en la imaginación: la de esta misma persona tal como si estuviera sana, fuerte, dichosa y llena de amor. Y una tal figura intensa, insistentemente mantenida en la propia mente, el mago la proyecta sobre el subconsciente del sujeto que quiere curar por medio de la voluntad y la imaginación, prefiriendo palabras en tono majestuoso y solemne.

Los que conocen de la magia tibetana, que es una de las que hoy yo he estudiado más, afirman que para matar a un hombre, a un animal o cualquier otro ser a distancia, no es necesario magnetizar un arma o recurrir a un instrumento material. Basta que el hechicero poderoso dirija una fuerte y constante onda de pensamiento hacia alguien, sugiriéndole la idea de matarse para que éste se sienta terriblemente impulsado a hacerlo. Se trata del conocido proceso llamado la voluntad adiestrada. La potente imaginación del mago proyecta una fuerte corriente de pensamiento sobre el subconsciente de personas presentes o ausentes. El subconsciente de estas, aunque estén lejos, puesto que la voluntad profunda actúa por encima del espacio, la recoge y desde el interior la transmite a la conciencia, dominándola e induciéndola a someterse a la terrible sugestión. Aquí entra en juego también la telepatía.

El hechicero tibetano toma un pedazo de cera virgen, es decir, aún no trabajada, o un cabo de vela que ha sido consumida ante un cadáver, en el caso de que vaya a hacer alguna brujería de muerte, y forma con ellas un muñeco al que da el nombre de la persona sobre la cual ha de actuar. Entonces, con un alfiler, atraviesa el corazón o los órganos genitales de la imagen de cera y repite varias veces la operación usando palabras, invocaciones, mantras, palabras poderosas. El maleficio de amor realizado de esta manera puede tener dos finalidades: excitar el deseo sensual del hechizado para hacerle amar a la persona que así lo desea o, por el contrario, reducirlo a la impotencia. Esta segunda forma de realizar dicho maleficio corresponde en el ámbito de la brujería a lo que se conoce con el nombre de "amarre".

Para protegerse contra todos estos ataques psíquicos, sortilegios y brujerías, el medio más eficaz, y que yo siempre recomiendo, es no temerles, no darles importancia alguna. Si les damos importancia, se solidifica la brujería, ya que esta es como una enfermedad contagiosa que actúa por sugestión. Durante las épocas de epidemias, los miedosos son las primeras víctimas. Por eso yo aconsejo a las personas débiles, nerviosas, histéricas, neuróticas, poco inteligentes o faltas de voluntad, que jamás lean por su propio gusto libros que les traigan confusión, y sí que acudan donde una persona inteligente que haya estudiado todo este mundo que las saque de toda confusión y temor. Por el miedo entra lo negativo a la persona. Entrevistando a un *papá bokó*, un gran sacerdote del vudú haitiano, me dijo que si la persona no sabe que la están trabajando, nada le puede pasar. Por eso, cuando van a trabajar a una persona, se lo notifican dejándole mensajes, plumas de animales, sangre y objetos raros y extraños a la puerta de su casa u oficina. De esta manera la persona empieza a ponerse de acuerdo con el miedo, y cuando le sucede algo inmediatamente dice: "Esto es porque me están trabajando". Y por ahí entra la brujería. Pero a quien está con Dios, a quien tiene un pensamiento fuerte y no teme a nada ni a nadie, nada le ocurrirá. A mí, por ejemplo, me han dejado cientos de brujerías en mi casa, y yo no creo en ellas ni acepto que la maldad existe, simplemente las tomo con mis manos.

Yo no acepto que alguien sea malo ni que quiera hacerme daño. Creo en la bondad de todo ser humano porque todo ser humano es, básicamente, bueno.

LA VARITA MÁGICA

¿Quién no ha oído hablar de los prodigios realizados con una varita mágica? Todo mago posee la vara o varita mágica, el báculo, que es un símbolo de poder, de fuerza, de energía concentrada. Su origen se pierde en la noche de los tiempos. Aparte de la famosa vara de Moisés, que el gran legislador probablemente aprendió a manejar de los sacerdotes egipcios, encontramos estas varitas entre los adivinos persas, en los griegos y en la Edad Media. Cuanta persona ha practicado la brujería posee esta varita mágica o varita de virtudes que en lengua inglesa se llama *rod* o *wand,* y en castellano se la define también como báculo. La mía la conseguí en Londres y perteneció a un famosísimo brujo de esa ciudad. Es de plata, madera de abedul y pata de cabra. Con ella se señala a la Luna y al Sol y se supone que se carga de un poder extraordinario, que para mí es solo la mente en acción.

CONCEPTOS RELACIONADOS CON EL HOMBRE, CON DIOS Y CON LA MAGIA

No existe el azar. Todas las coincidencias son significativas. No hay causa sin efecto. Nuestra época es al mismo tiempo la del hombre y la de los espacios. La del hombre que quiere conquistar otros planetas, el hombre que busca en el horóscopo y el hombre en busca de la verdad. Ya pasamos la transición entre dos eras: la Era de Piscis, de creencia, y la Era de Acuario, de saber, de conocer, en la que estamos ahora. La palabra ocultismo fue desapareciendo porque todo lo que en la Era de Piscis era oculto, misterioso, secreto, esotérico, ahora salió a la luz. El hombre quiere saber. No quiere seguir atado o escla-vizado al misterio. Quiere descorrer el velo de lo oculto.

La Creación es amor en cuanto a esencia y causa. El amor es poder y sabiduría. El amor, el poder y la sabiduría, constituyen la trini-dad en la unidad Divina. Todo lo creado por Dios es amor, poder y sabiduría. El espíritu amó a la materia, la materia amó al espíritu y ambos quisieron conocerse engendrando con su unión el movi-miento y la expansión. Del movimiento y la expansión nació la Crea-ción. La finalidad de la Creación es la conciencia: que todo ser tenga conciencia, y mientras más conciencia, más evolución.

El amor Divino ha creado las cosas mediante el poder y les ha infundido sabiduría por medio de la voluntad, que es la más alta expresión de la inteligencia divina. La voluntad de poder y de saber reside en las cosas que se desarrollan armónicamente para conocer, es decir, llegar a ser conscientes.

La religión es una sola: Dios. Sus formas fueron y son diversas, pero la sustancia es y será siempre una. La comprensión de la religión constituye su progreso esotérico que se desarrolla con el progreso in-telectual colectivo de la humanidad. La religión ha marcado en la historia cuatro grandes frases: instinto, sentidos, corazón y pensa-miento. El instinto perteneció a la fase de las religiones primitivas. Después Rama, Zoroastro, Moisés, Orfeo, Pitágoras y otros grandes iniciados dieron lugar a los sentidos. Krishna, Buda, Jesús y otros maestros han glorificado el corazón. Ahora estamos en la fase del pensamiento. Pensamiento significa ciencia. Cuando la religión se case, se una con la ciencia, habrá llegado a la cumbre y será revelado el arcano de la magia.

USO DE LAS VELAS EN LA MAGIA

Muy asociada con todo tipo de magia del amor está la magia de las velas, o el poder de la luz. La historia de encender velas es tan vieja como el hombre mismo, y se origina en quienes hacían sacrificios y adoraciones al fuego, especialmente en Persia. Los *parsis,* como *Zoroastro,* adoran al fuego. Para ellos era como una manifestación o representación de Dios. En los libros sagrados aparecen muchas referencias a la luz, donde esta es el Dios o la gracia del espíritu.

La vela roja se usa para la pasión, el amor desbordado, el estímulo emocional, y está asociada con Santa Bárbara, con Changó y con los signos de Aries y Escorpio. También se encienden velas rojas para conseguir el amor y para darle nuevos ímpetus y fuerzas a una relación amorosa cuando ésta está acabando. La de color rosa se usa mucho también en estas lides amorosas para hacer que regrese un amante perdido, para atraer nuevos amores y amistades a nuestra vida, para alejar la depresión y para celebrar un momento hermoso de pasión y de amor. En el vudú haitiano se usan mucho las velas rosas para Erzulie, la deidad del amor, y en la santería las amarillas para la Virgen de la Caridad del Cobre y la vela azul que tiene que ver con Piscis, es la vela del mar, de Yemayá, la deidad del mar.

Cada signo zodiacal tiene su vela. Aries, la roja; Tauro, verde; Géminis, amarilla o de muchos colores; Cáncer, blanca o plata; Leo, anaranjada; Virgo, castaño, crema o blanca; Libra, rosa; Escorpio, negra o roja, según el propósito; Sagitario, azul turquesa o azul claro; Capricornio, negra, castaño o blanca; Acuario, azul eléctrico; y Piscis, azul marino o blanca.

Para que las velas funcionen, es decir, para que se produzca el efecto deseado, tienen que ser preparadas, bautizadas, cargadas y magnetizadas. Para ello se usan aceites —yo uso distintos aceites según el propósito. De la mitad para arriba con la mano derecha y de la mitad para abajo con la izquierda, se les unta el aceite. Hay quienes les ponen agua bendita para cargarlas aún más; otros les dan el nombre de la persona a quien están dedicadas.

Las velas blancas son las de la paz para traer la tranquilidad y para Santa Clara. Las amarillas son para traer armonía al hogar, tranquilizar el ambiente, para el amor y para lograr la comprensión en el matrimonio o entre los enamorados. Las azules son para cuando se van a hacer viajes; las anaranjadas para salud y recuperación; las negras para trabajos maléficos; las de color lila o violeta para hacer contacto con los muertos y comunicarse con los que se han ido a otros planos de conciencia. La de color castaño son para pedir favores y también para conseguir seguridad y estabilidad; la roja para el amor, para comenzar un negocio y para conseguir energía extra cuando se va a emprender algo grande. La rosa también es para el amor.

MAGIA DEL AMOR DE LOS GITANOS

Los gitanos, cuyas prácticas adivinatorias y quirománticas son famosas, y que conservan antiguos y característicos ritos nupciales, usan diferentes trabajos mágicos para atraer o conseguir el amor. Por ejemplo, cuando un joven gitano quiere embrujar a una muchacha, va cerca de un río, toma la hoja de un árbol, se pincha el brazo en la muñeca con su cuchillo y mancha la hoja con su sangre mientras pronuncia su propio nombre. Luego da vuelta la hoja y repite la misma operación, pero diciendo esta vez el nombre de la muchacha y después arroja la hoja al río. Si es una muchacha la que desea el amor de un muchacho, confecciona una pasta con cabellos, saliva, sangre y uñas de su amado, y con esta pasta hace un muñequito o figurita que entierra en una encrucijada cuando la Luna esté en cuarto creciente. Luego orina sobre el lugar donde enterró la figurilla, repitiendo: "(Nombre del muchacho), te quiero. Cuando tu efigie se haya podrido, me seguirás como un perro sigue a una perra". En otros lugares también se añaden a esta pepitas de membrillo y algunas gotas de sangre de su meñique izquierdo. Una vez cocida, se mastica dicha pasta mirando a la Luna mientras se repite: "Masco tus cabellos, masco mi sangre. Del cabello y de la sangre nacerá el amor. Una nueva vida nacerá para nosotros". Luego unta de esta pasta en un pedazo de traje del muchacho para que este no pueda hallar reposo más que cerca de ella. En otros lugares las gitanas creen que las semillas de manzana quemadas y reducidas a polvo, mezcladas con su sangre menstrual y suministradas al hombre que se quiere hechizar en su comida, incitarán a este a un loco amor. Esta operación será más exitosa si se hace el día de Año Nuevo.

EL VUDÚ HAITIANO

Estados Unidos puede ser dividida en tres corrientes culturales: una blanca, una indígena y una negra. En cuanto a la negra, en Norteamérica, por ejemplo, en las islas Gullah y de la Virginia predominan las culturas *fanti-ashanti;* en Nueva Orleáns la cultura *dahomeyana,* de Dahomey y Bantú; en América Central la cultura *Yoruba;* en Haití y el norte de Brasil la cultura *dahomeyana;* en Jamaica, Barbados y Santa Lucía la de los *Kromonti,* de la Costa de Oro; en la Guayana Francesa y en la Holandesa, la cultura *fanti-ashanti.* En Cuba la santería es la reconstrucción de los cabildos Arará, Lucumí, Congo, Mandinga y Ñañigos. En Brasil el *candomblé* es una reconstrucción de los bantúes, Angola y Congo; de Ketú, ciudad de Dahomey; de Ijesha, que es una región de Nigeria; de Nago, Yoruba, Yeye y de Dahomey. En Haití los diferentes grupos culturales fueron reinterpretados en términos de cultos. El culto *radá* es de Dahomey, y el *congo* del Congo.

El origen de la palabra *vudú* aún no ha sido establecido con exactitud y claridad. Algunos aseguran que proviene del criollo francés *vaudaoux,* que significa brujo o hechicero negro, y este, posiblemente, del francés *baudios.* Otros afirman que es voz africana que quiere decir "el que es omnipotente y sobrenatural". Finalmente, su grafía francesa *vaudou* se describe como voz de origen africano que significa "Ser Supremo". Además de esta última grafía francesa, y de la española *vudú,* tiene las inglesas de *voodoo* y *voudou.*

El vudú es una creencia, una fe, una práctica, cuyos orígenes se remontan a las religiones primitivas africanas que los esclavos negros trasportados de África a Haití llevaron con ellos. Un pueblo como el haitiano, con rasgos culturales tan originales y propios, tan maltratado y sufrido, que ha vivido épocas tan desgraciadas y difíciles, tiene que aferrarse a una fe que le ofrezca la fuerza necesaria para hacer frente a las vicisitudes, miserias y contratiempos de la vida material. Yo siempre digo, como se dice desde tiempos antiguos, que la fe mueve montañas. Tal vez en esa fe, lo repito, resida la veracidad de muchas de las experiencias, de los milagros, y de todo lo que acontece en esa hermosa isla de Haití. El problema sigue siendo el mismo: si considerar que Dios hizo al hombre, o el hombre hizo a Dios.

El vudú es el culto a los espíritus a los cuales se los llama *loas* o misterio. A un servicio vudú se lo puede denominar como servicio a los *loas, mange loa* u ofrenda a los espíritus. En el vudú haitiano cuando la persona cae en "trance" o en éxtasis se dice que el espíritu lo "monta". Para los que practican el vudú, más allá de este mundo visible existe uno invisible poblado por fuerzas con las cuales hay que tratar de establecer contacto para mejorar nuestras vidas. Estas fuerzas pueden ser favorables y utilizables en la vida cotidiana, y también peligrosas. Y como todo lo que existe bajo el Sol, hay un aspecto positivo y uno negativo.

La liturgia del vudú es sumamente complicada. Para llegar a ser un especialista en estos cultos, como lo son el *houngán* y la *mambó,* primero hay que pasar por una gran iniciación. Los *loas* están divididos en dos categorías: los buenos o *radá,* y los malos o *petrós.* Los primeros reflejan toda la pureza y en ellos se viste de blanco y se trabaja con aguas puras; en los segundos se viste de rojo y negro y se trabaja con fuego y ron. Esta idea de un mundo poblado de espíritus no se encuentra solamente en el vudú. Hay que enseñar que también existe en los *dáimones* griegos, los *djinn* de los árabes y en los ángeles, los arcángeles, vírgenes, tronos celestiales, así como en otros nombres aplicados en el catolicismo. Recordemos que fue un ángel quien detuvo el brazo de Abraham, un ángel quien anunció a María que iba a ser madre y un ángel quien dictó a Mahoma todo el Corán, pues se supone que Mahoma era analfabeto. Para los que practican el vudú también existe el Dios único, el Creador, el Gran Maestro, que ellos llaman *Mon Dieu* (Mi Dios) y Papá *Bon Dieu* (Papá Buen Dios). Aquí no se ve a Dios como a un Dios castigador, vengativo, celoso, ni tampoco como al Redentor o al Verbo Encarnado, sino que se ve como a un gran arquitecto. Por eso los vuduistas dicen que Él mantiene los astros juntos y este Universo en armonía. Para llegar a Dios, ellos utilizan a los *loas* que son los intermediarios entre el hombre y lo absoluto que es Dios. *Loa* se deriva de la palabra francesa *loi* que significa ley.

Las ceremonias del vudú se celebran en el *hounfor* o casa de los espíritus, que es la casa de los hombres y morada de un *houngán* o una *mambó.* El *hounfor* se divide en dos partes: el peristilo, que es un cobertizo abierto a los cuatro vientos sostenido por cuatro palos o postes, donde se llevan a cabo las ceremonias públicas; y el *baguí* o *caye-misterios,* donde está enclavado el altar y se encuentra el *pe,* que es un bloque de albañilería de forma rectangular sobre el cual reposan los objetos del culto. En él se encuentra lo más importante, que es la Piedra Sagrada. Casi todas las que yo vi, son piedras de rayos llamadas meteoritos; otros dicen que son hachas indias de guerra. Hay que recordar que la piedra, como presencia divina, representación de la Tierra Madre e imagen de los antepasados, aparece en todas las religiones. La piedra ha figurado tanto en los altares de Cibeles como en Delfos, en Jerusalén, y está presente en la Meca de la Ka'ba y junto a las reliquias de los Santos en las iglesias cristianas; también se encuentran en los templos masónicos y en la santería en las *soperas.* Encima de esta Piedra Sagrada que hemos mencionado están colocadas las *goví,* que son jarras de tierra que se van envolviendo en tela de seda o de raso, y es donde viven los espíritus. También están allí los collares que solamente pueden ser llevados por los *hounssi-kanzo,* que son los iniciados que aún no han llegado a ser *houngán.* Hay, además, imágenes de santos católicos, entre los cuales generalmente aparecen San Patricio, Nuestra Señora de los Dolores y San Pedro. En casi todos los altares hay cuernos de toro y de carnero, banderas, y unas muñecas que tienen adentro el misterio, el *grí-grí,* forradas con plumas y adornadas con lentejuelas. También están en muchos altares la cruz negra, que representa a Guedé; el machete de Ogoún, el Dios de la guerra; un barquito de Agoué, Dios del mar, que es una especie del Olokun de la santería; y un falo de madera o piedra que representa a Papá Legba, que es el que abre o inicia todas las ceremonias y siempre es llamado en primer lugar. También he visto corazones que representan a la Erzulie.

La diferencia entre la Iglesia cristiana y el vudú no reside tan solo en este aspecto exterior. La Iglesia cristiana es la Casa de Dios y se va a ella, esencialmente, a orar, pedir, dar gracias y recogerse. Nada profano debe enturbiar la santidad de un lugar como la iglesia. El *hounfor* es, ante todo, la casa del hombre, y este va allí a rendirle tributo y culto a sus *loas*. Ellos saben que si Dios está presente en ella, también lo está en los árboles, bosques, caminos y montes, y que allí solamente se va con el objeto de tener una reunión entre otros seres humanos que comparten el mismo culto. Encabezando el *hounfor* reinan allí el *houngán* o *mambó,* y su poder es esencialmente espiritual, pues se trata de un reinado por la gracia de Dios, es decir, según la voluntad de los espíritus. La *mambó* es la que tiene el poder de transmitir la iniciación. Cuando se invoca a una de estas deidades se usa un *assón* o *acón*, que es una maraca con cuentas. El mío me fue entregado por un *papa bokó*, un alto iniciado en el vudú haitiano.

LA CEREMONIA VUDÚ

Toda ceremonia vudú comienza con el trazado del *vevé*, que casi siempre realiza un alto iniciado, un *houngán* o una *mambó*, aunque también he visto que este trabajo le ha sido confiado a un iniciado. Los *vevé* son símbolos que representan a las deidades o espíritus que se van a llamar en la ceremonia vudú y se trazan en el suelo, en el centro mismo del *hounfor*, con harina de maíz. Para ello el iniciado tiene que colocarse en cierta forma —no puede arrodillarse ni acuclillarse— y con la mano izquierda sostiene la dita o calabazo, vasija hecha de media higuera que contiene la harina, la cual ellos llaman *couí,* y con la mano derecha va tomando la harina que deja escurrir entre sus dedos para ir formando dichos símbolos. Cuando se comienza a dibujar el corazón, se sabe que se aproxima la llegada de Erzulie. En la ceremonia vudú el servicio a los *loas* es llamado *mamzeloa* o comida a los santos, mientras que la *mamzemarassa* es la comida en honor a los mellizos o de los muertos. Estas ceremonias tienen por objeto rendirle homenaje a los loas, conseguir salud o trabajo para alguien y aplacar la ira de algún *loa.* También están las ceremonias anuales que son los deberes hacia el *loa* o hacia los muertos de la familia. En ellas casi siempre se ofrecen alimentos a los *loas,* pues el *loa* que ha comido le imparte fuerza a los fieles.

El servicio consta de tres partes. Los ritos de entrada se componen de los saludos delante del *poto mitán* y los objetos sagrados, especialmente del tambor, y la colocación de las banderas que llevan los emblemas de los *loas.* A esto sigue la invocación que es el llamado a los *loas* y a los santos católicos correspondientes, ya que cada *loa* está representado por un santo católico. Luego viene la invocación al Gran Señor, al *Papá Bon Dieu,* a Dios, a quien se le pide permiso para llevar a cabo la ceremonia. Todo esto luce muy teatral. Hay luz, color, olor a incienso y a licor, si es que se está ofreciendo ron. La segunda parte es el sacrificio que se divide en la consagración de la víctima o animal que se va a matar y en la epifanía de los *loas* que es cuando tienen lugar los toques de campanas y tambor y los cantos y danzas en honor de *Papá Legba,* que es el primero en el panteón vudú y quien abre el camino a los demás espíritus. Las víctimas en estos sacrificios generalmente son aves de corral, chivos o toros. En los servicios *petrós,* los cuales yo no he visto, se utilizan víctimas mayores. Después de vestir a la víctima con los colores del *loa* al que se le está ofreciendo la ceremonia comienzan a llegar los demás *loas,* uno a uno, y se van haciendo reconocer. Cada vez que aparece uno de ellos, se dibuja su *vevé* alrededor del *poto mitán,* que es el palo o madero que está en el centro del *Hounfor.* Antes de pasar al sacrificio del animal o víctima, la persona a la que se le está haciendo el servicio debe arrodillarse frente al altar y a la víctima; luego debe hacer que cada uno de los asistentes toque con su frente al animal, y después hacer lo mismo a ella. Tras esto se ofrece alimento a la víctima; si lo come, se puede sacrificar, pero si no lo prueba, no se puede matar. Alimentar a los espíritus es el propósito esencial en la ceremonia *mamzeloa* porque estos acuden siempre en ayuda de sus servidores cuando han comido. La víctima y los alimentos consagrados durante esta ceremonia son el vínculo entre los espíritus y los practicantes del vudú. Finalmente, aparecen los *loas guedés* que son los genios o seres de la muerte.

Para mí esto es de mucho dolor y realmente no está en mi ánimo, en mi espíritu, presenciar la matanza de nada viviente, pero ellos tienen conceptos y yo respeto la liturgia y los conceptos de cada ser humano, culto y religión.

El uso del agua es muy importante en toda ceremonia vudú, y siempre al comienzo de esta se arroja agua porque para ellos, los vuduistas, los espíritus residen en el agua. Según ellos, echando agua alrededor del *poto mitán*, se llega al mundo subterráneo y así cada uno se siente seguro de que ha hecho contacto y se ha comunicado con los espíritus. El uso del agua también es común en la adivinación, ya que mirando una copa llena de agua se puede predecir el futuro, obligar a las voces de los espíritus a hacerse escuchar allí, y de esta forma conocer la suerte o la desgracia. Se recomienda mucho usar agua en días especiales como Navidad y Año Nuevo, y también durante los peregrinajes se realizan los baños sagrados para poner al fiel bajo la protección de los espíritus. En Haití se usa mucho el baño para "despojarse" o "limpiarse".

FIESTAS VUDUISTAS

Las grandes fiestas del calendario vudú coinciden con las de la Iglesia católica. La noche de Navidad es la noche grande de suerte y es día especial para la preparación de polvos mágicos, para tratamientos de salud y para baños sagrados para salvar, fortificar, traer la suerte y proteger contra la maldad. El 2 de noviembre, que en la iglesia católica es el día de Todos los Difuntos, es un día de fiesta increíble en la brujería. Es la fiesta de los *loas* de la muerte, *loas guedés* o genios de la muerte, que se pasean por todas las plazas de mercado vestidos en forma de cadáveres, con ropas negras o moradas. Durante la Cuaresma, al igual que en la Iglesia católica, se cubren todos los objetos sagrados, piedras, cántaros e imágenes, con paños negros. En el vudú no solo se bautiza a los seres humanos sino también a los tambores y a todos los objetos de oración y rezo. Para ellos el bautismo hace de un niño un ser humano porque, si no se bautiza, el niño será un juguete del diablo y de las cosas negativas. El bautismo católico es sumamente importante para todo aquel que piensa practicar el vudú, incluso el mismo sacerdote mayor del vudú haitiano lo recomienda y exige. También figura en el vudú la comunión. Llegado el momento, el niño se pone bajo la protección de su *loa,* y entonces se consulta a este para que dé su autorización para que el niño proceda a tomar la comunión.

Conocí en Puerto Rico a una *Mambó* llamada Violette, con quien tengo gran amistad, también hija de una *Mambó,* la cual ha vivido y conoce el vudú desde muy niña. Ella me contó sobre los casamientos vuduistas, pues ella misma está casada con un *loa*. Casi todos los vuduistas se casan con un *loa* y se reservan una noche de la semana para tener relaciones íntimas con su *loa*. Toda practicante del vudú se considera como la esposa o el "caballo" de un espíritu. También he conocido haitianos que antes de casarse con una mujer por el rito católico, se han casado con Erzulie, para lo cual tienen una ceremonia en la que se unen a su *loa,* o entidad. En este tipo de matrimonio se le hacen servicios al *loa,* se "raya" a la persona. Aquí debo aclarar que en todo esto hay un misterio que no se puede publicar. Cuando se le hacen servicios de comida al Barón del cementerio, a Samedi o Samedí, cuyo representante católico es San Elías, hay que darle su alimento en el propio cementerio.

Las misas de difuntos o de muertos tampoco faltan en la santería y en el vudú. Frecuentemente se reúnen las personas para dar de comer a los muertos, a los cuales se les coloca su comida en el piso de la habitación del baño. Para esto se prepara un palo o pedazo de madera de un árbol, preferiblemente de guayabo, al cual se le ponen nueve cascabeles, y se golpea el suelo con él para llamar a los muertos y darles de comer. El alimento casi siempre es *ajiaco* con una cabeza de cerdo. Esta misa ocupa un lugar muy importante en la vida de los fieles vuduistas. Este es el culto a los muertos.

Cuando el practicante de vudú está orando ante una imagen de la Virgen es muy difícil distinguir si realmente está rezando a la Virgen María o a un *loa*. El culto a la Virgen María es uno de los más extendidos en las parroquias católicas de Haití, y los peregrinajes a las iglesias o capillas católicas cuya patrona es la Virgen María son los que atraen mayor cantidad de personas. En el peregrinaje mayor de *Saut-D'Eau*, el Salto de Agua, se rinde culto tanto a la Virgen María como a Erzulie, que representa a dicha Virgen en el vudú.

ENTIDADES VUDUISTAS Y SUS CARACTERÍSTICAS

El primer santo, primera entidad y primer *loa* en el vudú haitiano siempre es Papá Legba, que es un dios fálico. Es el amo de la barrera que separa a los hombres de los espíritus, intérprete de todos los *loas* o espíritus, y llave del mundo espiritual. Se asocia con San Pedro, y se lo representa como a un ancianito inválido con una pipa entre los labios y una mochila a la espalda. Lleva muletas, lo cual no le impide manifestar gran brutalidad en sus posesiones. En el vudú se lo identifica con San Lázaro por las muletas y por su avanzada edad, y también porque su cuerpo está cubierto de llagas. Es el Eleguá de la santería, el niñito que es dueño de los cuatro caminos: la salud, la paz, el amor y la prosperidad. Se lo asocia con San Antonio, San Juan Bautista, San Martín y San Roque.

A Papá Legba le sigue Erzulie Fredda-Dahomey, que es la dueña de Haití. Es una *loa* mulata que representa la belleza y la gracia. Su correspondiente en la santería es Ochún, que en Haití es la Virgen de los Dolores, la que tiene miles de corazones atravesados con flechas. Luego viene Ogoun. Hay distintos Ogoun, entre ellos: Ogoun Badagris, Ogoun Balindjó, Ogoun Obatalá, Ogoun Bayé, Ogoun Ferraille, Ogoun Panamá, Ogoun Shangó y Ogoun Ge-rouge. El Ogoun de Nigeria cruzó el océano Atlántico desde África para convertirse en la figura cumbre, guerrera, del panteón vudú. Es el Dios del Fuego, del Hierro, de los Metales, de los Cuchillos, y de la *Arayé,* o sea, de la pelea y la discusión, asociado con el poder, la autoridad y el triunfo.

Ogoun Balindjó y Ogoun Obatalá es el que cura y sana; le encantan los niños, y cuando baja "montado" en uno de sus hijos o "caballos", es decir, en uno de sus servidores, siempre da recetas y remedios a base de yerbas. Ogoun Ferraille, el Ogoun de hierro, el guerrero, da poder para vencer batallas y guerras. Ogoun Badagris viene siendo como un *guedé,* como un muerto, y se relaciona con la fertilidad, la sabiduría, la profecía y la magia. Ogoun Bayé es el que abre y quita las cadenas y candados. A Ogoun Panamá se lo designa con este nombre porque baja tocado con un sombrero panamá.

Ogoun está asociado en el catolicismo con Santiago Apóstol y con San Jorge. En el vudú haitiano se lo indica con un machete o sable enterrado frente a su altar o figura. Según el rito *radá,* Ogoun viste de rojo. Su árbol predilecto es la calabacera; también el bambú, pues vive en el bambú. Cuando está posesionado su lenguaje es autoritario, fuerte, de tono militar. Su ofrenda es un gallo rojo. Entre sus atributos está la lucha contra la miseria. Su carácter es el de un guerrero, soldado y herrero. Su nombre católico es Santiago el Mayor y San Jorge. Su dominio es el fuego y su símbolo un sable clavado en la tierra.

Erzulie, la trágica deidad, la hermosa representación de la mujer, Diosa del Amor, musa de la belleza, lo más exquisito y refinado, requiere una atmósfera y ambiente de lujo infinitos para bajar: perfumes refinados, ricos, caros y todo lo mejor. Al bajar, su primer acto es todo un ritual de embellecimiento. Inmediatamente se le traen una palangana o jofaina blanca, limpia, nueva, que no puede estar rota o descolorida; un jabón nuevo, aún envuelto; toallas bordadas a mano; un peine, un espejo y un cepillo. Todo nuevo, no tocado, bello, hermoso y perfecto, consagrado a ella. También se le traen pañuelos de seda de color rosa o blanco con los que ella se arregla sus cabellos, perfume del mejor y polvos. Además se le ofrece un traje rosa o blanco de tela delicada, no usado, con muchos encajes y bordados, especialmente preparado para ella; un collar de oro y perlas; pendientes, brazaletes y sus tres anillos de boda. Con todo esto ella se arregla, se embellece, tomándose todo su tiempo sin prisa, pues cada acto, cada objeto que toma, tiene su tiempo y momento.

Una vez que está perfumada y empolvada, se dirige al peristilo escoltada por los hombres más guapos. Yo personalmente vi una vez una posesión de Erzulie sobre un señor negro, tosco, rudo, muy masculino, lo cual no impidió que ella lo transformara en la más delicada y fina mujer. Su voz se convierte en la de una exquisita soprano. Cada gesto, cada movimiento de sus ojos, cada sonrisa suya, es una obra de arte, de actuación, de la más femenina mujer. Solamente se mueve entre los hombres, y para saludar solo extiende el dedo meñique. Exige champaña y a veces, cuando no la hay, ordena que se riegue el salón con perfume del más caro. Se supone que da el amor, pero no el amor de procreación, sino el de lujo, del corazón, del placer y va besando y abrazando a los hombres. También se supone que en su pasado tuvo tres esposos: Damballah, Agoué, y Ogoun. Por eso lleva tres anillos de boda. Se le ponen manzanas, flores, refresco de frambuesa, perfume francés, bizcochos y bebidas exquisitas como la champaña. Ella solamente acepta lo mejor. Erzulie es una deidad *radá*, blanca. Sus colores son el azul y el rosa, y su árbol predilecto el ciruelo. Cuando baja tiene un aspecto seductor y un comportamiento sensual, provocativo, femenino. Sus ofrendas son artículos de tocador, manjares rebuscados y refinados, arroz y pollos. Su atributo es dar amor. Su carácter es el de la mulata coqueta, sensual, bella y graciosa, amante del lujo y los placeres. Por eso hay quien la llama prostituta. Su morada es la orilla de los riachuelos. Sus nombres católicos: la Virgen María y la Dolorosa Enjoyada. Su símbolo es el corazón.

La siguiente deidad es Damballah Ouedó, que algunos llaman Damballah Vedó. Reina sobre las fuentes y los arroyos, y tiene como símbolo el arco iris y la culebra. Se lo asocia con Obatalá y se lo identifica con San Patricio, sencillamente porque en las estampas e imágenes católicas San Patricio aparece vestido de obispo con serpientes a sus pies. La mujer de Damballah es Ayda Ouedó, Diosa del Arco Iris, que distribuye riqueza y fecundidad, y corresponde a la Santa Isabel de Hungría católica. Se lo representa con una doble aureola con el arco iris. Su rito es el *radá*. Su color es el blanco; todo lo blanco pertenece a Damballah. Sus árboles predilectos son la ceiba y el algodonero. En su tipo de posesión imita los movimientos de una culebra. En una ocasión vi a una señora muy gruesa "pasando" a Damballah Ouedó y se enroscó en uno de los maderos del peristilo y sacaba la lengua igual que una serpiente. Las ofrendas de esta deidad son gallinas, arroz, leche y huevos. Otorga la riqueza, la fortuna y la felicidad. Su morada son las fuentes y los riachuelos, y su dominio es el agua.

Hay otra entidad llamada Aguué, otros la designan como Agoué. Es el dueño del mar, equivalente a Poseidón o a Neptuno, en la santería se lo llama Olokun y en el rito *petró* se le dice Erzulie Dantor. Es la Virgen de Checoslovaquia y le dicen Santa Bárbara Africana. Se supone que Aguué es el padre de Erzulie. Los dahomeyanos la llaman Fredda, diosa del amor sensual y tierno, que nosotros llamaríamos la Afrodita nacida del mar. Sus colores son el blanco y el verde mar. Su tipo de posesión, cuando baja, es una especie de búsqueda de agua para zambullirse y nadar. Sus ofrendas: corderos blancos, gallinas y bebidas muy finas. Otorga protección, ayuda en la navegación y el comercio, y en todo lo marítimo. Sus rasgos son los de un mulato de tez clara y ojos verdes como el mar. Es un oficial de marina y su morada es el mar. Su doble católico es San Ulrico y su símbolo, un bote con remos.

Debemos mencionar también a ciertos extraños espíritus como los *guedés,* que son los muertos, y aunque esto ocuparía una lista inmensa, pues hay muchos, debemos destacar a uno del rito *radá:* Guedé Nibó, al cual se le rinde culto especialmente en Puerto Rico, República Dominicana, Sudamérica y Cuba. Guedé Nibó es *loa* de la muerte, pero también espíritu de la vida, ya que según dicen los vuduistas de la putrefacción, renace la vida inmortal. Es fúnebre en sus vestimentas: se le ciñen la cintura y la cabeza con pañuelos negros, violetas o morados. Su cualidad más interesante es el erotismo, la sexualidad. Cuando baja sobre una mujer esta empieza a aparentar que tiene en su poder un falo y hace gestos sexuales, al igual que el hombre, imitando los movimientos que insinúan el acto sexual. En el rito *petró,* que es el negro, el de la magia negra, Guedé es un personaje grave, pensativo y aterrador que danza con pasos cortos y hace sencillos movimientos con el vientre. El jefe de los *guedés* es el más importante de todos y en Haití se lo considera uno de los reyes del país. Nos referimos al Barón Samedí, que cuando baja "montado" en uno de sus "caballos" viste con traje o chaqueta negro y tocado con un sombrero de copa. Su esposa es Grande Brigitte. Cuando una de sus hijas está poseída por ella, se arroja al suelo con la apariencia de un rígido cadáver e inmediatamente hay que sujetarle la barbilla con un pañuelo y taponarle la nariz con algodones. Los colores de los *guedés* y en especial del Barón Samedí y de la Grande Brigitte son el negro y el violeta o morado claro. El árbol de ambos es el limonero. El tipo de posesión, macabro y temerario. Sus ofrendas son arenques salados o ahumados, cabras y gallinas negras. Sus atribuciones son limpiar al ser humano de maleficios y rechazar todo lo negativo y todos los pensamientos malos. Es *loa* de la muerte, y como tal es jefe de los muertos y dueño de los cementerios. Rige los cementerios y lugares subterráneos. Sus símbolos son un cadáver, vestimentas negras, una cruz negra, un sombrero de copa y una cruz en el camino.

Otra deidad que se encuentra en el vudú y también aparece en la santería, a la cual le tengo mucho cariño, devoción y admiración, es Shangó. Su rito es el *radá;* sus colores, el blanco y el rojo; sus ofrendas, carneros y gallos rojos. Trae la suerte y la lluvia y es *loa* de la tormenta, del trueno, del relámpago y de la violencia. Su morada son los aires. Su doble católico en el vudú es San Juan Bautista, y en la santería Santa Bárbara Bendita. Su símbolo: los carneros.

LOS ÁRBOLES Y EL VUDÚ

El árbol es un fundamento básico en el panteón vudú y es sumamente importante para el vuduista. El fiel vudú se ampara a la sombra de los árboles como si esta fuera la sombra de los *loas*. Damballah, el que otorga la riqueza y la felicidad, siempre representando al lado de su mujer Ayda Ouedó, Diosa del Arco Iris y representada por dos serpientes, tiene dos árboles: la ceiba y el algodonero. Su rival, Papá Legba, a quien primero se le ofrecen servicios y comidas cuando comienzan el culto y se lo llama amo de las barreras y las encrucijadas, también tiene sus árboles. Cuando no se tiene un altar donde ir a rezarle, se va, simplemente, bajo un árbol que se encuentre preferiblemente bajo una encrucijada. Su árbol es el ciruelo. En el vudú se dice que si alguien se atreviera a tocar un árbol medicinal un viernes santo brotaría sangre de la corteza de dicho árbol. Loko o Lokó es otro *loa*, espíritu de la Tierra, amo de la agricultura; es el Orichaoko de la santería. Exige que el campesino le ponga ofrendas y comidas cada vez que tumba un árbol o siembra una plantación. Loko o Iroko también está asociado a la brujería, y es el alma de todo vegetal, el principio de la fecundidad, curandero y protector de las plantas medicinales. El aguacate, el mapúe y el bombax, todos son del culto de Loko. No existe una deidad o entidad que carezca de un árbol donde habitar, bien sea en el mango, la ceiba o la calabacera, que es el árbol de cuyo fruto se hacen los *assones* que son el símbolo del poder del *houngán* o el sacerdote vudú. Por ejemplo, la palmera es de Shangó, y así, todos los árboles tienen su dueño en los *loas*. El árbol más temido y venerado es el mapúe, el mapúe africano o mapúe zombi, en el cual viven los muertos, los *loas guedé*. Los frutos de este árbol están cubiertos por una capa lanosa, una especie de algodón, del cual se hacen colchones en Haití. Al igual que la ceiba, es morada de los espíritus o *loas*.

LA MAGIA Y EL VUDÚ

Las prácticas mágicas tampoco faltan en el vudú. *Houngán, bokó* y el brujo son los personajes más importantes para el pueblo haitiano, especialmente en el culto vudú. El primero trabaja con lo sobrenatural, pero para hacer el bien, y tiene prestigio y autoridad en el grupo. Interpreta los mensajes de los espíritus y sirve a ellos, tanto a los bienhechores como a los malhechores. Da directrices, consejo y ayuda para los problemas cotidianos y amuletos y talismanes como protección contra el mal. Tiene el don de previsión que recibe de los espíritus y posee grandes conocimientos sobre las propiedades de las plantas, aguas, baños y todo lo natural. Lucha o labora en la curación con fines religiosos. Puede curar enfermedades en forma sobrenatural bajo los auspicios del Barón Samedí. Tiene poder *kanzo* que adquiere mediante el contacto con el fuego en la iniciación que tuvo que pasar. Mientras que el *houngán* es positivo, el *bokó* se especializa tanto en lo positivo como en lo negativo, y compra espíritus tanto para el bien como para el mal. En Haití se dice que sirve a las dos manos. Trabaja por dinero y por ventajas personales, ejerce la adivinación y sirve a los espíritus bienhechores como a los maléficos. También da directrices, orientación y consejos para los problemas cotidianos, y posee el poder de previsión y sirve y ayuda con fines curativos. Yo siempre he dicho que cuando se utilizan fuerzas negativas o malas para curar a una persona o hacer el bien, estas fuerzas se transforman en entidades positivas. El *bokó* permite la expresión de la venganza y la ambición. Tiene el poder de curar enfermedades y alejar maleficios por medios sobrenaturales, y eliminar maleficios bajo los auspicios del Barón Samedí. El brujo trabaja solamente para el mal. Le gusta la destrucción y pacta con los malos espíritus, ya que con ellos solamente trabaja. Tiene una voluntad devoradora. Sirve por odio y por pura ambición, y ataca a los inocentes. Según ellos mismos, pueden transformarse en animales y trabajar en acciones malvadas bajo los auspicios del Barón Samedí en el rito *petró,* en el aspecto de la brujería y la magia negra.

Sin los talismanes, los amuletos, los polvos y los baños, el practicante de vudú estaría ni más ni menos que a merced de las fuerzas del mal. Los mismos *loas* a quienes se pide protección contra el mal son invocados por otros para cometer positivamente crímenes.

En Haití circulan cientos de plegarias al Barón Samedí y se mezclan las oraciones a los *loas* con las oraciones a San Expedito, San Patricio, Santa Clara, San Bartolo y San Miguel Arcángel que se llama en el vudú haitiano Belier Belcan Toné. Las oraciones católicas muchas veces son dichas ante la cruz de un cementerio con una vela en la mano.

En Haití pregunté a muchas personas sobre los zombis. Todas me dijeron que creían en ellos y aseguraban haberlos visto frecuentemente. Se cuenta que durante una campaña antisupersticiosa que se llevó acabo en el país, un famoso *houngán* que vivía en la cima de una montaña tuvo que liberar a los zombis que le servían para trabajar la tierra. Se dice que eran muy buenos trabajadores y que solo había que alimentarlos con plátanos hervidos sin sal porque si comen algo que contenga sal se dan cuenta de que están muertos y entonces quieren volver a sus tumbas del cementerio. Cuando el *houngán* de la montaña los soltó, las personas del lugar los recogieron para hacerlos trabajar, pero también para protegerlos, y casi todos reconocieron en ellos a hombres y mujeres muertos y enterrados hacía mucho tiempo.

Para el que practica el vudú, Jesús no es Dios, ya que Dios no puede ser un hombre. Dios es el Creador, la energía creativa. Tal vez para algunos Jesús fue un espíritu materializado, puro o un iniciado que dejó un mensaje que sus continuadores desfiguraron o deformaron. También, según me dijeron, las drogas no se usan en el vudú.

La hija de Violette, la mamá *mambó* que conocí en Puerto Rico, gran amiga mía, cuando era muy niña fue comprada, por muy poco dinero, en casamiento por un *loa,* y para poder casarse con un hombre tuvo que hacer una ceremonia complicadísima. Luego, la hija que tuvo fue "rayada" al nacer y entregada a los *loas.* Cuando Violette baja a un *loa* de la muerte, se le infla el abdomen y entonces toma un cuchillo y comienza a enterrárselo en el cuerpo. Los *loas,* según van bajando, se van manifestando en forma distinta y dando consejos y profecías. Cada uno toma bebidas diferentes y fuman tabaco, al menos los que yo vi en el *hounfor* o templo de la *mambó* Violette, mi gran amiga.

MI OPINIÓN SOBRE EL VUDÚ

Creo que la fe tan grande y tan enorme de este pueblo es la que ha obrado los milagros que han hecho que continúe el culto del vudú. No es que no existan las deidades, sino que el poder del pensamiento, la fuerza de la fe y la voluntad humana pueden crear dichas deidades o pueden hacer posible el contacto real con dichas entidades. Las posesiones que yo he visto me parecen reales, auténticas; los mensajes recibidos tienen lógica y veracidad; y el respeto, la devoción y la entrega con que practican sus cultos y ritos son admirables.

El pueblo haitiano es un pueblo generoso, cariñoso y bondadoso, y lo único que tengo que decir es que le agradezco toda la hospitalidad, el cariño, la atención y el respeto que me han profesado cuando he visitado esa isla, tan mal interpretada por muchos que califican estos cultos como algo satánico. Repito, en todo aspecto religioso hay un aspecto positivo y uno negativo. El aspecto blanco, el *radá,* es hermosísimo, y en él he visto curaciones y milagros. Del negativo, o *petró,* no puedo hablar porque no lo conozco ni he profundizado en él y lo poco que he dicho sobre él es lo que me han contado.

En Haití me fue entregado el collar sagrado de los vuduistas y la maraca, que ellos llaman *assón,* más otros objetos de adoración, los cuales llevo con mucho respeto junto a mí.

13

EL PODER DE LA MAGIA

He ido coleccionando magias que funcionan, por lo menos así me lo han garantizado. Yo creo y sé que lo que funciona es la fe, el poder mental, la emoción, la concentración y la gracia Divina, que uno tiene o aplica. La superstición o ciencia popular de ayer es la realidad o ciencia de hoy. Yo no condeno ni critico. Con Dios todo se puede.

Ahora te llevaré a conocer las magias, pero te pido que las uses para tu bien y el de tu familia. El karma siempre se cumple.

LA MAGIA DE LA NATURALEZA

Como me crié en el campo, viví muy unificado con la naturaleza. Tanto, que llegué a hablar, comunicarme y recibir mensajes de ella. Todo lo que el hombre necesita para armonizarse, sanarse, mejorarse, embellecerse, enriquecerse, está en la naturaleza.

La Madre Naturaleza nunca defrauda, abandona o traiciona a

quien se cobija bajo ella. Para mí, el aspecto más hermoso de Dios es el de la Madre Naturaleza.

No hay experiencia más mística, enaltecedora, reconfortante y pacificadora que un paseo descalzo, tocando la tierra o la arena, en un pasaje o bosque desolado bajo la Luna llena. La magia más pura y efectiva se encuentra en la tierra: piedras, plantas, ríos, mares y animales.

Para realizar y lograr "milagros" con la magia natural tiene que haber tres elementos indispensables y sobre todo, una gran fe en un Poder Supremo, no importa cómo se lo llame a este. Los tres elementos son:

- **Emoción:** Envolvimiento total del alma y de la mente en lo que se desea obtener.
- **Conocimiento:** Rituales, encantamientos, palabras sagradas (mantras), números, horarios, lugares sagrados, plantas sagradas, animales. No es repetir como un papagayo o actuar como una marioneta lo que te han dicho que hagas. Es hacerlo parte de tu propio ser.
- **Necesidad:** Muchos confunden necesidad con capricho. Muchos seres creen no poder vivir sin el amor de cierta persona y luego resulta que es un simple capricho. Muchos se empeñan en un trabajo, en una casa, en una persona y no dan oportunidad a que Dios en su infinita sabiduría ponga en su vida lo que realmente los haría felices. Cuando se realiza una "magia" para satisfacer una necesidad, se le aplica emoción, concentración, visualización, fe y se lleva a efecto bajo días y horas auspiciosas, el éxito no puede fallar.

Toda magia fundamentada en hacer daño, perjudicar, imponer la voluntad, cambiar a la fuerza el sentir de otro ser humano, lograr amor "a la mala" o ir en contra de la ley del karma, está destinada al fracaso, a menos que la "víctima" o persona a la cual se le hace la magia, por miedo o por acuerdo en creencias, se abra a ellas. A veces una magia puede parecer que ha funcionado, pero luego se vuelve destructivamente contra el que la planeó o la realizó.

No hay que olvidar que una intención es igual a una acción en el karma. Tenemos que tener presente que a cada instante estamos practicando magia. Cuando nuestra madre nos da la bendición, es magia blanca. La misa católica o cualquier servicio religioso, el poner un vaso de agua abajo de la cama, llevar una pata de conejo, cargar un crucifijo o un rosario, hacer la señal de la cruz, todo esto es magia blanca.

Un elemento indispensable para la magia es la concentración mental (el poder mental). Me refiero al arte o la habilidad de poder mantener una imagen o idea en la mente sin permitir ninguna interrupción por largo tiempo.

En la India y Tibet estudié bajo *swamis*, lamas y gurús, el arte de la concentración mental. Los orientales han logrado lo imposible en el desarrollo de los poderes mentales. Tuve la oportunidad de ver cómo un mago hindú hacía crecer una semilla de mango hasta convertirla en árbol, luego comer de la fruta y al nosotros fotografiar el acto, resultó que todo fue poder mental o hipnosis colectiva en acción, ya que nada aparecía en la foto tomada.

El que desee llegar a ser mago, tiene que cultivar la concentración mental. El mejor ejercicio es el más simple, pero lo importante es repetirlo hasta la extenuación. Empezar por mirar una rosa y luego cerrar los ojos y recordar la rosa en todos sus detalles. Comenzando por un minuto, luego tres, y así sucesivamente hasta poder estar quince minutos pensando, recordando o visualizando la rosa. No permitir que a tu mente entre otro pensamiento que no sea la rosa.

Debido a mi entrenamiento como actor tuve que desarrollar mi poder de concentración y visualización al máximo, ya que yo me eduqué en el método de actuación de Stanislavsky.

A la magia de la naturaleza yo la divido en: magia de tierra, magia de fuego, magia de aire y magia de agua, según los elementos.

La magia de la tierra

La magia de la tierra tiene que ver con dinero, abundancia, prosperidad, estabilidad, fertilidad y todo lo que se puede hacer para conseguir empleo, triunfar en negocios, tener hijos y conseguir una casa.

Los rituales correspondientes a la tierra conllevan sembrar, enterrar, conseguir tierras, ir al cementerio y dibujar imágenes y símbolos en el polvo. La tierra es un elemento femenino y está íntimamente relacionada con los signos de Tauro, Virgo y Capricornio. La tierra rige en la magia el punto Norte del compás (la oscuridad absoluta y el invierno). Los colores de suerte de la tierra son: verde, negro, ocre y todo color terrenal.

Las magias de la tierra se asocian con Tauro, Virgo y Capricornio. Aquí van unos ejemplos:

1. Tirar 4 centavos en un cruce de camino para abrir las puertas de la prosperidad, especialmente en días brujos como 2 de febrero, 30 de abril, 1 de agosto y 31 de octubre.

2. Sembrar plantas o árboles sagrados frente a tu hogar (o en el patio) habiendo puesto 5 cucharadas de azúcar negra antes de plantarlos. Esto hará que nunca falte el dinero. Las plantas sagradas o de buena suerte son: *sansiveria*, girasol, verbena, rosa blanca, gardenia, jazmín, geranio y albahaca blanca y morada. Los árboles de la buena suerte son: tártago, abedul de plata, arce y millones.

3. Acostarse encima de la tierra y mentalmente visualizar cómo la Madre Tierra absorbe enfermedades, limitaciones y negatividad. Poner en el cuarto del enfermo un plato con tierra o con sal para recoger lo negativo y purificar el ambiente.

4. Colocar una botella con tierra en la puerta o ventana de tu casa para evitar que lo malo entre al hogar.

5. Preparar un amuleto o talismán con tierra, 5 centavos, 5 rajitas de canela y 5 conjuntitos de matas, y envolver todo con tela verde.

La magia del fuego

El fuego es el elemento del sexo, pasión, voluntad, cambios dramáticos y trascendentales (el fuego destruye y transforma), destrucción (de negatividad, ataduras, adicciones, malos hábitos, enfermedades), curación y protección. Un ritual de fuego conlleva quemar plantas, imágenes, inciensos, hacer hogueras y toda la magia de las velas. El fuego es un elemento masculino. Rige el Sur, el lugar de más calor, el verano y el color rojo.

Las magias del fuego se asocian con Aries, Leo y Sagitario. Aquí van unos ejemplos:

1. Cuando uno quiere eliminar un hábito (comer en exceso, beber licor o fumar) se lanza a una hoguera un poco de comida, un vaso de licor o una cajetilla de cigarrillos, según sea la necesidad, y se invoca el Poder Supremo de Dios, o sea, al Creador para que nos levante o nos ayude a vencer la adicción.

2. Rodearse de 9 velas en un círculo, o formar dicho círculo prendiendo alcohol y uno en el centro pidiendo o invocando protección y ayuda Divina, es muy recomendable para "limpiar" y en rituales de purificación para Aries, Leo y Sagitario.

3. Tener una vela roja (amor), anaranjada (poder y suerte), blanca (paz), marrón (prosperidad), azul (suerte en viajes), violeta (comunicación con los muertos), es recomendable en todo hogar.

4. Escribir todo lo negativo y quemarlo en una hoguera. Te limpia tu aura, tu vida y tu hogar.

5. Una rama de muérdago o las palmas del Domingo de Ramos en la entrada del hogar evita fuegos.

La magia del aire

El aire es el elemento que rige el intelecto, el pensamiento, la palabra, la comunicación, el arte, la magia de la canción, el baile, los *mudras* y los mantras.

Los *mudras* son los gestos sagrados secretos. Existen varios sistemas mágicos de colocación de manos y dedos. El dedo pulgar representa el alma universal; el índice el alma individual; el dedo medio la pureza; el anular la pasión y el meñique lo material. Los mantras son una combinación de palabras mágicas o de gran poder para unificarse con Dios, obtener salud, prosperidad, amor, suerte o lo que se desee.

Por ejemplo OM SRI GANESHAYA NAMAH se utiliza especialmente para viajes, desarrollo de talentos, libertad, sabiduría, descubrir lo perdido, desenmascarar engaños y sobre todo para el desarrollo de facultades síquicas.

El aire es elemento masculino, rige el Este (no es sorpresivo saber que la cuna de la sabiduría es el Oriente). Su color es el amarillo y su estación es la primavera. El aire gobierna la magia de los cuatro vientos, la adivinación por la mente, la concentración y la visualización. Está asociado con Géminis, Libra y Acuario.

Algunas magias del aire consisten en:

1. Colgar en ventanas que les de el viento campanitas de cristal o metal (sarnas) para alejar los malos espíritus.
2. Prender incienso de sándalo o rosas para purificar el ambiente y atraer vibraciones positivas.
3. Fumar cigarro al revés echando el humo por toda la casa e invocando las fuerzas positivas de la naturaleza.
4. Tener un vaso de bencina o acetona ligada con agua en lugar alto de la casa, para que, a medida que se evapore, se aleje todo lo perjudicial.
5. Armonizar tu hogar u oficina con música religiosa o música que te inspire y te levante el ánimo.

La magia del agua

El agua tiene que ver con el amor, la mente subconsciente y las emociones. Todo lo que tenga que ver con sueños, sanaciones de fe, amistades, uniones y matrimonios, brujerías y encantamientos, felicidad y purificación está regido por el agua, al igual que ríos, mares, aguas aromáticas, baños, limpias, despojos y agua de lugares sagrados (Lourdes, Río Ganges, el Pozo de la Virgen). El agua es un elemento femenino y su color es el azul. Rige el otoño cuando las lluvias lavan y purifican la tierra. Se asocia con Cáncer, Escorpio y Piscis.

En cuanto a las magias en sí, baños, lavados, omieros, despojos, todo esto entra en la magia del agua. Aquí siguen algunos ejemplos:

1. Tener un vaso de agua con una clara de huevo asegura la paz en el hogar (todo en nombre de Santa Clara).
2. Baños espirituales con plantas sagradas (albahaca, yerba-buena, menta, ruda) y flores de buena suerte (rosas, claveles, flor de calabaza, jazmín, azucenas), miel de abejas, agua florida, colonia de flor de naranjo, canela en polvo, cascarilla y aguas (agua de coco, lluvia, río, mar, pozo, bendita).
3. Tener una vasija con agua y mucho perejil fresco en la sala o cuarto del santo, atrae dinero y amor.
4. Tirar en un pozo una moneda y pedir un deseo.
5. Ir al río, echar miel mientras se toca una campanita de cobre y se invoca a Ochún, deidad afro-antillana del amor y la prosperidad.

MAGIAS GITANAS

Por mi contacto directo con gitanos de muchas partes del mundo, he aprendido magias, secretos, fórmulas, brebajes, filtros que en muchos casos —alimentados por la fe— han obrado auténticos "milagros".

A todos les fascina la palabra "milagro" y mucho más el operarlos en beneficio propio. Todo milagro se basa en leyes exactas cósmicas. El milagro mayor y más poderoso es el amor mismo. Un ser humano poseído del amor es capaz de los mayores sacrificios y de las hazañas más increíbles.

El gitano vive en contacto con la naturaleza y carga con un gran fardo de creencias y supersticiones.

Según leyendas, cierto día Dios decidió formar al hombre. Cogió lodo, fabricó una estatua y la puso a cocer en un horno. Luego se fue de paseo y se olvidó de su obra. Cuando regresó, el hombre estaba totalmente quemado, completamente negro. Fue el antepasado de los negros. Dios empezó de nuevo, pero esta vez temía tanto dejar pasar la hora, que abrió el horno demasiado pronto: el hombre estaba aún completamente pálido. Fue el antepasado de los blancos. Dios intentó una tercera experiencia y esta vez acertó: el último hombre estaba cocido al punto, bien bronceado. Fue el antepasado de los gitanos. Esta simpática leyenda me fue revelada en la India.

La luna desempeña un papel mágico en la vida de los gitanos. Todos nacemos bajo una estrella y si es fatídica, nuestro destino será negro. La mayoría de los gitanos rinden culto a las vírgenes negras y en especial a Sara-la-Kali, que la asocian con la Virgen de la Macarena. La magia negra gitana usa muñecas o figuritas pinchadas con alfileres en el sitio deseado que se quiere hacer daño. El mal de ojo es creencia vital de ellos.

Me contó una vieja gitana que ponerse un trocito de pan en el bolsillo evita toda tragedia. Cuando le han echado brujería en la puerta de la casa, lo más eficaz es el orín. Los orines cortan la brujería para gitanos, hindúes y muchos pueblos más. Para fortalecer una maldición escupen. Poner huevos en hogares embrujados o pasarse huevos de gallina por el cuerpo desnudo es la magia perfecta para alejar todo lo malo. Cuando una gitana muere de parto, se la entierra poniéndole un huevo debajo de cada brazo para impedir que los vampiros o espíritus atrasados se alimenten con su leche.

Los gitanos están regidos por Sagitario y Acuario; son libres, espontáneos, amantes de la naturaleza, rebeldes, no conformistas y visionarios. He recopilado para ustedes magias sencillas gitanas que he arreglado, modernizado, adoptado y preparado para facilitarles su ejecución.

Aries: El fuego es sagrado para el gitano y para ti. Ten junto a ti en tu hogar un cirio o vela encendida al santo de tu devoción. Que no falte luz en tu hogar. Lleva junto a tu cuerpo este talismán hecho en Luna llena: una moneda antigua o de otro país pegada a una estampa de San Expedito o a San Miguel Arcángel, polvo de nuez moscada, polvo de canela, tierra de un lugar sagrado (donde haya aparecido una virgen o cerca de una iglesia) y luego introducir todo en una bolsa de terciopelo rojo. Cuando tengas mucha necesidad de dinero, da limosna de lo poco que tengas en nombre del Gran Poder de Dios. Dando es como recibimos. Las deidades de la abundancia y prosperidad son: Lakshmi, Ganesh, Kuvera, Ochún, Yemayá, Santa Eduvigis y Eleguá.

Tauro: Los entierros están regidos por tu signo. Siembra con fe árboles o arbustos con fama de dar dinero. El mirto o café de la India, millones, la rosa blanca, gardenias o jazmín de cinco hojas. En el hoyo echa 5 centavos o 5 monedas de la más baja denominación, miel de abejas, 5 rajas o palitos de canela, 5 hojas de albahaca morada y 5 veces tu nombre y di: Según nazca y florezca este árbol, que así florezca mi suerte. También lleva contigo una bolsita de terciopelo verde con 3 palitos de tártago (brazo fuerte), guayabo o granada, 3 centavos o monedas de la más baja denominación y 3 veces el nombre tuyo.

Géminis: Escribe una carta a Dios o al santo que te inspire más fe narrando tus penas y necesidades y pidiendo *exactamente* lo que deseas. Duerme sobre la carta 3 noches. Al cuarto día, al levantarte, repite 3 veces el Salmo 23 y el Salmo 9, y quema la carta guardando cuidadosamente las cenizas. Por 33 días tienes que llevarlas contigo, y al levantarte y acostarte tienes que rezar 33 Padre Nuestros con las cenizas (recogidas en papel o pañuelo) en tus manos. Después de cada Padre Nuestro, dale gracias a Dios por que te ha otorgado lo que con tanta fe pediste (aunque todavía no lo hayas logrado).

Cáncer: Siendo tú hijo de la Luna, tienes que esperar Luna llena, preferiblemente cuando el Sol transite por Piscis, Escorpio o Cáncer, y enterrar una sortija de plata envuelta en papel de aluminio. Todas las noches pon tu mano en el lugar donde la enterraste invocando a todas las deidades lunares (Ishtar, Astarté, Selene, Hécate, Yemayá) para que logren magnetizar tu prenda y la conviertan en un talismán o amuleto poderoso. Yo he sido privilegiado por Dios, ya que he probado el efecto mágico de amuletos y talismanes creados por inspiración Divina por mí y por mis sobrinas Betty e Ivonne. Ambas heredaron el poder creativo de hacer talismanes y amuletos.

Leo: Las magias de Leo están asociadas al Sol y al amor. Cristo, Buda, Horus, Shiva, San Miguel Arcángel, Belié Belcán y todos los maestros de la línea Solar son invocados en la Magia Suprema. Según el distinto grado de evolución de cada ser humano o su desarrollo espiritual, así podrá comunicarse con la fuerza que esté más a tono consigo mismo. Prende una vela grande anaranjada, pon agua, flores frescas, un coco y frutas por 21 días y da 21 limosnas a 21 niños. Llevar ropa de color anaranjado es recomendable. La música es medicina mágica para Leo y su magia mayor es estar perdidamente enamorado.

Virgo: Los gitanos asocian a Virgo y a Géminis (también a Piscis, Cáncer y Escorpio) con los muertos. Los seres desencarnados son invocados y se utilizan para misiones muy especiales por los gitanos. Hay una magia gitana muy antigua donde a las 12 en punto de la noche se prenden 9 velitas blancas pequeñas en círculo y en el centro se coloca un vaso de agua. Se le pide a los seres de luz, antepasados o a las Ánimas Benditas del Purgatorio que te concedan lo que necesitas. Luego apagas las velitas y botas el agua diciendo: "Cuando me concedan, tendrán luz y agua". Esta magia se repite por 9 noches, aunque es tan poderosa que en menos tiempo se logra lo pedido si es para tu bien y el bien de todos. Luego cumples lo prometido.

Libra: Colocar un espejo y al frente dos velas blancas, con incienso de rosas o jazmines, encendidas y hablar contigo mirando fijamente el reflejo de tus ojos en el espejo. Pídele al Dios que mora en ti que te conceda lo que pides. Dale gracias a Dios por tu belleza, perfección, grandeza y exponle lo que tu alma necesita tan desesperadamente. Repite este procedimiento o ritual por 31 días, siempre a la misma hora. Lleva contigo la estampa del santo de tu devoción. Te recomiendo a Santa Bárbara o la Santísima Virgen de la Caridad del Cobre.

Escorpio: Siendo tú el opuesto de Tauro, también los entierros te benefician. Escribe todo aquello que quieres tachar de tu vida y haz un entierro simbólico. Repite que lo que tú realices no haga daño a nada viviente o tu karma se encargará de que lo pagues. La carta, papel u objeto simbólico debe ser enterrado en caja forrada de tela negra. Antes de enterrarla haz un pequeño exorcismo: prende incienso y límpiate física, mental y espiritualmente. Sobre la tumba de lo negativo pon una cruz de tártago o de hierro. Por un mes, al levantarte y al acostarte, reza la oración del Justo Juez y la Santa Camisa.

Sagitario: Lleva contigo una flecha o espada, símbolos de la victoria. Lava con agua de río, mar, lluvia y agua bendita el objeto a ser consagrado, envuélvelo en una tela roja y órale por tres noches. Llévalo con mucha fe y si puede ser para ti como un recordatorio del Poder Supremo de Dios, yo sé que te dará maravillosos resultados. No es lo que se hace, es la fe con la que se labora lo que obra el milagro. Aquel que pueda realizar cualquier magia con su mente y colocarla imaginativamente en su corazón logrará los mismos resultados. Yo me divierto mucho con los que condenan la idolatría citando textos. Toda imagen, santo, objeto, todo lo creado es un retrato o representación del Padre Creador. Es como los retratos de nuestra madre terrenal, todos son reflejos de una sola madre.

Capricornio: Llevar contigo una arpillera donde se echará un centavo o moneda que te hayan regalado o que hayas encontrado en tu camino, tierra de un hospital (para que no tengas que visitarlo), tierra de un cementerio (para que te resguarde de la muerte violenta), un coral, un caracolito y tierra cercana a un banco (para que no te falte dinero). Como verán, todo es magia imaginativa o relacionada emocionalmente con lo que se desea lograr. Este amuleto se prepara en Luna llena. Nadie que no sea el dueño debe ver o tocar cualquier objeto mágico o este perderá su efectividad. Se les recomienda a los capricornio en momentos de desesperación, pedirle a San Lázaro o a la Virgen del Perpetuo Socorro.

Acuario: Consíguete un billete de dos dólares y ponle encima GANESHA, BUENA SUERTE. Que no falte en tu cartera o bolsillo. Cuando encuentres en tu camino (sin buscarlo) una piedra o caracol que te llame poderosamente la atención, llévatelo. Lávalo bien y úntale manteca de corojo. Ponlo en una escudilla o vasija de barro y todos los lunes préndele una velita blanca y ponle un vaso de agua diciéndole: "Espíritu de la buena suerte, ábreme los caminos". En momentos difíciles haz la novena al Niño Jesús de Praga o a la Virgen de la Candelaria.

Piscis: Prepara una vasija hermosa con agua de mar, 7 caracoles, 7 monedas de tu agrado y una bolita de añil madamo. Tenla como representación de la Diosa del Mar, Yemayá. Todo esto debe ser realizado durante Luna llena. Cuando te sientas afectado por vibraciones negativas, date tres baños de mar llevándole a la Diosa platanutres (mariquitas) y chicharrones (piel reseca del lechón).

Diariamente discípulos y clientes me piden magias. Repito, que unos resuelven con un vaso de agua, otros con una oración, otros con sencillamente no hacer nada y ponerlo todo bajo la Divina presencia de Dios. Lo que funciona en la magia es el poder de la fe, la emoción que se ponga, el poder de la visualización y la necesidad auténtica del que implora.

MAGIAS DE LOS INDIOS AMERICANOS

Una noche, conocí a un hombre que trabajaba como entrenador de boxeo y enseñaba culturismo en un gimnasio. Fue traído a mi casa por un mutuo amigo. Por su aspecto lucía completamente americano, y para mí fue una gran sorpresa cuando él me reveló que había sido educado por los indios sioux. Pasamos horas hablando sobre los indios, sobre su magia, creencias y leyes, y me regaló un libro titulado *Touch the Earth,* compilado por T. C. McLuhan, que contiene expresiones, metáforas, historias y parábolas de la cultura india americana. Lo primero que me llamó la atención de dicho libro fue un pasaje que dice:

> *El Gran Espíritu es nuestro padre, pero la Tierra es nuestra madre. Ella nos alimenta. Lo que ponemos o sembramos en ella, ella nos lo devuelve, y además nos regala plantas medicinales. Si estamos heridos, ponemos la parte afectada en la Tierra y ella nos cura. Los animales también, intuitivamente, pegan sus heridas a la Tierra.*

En otra parte del libro hay una linda expresión del sentir de los indios:

> *Somos gentes sin leyes, pero estamos en buenos términos con el Gran Espíritu. Nosotros vemos el trabajo del Gran Espíritu en todo lo creado, en el Sol, la Luna, los árboles, el viento y las montañas. Tenemos una fe verdadera en el Supremo Creador, una fe fortísima que los blancos no comprenden y por eso nos llaman paganos. Vivimos completamente unificados con la Naturaleza.*

Para ellos Dios es el Gran Espíritu, el Creador y regente de todo. Seguí leyendo otros libros y material sobre los indios y continué descubriendo más secretos. Luego, viajando por Norteamérica, el destino me deparó conocer auténticos indios sioux con los cuales hice verdadera amistad. Me han regalado amuletos, talismanes, sortijas, estas con turquesa y coral que son los minerales de la suerte del indio, y un collar legítimo, creación de un gran artista de los indios sioux.

Una de las oraciones principales que aún reza el indio sioux dice así:

Gran Espíritu, cuya voz oigo en los vientos y cuyo aliento da vida al mundo entero, escúchame. Me presento a ti como uno de tus muchos hijos. Mírame, soy pequeño y débil, necesito tu fuerza y tu saber. Concédeme poder pasearme admirando la belleza y que mis ojos puedan contemplar la luz rojiza al ponerse el Sol. Instrúyeme para que pueda entender las cosas que tú has enseñado a mi pueblo, que tú has dejado ocultas en cada hoja y en cada roca. Hazme estar siempre dispuesto a venir hacia ti con manos puras y ojos cándidos para que mi espíritu, cuando descienda como el Sol en su ocaso, pueda estar frente a ti sin avergonzarse. ⸺

El Supremo Ser espiritual que rige el destino de los indios sioux es un ser invisible, pero que todo lo penetra. Ellos lo llaman el Gran Misterio. No es una deidad personal ni un Dios en el concepto nuestro, es decir, personificado, sino que es un todo misterioso: el Creador de todo. El Sol es el principal creador viril en dicho todo y la Tierra es la parte blanda, suave, femenina, lo material, mientras que el cielo, el viento, la lluvia, los relámpagos, las montañas, los árboles y todo lo demás, son formas de ese ser penetrado por el espíritu que es activo y fuerte.

El indio está frente a frente con Dios, sin mediación de una iglesia, cura, sacerdote o ministro. Cuado reza, lo hace solitario. Al levantarse en la mañana toma un baño y luego se va donde haya agua, al río, el manantial o el mar, se lava la cara con dicha agua y se queda quieto con las manos levantadas —igual que hacían los primeros cristianos cuando oraban— y, siempre con la cara hacia el Sol, permanece in-móvil y medita —la meditación es esencial para el indio— y reza en silencio absorbiendo energía y dándole gracias al Gran Misterio. Cuando mata un animal se arrodilla con reverencia ante él y reza y le agradece su sacrificio en beneficio del hombre.

También me contó el amigo mío que cuando un niño llora sin motivo aparente, lo ponen a dormir fuera, no importa la edad que tenga, y le hablan al espíritu del niño porque saben que en ese cuerpito hay un espíritu que puede comprender, diciéndole: "Cuando se llora por nada, nada se obtiene". De esta forma el niño aprende a llorar sólo en momentos realmente importantes, o simplemente a aceptar lo que le depare la vida sin quejarse, manifestar dolor o llanto.

El gran orgullo del indio es no tener bienes propios. Solamente posee las cosas más necesarias, así como una completa libertad de todo deseo. La castidad es un supremo mandamiento para él. Come para conservarse sano; ama para propagar su raza, y aunque ama apa-sionadamente lo hace con mucha elevación porque está consciente de que Dios, el Gran Misterio, está dentro de él. Si mata a un enemigo, a alguien de la tribu contraria, le guarda luto durante treinta días y piensa en las personas queridas del muerto que han quedado llo-rando. Sus características más destacadas son el silencio, la seriedad, la valentía, la honradez, la amistad —que para ellos es de mucho más valor que el matrimonio, porque consideran que el amigo es para toda la vida— y la libertad de deseos sexuales.

El indio jamás falta a su palabra; prefiere morir antes de hacerlo. Como los indios hablan mucho del silencio y tanto lo buscan, en una ocasión le pregunté a mi amigo: "¿Qué es realmente silencio?". Me contestó: "Es el Gran Misterio mismo. Santo silencio de su voz". El indio nunca se apodera de lo ajeno. Primero, porque lo respeta; luego, porque no cree que valga la pena quitarle nada a nadie para apropiárselo él. Lo que más odia es la mentira, y con mucha gracia dice que desde los tiempos más antiguos el cristiano siempre predica una cosa y después hace otra.

Desde la infancia el indio es acostumbrado a ser valeroso, para lo cual debe pasar por iniciaciones terribles. Una de estas pruebas consiste en colgar al iniciado del techo de un sitio especial de adoración, con el cuerpo torturado por unos garfios enterrados en él. Así debe soportar el dolor sin quejarse, al igual que debe enfrentarse desde pequeño al hambre, al frío, al calor, a la sed y a todo tipo de privaciones. Entre ellos no existen ceremonias religiosas matrimoniales. La pareja que se va a unir simplemente se marcha a la montaña y allí, en soledad, se entregan el uno al otro como marido y mujer solo en presencia del Gran Silencio y de la Naturaleza, y ayunan, rezan y meditan. Pasada una semana regresan a la tribu y son reconocidos como esposos.

El alumbramiento de la mujer también es algo muy interesante. Llegado el momento del parto, la madre se retira sola a un lugar apartado y, nacido el niño, regresa con él a la comunidad y lo presenta a sus integrantes. El indio no teme a la muerte y la acepta sin ningún tipo de emoción o sentimiento pues desde pequeño la está viendo en la naturaleza, en la plantas y animales que mueren. Todos ellos afrontan con gran tranquilidad y serenidad la proximidad de su propia muerte y consideran un valiosísimo honor morir luchando en plena batalla. Al igual que los hindúes y como en la doctrina vedanta, los indios creen que el alma del hombre que muere va a unirse con el Gran Misterio, es decir, creen en la transmigración del alma: el cuerpo se une al Gran Misterio.

El indio posee el don de prever y sentir cosas y sucesos que tienen lugar a distancia. Es, por naturaleza, clarividente y curandero. En la India la concentración se logra por medio de los ejercicios del yoga: respiración y asanas practicadas con gran paciencia. El indio americano consigue esto mismo en forma natural y como consecuencia de una perfecta unión con la naturaleza. El indio toda su vida lleva a Dios en su interior, y en su corazón la siguiente frase: "Seamos hermanos de todas las criaturas y de todas las cosas". Vive toda su vida bajo la influencia de la meditación, ya que ésta es para él el centro de su existencia.

Conocí a una anciana india que tenía tal poder de clarividencia que no tenía que recurrir a las cartas o a la palma de la mano, sino que, simplemente, cerraba sus ojos, se concentraba en su interior, buscaba en la fuente de la sabiduría que había en su alma y podía hablar y describir a las personas que estaban a su alrededor. Esto me lleva a informar que yo tengo el título de *sugamuxi,* que es una especie de sacerdote, astrólogo, místico o maestro espiritual de los indios colombianos. Dicho título me fue conferido por la Princesa Chía. Según las creencias religiosas de los indígenas del Nuevo Reino de Granada (Colombia), el cacique Sugamuxi fue el heredero del poder y santidad del Bochica o Zuhá, uno de los sagrados apóstoles que predicaron en aquellas tierras, mediante el cual tuvieron conocimiento de Dios y de algunos objetos de la fe. Como conozco el dolor que pasaron estos indios cuando los conquistadores españoles les arrebataron sus tierras y propiedades, y las terribles guerras que sostuvieron entre ellos, siempre que he podido he tratado de sembrar el amor entre ellos como algo puro, hermoso, digno y gentil, lo cual me ha unido mucho a ellos. Me mantuve en contacto con mi gran amiga la Princesa Chía, y luego, el 7 de abril de 1979, en Río Piedras, Puerto Rico, asistí a la ceremonia bautismal *chibcha* de la Princesa Zachía Zipa, donde me fue entregada una placa que dice: "A Walter Mercado, sacerdote oficial *Sugamuxi Idacansas*". Entre los elementos que usan en esta ceremonia o bautismo figuran las velas, que significan el fuego sagrado; agua de río, que es lo espiritual; harina de maíz; polvo de oro y plata, todos simbolismos de la riqueza, la felicidad, la salud, la paz y el amor, para que al bautizar a la pequeña niña, con mi pensamiento, amor y cariño, colmara de bendiciones la vida que iba a comenzar. Luego de la ceremonia, a la cual asistieron muchas personas, se sirvió una comida *chibcha*, bien primitiva, a base de harinas y, aunque todo fue simple y sencillo, resultó de una belleza extraordinaria, lleno de amor, cariño y sinceridad.

El culto a los indios se destaca mucho en Puerto Rico, República Dominicana, Cuba y en muchos lugares de habla hispana. Muchos propietarios de negocios acostumbraban poner en las puertas de sus tiendas un indio, al cual le ofrecen incienso del indio, tres mazorcas de maíz, ron y tabaco. En mis consultas por la isla de Puerto Rico, California y Miami, he encontrado que muchas personas son devotas del espíritu del indio y tienen gran fe en él. Para ellas los indios son seres de gran luz y protección. En la República Dominicana, y también en Puerto Rico, hay muchos devotos del indio Caonabo, esposo de Anacaona, que es considerado el cacique más fuerte y poderoso de los que lucharon desesperadamente contra los conquistadores españoles en Santo Domingo. Engañado y hecho prisionero por los españoles, fue engrillado y esposado y enviado a España, adonde no llegó pues murió en el trayecto y fue arrojado al mar. A Caonabo se le ponen como ofrendas una flor roja en un vaso de agua y café negro recién colado. Este culto, que cada día se hace más fuerte, es un volver a lo primitivo, y se considera a estos seres, a los indios, como entidades de luz que pueden proteger, propiciar, ayudar y respaldar en momentos de tribulación y de pena, o cuando necesitamos pedir un favor.

Algo muy interesante de este culto es que muchas personas llevan la imagen del indio en una sortija o colgada al cuello. Conozco a un director de escuela que asegura que todo su éxito, ganancia y riqueza, se debe a que cuando era niño le dijeron que estaba protegido por un indio. Este postulado ha hecho efecto en él, y su gran fe en el indio lo ha llevado a obtener grandes glorias y éxitos. En las botánicas (comercios donde se vende gran variedad de plantas, productos y objetos religiosos que se usan en estos cultos) de toda Latinoamérica y en Norteamérica se venden estos indios y, por lo general en los centros espirituales, se ve además de los santos, congos, yorubas y santos católicos, una sección dedicada a los indios. Cuando un médium está poseído por un indio generalmente emite un sonido como el que usan los indios, especialmente cuando pelean, algo así como "aua aua…", y también bailan y hacen gran ruido y algarabía. En Haití conocí a una mamá *mambó* que era poseída por indios y tenía a la india Anacaona y al indio Caonabo. Era capaz de ser poseída por toda una tribu de indios, y ella, a través de estos seres, daba, básicamente, mensajes de salud. Laboraba mucho dando pases y expresando medicamentos naturales primitivos para curaciones a base de plantas y baños.

Muchos psíquicos y médiums americanos y europeos dicen tener como guías espirituales a indios, pero no al tipo de indio que se conoce en Latinoamérica y el Caribe, sino a uno de estas reservas de indios americanos sioux que quedan en Norteamérica, que llaman *Indian spirit guide*. Mi amigo el Reverendo Burt Heckel tiene entre sus protecciones a una indiecita. Yo me he consultado con muchos místicos y psíquicos americanos y me maravilla ver cómo casi todos tienen en su cuadro espiritual a un indio, ya sea Toro Sentado, Sol de la Mañana o Lluvia por Caer. Es conveniente aclarar aquí el origen del nombre de estos indios a que nos hemos referido. El indio recién nacido toma el nombre de algún hecho que estaba ocurriendo en el momento de su nacimiento. Si la madre ha observado en ese instante que una estrella estaba cayendo, la llama Estrella Caída, o si ve que estaba naciendo una rosa, Rosa Abriendo. Todo nombre indio revela algo que estaba pasando al momento de nacer la criatura. Hay pruebas de médiums que han sido poseídos por indios en las que se ha podido fotografiar el ectoplasma y se ve el indio al lado del médium en el momento del trance, o por el poder mental del médium se puede materializar el indio que es protección de dicho médium.

Otro culto muy poderoso, especialmente en Venezuela, es el que se le rinde a María Lionza, diosa del amor y de la buena suerte. En una de las avenidas principales de Caracas hay una enorme escultura de ella, obra del escultor Alejandro Colina, y en las montañas de Sorte, en el Estado de Yaracuy, hay un lugar muy reservado y sagrado dedicado a la misteriosa india María Lionza. Recientemente una señora venezolana me trajo una imagen de ella, en la cual tiene gran fe porque ha visto muchos milagros. Para mí es como una Ochún, ya que es diosa del amor, del río, del oro y de la belleza. La representan desnuda montada en una danta o tapir. Tiene todo el simbolismo de la diosa del amor, de una Venus primitiva. También recibí en Venezuela, como regalo de grandes místicos de ese país, un medallón donde aparece la imagen de María Lionza y por el reverso dice: "Diosa del Amor y de la Buena Suerte". Se le ofrece tabaco, licor, bebidas dulces, y se le rinde culto igual que a Ochún en Cuba. Su oración dice así:

Oh Milagrosa Reina María Lionza, tú que sacrificaste tu esplendorosa belleza en aras del amor a Cristo sin importarte los placeres que en la Tierra tenías reservados, y que Cristo a cambio te concedió el don infinito de remediar, curar, socorrer y consolar a tus semejantes en este mundo terreno, pídote de rodillas y con infinita devoción me concedas lo que aquí humildemente te ruego si es para bien mío y gloria vuestra. Amén.

María Lionza, belleza infinita, reina coronada, hacedme bendito. Tu culto es la gloria; tu nombre es María; concédeme todo en este gran día.

Es una sencilla oración que refleja el sentir del pueblo al igual que las oraciones del indio. Entre estas últimas la más conocida es la siguiente:

¡Oh Gran Cacique, fidelísimo espíritu, indio celador de tu morada, en el nombre del Padre, del Hijo y del Espíritu Santo, yo, fiel creyente en tu poder, te invoco en este momento ya que tu gran espíritu indio conoce las aflicciones de mi materia para que intercedas con nuestro Padre Eterno y me brindes tu santa y divina protección!

¡Oh Gran Espíritu indio! Tú, que eres encargado de brindarme protección, te pido en el nombre de Jesús que con tu hacha de piedra rompas las malas cadenas que mis enemigos me quieran tender, ya sean materiales o espirituales. Que con el veneno de tu flecha, Oh Gran Espíritu indio, destruyas los malos pensamientos que en mi contra mis enemigos tengan.

¡Oh Gran Espíritu indio! Con tus ojos de águila vigila mi sen-

dero. Que no haya brujo, cirio, lámpara ni mal pensamiento que pueda hacerme daño corporal o material.

¡Oh Gran Espíritu indio! Te dedico esta luz en pago de tu protección para luz y progreso de tu santo espíritu.

Terminada la oración se rezan tres Padrenuestros al indio y al gran poder de Dios. También se recomienda darse un baño indio los martes y viernes. El baño indio consiste en hacer una mezcla de plantas y de todos los ingredientes que se relacionan con esta cultura: agua de lluvia, de río, de coco, frutas, flores, raíces. Ellos también toman en cuenta la Luna y la hora para llevar a cabo el baño. Si se hace por la mañana es para animar a la persona, mientras que a las doce del día es para fortalecerla y vencer una enfermedad.

14

EL TAROT SAGRADO
Y SUS SECRETOS

Lo primero que recuerdo en el campo espiritual es que nací con la facultad de poder leer las cartas, ya sean españolas, americanas o las del tarot. Es algo que me viene de otra vida. No sabía hablar ni leer bien, pero ya interpretaba las cartas del tarot. Cuando uno es muy niño y está menos contaminado con el ambiente, está más claro debido a que es más puro e ingenuo, y puede leer con mayor facilidad en el futuro, en el presente o en el pasado de un ser humano.

El verdadero tarot para mí es el simbolismo. Nos habla un lenguaje que llega de la mente colectiva del hombre. A veces me pregunto cómo un grupo de cartas puede predecir o darnos sucesos exactos. He leído y estudiado técnicas y métodos para leer las cartas del tarot, pero yo tengo mi propio método, que a mí me funciona.

En la adivinación del tarot figuran los siguientes métodos: el de la cruz céltica, que es el más usado; el del corte de las nueve cartas; el asociado con el árbol de la vida; el de la cábala; el gran ocultista Papus; el italiano; el llamado de la herradura de caballo; el de Mc-

Gregor Mathers, otro gran mago, ocultista y místico; el del Corte Real o *royal spread,* en el que se ponen las cartas en la forma que llaman de reyes; el de Aliester Crowley, la bestia humana, autor de tantos libros sobre magia blanca y negra, y más famoso mago ocultista de los últimos tiempos que está muy asociado con lo astrológico; y finalmente, está el método donde se ponen las cartas sobre una carta *(chart)* astrológica.

Mi método es mucho más sencillo. Me ajusto a cada persona y me baso en lo que me dictan mi interior y mi conciencia, y a veces no tengo ni que leer las cartas para poder interpretar, consultar o adivinar algo. Sencillamente, tengo plena confianza en mi voz interior, que hasta este momento nunca me ha fallado.

ORIGEN DE LAS CARTAS DEL TAROT

El origen de la cartas del tarot se pierde en los principios del tiempo. En las cartas del tarot se encierra toda la sabiduría universal, todo lo que nos legaran los egipcios y los caldeos, mezclado con supersticiones, leyendas y mitos. Los gitanos dicen que el conocimiento oculto del tarot se origina en los caldeos y en Egipto, y que después fue llevado a Israel y a Grecia. Papus, a quien ya mencioné, famoso ocultista francés que es doctor general *encausse,* decía que los gitanos nos han legado las llaves para explicarnos o comprender el simbolismo de las épocas a través de las cartas del tarot. Es interesante notar que entre los gitanos húngaros, la palabra para designar la voz carta es *tar.* Los hierofantes, o sea, los sacerdotes de los misterios sagrados del Eleusis, tierra santa de los griegos, recopilaron todo este conocimiento y laboraron mucho también con las cartas del tarot. Por eso a una de las cartas se le llama El Hierofante. El Sr. Rafael Casalins, famoso periodista cubano, cuando yo empezaba a laborar públicamente en la televisión, me llamó El Hierofante de América.

Una historia fascinante acerca del tarot se origina en Egipto. Ella nos relata que cuando la gran biblioteca de Alejandría, la mayor del mundo de entonces, fue destruida, la ciudad de Fez, que ahora forma parte de Marruecos, era la capital intelectual del mundo y que muchos hombres sabios e inteligentes viajaban desde lugares muy lejanos para llegar a dicha ciudad. Como en ella se hablaban tantos idiomas, hacía falta crear una lengua común y se inventaron unos cuadros o dibujos, símbolos místicos. La llave para el significado de estos signos se conocía de boca a oído. Solamente iniciados o maestros podían conocer el significado de estos simbolismos o signos que estaban en unas tarjetas, las cuales vendrían a ser ahora las cartas del tarot.

Otra hipótesis atribuye la invención del tarot a Thoth, dios consejero de Osiris, que era el escribiente de los dioses egipcios, el que medía el tiempo, el inventor de los números y el dios de la magia y la sabiduría, al cual a veces se lo representa en figura de hombre con cabeza de ibis. También se ha dicho o estudiado que la interpretación de las veintidós cartas del Arcano Mayor —el tarot se divide en un Arcano Mayor y uno Menor— forman las ceremonias de iniciación de los sacerdotes egipcios. Algo es cierto, y es que en los símbolos del tarot se ve claramente toda la mitología egipcia.

Para mí en el tarot se mezclan el alfabeto hebreo, el simbolismo de colores, la numerología y la astrología, y es un recuento de toda la experiencia humana a través de los siglos. Las cartas del tarot están fundamentadas en lo místico y realmente cuando la persona se unifica, concentra y medita, y está en una actitud receptiva para ver y recibir, dichas cartas pueden dar gran profundidad sicológica. A través de ellas se puede ofrecer mucho consejo sabio a los seres humanos y con gran exactitud el porvenir.

De cada carta, especialmente del Arcano Mayor, se podrían escribir muchos libros ya que en cada una hay tanto simbolismo y misterio que para poder revelar dichos misterios habría que profundizar enormemente. Tengo gran cantidad de libros dedicados a cada carta del tarot, especialmente al Arcano Mayor, que comprende veintidós cartas, desde la número cero que es el principio. Relacionado con esto, les relataré que cuando yo fui a Londres a una iniciación importantísima en alta magia ceremonial, nos preguntaron: "¿Qué es lo más poderoso que hay en este Universo?". Lógicamente la mayoría de la gente respondió: "Dios". ¿Y qué es más poderoso que Dios? Nadie, es la respuesta, y la réplica es, pues conviértete en nadie y serás más poderoso que Dios. Aquí se encierra una gran enseñanza y un profundo saber. Para mí fue muy interesante ver que dicha enseñanza está relacionada con el cero, que significa El Tonto, que tiene distintos nombres según el país e idioma, como *The Fool* en inglés.

Teorías sobre el origen del tarot

Antes de pasar a describir los palos o cartas del tarot quiero dar algunas antiguas teorías sobre su origen, las más populares, que se cree están en los libros de jeroglíficos egipcios, como ya he dicho.

En 1781, Court de Gébelin apuntó la teoría de que las cartas del Arcano Mayor eran libros jeroglíficos egipcios o el llamado *Libro de Thoth*, que se salvaron de las ruinas de los templos incendiados en Egipto hacía miles y miles de años.

Otra teoría es la de *chaturanga*, un juego de ajedrez indio de los cuatro príncipes o reyes, jugado por cuatro jugadores al mismo tiempo, del cual muchos opinan es el origen del actual ajedrez. Esto es aproximadamente entre los siglos V y VI. Hay una similitud muy grande entre el tarot y las piezas del ajedrez. Las figuras que ostentan los mismos nombres son semejantes al rey, el caballo y la torre, y las cartas menores equivalen a los peones del ajedrez. Luego vienen los naipes mamelucos. El juego de cartas pudo haber tenido su origen en Turquía o haber pasado a través de esta de Asia a Europa, pero mucha gente asocia estos juegos con Turquía. En 1939 se descubrió en Estambul una baraja de naipes de juego que data del siglo XV, conocida como los naipes mamelucos. Luego, los gitanos, de quien ya hablamos, pueden haber traído las cartas de juego a Europa a principios del siglo XV, al ser expulsados de la India por Timur-Leng, el conquistador islámico de la mayor parte de Asia Central.

En 1920 un gran conocedor y virtuoso del tarot, Foster Case, adelantó la teoría de que la baraja fue inventada en el año 1200 a. de C. Un grupo de eruditos de muchas naciones que se reunió en Fez, Marruecos, buscando un medio de comunicación ideó un lenguaje de símbolos gráficos para que todo el mundo pudiera comprenderlo. Otros asocian las cartas del tarot con el alfabeto hebreo. No se puede dejar de admitir la evidente similitud entre las veintidós letras de dicho alfabeto y las veintidós cartas que componen el Arcano Mayor. También los veintidós senderos que conducen a los diez *sephiroth* del árbol de la vida en la cábala secreta de los hebreos se relaciona frecuentemente con los veintidós naipes del Arcano Mayor, y *torat*. Algunos estudiosos se han sentido atraídos por la semejanza entre *torat* hebrea y el vocablo tarot, que al leerse a la manera hebrea, de derecha a izquierda, vemos que dice *tarot*.

Yo he dedicado mi vida a trabajar y a estudiar el tarot, y lo que uso diariamente cuando tengo que consultar a una persona, además de la carta natal, o sea, la astrología científica, son las cartas del tarot, que a mí, particularmente, son las que más me hablan.

LOS SÍMBOLOS DE LAS CARTAS DEL TAROT

No importa la clase o marca de cartas que tenga usted ya que, básicamente, todas son iguales, aunque presenten ciertas diferencias en sus figuras o ilustraciones.

El agua siempre representa lo emocional, la imaginación, la mente subconsciente y los signos de Cáncer, Escorpio y Piscis. Las águilas a Escorpio y al *Ankh* o símbolo de la cruz egipcia que también lo es de la inmortalidad y del amor. Los arcángeles son los ángeles del aire, el fuego, el agua y la tierra. San Rafael es del aire; San Miguel, del fuego; San Gabriel, del agua; y San Uriel, de la tierra. El arco iris siempre es protección y felicidad. Las balanzas representan los juicios y el signo de Libra. Los barcos, tesoros materiales. Los caballos, la energía solar y lo masculino. Las cabras o los machos cabríos, la fertilidad. Los cipreses son los árboles símbolo de Venus. Los caminos, simbolizan nuevas sendas y oportunidades. Las coronas, éxitos, dominios y realizaciones. Los cuadrados, lucha, solidez y los problemas de la vida. El diablo, la ignorancia y la estupidez, aunque el diablo no existe se le adjudica a lo que no es de Dios, a las tinieblas y a lo oscuro; es una negación de la presencia de Dios. Aquello que es negativo frente a lo positivo de la vida, lo representan con el diablo. Las espadas siempre significan actividades, movimientos, acción destructiva o constructiva. Las flores blancas son lo espiritual, lo puro; las rojas, deseos y pasiones. Las luces y las lámparas son luz espiritual, emanaciones espirituales, Dios, la vida. La vela, la luz, la llama, son el espíritu. La mariposa es el símbolo de la inmortalidad. Las ondinas son los elementales que viven en el agua. Las salamandras son el fuego, las sílfides en el aire y las ninfas en la tierra. La paloma siempre es símbolo del espíritu. El oro, simboliza la riqueza y los perros representan los amigos y las ayudas. La serpiente es símbolo de sabiduría; las uvas, de la abundancia y la satisfacción. Los cetros son el instrumento del mago, el emblema del poder y los velos son lo oculto. Las gotas de luz, que se las llama *yod*, letra hebrea que simboliza las manos del hombre, significan poder, talento y destreza. Los rayos son ráfagas de inspiración y la rueda es el ciclo constante: nacer, vivir, morir.

CONSEJOS SOBRE CÓMO USAR Y CONSERVAR LAS CARTAS DEL TAROT

Las cartas se deben envolver en un pañuelo o pedazo de tela de seda ya que este tejido aísla mucho las vibraciones negativas. También se debe dormir nueve noches con las cartas debajo de la almohada. Las cartas se deben conservar en una caja bonita y nadie las debe tocar hasta el momento que se van a usar, es decir, cuando se las entregan para el corte final a la persona que se va a consultar. No se deben dejar tiradas ni esparcidas y cuando se acabe la consulta, deben guardarlas inmediatamente.

Hay distintas formas de prepararse para la consulta. Siempre se debe tener junto a quien se consulta agua, una luz, incienso y flores, que representan, respectivamente, los cuatro elementos: agua, fuego, aire y tierra. Como se dice, cada cual tiene su librito, pero lo más importante cuando uno está consultando a alguien es tomarlo seriamente e invocar a Dios o a la fuerza espiritual en la que se tenga plena fe. Se puede invocar a Hermes —Mercurio—, pero primero a Dios o al concepto que se tenga de él; a Ganesha, dios que quita los obstáculos, el dios de la sabiduría y del éxito de la India. Si se está trabajando lo material, invocar a Eleguá, el dios que abre los caminos, mensajero entre el hombre y los dioses. Luego, se debe poner la mente en blanco para limpiarse por dentro y por fuera; lavarse física y espiritualmente de todo tipo de negatividad, de rencor, de odio, y ser como un libro abierto, en blanco, para poder llevar a cabo la comunicación perfecta entre la Divinidad y los seres humanos que tienen problemas o que desean buscar orientación a través de las cartas del tarot.

Cada cual interpreta las cartas según sus propias experiencias. Pero les haré una advertencia muy importante: jamás, jamás, jamás, termine usted la consulta con una nota de tristeza, desaliento o negatividad. Siempre hay que dar una esperanza porque en la vida todo lo negativo pasa, todo es transitorio, y mientras hay fe y esperanza la persona triunfa.

Leer el tarot es una responsabilidad. Nunca acuda a alguien que lea el tarot que no sepa profundamente lo que este significa, que no medite constantemente y que no sea un maestro espiritual porque, si no es así, puede hacerle mucho daño. Cuando la lectura es desalentadora, desesperanzadora, sin nada positivo para el futuro, la persona que la recibe se amarga, se frustra y se destruye. Hay distintos métodos, repito, pero yo uso el mío particular, que nunca me ha fallado. Consiste en ajustarme a cada consultado, porque para mí cada ser humano es un mundo aparte y yo respeto la individualidad de cada quien, y en ese momento pongo toda mi atención y concentración en esa persona. Para mí las cartas del tarot son una religión, y como tal las respeto.

LOS ARCANOS MAYORES

Realmente, las cartas del Arcano Mayor son interpretadas por numerosas personas como el conjunto sintetizado de todos los conocimientos humanos, los mitos, las leyendas, las experiencias y el hermetismo. Todo lo que se ha dicho, escrito y experimentado en lo espiritual, está reflejado en el tarot.

Arcano Mayor No. 0: *El Tonto* o *El Loco*

En esta carta verán a un joven a punto de caer a un precipicio. Para mí simboliza la primavera, el empezar de la vida.

Cuando le sale a una persona, el significado que se le aplica en la adivinación es que dicha persona es un soñador, un místico, alguien que no vive la realidad y desea lograr mucho, pero no está capacitado para ello y, si no se cuida, va a caer en grandes problemas, dificultades y destrucción. Para otros puede significar —yo adapto las cartas a cada ser humano— una persona que quiere liberarse de problemas y lanzarse a lo desconocido, romper con lo establecido, lo caduco y lo convencional, y comenzar una nueva aventura para la cual debe prepararse con meditación y estudio.

Si sale al revés, significa indiscreción, acciones no premeditadas, tontas y también que la persona se encamina rumbo a un gran problema o peligro.

Arcano Mayor No. 1: *El Mago*

En esta carta vemos a un mago que está frente a una mesa donde hay una copa, un talismán o estrella de seis puntas, una espada y un basto, que significan los cuatro elementos (aire, fuego, agua y tierra), los cuales el mago tiene que dominar para tener el poder. El mago está como atrayendo poder del Cielo para materializar sus propios deseos. Alrededor de su cintura se ve el símbolo de la eternidad: una serpiente que devora su propia cola. En sus manos el mago tiene una varita mágica, que es la conciencia o el ego pidiendo poder para él, o sea, ser como un Dios en acción; ya no está pidiendo sino que quiere ser el poder mismo, Dios.

Esta carta también representa la voluntad del hombre en unión a lo Divino. Significa una persona con poderes, con maestría, que tiene facultades organizativas, talento creativo y habilidad para poner en práctica lo que recibe espiritualmente.

Si sale al revés, significa una persona débil que la gente explota y abusa de ella, inepta, o el uso del poder, del conocimiento o de las facultades espirituales para fines destructivos, lo que sería magia negra.

Arcano Mayor No. 2: *La Sacerdotisa* o *La Papisa*

En esta carta vemos la figura de una mujer sacerdotisa sentada entre dos columnas del templo de Salomón, una de color negro y la otra blanco. A la primera se la llama Boaz y representa la fuerza de vida; la segunda se llama Jachin, que es la fuerza de vida positiva.

Acerca de esta carta hay muchas versiones. Algunos la llaman La Papisa, mujer-papa, pues tiene asociación con la Papisa Juana; también con la Hermana Manfreda, elegida por una secta religiosa italiana, los *guglielmitee,* fundada por Guglielma de Bohemia que murió en 1281 y de quien se dice resucitó en 1300 en la fiesta de Pentecostés. La Hermana Manfreda, que trató de acabar con el chauvinismo —patriotería— masculino del Papado de Roma, murió en la hoguera en 1300. Respecto a otra de las leyendas, se supone que la sacerdotisa es la Papisa Juana, mujer-papa de existencia no probada, que habría ocupado el solio pontificio con el nombre de Juan VIII en la mitad del siglo ix, entre los pontificados de León IV y Benedicto

III. Se dice que después de la muerte de León IV un tal Juan Anglus o Juana Anglus, nativa de Metetz, fue elegida al trono de San Pedro, el cual ocupó por dos años, cinco meses y cuatro días; descubierta en una procesión de San Pedro, murió de parto. Todo esto, aunque es muy vago y no se ha probado, se asocia con esta carta, de la cual también se dice en los mitos que representa la hija virgen de la Luna y, por tanto, tiene la figura que vemos en ella, el símbolo de la Luna llena en su cabeza. Es la eterna femenina llamada Isis o Artemis.

Cuando sale esta carta yo la pongo como una médium, una mujer espiritual, espiritista, de gran sensibilidad. Hay que tener en cuenta que esto es según como salga la carta. También dice que hay influencias ocultas trabajando en contra de la persona consultada. Si le sale a un hombre representa la mujer perfecta con que todo varón sueña.

Cuando sale al revés, significa goce de lo sensual en forma abusiva y destructiva, o una persona que está muy envuelta en las cosas periféricas, falsas y superficiales, que no está bien documentada y que debe profundizar más acerca de lo que quiere conseguir o en cómo conseguirlo.

Arcano Mayor No. 3: *La Emperatriz*

Es la Madre Tierra sentada en un jardín floreciente. Detrás de ella tiene un campo de trigo florecido y árboles de cipreses que son sagrados a Venus. Al lado tiene un corazón, símbolo del amor, de Venus; en su pelo lleva una corona de mirto, que también representa a Venus. En su cuello vemos las siete perlas simbólicas del amor y de Venus, la corona de las doce estrellas, cada una de seis puntas, que denomina el dominio sobre el macrocosmo, es decir, del microcosmo sobre el macrocosmo. Se puede decir que ella representa a la diosa del amor, Venus, símbolo de la fecundidad universal.

Significado adivinatorio de esta carta: riqueza material, una mujer con dinero que puede ofrecer mucho, matrimonio, fertilidad. Si la persona que se consulta está recién casada significa que va a tener hijos; o si tiene negocios o cosechas que éstos van a florecer y producir; si se dedica al arte, que va a tener éxito.

Todas las cartas hay que tomarlas en cuenta según junto a qué otra carta salen, para quién salen y según la pregunta que se está haciendo en ese momento. Cuando sale al revés significa pérdidas en asuntos materiales y recursos, inacción, estancamiento, destrucción por guerras, hambre, epidemias, enfermedad, pobreza que afectará a un hogar, problemas sicológicos que conducen a la inestabilidad o la inseguridad a una persona o familia.

Arcano Mayor No. 4: *El Emperador*

Se asocia con el signo de Aries. Es una figura solar de carácter marciano, por eso se asocia con el signo mencionado. Verán que en la silla o trono tiene la cabeza de dos carneros; en la mano derecha lleva el *ankh,* la cruz ansata o de la vida, y la inmortalidad de los egipcios. Esta cruz también es símbolo de Venus. En la mano izquierda tiene el símbolo de la pasividad o la feminidad que es el globo de la dominación, el poder femenino del amor, único poder para regir. Como es la baraja número cuatro también significa lo cuadrado, lo conservador, lo estable. En misticismo diríamos que la carta número uno, El Mago, es el principio activo de la vida; la dos, La Sacerdotisa, el principio pasivo; la tres, La Emperatriz, la palabra hecha carne, y esta, El Emperador, es la fuerza paternal activa que contrasta con la fuerza maternal.

En adivinación significa líder, actividad mental, dominio, poder extraordinario, autoridad, paternidad, los frutos del trabajo o de la lucha, los resultados de la acción. También significa sexualidad o poder sexual. Si sale al revés, representa la falta de control, posibles golpes o accidentes, inmadurez emocional, ataduras negativas a los padres y posible pérdida de una herencia o propiedad.

Arcano Mayor No. 5: *El Hierofante*

Aquí la figura de un Papa o sacerdote está sentada entre dos pilares. Se repite la dualidad vista anteriormente en La Sacerdotisa. Dichos pilares representan el árbol de la vida, de la cábala. Uno representa la misericordia; el otro, la severidad. El de la mano derecha es la ley; el de la izquierda la libertad que se obedece o desobedece. En el centro, la figura espiritual que siempre tiene que escoger. Cruzadas en los pies tiene una llave de oro y otra de plata, que son las corrientes de energía solares y lunares; el Sol, el oro; la Luna, la plata. El pilar izquierdo está adornado con lirios blancos que significan los pensamientos puros, mientras que el derecho, engalanado con rosas, significa que tiene deseos. Lo más interesante es que en la cabeza, en la corona, lleva la letra W, que corresponde a la letra hebrea *vav* o *vaiu,* que significa unión, unión de Dios y el hombre a través de la voz interna; es decir, que el hombre se puede comunicar cuando se armoniza con Dios, y puede recibir información y consejo del Padre Celestial que mora en su interior. Otro de los significados de El Hierofante es el de maestro de los misterios eléusicos, que lleva la sabiduría universal al pueblo. Por eso me fue dado a mí ese nombre. También significa las enseñanzas ortodoxas tradicionales, pero ya digeridas, servidas simplemente para las masas.

Cuando sale significa una persona de alta espiritualidad; rituales, credos, ceremonias; también la importancia de la aprobación social y la necesidad de uno llevarse bien con su familia, con uno mismo y con la sociedad.

Si sale al revés, una persona poco convencional, rara, extraña, difícil. Puede ser una carta que nos habla de un *hippie* o de una persona supersticiosa o negativa. Esta carta se le adjudica al signo de Tauro.

Arcano Mayor No. 6: *Los Amantes*

En ella vemos al Arcángel Rafael, ángel del aire, personificando a una divinidad o deidad que envía bendiciones a dos figuras, hombre y mujer, Adán y Eva, representativamente. Significa amantes, enamorados, amor, armonía entre los aspectos interiores y exteriores en la vida de un ser humano, y la lucha entre lo profano y lo sagrado. Para mí siempre significa algo relacionado con el amor, un evento feliz que viene para la persona que se está consultando o preguntando.

Si sale al revés pronostica discusiones, peleas, infidelidad, peligro de que el matrimonio se rompa, necesidad de que la persona que se consulta acuda a un siquiatra, psicólogo, orientador o místico para que la ayude a estabilizarse emocionalmente; y la posibilidad de tomar una mala decisión. Esta baraja se le adjudica al signo de Géminis.

Arcano Mayor No. 7: *La Carroza*

Significa la victoria, el triunfo. Es un rey triunfante que ha conquistado todos los planos, particularmente los de la mente, la ciencia y el crecimiento espiritual. Lleva una diadema con una estrella de ocho puntas que significa dominio absoluto. La Carroza representa la personalidad humana que es vehículo de la expresión del alma o del espíritu. Los símbolos al frente de la carroza son las alas de la inspiración, y el símbolo hindú de la unión de las dos fuerzas, positiva y negativa. Estas dos esfinges se relacionan a los pilares del árbol de la vida. Una significa el espíritu; la otra, la naturaleza.

Su significado adivinatorio es triunfo, éxito, control de las fuerzas de la naturaleza; triunfo de la salud sobre la enfermedad, triunfo sobre dificultades económicas y problemas de dinero; vencimiento de enemigos, de las pasiones animales en el hombre; también un viaje con mucho éxito y comodidad, poderes físicos o mentales que se van a desarrollar con alguna técnica y todo lo que conduce a la gloria, al éxito y a la victoria.

Cuando esta carta sale siempre asegura grandeza para la persona que se está consultando. Cuando sale al revés significa deseos frustrados, fracaso, enfermedades, inquietud, nerviosismo, deseos de cambiar y una victoria lograda en forma poco ética. La Carroza representa al signo de Cáncer.

Arcano Mayor No. 8: *El Poder* o *La Fuerza*

Una mujer sostiene valerosamente las fauces de una criatura semejante a un león que trata de atacarla. En esta baraja, para mí, la mujer demuestra valor espiritual y hay un gran poder que emana de ella porque el león representa las pasiones y la naturaleza baja del hombre.

Su túnica blanca significa pureza; en su cintura se ve una guirnalda de rosas, símbolo de la unión de los deseos. El mensaje de esta carta es que debemos aprender a balancear en nuestra naturaleza los deseos carnales y los espirituales.

Significado adivinatorio: fuerza, valor, fortaleza, energía, determinación, resolución, acción, confianza total, habilidad, fervor, fortaleza física, la materia sobre la mente y, de modo alternativo, la mente sobre la materia, según las circunstancias o la persona que se está consultando; también significa un logro o conquista, heroísmo y divinidad. Si sale al revés representa debilidad, mezquindad, impotencia, enfermedad, tiranía, falta de fe, abuso del poder y sucumbir a las tentaciones e indiferencia.

Arcano Mayor No. 9: *El Ermitaño*

Se ve un anciano barbudo vestido con ropajes antiguos; en su mano derecha levanta una lámpara o farol parcialmente cubierto por su manto, aunque a veces se lo puede observar completamente al descubierto. Camina apoyado en un bastón mientras recorre el sendero de la iniciación y el conocimiento. Es el maestro, el que da consejo, el que busca la luz para darla a otros. La lámpara es la de la verdad, que contiene la estrella de seis puntas o Sello de Salomón.

Significado adivinatorio: consejo, silencio, prudencia, discreción; recibir sabiduría de lo alto o instrucción de algún experto o persona que conoce más que uno; encuentro con el maestro, con el gurú o con aquel ser humano que puede guiarnos a través del mundo espiritual; logro de una lucha de muchos años; llegar a la meta final y al éxito, un viaje muy necesario que hay que realizar para alcanzar el conocimiento o la sabiduría.

Si sale al revés, significa una persona tonta que no escucha consejos, que no es sabia, que es inmadura, que tiene vicios tontos y malgasta su vida totalmente; rechazo de la madurez y tendencia de la persona a ser un eterno Peter Pan; es decir, el niño que nunca creció.

Arcano Mayor No. 10: *La Rueda de la Fortuna*

Es sumamente interesante. La serpiente que se ve descendiendo de la rueda es *Typhon,* una de las formas del dios egipcio del mal. Es la fuerza que desciende bajo la voluntad o mandato de El Mago, la baraja número uno. En el lado derecho tiene el dios egipcio con cabeza de chacal llamado *Hermes-Anubis,* símbolo de la inteligencia siempre en forma ascendente. La rueda tiene tres círculos que vienen siendo las tres tiaras de la corona de El Hierofante; el del interior es la fuerza creativa; el que le sigue es el poder formativo, y el de afuera es el mundo material. Los cuatro animales que se ven en las esquinas son los cuatro animales místicos que representan el nombre de Jehová, *Ihvh,* mencionados en la *Biblia* (Ezequiel 1:10, Revelaciones 4:7) y que corresponden a los cuatro evangelistas y también a los cuatro signos fijos del Zodíaco: el toro que es Tauro con alas; el león de Leo; el águila que es Escorpio cuando ha evolucionado, y el hombre o el ángel que representa a Acuario. La esfinge que está encima de la rueda es el principio del equilibrio, la estabilidad, en medio del movimiento. El mensaje es que no existe nada que sea casualidad, todo es "causalidad", y que la fatalidad tampoco existe; que tenemos el poder innato en nosotros para guiar nuestra vida y nuestros destinos.

Significado adivinatorio: éxito, cambio de la suerte, mejor fortuna para el que se consulta, nuevas condiciones de vida, evolución creativa; la persona se responsabiliza y todo cambia a su favor.

Cuando sale al revés, significa fracaso de una empresa, plan o proyecto, obstáculos, presencia de nuevas condiciones que requieren valor o estudio. El mensaje absoluto es que siempre se recoge lo que se siembra.

Arcano Mayor No. 11: *La Justicia*

La figura que aparece aquí vuelve a estar sentada entre dos columnas, la positiva y la negativa, que ya hemos visto en La Sacerdotisa y El Hierofante. Su espada se levanta en defensa de la justicia. La llave o la baraja es representativa de la gran madre universal cuyo amor, cuidado y justicia perfecta traen el equilibrio al ser humano y al mundo.

Significado adivinatorio: problemas con la justicia; la persona se verá envuelta en asuntos de leyes, autoridad, policía, pero saldrá bien; asuntos de cortes serán ganados; el balance se recupera. Hay que salir de ideas caducas, equivocadas y formas de educación poco útiles. También significa, como hemos dicho, litigios y problemas con la ley.

Si sale al revés, injusticia, complicaciones legales, búsqueda de orientación con abogados porque se acercan conflictos; evitar ser demasiado severo y desarrollar un poco más de compasión en la vida.

Arcano Mayor No. 12: *El Ahorcado* o *El Colgado*

Aquí vemos a un joven suspendido por un pie de un árbol. Representa la Cruz en forma de T. Tiene los brazos doblados hacia atrás y sus piernas también forman una cruz. El hombre iniciado ahora se hace responsable y coopera con la Divinidad. Esta baraja se asocia con los doce signos del Zodíaco y con los doce trabajos de Hércules, los doce escalones de iniciación hasta llegar a la maestría.

Significado adivinatorio: sabiduría y poder profético en asuntos adivinatorios. Se recomienda una pausa en la vida, suspender todas las decisiones y tomar un descanso o vacación. También, vencer el ego, despojarse de egoísmos, posesiones y dominios.

Si sale al revés, significa arrogancia, preocupación con el ego, resistencia a influencias espirituales, persona muy envuelta en el mundo material, esfuerzos malgastados en algo que no sirve, que más bien destruye al ser humano, y profecías o consejos falsos.

Arcano Mayor No. 13: *La Muerte*

Se lo asocia con el signo de Escorpio. Un esqueleto en un caballo blanco va pasando por encima de un rey destruido. La figura que hay en el suelo parece ser la de un obispo que tiene una mitra en forma de pez, que denota la Era de Piscis en la cual los obispos llevaban una mitra con esta forma de pez, este es el símbolo de la Era de Acuario. La Muerte lleva una bandera en que se ve una rosa de cinco pétalos, símbolo de Marte y del poder o la fuerza de la vida. El río en el cual el caballo se ha metido indica la circulación constante de la fuerza de la vida misma. El agua, según fluye a través de los ríos, llega al mar y mediante el calor del Sol se condensa en forma de nubes, se evapora, y vuelve a caer sobre la Tierra, y así continúa esa eterna y constante repetición de la vida. El Sol, en todo tipo de religión del Oriente, indica inmortalidad. Siempre debemos recordar que la muerte es la otra cara de la moneda de la vida, la hermana gemela de la vida. Quien aprende a morir, también sabe vivir.

Significado adivinatorio: transformación, cambio —lo cual no quiere decir que alguien va a morir—, destrucción para empezar cosas nuevas, cambios necesarios para que las cosas mejoren, nacimiento de nuevas ideas y oportunidades.

Cuando sale al revés, significa desastre, muerte de una figura política o destacada en el país en que se vive, revolución, anarquía, estancamiento temporal y tendencia a que la persona quede paralizada, como un muerto en vida.

Arcano Mayor No. 14: *La Templanza*

Representa al Arcángel Miguel, que se relaciona con el fuego y el Sol, echando esencia de la vida de una copa de plata a una de oro. La de plata significa la subconciencia; la de oro, la conciencia; es decir, de lo invisible a lo visible, de lo espiritual a lo material. En el pecho tiene un cuadrado que significa la realidad del mundo material, físico, lo cuadrado, terrenal y duro. Adentro vemos el triángulo del espíritu que apunta hacia arriba. Noten ustedes que el cuatro, que significa lo cuadrado, más el tres del triángulo, suman siete, que indica los aspectos de la vida divina, los siete *chakras* o los centros nervofluídicos que se despiertan a través de la meditación y del yoga. Un pie de la figura está en tierra y otro en agua. Por tanto, el arcángel está tanto en el mundo subconsciente como en el consciente.

En sentido adivinatorio significa adaptación, flexibilidad, coordinación, autocontrol, modificación; la persona se sujeta ahora a adaptaciones, a cambios necesarios; trabajo en armonía con otros; buena administración; lo que se ha esperado, soñado y anhelado llegará; una combinación satisfactoria para todos se ha logrado.

Si sale al revés, significa competencia, adaptaciones poco favorables, guerra, pelea, corrupción, separación, posibilidad de un accidente de automóvil, avión o barco; un desastre se acerca.

Esta carta está asociada con el signo de Sagitario.

Arcano Mayor No. 15: *El Diablo*

Verán que esta carta es totalmente opuesta al arcángel de la baraja número catorce. Sus cuernos y su cara son las de un cabro, con alas de murciélago y orejas de mono; estas últimas significan obstinación, testarudez y materialismo. En la mano izquierda lleva la antorcha de la destrucción; el pentagrama invertido denota intentos malévolos. La estrella de cinco puntas significa la magia, el hombre integral, el pentáculo. El rabo del hombre representa el mal uso o poco conocimiento de los signos del Zodíaco; el de la mujer, un ramo de uvas, el mal uso que se puede hacer de las viñas del Señor o del vino de la vida. En verdad, no existe más diablo que el que cada ser humano crea para sí mismo. El diablo fue una creación del cristianismo: había que adjudicar lo malo que pasaba a algo o a alguien, y se creó el diablo.

El hombre mismo es quien se encadena con sus malas decisiones a los deseos y a las cosas negativas. Observen que las cadenas que rodean los cuellos del hombre y la mujer, que también tienen cuernos, son suficientemente anchas para que ellos por propia voluntad se liberen de ellas, pero siguen atados porque continúan esclavizados a sus pasiones y a sus deseos malévolos.

Esta carta siempre nos habla de magia negra, depresiones, enfermedades, destrucción, mal uso del poder, la fuerza y el amor, de ataduras al mundo material y de una persona que no tiene comprensión de nada, que vive totalmente en la más baja escala de la evolución humana.

Cuando sale al revés significa el principio de comprensión espiritual, rompimientos de cadenas y ataduras, vencimiento del orgullo y del ego; también significa timidez, fracaso o temor a tomar decisiones.

Arcano Mayor No. 16: *La Torre*

Es la torre de la ambición edificada con promesas falsas. El relámpago que se ve es el fuego divino destruyendo todo lo que sea negativo y purificando y refinando aquello que es bueno. Esta carta se asocia con el reinado de Satanás y su caída. Todas las cartas del Tarot tienen su simbolismo y todas están asociadas con la Biblia.

El significado adivinatorio de esta carta es cambio, mudanza, conflicto, catástrofe, transformación en las formas de vida, algo negativo que se convierte en sabiduría y conocimiento, en una lección buena para continuar viviendo; ambiciones egoístas que llegan al final; también bancarrota o pérdida total del dinero y las propiedades; y robo.

Al revés representa la ganancia, una persona que rompe ataduras negativas y vuelve a recuperar su libertad; falsas acusaciones; cárcel, aún siendo inocente; opresión, tristeza y todo aquello que ata. Pero lo que significa especialmente es mudanza, que se va a cambiar de lugar, o que habrá un cambio importante en la vida del ser humano.

Arcano Mayor No. 17: *La Estrella*

Esta carta se asocia con el signo de Acuario. En ella una damisela, una joven muy bonita arrodillada, con una rodilla en tierra y un pie en el agua, es la figura central. Ella puede representar La Emperatríz, la Madre Naturaleza, echando aguas de vida en la tierra material. Es la carta de la meditación y nos dice que esta modifica y transforma la expresión personal de la energía cósmica, que a través de la meditación podemos transmutar, transformar nuestras vidas, conocernos y ser mejores seres humanos, escuchar la voz de Dios que solamente llegará a nosotros si oímos la voz de nuestro interior y nos unificamos con el Padre Celestial; también que la meditación desarrolla poderes específicos para controlar las fuerzas animales que residen en el co-razón humano.

Su significado adivinatorio es inspiración, esperanza, ayuda de Dios, buena salud, regalos del espíritu, acercamiento de un gran amor que ha de ser felicidad al recibirlo como para envolverse en él y que a la vez ayuda a la persona portadora de ese amor. Es una baraja hermosísima que significa meditación y sabiduría. Cuando sale al revés, significa pesimismo, duda, testarudez, falta de conocimiento y posible acercamiento de una enfermedad física o mental.

Arcano Mayor No. 18: *La Luna*

Asociado con el signo de Piscis, aquí vemos un lobo, que es la naturaleza del hombre sin domesticar; un perro, que es el resultado de la adaptación del hombre a la vida; dos torres en la parte de atrás que el hombre ha creado para apartarse al ambiente hostil que lo rodea, y la Luna guiando al hombre a través de un camino; también un cangrejo saliendo de las aguas (que siempre significan el mundo subconsciente), que simboliza el desarrollo de la conciencia en el hombre. Es la carta de los sueños, las ilusiones, las fantasías y la intuición; es la madre Luna observando el nacimiento del espíritu de la manifestación material.

El uno y el ocho, los números de esta carta, suman nueve. Ella es la segunda carta que lleva este número, lo cual indica la segunda iniciación del hombre en su proceso hacia la cumbre espiritual. El Ermitaño es el primer nueve; El Tonto que conocimos en la número cero sigue su camino, cayendo y aprendiendo, hacia la cumbre, hacia su desarrollo total o hacia su unificación con Dios.

Esta carta significa intuición, imaginación, decepción, fantasía, engaño, desarrollo de facultades psíquicas, espiritismo, peligros no vistos, enemigos ocultos, mala suerte para la persona que ama a quien se está consultando.

Al revés, significa cuidarse de no dejarse envolver en fantasías, en-gaños, traiciones; tormentas que se acercan en todos los aspectos de nuestra vida; paz ganada a costa de mucho esfuerzo, y no aventurarse ni arriesgarse en nada.

Arcano Mayor No. 19: *El Sol*

Se ve un niño desnudo montado en un caballo blanco, llevando una bandera roja en las manos. El caballo significa energía solar; la bandera, en la mano izquierda, indica el control que ahora pasa de la mano derecha o parte consciente al subconsciente que es la izquierda. Hay cuatro girasoles que representan los cuatro elementos: aire, tierra, fuego y agua. El niño es como El Tonto que ahora se ha hecho niño para comprender la Divinidad, porque según dice la Biblia, solo aquellos que son niños pueden entrar en el Reino de Dios y pueden hablar con Dios. Igual que El Tonto, usa una corona y una pluma roja. Su desnudez indica que nada tiene que ocultar al mundo. Por tanto, El Tonto de la primera carta ha ganado victoria espiritual sobre los aspectos bajos de la naturaleza humana, es un triunfo más, demostrado en la baraja número siete, La Carroza, y ya está en la conquista de su propia voluntad. Si sumamos los dos dígitos que componen el número de esta carta obtenemos el número diez. El uno es el principio, es el Sol.

Significado adivinatorio: felicidad material, éxito, logros, buen matrimonio, reunión feliz con alguien que significa mucho para la persona que se consulta; logros en el arte, la ciencia, los estudios y la agricultura; complementación de estudios, liberación, placer, diversiones, hijos que vienen.

Al revés, significa planes futuros que todavía están en duda, todo está muy oscuro, problemas en el matrimonio, un compromiso roto, posible pérdida del trabajo o de un hogar.

Arcano Mayor No. 20: *El Juicio*

En ella vemos al Arcángel Gabriel que surge del cielo tocando su trompeta, en la cual hay una bandera. El sonido de la trompeta es la palabra o el verbo creador que libera al hombre de sus limitaciones terrestres. La cruz es el símbolo solar del equilibrio de las fuerzas positivas y negativas, femenino y masculino. El llamado es que llegó la hora, es decir, que cuantos estén encerrados en las tumbas de la creencia humana de que somos materia, o sea nada más que carne, van a oír la voz Divina, la voz de Dios, el llamado del Maestro, y van a resucitar a una nueva vida. Es el nuevo despertar de la naturaleza bajo la influencia del espíritu. El hombre ya ha pasado por pruebas, ha visto lo limitado de la vida humana, el dolor, el sufrimiento, lo transitorio de todo y se inicia en el sendero espiritual. Por eso, al que llega al mundo espiritual, quienquiera que sea, siempre se lo llama "el nacido dos veces": nacido a lo mundano y a lo espiritual. En muchas religiones se acostumbra bautizar a una persona más de una vez. Cuando cualquier maestro espiritual, del zen budista, el hinduismo, el tantrismo o el tibetanismo, inicia a uno, inmediatamente le da un nombre porque uno ha nacido de nuevo. Cuando uno se acoge a las *sannyas,* es decir, al grupo de renunciados, en seguida le dan un nuevo nombre.

Referente a esta clave se dice: "El poder pertenece a quien sabe y, por tanto, el que sabe es responsable".

Significado adivinatorio de esta carta: una vida bien lograda, de estudio, bien vivida, aprovechada; un trabajo bien hecho, un despertar a una nueva conciencia, una renovación total. Si la persona que se consulta está preguntando por juicios o asuntos legales, significa éxito. Esta carta siempre vaticina cambios en la conciencia personal, y que ahora está a punto de entrar en un grado mayor, más universal.

Si sale invertida significa debilidad, problemas, desengaños, desilusiones; continúan los golpes y las lecciones en la vida para que se aprenda; pánico a la muerte, fracaso total en la búsqueda de la felicidad. Habla de divorcios, separaciones, rompimientos y también de robo o pérdida de bienes materiales.

Arcano Mayor No. 21: *El Mundo*

Aquí se ve a una dama, a una figura femenina, bailando, vestida con una banda o cendal, rodeada por una guirnalda ovalada que significa el misterio de la Creación. Los animales y el hombre que ocupan las cuatro esquinas de la clave vienen siendo los representantes de la cruz de la Era de Acuario, de los cuatro evangelistas, de los cuatro signos fijos del Zodíaco. El hombre es Acuario; el águila Escorpio, porque cuando Escorpio asciende, evoluciona, se representa con un águila, y si sigue evolucionando se personifica con una paloma blanca; el toro es Tauro y el león es Leo. Cada uno tiene su representación en los cuatro evangelistas. Las piernas de la bailarina forman una cruz que significa que la persona todavía está atada a las cosas terrenales. Los dos cetros que lleva la bailarina representan los poderes de la involución y la evolución que ahora posee. Se ha dicho que esta figura no es femenina y sí hermafrodita, con un velo que oculta la verdad. Otros creen que es el estado ideal del cual procedió la humanidad y al que ha de volver.

El significado adivinatorio de esta carta: recompensas, éxitos, lecciones bien aprendidas, triunfos en todas las empresas; también viajes, cambios importantes de casa u oficina; el estado de conciencia cósmica donde la persona ve el mundo desde un ángulo panorámico y sale de lo limitado, del "yo", para convertirse en el "todo". Es el camino de la liberación total.

Si sale invertida significa estancamiento en algo que se espera, miedo a cambiar, a viajar; apego a personas, a ideas, a fanatismos, al lugar de trabajo o residencia; falta de visión, mentes estrechas sumamente fanatizadas donde se impone y se le pide al que se consulta que cambie, que se adapte al mundo que lo rodea, que se flexibilice, que acepte todas las lecciones que se presenten porque solamente a través de ellas evolucionamos, crecemos y llegamos a *ser*, en el sentido completo de la palabra.

LOS ARCANOS MENORES

Hay quienes creen que los Arcanos Menores tienen un origen aún más antiguo que los Mayores. Se ha adjudicado a los Bastos el fuego; a las Copas el agua; a las Espadas el aire, y a los Pentáculos la tierra. Las Copas siempre son de agua y las Espadas de aire, más algunos cambian los Bastos a la tierra y los Pentáculos al fuego.

En general, todos los Bastos indican iniciativa, energía, desarrollo, fuerza, impulsividad, y todo lo asociado con los signos de Aries, Leo y Sagitario. Las Copas siempre indican felicidad, amor, espiritualidad, fertilidad, belleza, emoción, buena vida, y están relacionadas con los signos de Cáncer, Escorpio y Piscis. Las Espadas siempre son lucha, audacia, valor, agresión, batalla, y se las asocia con los signos de Géminis, Libra y Acuario. Los Pentáculos indican dinero, fortuna, asuntos materiales, los cinco sentidos del hombre, los cinco elementos de la naturaleza, las cinco extremidades del cuerpo humano: las manos, las piernas, los brazos y la cabeza; también significan comercio. Están asociadas con los signos de Tauro, Virgo y Capricornio.

Ahora exploremos a los Arcanos Menores en más detalle.

Los Bastos

As de Bastos: Se ve una nube de la cual sale una mano que ofrece un basto florecido. Los Ases siempre significan principio y los Bastos, animación e iniciativa. Su significado adivinatorio indica un comienzo de un trabajo o empresa, el principio de una familia o de algo, una aventura amorosa o de otro género, un viaje o cualquier cosa que sea un inicio, con éxito. Invertida es lo contrario. Se cancela, se estanca, desaparece la empresa, se aplaza el viaje, se olvida lo que se planificó; es un comienzo falso. Hay que empezar nuevamente. Algo ya conseguido se perturba o afecta con obstáculos.

Dos de Bastos: Se ve un señor que mira hacia el mar; en las manos sostiene un globo y un báculo, el cual está encima de una columna. Dibujadas, se ven unas rosas, que siempre significan deseos, mezclados con lirios, que son los pensamientos puros. Su significado adivinatorio es pensamiento o meditación sobre una empresa que se emprenderá, audacia, conocimientos y experiencia que ya se tiene para lanzarse a una empresa, control, influencia sobre otras personas, bondad, buen corazón, compasión, generosidad y que la persona está muy bien plantada, muy segura de algo que anhela. Si sale invertida representa la obstinación, el sufrimiento, los temores, la inseguridad, la inestabilidad y que las cosas buenas que empezaron ahora están en contra de quien las estaba buscando o planificando.

Tres de Bastos: Aquí se ve un señor que mira al mar mientras sus barcos llegan al puerto. Se supone que dicho señor es un gran comerciante. Su significado adivinatorio es la realización de un sueño o esperanza, la riqueza o el dinero por llegar con toda seguridad, el poder, la nobleza, la advertencia de que con orgullo, arrogancia y testarudez nada se consigue. Indica que la persona se va a asociar con otras personas de valor y que alguien de dinero, con negocios muy florecientes, le presta ayuda al consultado. Si sale invertida, cuidado con lo que te ofrecen. La riqueza no está segura, se puede escapar de las manos. Cuidado con traiciones, mentiras, ilusiones y engaños.

Cuatro de Bastos: Se ven dos muchachas sumamente alegres que levantan ramos de flores. Hay cuatro bastos florecidos, con una guirnalda, como señalando que se celebra una fiesta. En el fondo, un castillo. Su significado adivinatorio es el final de una empresa; que la persona tome un descanso porque ha luchado mucho. También representa la felicidad, alegría, invitación a una fiesta importante, una gran celebración, un matrimonio en perspectiva, una unión maravillosa y provechosa. Si sale invertida representa todo lo dicho anteriormente, pero no lo habrá en la plenitud que debiera. Puede ser que haya paz, pero no como se esperaba, o que haya prosperidad, pero no tanta; éxito con dificultades y obstáculos.

Cinco de Bastos: Vemos cinco jóvenes peleando con bastos o estacas. Su significado adivinatorio es guerra, pelea, lucha violenta, competencia desleal, obstáculos, procesos legales, pleitos y discusiones. Es la batalla de la vida. Invertida representa una nueva oportunidad para empezar un negocio, para reconciliarse con una persona con quien se estaba peleado, un gran triunfo logrado a base de perseverancia, paciencia y fuerza; se superan los obstáculos.

Seis de Bastos: Aparece un elegante señor, misterioso, montado a caballo con una corona de laureles en su cabeza y otra en el basto. Su significado adivinatorio es comunicación placentera; noticias agradables; un gran triunfo después de una gran lucha; un éxito merecido; progreso en algo relacionado con la ciencia, el arte o la escuela; amigos que prestan ayuda te darán la mano. Si sale invertida: cuidado con un enemigo que tiene mucho éxito o con una persona que se finge amiga; una recompensa vendrá, pero no momentáneamente; alguien que triunfa y después se aleja de uno, es decir, una traición en ese aspecto.

Siete de Bastos: Se ve un joven luchando solo contra seis enemigos que lo atacan. Su significado adivinatorio es el éxito contra la oposición; la persona se encuentra sola y así debe seguir luchando porque su mérito será mayor; la competencia en el negocio o comercio, pero la persona tiene la ganancia; un éxito seguro. Invertida representa amenazas, peligros, ignorancia, pretensiones falsas, mucha ilusión y nada real. Una advertencia especial: la indecisión todo lo puede arruinar.

Ocho de Bastos: Se ven ocho bastos apuntando a la tierra; es decir, como si se les hubiera acabado la energía y fueran a descansar. Su significado adivinatorio es mensajes, amor —para mí estos ocho de bastos son como ocho flechas de Cupido, flechas de amor—, se aproxima el fin de una lucha, la llegada a una meta, un viaje exitoso por aire, una nueva esperanza se logrará, no ir tan aprisa porque mientras más lento, más pronto se llega. Invertida significa retrasos, estancamientos, celos, peleas en el hogar y discusiones. Todos los asuntos del corazón estarán bajo aspectos muy tensos, difíciles y contradictorios.

Nueve de Bastos: Se ve un hombre con una venda en la cabeza; indica que ya ha peleado y está dispuesto a luchar de nuevo. Está en guardia. Su significado adivinatorio es que la persona debe tomar un descanso, una pausa, y prepararse bien ahora, recargarse de fuerzas para seguir luchando. Es una victoria, pero hay que continuar esforzándose; fuerza, poder y salud. Invertida significa cuidar mucho la salud, acudir al médico, adversidades, contratiempos, disgustos y obstáculos que superar.

Diez de Bastos: Aquí un joven carga diez bastos, el peso de los cuales es superior a lo que es capaz de soportar el hombre. Su significado adivinatorio es una persona egoísta, cerrada, que se echa encima la carga del mundo entero y quiere jugar el papel de Dios. También representa el corazón humano sometido a pruebas de dolor, un problema que pronto se resolverá, la persona no quiere ver el camino, sino solamente estar encerrada en sus problemas. Invertida significa intrigas. Si hay asuntos en las cortes, mucho cuidado con pérdidas, cambiar de abogado, estudiar mejor la situación, dar tiempo para que las cosas se puedan estudiar mejor. También puede significar emigración, separación y ruptura.

Sota de Bastos: Hay quienes llaman a esta carta El Paje o La Princesa; otros dicen que es un joven o una joven. Nadie se ha puesto de acuerdo al respecto. Las tres pirámides que se ven al fondo significan el aspecto maternal de la tierra y se relacionan con el fuego. Casi siempre se escoge la Sota, tanto como el Caballo, la Reina y el Rey, para representar a la persona que se está consultando, según la edad o el tipo. Si la persona es de Aries, Leo o Sagitario, y es joven, se puede usar la Sota de Bastos. Su significado adivinatorio es belleza, elegancia, valor, un mensajero o el correo. Invertida representa una persona dominante, inestable, jactanciosa, sumamente cruel y siempre anuncio de malas noticias.

Caballo de Bastos: Aquí se ve una joven con una armadura de hierro, ornamentada toda ella con unas salamandras que pueden caminar sobre el fuego sin quemarse, y recuerden que los Bastos significan el fuego. Esta carta se puede usar para representar a alguien de Leo, Aries o Sagitario, joven, especialmente a una persona rubia de ojos azules, o a una persona de pelo castaño claro. Su significado adivinatorio es alguien que viene a la vida de uno lleno de energía y belleza que puede ser un amigo, un nuevo enamorado, un amante, pero hay que tener cuidado porque puede ser una persona cruel, peleona y brutal. Esta carta también significa que la persona que se está consultando va a cambiar, a emigrar, tendrá una partida rápida. Invertida significa que debe cuidarse de que la pareja que está con uno no lo esté engañando, que finja dulzura y suavidad cuando realmente no se conoce su carácter. También puede indicar frustración, desengaño y trabajos obstaculizados.

Reina de Bastos: Se ve una reina coronada, sentada en un trono; en la mano derecha un báculo; en la izquierda, un girasol que representa la naturaleza y el control que ella tiene que ejercer. En primer plano, al frente, vemos un gato negro que siempre representa el aspecto siniestro y destructivo de Venus; es el otro lado de la moneda. Hay una Venus negativa y otra positiva. Esta carta se usa para representar una señora rubia o de pelo claro. Su significado adivinatorio es una persona que tiene facultades y poder para el mal, que le gusta controlar, dominar; una madre sumamente castrante y manipuladora. Si sale junto a una carta muy positiva, es una mujer que ama la naturaleza y su hogar, que es práctica e inteligente con el dinero, que sabe llevar bien su hogar, pero por lo general se le adjudica a una persona que labora la magia. Invertida significa un temperamento dominante, vengativo, cruel, que no cree en nada ni en nadie. Si a la persona que se está consultando le sale esta carta junto a un hombre, indica que hay infidelidad en el ambiente.

Rey de Bastos: Se ve un rey con un gran ropaje. Detrás de la silla aparecen leones y salamandras. Al lado del rey, en el suelo, se ve una pequeña salamandra. Todos estos símbolos significan, para mí, el fuego. El báculo que tiene en las manos para mí significa el cetro, es decir, este báculo es la vara poderosa del mago que puede conjugar todos los elementos para ganar fuerzas espirituales o ganar el mundo material. Se usa para representar a un señor rubio, de cabellos blancos. Su significado adivinatorio es un hombre casado que tiene buena familia; un hombre precipitado, impulsivo, de buen corazón, generoso, noble, honrado, amistoso y pasional. Invertida representa un hombre lleno de prejuicios, muy poco tolerante, de mal carácter, peleón, que discute por tonterías; en el hogar pasa tres días en paz y cuatro en una guerra declarada.

Las Copas

As de Copas: Volvemos a ver la mano, sin el cuerpo, saliendo de una nube; en la parte de abajo un lago y la paloma de la paz que lleva en la boca una historia marcada con una cruz. Su significado adivinatorio siempre que esta carta sale es que hay un nuevo amor en la vida del consultado, alegría, felicidad, la persona reboza de satisfacción, belleza, placer y todas las cosas buenas del mundo. Invertida significa falsedad en el amor, inestabilidad, duda, sospecha, celos. Lo que signifique amor está muy mal aspectado.

Dos de Copas: Se ven un joven y una joven; cada uno tiene una copa en la mano; dos serpientes se enroscan en un báculo; éste es el emblema fálico del fuego creador de la vida. Más atrás se ve un león con alas, que son los deseos carnales. Su significado adivinatorio es armonía entre un hombre y una mujer, comunicación, comprensión, comienzo de un amor o de una linda amistad, armonía de ideas e ideales, la combinación perfecta para ser feliz. Invertida significa problemas, pasiones violentas y destructivas, amenazas, incomprensión, disipación y falsedad en el amor.

Tres de Copas: Vemos tres jóvenes que levantan tres copas celebrando el éxito o la terminación de un asunto. Su significado adivinatorio es victoria, buena fortuna, suerte y placeres. Según dónde salga esta carta y junto a qué otras cartas salga, también puede indicar una persona muy dada a emborracharse o que se puede perjudicar, o una persona que da mucha importancia a la vida social y a los placeres mundanos. Invertida es la entrega total a la comida, al placer y a la debilidad. Esos placeres próximamente se van a cambiar en dolor, y el éxito se verá destruido, perdido por completo.

Cuatro de Copas: Se ve un joven sentado bajo un árbol meditando; al frente tiene tres copas y una mano le está ofreciendo otra copa. Es la mano de Dios, una mano del mundo invisible dándole ayuda al consultado. Su significado adivinatorio es que la persona debe tomarse un descanso; no es el momento para actuar sino para revalorar lo que se ha obtenido en la vida y esperar siempre que una fuerza invisible traiga lo que se ha deseado o pedido. Existe cierto descontento por el éxito material que se ha alcanzado. Invertida representa a la persona despierta de un estado de meditación y recogimiento; nuevas ambiciones, planes e ideas.

Cinco de Copas: Aparece una figura envuelta en una copa negra observando tres copas que están en el suelo con el líquido derramado y dos copas más que se podrían aprovechar, pero la figura está de espaldas a ellas y no las ve. Esta es una de las cartas más negativas del tarot. Su significado adivinatorio es tristeza, lágrimas, desengaños, desilusiones, tragedia, matrimonio destruido, un amigo que se va y nos deja llorando o un arrepentimiento. Invertida representa nuevas amistades, uniones, alianzas, el retorno de la felicidad, alguien que está alejado regresa. Indica todo lo que sea felicidad y optimismo.

Seis de Copas: Se ven dos niños; el niño le ofrece un cáliz de flores a la niña. Es la carta de la alegría. Su significado adivinatorio es felicidad, alegría, recuerdos de la infancia, niños que van a nacer relacionados con el consultado, recuerdos felices de la niñez, amistades nuevas, un regalo o algo que va a proporcionar mucha alegría y nuevas oportunidades para triunfar. Invertida significa una persona que vive encerrada en el pasado, que ni goza del presente ni planifica para el futuro. También es posibilidad de una herencia o algo que llega del pasado, de los abuelos o los padres, un regalo que viene de lo ya enterrado y olvidado.

Siete de Copas: Se ve un hombre totalmente vestido de negro que contempla siete copas que están como entre nubes. En una de las copas se ve un castillo, en otra joyas y prendas, en otra una corona de laurel y en la cuarta un dragón, el cual tiene que ver con la tentación. Arriba aparece una copa que tiene la serpiente de los celos, otra está cubierta y es el ángel, un ángel de mucha luz, blanco, muy positivo; en otra aparece la cara de un ser humano. Su significado adivinatorio es una persona que está en espera de grandes cosas, que ha estudiado y se ha preparado y ahora está esperando recoger lo que ha sembrado. Puede significar una persona que vive haciendo castillos en el aire, una imaginación sumamente desbordada, un éxito que todavía está por alcanzarse, una decepción porque la persona no tiene los pies en la tierra, sino que vive de sueños y fantasías. Invertida significa que es preciso seguir insistiendo un poco más, tocar a otras puertas porque viene un éxito muy grande; nuevas decisiones y determinaciones. Ahora la persona es más inteligente y precavida, más madura, y esto a base de lecciones.

Ocho de Copas: Aparece un hombre apoyado en un báculo que se aleja de las copas. Hay ocho copas colocadas simétricamente. Arriba se ven el Sol y la Luna: la unión de lo positivo y lo negativo, del yin y el *yang.* Su significado adivinatorio es alguien que se va de nuestra vida; una persona que deja algo después de que lo conquistó y lo cual le costó mucho; una persona que va en busca de algo, viajando, cuando toda su felicidad está en el lugar donde vive; un éxito o logro abandonado; desengaños amorosos. Invertida es celebración, banquetes, invitaciones importantes, abandono de lo espiritual por lo material, retroceso. Hay que estudiar bien a la persona que se consulta porque el significado depende de la carta que queda al lado de esta y de la misma persona; según esto, se va adjudicando la interpretación.

Nueve de Copas: Vemos un señor feliz, satisfecho; detrás de él están las nueve copas de la abundancia. Su significado adivinatorio es éxito, una persona satisfecha que ha logrado lo deseado. También es el bienestar físico y la recuperación de la salud. Todas las cosas buenas de esta vida están a disposición de quien se consulta. Invertida representa enfermedades, penurias, una persona que está abusando del comer y del beber o de las drogas. El deseo de quien se está consultando no se va a realizar.

Diez de Copas: Esta es una de las cartas más hermosas. Se ve un matrimonio joven con un par de niños ante un arco iris de copas de prosperidad y felicidad. Su significado adivinatorio es satisfacción, felicidad duradera, un matrimonio perfecto, profundas y verdaderas amistades, éxitos duraderos y purificación. Si es un matrimonio, tendrán dos hijos. Invertida significa matrimonio roto, amistades perdidas, traición, libertinaje, prostitución y satisfacciones criminales.

Sota de Copas: Se ve un joven —también puede ser una mujer— vestido muy elegantemente que contempla una copa de la cual sale la cabeza de un pez; al fondo se ve el mar. Su significado adivinatorio es una persona espiritual, meditativa, que busca a Dios y al sendero espiritual. También es aviso del nacimiento de un hijo, nuevos métodos que deben ser aplicados en el negocio, los estudios o el trabajo. Invertida significa que la persona va a descubrir una mentira, un engaño o ciertos obstáculos, noticias tristes y desagradables.

Caballo de Copas: Se ve un señor con armadura que lleva una copa en la mano y casco con alas que es el símbolo de la imaginación y del carácter bisexual de Hermes, también llamado Mercurio. Su significado adivinatorio es un joven elegante que gusta de la música, la poesía, el baile y el arte; un soñador. También puede ser que quien se consulta reciba un mensaje o un regalo, una proposición o una invitación. Invertida es la sensualidad; una persona vaga, perezosa, en quien no se debe fiar; trampas, engaños, artimañas. Deben cuidar de estudiar lo que les proponen porque vendrá mucho fraude y engaño.

Reina de Copas: Aquí vemos una reina sentada en un trono el cual tiene dos ninfas acuáticas. Todo está rodeado por agua. La reina encierra entre sus manos una copa, que significa un misterio que no puede ser visto por cualquiera. Siempre corresponde esta baraja a una mujer de cabellos y ojos bastante oscuros, perteneciente a los signos de Cáncer, Escorpio o Piscis. Su significado adivinatorio es una mujer inteligente, sabia; una esposa y madre buena, abnegada, sacrificada, leal. Si la carta sale sola o ligada a otra de copas, indica placer, felicidad y victoria. Invertida representa inmoralidad y falta de honradez, una persona en la que no se puede confiar y la perversidad.

Rey de Copas: Aparece un rey sentado en su trono, rodeado por el mar. Esto está relacionado con Piscis, Cáncer y Escorpio. En una mano sostiene una copa y en la otra un cetro; su cuello está rodeado por una cadena con un pez, que significa espiritualidad, y también el cristianismo, Jesús y el misticismo. Su significado adivinatorio es una persona inteligente, bondadosa, considerada, responsable, bien preparada, que ha estudiado especialmente el mundo de lo espiritual y está relacionada con la iglesia o algún grupo místico o religioso. Invertida representa a un hombre poderoso que se vale de su poder para causar daño y dominar; astuto, violento, de carácter cruel y dominante. También puede significar que una persona le quiere robar dinero.

Las Espadas

As de Espadas: Es una de las barajas más hermosas e importantes. Se ve una mano que sale de una nube empuñando una espada cuya punta tiene una rama de olivo —el olivo es la piedad—; en la otra tiene como una palmera, que significa severidad y está asociado con la cábala. Encima de la empuñadura tiene seis yods hebreos que nos recuerdan los seis días de la Creación del mundo. Su significado adivinatorio es poder, triunfo, conquista; la capacidad de un ser humano para odiar, amar, construir o destruir; el nacimiento de un niño; el inicio de una empresa de éxito increíble; si es un deportista, ganará un éxito muy grande, una competencia o campeonato. Invertida representa el mismo éxito o victoria, pero con resultados desastrosos: obstáculos, enemigos tramando contra uno para que no se logre lo que se desea o sueña.

Dos de Espadas: Vemos una mujer sentada, con dos espadas cruzadas. Se ve que está vendada, ciega, ante la situación. Detrás están el mar y los arrecifes, y la Luna en su fase cuarto creciente. Su significado adivinatorio es guerra en el hogar; una persona que está viviendo una vida totalmente engañada; indecisiones, dudas, sospechas y celos; una persona que necesita orientación, dirección, que está luchando entre dos fuerzas contrarias. Invertida representa lo contrario de lo dicho anteriormente: libertad, liberación, huída o salida de impostores o engaños. Si es mujer, debe buscar la verdad en su matrimonio, averiguar e investigar. Esta carta también indica compasión para aquellos seres humanos que tienen grandes problemas.

Tres de Espadas: Vemos, en la parte de atrás, un tempestuoso cielo con relámpagos y un corazón atravesado con tres espadas. Su significado adivinatorio es triángulos amorosos, lágrimas, separaciones, divorcio y rupturas. Si la carta sale para un país, anuncia una guerra civil y luchas políticas. Invertida representa confusión, dolor, pero en menor grado.

Cuatro de Espadas: Un señor recostado o tendido sobre una tumba o una iglesia; detrás se ve un vitral. Dicho señor está descansando con las manos en forma de oración, meditando. A esta carta se la ha llamado El Descanso del Eremita. Su significado adivinatorio es reposo en medio de la lucha, un descanso en medio de la guerra, alivio de una preocupación, liberación de sufrimientos y desengaños. Deben esperar tranquilamente el cambio deseado. Esta carta nunca se debe interpretar como anuncio de muerte. Invertida es el éxito en una pequeña empresa, ciertas inquietudes personales, advertencia de que la persona debe conducir su automóvil y su vida con prudencia y calma y, sobre todo, economizar, tanto dinero como tiempo.

Cinco de Espadas: Se ve un hombre en plena guerra y detrás otro que está abatido, el cual se apodera de las espadas de sus adversarios. Su significado adivinatorio es derrota, fracaso, triunfo de los demás, calumnias, mentiras, cobardías, una guerra perdida, una lucha donde no hay nada que ganar. Invertida se encuentran muchas advertencias en esta carta: con la fuerza y el orgullo nada se consigue; al árbol débil, flexible, lo azota la tormenta y no lo derriba; el árbol duro se rompe al primer embate de la tormenta; victorias inútiles conseguidas a base de dolor y pena que no traen felicidad perdurable; tristeza y muchas lágrimas.

Seis de Espadas: Vemos a una mujer y un niño envueltos como en una especie de sábana que son conducidos a través del agua hacia otra costa. Su significado adivinatorio es un viaje importante y necesario; éxito después de una gran tragedia; viajes por agua o por aire a un nuevo hogar o país; y viajes mentales. Todo lo que signifique futuro será mejor para el consultado. Invertida significa que la persona no debe moverse de donde está y no debe tomar aviones. Se perderá un asunto en las cortes que se ha estado tratando; también habrá pérdida de algo valioso. No es momento propicio para lanzarse en busca de nada, sino que lo más propicio es quedarse tranquilo, sentarse y meditar lo que se va a hacer.

Siete de Espadas: Se ve un hombre como escapando o corriendo, llevándose cinco espadas de un campamento. Su significado adivinatorio es el robo; alguien que desea fugarse con algo que le pertenece al consultado; discusiones inútiles; espionaje; una persona que se pasa observando lo que otro hace; y pensamientos negativos en el ambiente. Invertida significa abrirse al consejo de alguien que realmente sabe y puede; estudiar, instruirse y prepararse mejor. Un deseo que está a punto de realizarse, se materializará.

Ocho de Espadas: Se distingue una mujer atada, vendada, que está en un lugar lleno de agua, rodeada por espadas. Es una persona que está en prisión o cautiverio. Su significado adivinatorio es traición, cárcel, persona que ignora lo que está pasando a su alrededor, enfermedades y grandes problemas. Invertida representa a una persona de naturaleza impulsiva, atrevida, pero bondadosa, así como la libertad después de años de esclavitud y sacrificio.

Nueve de Espadas: Aparece una figura levantándose de una cama, que se tapa la cara; tiene nueve espadas sobre su cabeza. La manta que la cubre tiene los signos zodiacales. Su significado adivinatorio es un sueño, una premonición, sufrimientos, cargas, opresiones, dudas, enfermedades, la muerte de un ser querido, aviso en la noche de que algo muy negativo se acerca para el país o para la persona. Invertida significa que el tiempo todo lo cura: saber esperar, ser paciente, recordar que el Sol sale todos los días y que después de la tormenta este sale más brillante que nunca antes. Después de la noche más negra el amanecer es más esplendoroso.

Diez de Espadas: Se ve un hombre cuya espalda está atravesada por diez espadas. Su significado adivinatorio es ruina, traición, derrota, destrucción del hogar, lágrimas, tristezas, problemas y contratiempos. Esta carta jamás augura muerte violenta. Invertida significa que la persona debe dar limosna, ir a muchos altares y encender velas, hacer caridad, desarrollar el sentido de la compasión y la generosidad. También significa derrota de las fuerzas del mal, valor y fuerza para volver a levantarse en la vida y muertos o seres desencarnados, ángeles, santos, que vienen en ayuda del consultado.

Sota de Espadas: Una doncella o doncel tiene en sus manos una espada. En la parte de atrás hay muchas nubes y también se ven aves. Las espadas siempre significan guerreros, luchas personales o desgracias. Su significado adivinatorio es que la ayuda o auxilio esperado llegará; una persona con gran poder de comunicación llega a tu vida; también significa algo relacionado con las comunicaciones: paquetes o cartas por correo. Invertida representa a un impostor, una persona falsa, al engaño. Ahora es el momento propicio para desenmascarar a esa persona, astucia y mala salud. Debe prepararse para lo imprevisto.

Caballo de Espadas: Se ve un guerrero en un caballo; nubes borrascosas en el fondo y dos cipreses, que es el árbol sagrado de Venus, agitados por el viento. Su significado adivinatorio es un joven valiente, impetuoso, atrevido, con un corazón noble y limpio, lleno de valor. Tanto la Sota de Espadas, como el Caballo, la Reina y el Rey, en este caso, pueden representar un nativo de Géminis, Libra o Acuario. Esta carta también significa acercamiento de una desgracia o problema que el consultado podrá resolver. Invertida representa tiranía, dominio, personas que lo que más desean es pelear, que no comprenden nada y pueden llegar a la autodestrucción de su persona, hogar o familia.

Reina de Espadas: Se ve una reina con una espada en la mano. La base del trono y la corona están hechas con mariposas de las llamadas "mariposas del alma." En el trono también se ve un ángel elemental del aire, ya que las Espadas son del aire. Su significado adivinatorio es una mujer inteligente, que sabe hablar, brillante. También puede representar a una viuda, divorciada o a una mujer que no puede tener hijos. Si esta carta sale acompañada de otra llamada negativa, significa luto o viudez. Invertida representa a una persona desconfiada, estrecha de mente, engañosa, maliciosa o a una mujer astuta de intenciones poco nobles.

Rey de Espadas: Se ve un rey; detrás hay una columna ornamentada con mariposas que es el signo del aire. A espaldas del Rey vemos nubes y cipreses; estos últimos son símbolos de Venus. Su significado adivinatorio es un hombre que puede ser abogado o locutor, alguien que usa la palabra para convencer, como juez, un general, un gobernante o un sabio que da valiosos consejos; un hombre de grandes ideas y buenos pensamientos. Invertida representa a un hombre sospechoso en quien no se debe confiar, malicioso, duro, de muchas maquinaciones y sumamente destructivo.

Los Pentáculos

As de Pentáculos: La misma mano de antes sale de una nube sosteniendo un pentáculo dorado o círculo con una estrella de cinco puntas. Los lirios que se ven en el valle son los pensamientos puros. Esta carta representa el gran Todo del Universo visible. Su significado adivinatorio es riqueza, dinero, seguridad, estabilidad, ganancia y mucho oro. Invertida representa avaricia, inicios falsos y condiciones económicas sumamente difíciles por el momento.

Dos de Pentáculos: Se ve un joven que balancea en sus manos dos pentáculos que se unen por una cuerda en forma de ocho, cuyo número significa el infinito o la serpiente que se muerde su propia cola. Su significado adivinatorio es una persona que lucha entre dos situaciones distintas al mismo tiempo, como un hombre o una mujer casado que ama a otro ser; armonía a pesar de los cambios reinantes; mensajes y noticias por escrito. Invertida representa a una persona que es incapaz de manejar su vida, de llevar la dirección correcta de su hogar o trabajo o placeres que están destruyendo al ser humano.

Tres de Pentáculos: Se ve como una monja y un cura que observan a un escultor que está trabajando en una obra de arte para una iglesia. Arriba se ven tres pentáculos; el tres siempre significa complementación o terminación. Su significado adivinatorio es ganancias, bienes materiales o una persona que es sumamente artística. También representa éxitos en la vida social, un gran beneficio o ganancia en una transacción comercial, una persona que está invitada a pertenecer a un grupo, ya sea un club social o espiritual. Esta es la carta de los masones. Invertida representa a una persona ignorante, petulante, jactanciosa, egoísta, que no tiene auténtico talento y la preocupación inútil por ganancias materiales, porque no se van a obtener.

Cuatro de Pentáculos: Vemos a un hombre que se agarra al oro, a lo material. Su significado adivinatorio es una persona que no goza lo que tiene, aunque sea millonaria; también significa regalos, una herencia, una persona sumamente avara, carente de bondad y caridad. Invertida significa sospecha, codicia, envidia, obstáculos, dificultades, ambiciones materiales que jamás se realizan; una persona despilfarradora.

Cinco de Pentáculos: Se ven una pareja y un ventanal iluminado; está nevando. La pareja se nota preocupada, enferma. Su significado adivinatorio es enfermedad, desempleo, el hogar se pierde, soledad, amantes que luchan por verse y no pueden encontrarse. Esta carta significa la noche oscura del alma. Invertida significa que el dinero que hacíamos perdido vuelve a nuestras manos; un nuevo empleo. También representa la caridad: la importancia de dar sin esperar recibir nada a cambio, o realizar nuestro trabajo en nombre u ofrenda de Dios; esperar remuneraciones y recompensas en asuntos auténticamente espirituales.

Seis de Pentáculos: Se ve un hombre, caritativo, rico, con una balanza en sus manos, que está dando dinero o limosna, ayudando y compartiendo con los demás. Su significado adivinatorio es limosna repartida con justicia, regalos, herencias, ganancias en asuntos materiales y la ley del karma en acción. Recibirás exactamente lo que has sembrado. Invertida representa orgullos falsos, celos, envidias, deudas que están perdidas, amenazas a la prosperidad o al éxito reinante y regalos que se hacen para tratar de comprar a uno.

Siete de Pentáculos: Se ve un labrador o trabajador que se apoya en la azada, mirando unos pentáculos que brotan de unas plantas. Su significado adivinatorio es una pausa, la cual hay que tomar necesariamente para evaluar y reevaluar tu vida; dinero o fortuna perdidos, desengaños, ansiedad, nervios, preocupaciones por préstamos; un éxito que se esperaba con gran seguridad no se logra. Invertida representa ansiedad por un préstamo; una ganancia bien escasa después de mucho trabajo; grandes impaciencias, noches perdidas, insomnios.

Ocho de Pentáculos: Vemos un muchacho que está grabando un pentáculo. En un poste levantado junto a él exhibe otros pentáculos. Esta carta nos recuerda al escultor, ahora convertido en artista. Su significado adivinatorio es el comienzo de una nueva empresa o empleo; el talento de la persona está a prueba; destrezas manuales, capacidad para el trabajo, el arte; persona que debe continuar aprendiendo más, aunque ya se graduó, pero ahora debe pulirse, perfeccionarse. Invertida representa peligro de no llegar a lo que se desea; estancamiento en los estudios; abandono de la escuela; vanidad falsa, intrigas; persona que está engañando a alguien, a la familia, que no está estudiando y sí botando el dinero.

Nueve de Pentáculos: Se ve una dama bien vestida con un ave en las manos. Su significado adivinatorio es sabiduría, herencia; una persona que sabe lo que quiere y dónde está parada; profundo amor a la naturaleza, a las plantas y flores, al hogar; una persona bien cimentada. En esta carta siempre hay advertencia de que hay que ser prudente y tranquilo. Invertida significa cuidarse de ladrones; proyectos cancelados; el hogar afectadísimo; amistades perdidas; andar con cuidado en lo que se refiere a relaciones humanas.

Diez de Pentáculos: Aparece un patriarca debajo de un arco con su familia; en la escena hay perros. Su significado adivinatorio es muchas riquezas; herencia personal que tiene gran linaje familiar; vendrá un problema relacionado con un testamento; importancia a documentos, testamentos y propiedades. Invertida es una desgracia familiar, alguien mayor de edad que puede convertirse en una carga o se tendrán problemas con un anciano; una herencia que se pierde, engaños, litigios o peleas por dinero.

Sota de Pentáculos: Tanto la Sota como el Caballo, la Reina y el Rey, representan, en este caso, a alguien de los signos de Tauro, Virgo o Capricornio. En esta carta se ve un príncipe o princesa que contempla un pentáculo que parece flotar entre sus manos. Su significado adivinatorio es un profesor, estudiante, investigador; una persona aplicada, reflexiva, sabia, inteligente, que sabe administrar correcta y cuidadosamente. Invertida representa a una persona de grandes excesos, disipaciones, envuelta en abusos corporales, drogas, alcohol; un placer exagerado por las cosas materiales de la vida; despilfarros y lujos excesivos e inútiles.

Caballo de Pentáculos: Se ve un jinete cabalgando que lleva una ramita verde en el casco y en la cabeza de la cabalgadura; es un materialista. Su significado adivinatorio es una persona justa que acepta sus responsabilidades, seria, trabajadora, tranquila. Esta carta siempre indica a alguien en quien se puede confiar plenamente. Invertida representa algo que no progresa; una persona apática, estancada, descuidada, perezosa, en quien no se puede confiar.

Reina de Pentáculos: Aparece la Reina de la Fertilidad sentada en su trono, rodeada de campos. A su lado, vemos el conejo de la felicidad y la fertilidad. Su significado adivinatorio es una madre sacrificada, bondadosa, rica, caritativa, un alma verdaderamente buena, una persona creadora; también significa opulencia, una persona práctica, segura e inteligente. Invertida significa sospecha y desconfianzas, temor a fracasar, una persona sumamente tímida e insegura, con miedo a la muerte y a la vida.

Rey de Pentáculos: El rey sostiene en una mano un cetro y en la otra un pentáculo. Todo su vestuario está adornado con racimos y hojas de uva; detrás se ven cabezas de toros. Su significado adivinatorio es alguien muy rico, un banquero, una persona con grandes propiedades y haciendas, casada, honrada, buena, que conoce la matemática tanto en el aspecto de los estudios como de la vida; persona muy tranquila que jamás se enfurece, serena, firme, de mucho dinero, digna de fiar. Invertida representa a una persona estúpida, malévola, fácil de sobornar, viciosa. Cuando esta carta sale hay una advertencia que aconseja no unirse con jugadores o especuladores o personas sumamente peligrosas que pueden hacer fracasar una linda oportunidad de uno rehacerse en la vida. Se deben alejar de estas personas cuando salen juntos al consultado.

15

EL WALTERISMO

El 18 de diciembre de 1983, bajo aspectos planetarios "perfectos" y luego de una revelación cósmica, se funda el Movimiento Universal WALTERISMO. Es un movimiento no sectario, no dogmático, que promueva la fraternidad, paz, amor, sabiduría y conocimiento propio en estos momentos tristes que padece la humanidad.

Para pertenecer no hay que afiliarse, ni matricularse, ni pagar cuotas, ni siquiera llamarse discípulo, ni convertirse en adepto o fanático, sencillamente es poner en práctica, llevar a nuestra propia vida y hacer realidad los eternos mensajes de los Sublimes Maestros que han iluminado la Tierra. Es salirse del Yo para entrar en el Tú. Es cambiar el doloroso y limitado punto de vista del Yo y del ego y abrirte a una mayor universalidad.

Movido por la responsabilidad de haber sido escogido como profeta, místico, visionario de esta Nueva Era de Acuario, hago un llamado para que seres que se llaman religiosos (religión viene de la palabra religar, es decir, unir a todos en nombre de un Poder Supremo o Causa Superior) salgan de encasillados, cerrados, caducos, dogmáticos puntos de vista y amplíen su visión espiritual dándole la mano y el corazón a todos los hermanos terráqueos y espaciales no importando a que culto pertenezcan. Comprender y saber que hay un solo poder que es Dios, no importa cómo cada cual quiera llamarlo.

Mi misión principal es llevar mensajes positivos, trascendentales, de transformación, hacer realidad lo que maestros (Jesús, Mahoma, Buda, Mahavir, Kabir, Gurú Nanak, Moisés, Serge Raynaud de la Ferriere, Hazrat Inayat Khan, Bhagwan Shree Rajneesh y otros) han deseado implantar: un nuevo hombre para un nuevo mundo. Un ser humano que se conozca como Ser Inmortal Encarnado —Dios en creatividad y en potencia—: la fuente de sabiduría lleno de poder que no conoce. El hombre actual tiene hambre de conocimiento y de verdad.

Se ha hablado, escrito y sermoneado mucho sobre Cristo, Dios y todo lo espiritual. Ha llegado el momento de hacer, implantar, realizar y no perder más tiempo. Todo parto conlleva dolor y el parto que está sufriendo la humanidad es doloroso.

Mi mensaje es simple, va directamente al corazón (bastante hay en las mentes de los hombres para seguir cansándolos con más palabras huecas y sin sentido, con ideologías, filosofías o cultos que no conducen ni a la paz ni a la sabiduría). Nuevos pensamientos se introducen en la mente de los hombres y mujeres de hoy, pensamientos tan extraños y osados que no se atreven a expresarlos y viven en su mundo interior. Ya todos están cansados de reglas viejas, dogmas absurdos, tradiciones caducas. Cansados de la hipocresía y deshonestidad en todas las relaciones humanas.

Yo o cualquier maestro que, como yo, puede llevar esta nueva luz, esta búsqueda sincera de la verdad, unificado con el Padre, que traiga a este mundo un nuevo estado de conciencia, que te haga caminar "para adentro" en busca de tu propia luz y no seguir malgastándote en placeres que ofrecen la felicidad y solo te dejan pena, vacío y frustración, tiene mi bendición y yo sé que también la del Cosmos y la de Dios.

Tú que me estás leyendo, no importa tu edad, sexo, color o condición social, estás invitado a pertenecer al WALTERISMO. El único requisito indispensable es amar. Amarte y amar todo lo viviente y creado, ya que estar en Dios es estar en el amor. Amor es Dios, Dios es Amor.

Abriendo nuestro corazón al hermano en la Tierra, lo abrimos a Dios. No es queriendo cambiar el mundo que nos rodea como logramos la armonía. Es cambiando nuestro mundo interior. Cambio de conceptos, actitudes, reacciones y toda la "basura" que desde pequeños hemos ido recogiendo por las calles de la vida. Es salir de las condenaciones, complejos de pecado, sentimientos de culpa, ignorancia, supersticiones infundadas y todo aquello que nos limita y nos ata en nuestro vuelo a Dios.

El WALTERISMO es amor, paz, servicio, verdad, sabiduría; siguiendo cada cual responsablemente su propio sendero de evolución hacia la Divinidad. Todas las fuentes del saber se unen en el WALTERISMO: teología, cosmobiología, religiones universales, esoterismo, misticismo, Astrología científica, tarot, cábala, arte, meditación y todo lo que pueda ayudar al hombre a conocerse, mejorarse, desarrollarse y ser feliz (lograr armonía) son aplicadas.

El WALTERISMO es decirle SÍ a la vida, unificarnos con la Divinidad en cada instante de nuestra vida, ya que todo lo creado es divino. Es el reconocimiento absoluto de que hay, existe y gobierna un solo poder, Dios o como cada cual quiera llamarlo. Darle poder a algo o a alguien es restarle poder a Dios.

Lo negativo, lo triste, lo destructivo es producto de la mente humana. Cuando el hombre no reconoce limitaciones es ilimitado. Uno es quien atrae lo negativo, uno es quien atrae el accidente o se crea sus propios problemas. Cuando salimos del "yo" deformado, limitado, ahogado, fanatizado y nos abrimos al mundo espiritual, nos bañamos de bendiciones celestiales.

W   **(World)**   Universalismo —Hierofante

A   **Amor**   Amor para nosotros. Amor para el enemigo y para el mundo.

L   **Libertad**   Libertad del alma que es la única posible. Libertad para amar, vivir, orar según los dictados de cada corazón.

T   **Tolerancia**   Aceptando a otros nos aceptamos nosotros. Lo que condenamos en otros lo llevamos oculto y sin aceptación en nosotros mismos.

E   **Energía (Vibración)**   Todo es energía. Somos energía Divina. Todo es en virtud de energía. Dios es energía.

R   **Resurrección**   Un llamado a despertar del estancamiento del "creer ciegamente", de la muerte en vida y abrirnos o levantarnos de la tumba hacia un nuevo mundo de saber.

I   **Imaginación**   Desarrollar los poderes latentes y que están dormidos. Aplicar sabiamente el poder supremo de la imaginación. Todo lo creado fue primero imaginación.

S   **Sabiduría**   Vivir aprendiendo y evolucionando por nuestro contacto diario con la vida misma. No es repetir como un loro lo que has oído o leído (no importa la autoridad que sea). Es aprender en la universidad de la vida.

M   **Maestría**   Todos somos maestros en algo. Descubrir nuestra misión en esta Tierra es deber de todos. No es complacer a papi o a mami o vivir del prestigio de una profesión. Es descubrir *para qué* estamos aquí. Aquello que nos brinda infinita satisfacción y hace bien al mayor número de seres humanos: esa es tu misión.

O   **OM**   Principio y fin de este Universo. El vacío y el Todo. Vivir en la inocencia y pureza que nos lleva a la auténtica verdad.

Recuerden y repitan la siguiente frase: Mis mandamientos surgen de mi propia conciencia.

16

LA SABIDURÍA DE MIS VIAJES

En mis viajes por el mundo he aprendido magias o rituales para toda necesidad u ocupación. En la India, todo es magia, desde el nacimiento, la boda y la muerte. Todo suceso está revestido de misterio y magia. Para mí, todo ser humano tiene grandes poderes, sin embargo muy pocos los desarrollan. Hay seres que dan luz y suerte, otros traen desgracia y maleficio. El poder de la voluntad, el poder mental, el poder de la mirada, el poder de la palabra, todos estos poderes están latentes en el interior del hombre. Aquí les presento la sabiduría adquirida de mis numerosos viajes.

Los templos hindúes y musulmanes no tienen ventanas, para proteger la SAKTI de la deidad de sombras poco auspiciosas. Hay seres, árboles y animales cuya sombra destruye. La sombra o el reflejo de alguien o de algo es como parte de esa entidad. Mucha magia se trabaja con la sombra o el reflejo en el agua o en un espejo de un enfermo o poseído de espíritus malignos. Por otro lado, tener las medidas de un ser humano es como poseerlo. Se debe cuidar esmeradamente de que nadie posea las medidas de otro ser humano. Y recuerden: donde hay un árbol de granada siempre hay prosperidad y suerte, pero hay que prepararlo con ciertos rituales de magia.

La saliva de un santo puede transferir poderes. Se dice que si un santo hindú escupe en la boca de un estudiante, lo hará brillante mentalmente y exitoso en los estudios. Escupir tanto para los hindúes como para los gitanos es ejercitar poder. Los hombres aseguran la fidelidad de sus mujeres escupiendo sus senos cuando duermen y las mujeres lo hacen sobre el órgano sexual masculino. Escupir u orinar sobre cualquier trabajo o maleficio, le contrarresta cualquier poder negativo. Escupir fortalece cualquier maldición. La miel es sagrada porque es la saliva de las abejas, especialmente de la abeja femenina. Soplar o respirar también se conceptúa como poderoso. El agua donde ha soplado o respirado un santo, místico o *swami*, tiene poderes sanativos y libra a cualquier víctima de posesiones diabólicas. Para curar, el santo se sopla las manos y las carga de poder.

El nombre de una deidad es la esencia de su poder. Repetir el nombre de un Dios con infinito amor hace que te conceda lo que pidas, si te conviene. Por eso en la India se le pone nombre de dioses a todo lo viviente: hijos, animales, lugares, *a todo,* ya que al llamarlos o mencionarlos estás invocando la fuerza de Dios: El perro que más quise y que sigo recordando y queriendo se llamaba RAM como la encarnación suprema del Creador. Yo sé que su espíritu estará conmigo siempre.

En la India se evita usar palabras con connotación negativa. Al que se va de viaje se le dice: regresa feliz pronto. Hablar de males y enfermedades las atrae. Hablar de necesidades, mala suerte, limitaciones o pasarse la vida quejándose hace realidad lo que más se teme.

Frutas, comidas o flores que se le han ofrecido a un santo o deidad, se llenan de poder y a esto se lo conoce como PRASAD. Por otra parte, el alimento debe ser "mantranizado" para que dé energía y salud. Mientras se prepara este alimento, se le ora a Dios para cargarlo de buenas vibraciones.

Cabellos y uñas cortadas se entierran para que no caigan en manos destructivas, ya que para el hindú y otras culturas, hay conexión entre el ser humano y sus pertenencias. La Iglesia católica usa parte de ropas y objetos usados por los santos como reliquias sagradas.

En Tibet obtuve dos malas (rosarios de 108 cuentas) hechos de huesos de muertos (Lamas o Maestros), cargados de poder para curar y bendecir.

En Cuba, Brasil, África, India y otros lugares que he visitado me han asegurado que sudor, sangre de menstruación y semen se utilizan para dominar, atraer, controlar, subyugar y embrujar a pobres víctimas. Repito que además de inspirar repulsión y asco, esto conlleva un karma negativo que la persona tendrá que pagar. Una simpática santera muy amiga mía, entre risas, me decía que había conquistado a muchos "maridos" dándoles de comer maní o cacahuetes. Dichos maníes se los tragaba y luego los limpiaba de las heces fecales y los combinaba con otros alimentos para dárselos a comer a la futura víctima. Otra me contó que embobaba a los hombres con agua de su baño después de dos días sin asearse y la usaba como agua para hacer arroz con pollo, yo diría "arroz con gallina". Aunque todo esto parezca increíble, la mujer ha hecho todo lo posible e imposible para conquistar y embrujar a sus hombres a través de todas las épocas y en todos los países. En estas culturas, el hombre por lo general se deja amar, se deja conquistar. La mujer es la que tiene que luchar para lograr la conquista del hombre. Y una vez que la logra, aquí va otro consejo aprendido: la pareja que se vaya a casar y pase bajo un árbol de tamarindo, jamás será feliz.

Nunca he visto un libro o he leído un artículo que hable de cómo conquistar a una mujer. El hombre siempre espera ser conquistado. En la Era de Acuario, en la que transitamos, la mujer dejó de ser objeto sexual, pertenencia exclusiva de ningún hombre o esclava por decreto de un papel firmado. La mujer de ahora es cada día más autosuficiente y tiene más claro su rol como ser humano más allá de diferencias sexuales.

A diferencia del Nuevo Mundo y en especial América, en la India y África se venera, respeta y se adora a los envejecientes. Una bendición de un anciano está cargada de poder. La ropa u objetos amados por alguien viejo que ha muerto confieren Barkat a quien los posea. En toda ceremonia religiosa se le rinde tributo a los ancianos y antepasados. En Bombay conocí a unas bailarinas muy mayores, que nos obsequiaron con sus danzas a Rada y a Krishna, y que eran veneradas. Les lanzaban pétalos de rosas y se arrodillaban ante ellas. Me da infinita lástima ver cómo en la cultura de nuestros países los envejecientes son marginados y ridiculizados.

En la India que yo conocí, ser huésped es algo maravilloso. La recepción de un huésped o visitante es acto religioso. Se lo recibe con el saludo milenario del "Namasté" (el Dios que está en mí, saluda al Dios que está en ti). Se le pone una guirnalda de flores al cuello y se lo hace sentir como dueño de la casa.

Los milagros de los santos, *swamis* y *sadhus* se cuentan por doquier. Curan enfermedades aunque no estén ellos presentes, aparecen y desaparecen cuando son de verdad necesitados, transforman el agua en aceite (como lo hacía Shirdi Sai Baba), materializan objetos y cenizas sagradas, Bhivuti, como Satya Sai Baba, hacen fértiles a las mujeres, han resucitado muertos, pueden ver el pasado y el futuro por su visión profética. Yo he tenido el privilegio de ver algunos de estos alegados milagros y poseo prueba de ellos.

Sobras de comida dejadas por un santo confieren poder a otros. Besar los pies a un maestro o cualquier Ser Iluminado limpia el karma y trae bendiciones. A la luz de la fe y de creencias que se remontan a siglos, todo esto y mucho más es posible. Jamás se dice que un santo o maestro ha muerto, solo que ha "abandonado" o "descartado" el cuerpo pero que continúa más "activo" que nunca antes. Un mahometano irá con toda seguridad a la tumba de algún santo y hallará solución a su problema o contestación a su pregunta.

Al igual que existe poder para el bien, muchos creen en el poder del mal de ojo: personas que con su mirada traen destrucción y mala suerte. Cuando alguien se siente afectado por el mal de ojo, en muchas partes del mundo, se realizan rituales y ceremonias para eliminarlo o neutralizarlo. Alumbre y alcanfor es quemado en hogares embrujados o cerca de personas afectadas. Limones se lanzan sobre la casa. Libros sagrados se abren a la entrada de los hogares. El mal de ojo o malochia se menciona en la Biblia. Marcos (7:14–23) dice: "De dentro del corazón de los hombres, salen los malos pensamientos, el engaño, desvergüenzas, el mal de ojo (el ojo maligno)."

Se recomiendan baños o limpias para alejar todo lo negativo. El baño de cerveza es ideal. Se echan en la bañera una cerveza, una cucharada de sal (la sal *no* sala, purifica) y una botellita de agua florida y luego agua del grifo hasta la mitad. Se sumerge uno completamente por cinco minutos. Al salir de la bañera se deja que el líquido se seque en el cuerpo mientras se repite el Salmo 9 o el 23.

Tener junto a la cama un vaso de agua donde se ha diluido sal de mar nos asegura sueños felices. También puede usarse acetona o bencina. Para alejar la "malochia" o la envidia que no nos permite progresar, se recomienda para aquellos que tienen fe (y los que no la tienen pero quieren probar) preparar un baño con una taza de extracto de canela, cuatro copas de té de perejil, miel, agua florida y agua. Darse cinco baños durante cinco viernes consecutivos.

Cuando alguien ha estado enfermo, agotado o agobiado por vibraciones negativas, se recomienda el baño de café. Seis copas de café fuerte (por favor, no del instantáneo), agua florida y agua del grifo.

Según mi propia experiencia el mejor baño, el más poderoso y mágico, es aquel que nos damos con la mejor intención, poniendo nuestro corazón y voluntad, orando y agradeciendo el baño al Todopoderoso, aunque solo contenga agua y jabón de Castilla. Mi baño diario al levantarme es un ritual de magia pura, ya que me lo doy repitiendo la Gayatri Mantra.

En Brasil se mezclan el espiritismo, umbanda, cultos africanos y catolicismo. Se labora mucho en limpias y despojos. Se pide la intercesión de orishas, santos, muertos y fuerzas sobrenaturales. Olorum es el Dios Supremo. Al igual que en la santería existe Changó, dios del trueno; Olokun, dios del fondo del mar; Oyá, diosa del Río Niger; Orishaoko, dios de la agricultura; Oshún, diosa del Río Oshún; Ajé Shaluga, dios de la salud; Ochossi, dios de los cazadores; Ogún, dios de la guerra y en el corazón de todos, su Diosa Suprema, Yemayá. Se trabaja en cruces de camino, cementerios, junto a árboles sagrados, la parte superior de la montaña (cumbre) y sobre todo, junto al mar y los ríos.

Se usan el cigarro y las bebidas alcohólicas para alejar lo malo o propiciar los seres en beneficio de uno. Hay legiones de Echus (Exús) para el bien y para el mal. Changó o Xangó tiene muchos devotos y abre caminos cuando algo o alguien te ha "amarrado" la suerte. En Brasil se va a un lugar alto, rocoso y se derrama la mitad de una cerveza en forma de cruz. La otra mitad se pone en el suelo y se prende una vela grande roja y se dice: "Padre Mío Xangó, te suplico aceptes este humilde ofrecimiento en tu honor. Acéptalo y ayúdame, abre mis caminos".

Hay un viejo espíritu de un esclavo negro llamado Petro Velho que se conceptúa muy poderoso en los rituales de Umbanda. Debe ser tratado con mucho respeto. Para comunicarse con él hay que ir al bosque y encontrar un tronco. Colocar en el suelo una toalla de cuadros y en el centro se pone una botella de vino moscatel. Riega en el tronco del árbol un poquito del vino que luego le vas a ofrendar. Coloca sobre la toalla una pipa de fumar nueva y una caja de cachispa de tabaco. Enciende una vela blanca entre la toalla y el tronco, y pídele lo que deseas. Discúlpate de lo insignificante de tu regalo y prométele que de conceder lo pedido lo halagarás mucho más. Cuando obtengas la petición (yo sé que si lo has hecho con fe y corazón, él te lo concederá, especialmente si es por el bien común) cumple lo prometido. Visita el mismo lugar y el mismo tronco y llévale una toalla nueva, una botella de coñac fina, una botella del mejor vino, una pipa elaborada y una caja de tabaco importado.

Una brujita brasilera, que lucía de veinte años y pasaba de los setenta, me recomendó poner un vaso de coquito —licor de huevo y coco— en un envase de boca ancha y exponerlo a los rayos de la Luna por tres noches y luego a los rayos del Sol por un día. Luego se le echan gotas de leche de cabra. Pasar por la cara mientras dure. Cuando se acabe, majar la pulpa de 60 gramos de cebollas frescas y echar igual cantidad de miel de abejas. Se le añade cera de abejas derretida y se prepara un mágico ungüento de belleza para aplicarse todas las noches y asegurarse la eterna juventud. Recomendación de ella, no mía.

Según me han asegurado, lo más prodigioso es la manteca o grasa de anguilas. Quita manchas de la piel, friccionada en el cuero cabelludo hace que el pelo crezca, derretida y echada en el oído "cura" la sordera, hervida en agua y aplicada sana tumores, y puesta en otro lugar, elimina las hemorroides.

Tengo discípulos en California, Miami, Panamá, Nueva York, México y Colombia que han probado con eficacia la magia de los huevos de gallina. Poner un huevo en cada esquina de la habitación o del hogar absorbe todo lo diabólico o negativo. Pasarse un huevo por el cuerpo desnudo es despojo inmejorable cuando uno se siente cargado. El día último del año, el 31 de diciembre, se acostumbra, después del baño natural y el baño espiritual (albahaca blanca y morada, perejil, helecho, agua de mar, agua de lluvia, agua de coco, agua florida y agua del grifo), pasarse un huevo y luego romperlo lejos del hogar.

Para que alguien se mude se tiran tres huevos frente a la casa. Alguien ignorante o fanático trató de asustarme lanzando huevos frente a una casa que poseo, sin saber que mi especialidad son los contraataques psíquicos. Mis sobrinos y yo nos reímos mucho echando orines y prendiendo fuego, cortando con fe en el único poder, Dios, las malas intenciones. No tardó un mes para que la persona envuelta viniera a mi puerta a pedirme perdón y que le echara mi bendición. Hay discípulos míos que sanan pasando huevos sobre seres enfermos.

Cuando hay mucha escasez económica, mucha guerra personal o en el hogar, se pone en una repisa o lugar alto una bandeja cubierta de algodón y sobre el algodón ocho huevos cubiertos de polvo de cascarilla y luego todo se tapa con más algodón. Se le entrega todo a Obatalá, fuerza pacificadora y muy misericordiosa en la religión africana, o a la Santísima Virgen de las Mercedes. Se recibe su intercesión inmediatamente.

Cuando hay que lucir en óptimas condiciones, una mascarilla de clara de huevo aplicada a la piel del rostro hasta que se seque y que luego se lava con agua tibia, hará que luzca juvenil y terso. No esperen milagros las personas que pasan de muchos años, aunque siempre ayuda. Para traer la paz al hogar se pone una clara de huevo con agua en una copa y ocho gotas de perfume o agua florida. Para recordar los sueños se coloca un huevo de gallina en un vaso o copa transparente lleno de agua. Antes de cerrar los ojos para dormir, mira fijamente el huevo y repite lo siguiente hasta entrar al umbral del sueño: "Que todo lo que sueñe lo recuerde y lo entienda, que todo lo que sueñe lo recuerde y lo entienda".

Los sufis, secta mahometana, usan mágicamente el huevo con prodigiosos resultados. Los mahometanos colocan un huevo, sal de mar, hojas de prodigiosa o "bruja" debajo de la cama para calentar la pasión. Cuando hay un eclipse y se presiente que sea fatídico, muchos orientales lanzan a la calle un huevo y una mano de sal.

En la Iglesia católica, se hace uso de la sal para bautizos y ceremoniales. Mi amigo Willie Acosta practicó una magia con cuatro huevos que le dio un resultado maravilloso. Repito, que en todo esto hay un enorme porcentaje de fe, emoción, visualización, deseo o necesidad.

Todo lo creado es sagrado porque es de Dios. Cualquier objeto es parte de la creación y puede obrar milagros cuando vivimos en Dios.

CUARTA PARTE

DESCUBRE EL AMOR Y LA SEXUALIDAD A TRAVÉS DE TU SIGNO

17

EL AMOR Y TU VIDA

Nadie tiene que ser infeliz eternamente. Toda vida puede cambiar. Nos podemos repetir una y mil veces ideas, consejos, frases hermosas, pero hasta que no las practiquemos y las hagamos carne de nuestra carne, de nada servirán.

Todos queremos ser mejor de lo que somos o de lo que nos creemos ser. Hay quien desea ser mejor amante, mejor padre, mejor hijo, mejor ciudadano o sencillamente desea sentirse menos deprimido, angustiado, aburrido o fracasado. Todo cambio empieza en nuestro interior. Somos producto de energías cósmicas, sueños y frustraciones familiares, condicionamientos, hipnosis del ambiente, traumas, experiencias buenas y malas. Todo esto ha formado un libreto de vida que vamos "actuando", la mayoría de las veces en forma inconsciente. No importa la condición en que te encuentres, tu vida puede cambiar y lograr felicidad. Para mí la felicidad se descubre dentro de uno mismo. Nadie ni nada externo puede hacernos felices.

La única e infalible llave de la felicidad es el amor. La palabra amor es la más usada y "mal usada" desde que el mundo comenzó.

Todo ser humano da un significado distinto a la palabra o al concepto del amor: desde afecto, amistad, sexo, pasión, simpatía, hasta Dios. La palabra amor es sencillamente una palabra más. Hablar del amor es lindo, romántico, pero vivir el amor ya es otro cantar. Lo triste o sorpresivo es que el que más "cantaletea" la palabra amor, tal vez nunca ha vivido este sentimiento o emoción.

Muchos viven por amor, otros sufren por amor y otros hasta matan por amor. El verdadero amor empieza con el amor propio. Quien no se ama a sí mismo, nunca amará ni será amado. Se nos ha enseñado "equivocadamente" que primero hay que amar a todo el mundo y olvidarse de uno mismo. También hemos aprendido que amar es dar sin esperar nada a cambio, creándose de esta manera horrendos resentimientos en el interior de la persona. Quien no tiene, no puede dar.

Las novelas color de rosas contaminan las mentes haciendo vivir fantasías. Toda niña sueña casarse con un príncipe azul que le ofrecerá la eterna felicidad. ¡Falso! Si la niña no se ama, no se valora, no se conoce, si no tiene la madurez emocional necesaria, irá rumbo al fracaso.

El amor propio es el misterio más profundo de esta vida. Enfréntate y conoce al ser más hermoso de este mundo que eres tú. Dios en su infinita sabiduría hizo una sola copia de tu ser. No hay nadie en todo el mundo que sea igual que tú. Resalta lo único e insustituible que eres. Ama lo bello y lo feo que pueda haber en ti. Ama lo fuerte y lo débil de tu individualidad. Ama tu polaridad masculina y también la femenina. Penetra en tu interior para que disfrutes de la riqueza y del misterio de tu mente y corazón. No tienes que vivir hambriento de aprobación o aplausos.

Cuando te armonices, cambies el libreto falso de tu vida, salgas de fantasías y sobre todo *te ames* y te perdones, todo cambiará a tu favor. Tenemos ante nosotros la gran alternativa: seguir siendo nuestro enemigo, humillándonos, mendigando cariño o sexo, sintiéndonos inferiores o declarar el amor hacia nosotros. Empieza por amarte en la condición o situación que te encuentres. Si no es ahora, ¿cuándo? Si no es aquí, ¿dónde? Ámate saludable, ámate enfermo, ámate alegre, ámate triste, ámate peleando, ámate perdiendo, ámate en cada instante de tu vida. El gran cambio o gran transformación llegará cuando empieces a amarte. Satúrate de amor las veinticuatro horas del día.

Cuando empieces a amarte todo cambiará como por arte de magia. Empezarás a valorarte, respetarte, a ser feliz y llamarás poderosamente la atención. Muchos podrán pensar que hablo o predico el narcisismo. Todo lo contrario, el narcisista, de acuerdo al prominente psicoanalista Otto Kernberg, "presenta combinaciones enfermizas de ambición intensa, delirio de grandeza, sentimientos de inferioridad y una morbosa dependencia de la admiración externa".

Te pido que todo lo que digo y escribo lo pases por el cedazo de tu propia experiencia. Practica amarte cuando has ganado un premio y amarte cuando has perdido el empleo, amarte cuando peleas con tu ser querido, y amarte cuando el mundo te sonríe; amarte cuando estés en cama enfermo y cuando estés en cama haciendo el amor. Amarte siempre es mi mensaje eterno.

No creas en nada porque te lo haya dicho quien tú crees es autoridad, o porque lo leíste en el libro sagrado. Mucho de lo que hoy crees no tiene valor alguno, ya que está basado en la experiencia de otro ser humano. Empieza a cuestionarte y a experimentar. Siéntate tranquilamente, con la espalda derecha, relaja tu cuerpo totalmente, cierra los ojos y háblate:

Yo me amo por… (deja que tu voz interior llene el blanco).

Vivir odiándote, criticándote, comparándote, humillándote es una forma dolorosa de suicidio. Vivir amándote por todo, es afirmar a Dios en ti. Cuando visité Tibet, un lama me regaló un mensaje que cambió totalmente mi vida. El artista argentino, Ricardo Rey, me hizo una hermosa litografía del mismo. Dice: "Walter, no coloques ninguna cabeza humana por encima de la tuya. Tú eres la más maravillosa manifestación de la luz Divina como cualquier otro sublime Maestro y no necesitas de ninguna credencial terrenal o humana para validar tu posición". Aplícate este mensaje.

18

LOS SIGNOS Y SU GUÍA
PARA EL AMOR

Tu signo zodiacal te describe, te da la llave para descubrir el secreto del amor, te dice con quién compartir tu vida para que reinen la compatibilidad y la armonía en tu relación sentimental.

Aries

Aries es todo ardor, fogosidad, entusiasmo e ímpetu. Se trata de un conquistador que no cede jamás en su persecución. La mujer de Aries sufre mucho más que el hombre, ya que en su búsqueda de la felicidad tiene que besar muchos sapos hasta encontrar su príncipe azul. Muchas se casan varias veces y jamás aprenden de viejas experiencias. Pasan por muchos amores súbitos, efímeros, hasta que se anclan al encontrar su alma gemela. Su egoísmo, su pasión de independencia y su fuerza de carácter no las ayuda. Deben cultivar la moderación, tolerancia, paciencia, dulzura y humildad. Todas estas cualidades residen en ellas, pero temen demostrarlas por miedo a parecer débiles. La convivencia con un hombre de Aries negativo está saturada de peleas, incomprensiones, palabras y hechos agresivos. Con alguien del signo Aries *nunca* se puede estar seguro. Si es un Aries positivo, será todo lo contrario, canalización de la energía en lo artístico y creativo, sentido del humor, amor a la naturaleza y a lo espontáneo y mucho, mucho cariño y abnegación.

Aries con Aries: Mucho ardor sexual. Dado que ambos quieren mandar, los conflictos de autoridad serán permanentes. Su vida jamás será monótona, aunque tampoco será fácil. Es como encerrar dos cangrejos machos en una misma jaula.

Aries con Tauro: Dos temperamentos totalmente diferentes. Tauro le trae suerte en dinero a Aries y además actúa como freno a su impulsividad y desenfreno. El Aries es un pionero, innovador, amante de probarlo todo y cansarse de todo, el Tauro es artista, lento, rutinario, conservador, dotado de sentido práctico. Aries es infiel y coqueto. Tauro es celoso y posesivo. Solo con mucho amor podrán funcionar.

Aries con Géminis: Combinación muy positiva y educativa. Aquí nadie se aburre. Habrá más palabras que sexo. El erotismo se pierde en lo intelectual. Aries vive en la duda de cuánto durará esa relación. Nada profundo, estable, ni definitivo puede surgir de ella. Los estados de ánimo fluctuantes y depresivos de Géminis agotan y destruyen a Aries. Aunque son compatibles, sexualmente algo falta siempre.

Aries con Cáncer: Dos tipos diametralmente opuestos. Aries es ardiente, directo, voluntarioso, libre. Cáncer es emotivo, hipersensible, impresionable, susceptible. La actitud encerrada del canceriano, su pasividad, manipulación callada, irritan a Aries. Cáncer no permite que Aries se meta con su familia, Aries ama la pasión, el calentón del amor, y Cáncer se inclina al hogar, la familia y los hijos. No la recomiendo a menos que ambos sean muy positivos.

Aries con Leo: Si cada uno aporta lo mejor de sí mismo, esta relación puede resultar maravillosa. Su atracción es instantánea, como un amor a primera vista. El orgullo de Leo y su deseo de ser tratado y amado como rey molesta a Aries. Este último no le rinde homenaje a nadie, solo a sí mismo. Si ambos pueden compartir un mismo espacio sin atacarse, sin destruir sus egos, puede ser ésta relación fogosa y feliz.

Aries con Virgo: Un ser de acción con un ser cerebral. Debido a su carácter servicial y sumiso, Aries tratará de dominarlo. Aries se molestará por las críticas y manías de Virgo. Por ejemplo: un marido del signo Aries me confesó que se divorció de su mujer Virgo por su exceso de higiene y limpieza. Lo fumigaba antes de tener sexo. En dinero, Aries es despilfarrador y Virgo económico. ¡Qué destino tan triste para esta unión si no hay verdadero amor! Recuerda, el Amor con A mayúscula vence a las estrellas.

Aries con Libra: Dos polos que se atraen como el hierro y el imán. Aries se sentirá fascinado por la gracia y encanto de Libra. Son complementarios aunque opinen distinto. Libra le da la razón a Aries, aunque no la tenga, para evitar guerras. El éxito de sus relaciones sexuales dependerá de la imaginación y creatividad de ambos. Cuando se va perdiendo la ilusión, Aries se cansa y se aleja. Libra utilizará nuevas armas de conquista: ropa interior excitante, perfumes exóticos o dramatizaciones manipulativas. Esta relación dinámica puede perdurar.

Aries con Escorpio: Apasionados y temperamentales. Aunque casi todos los astrólogos no recomiendan dicha unión, yo he conocido muchos casos donde ha habido comprensión y felicidad. Aries es independiente y Escorpio posesivo y exclusivo. Tanto uno como el otro es un dictador con una voluntad tiránica. Escorpio se lo perdona todo y se justifica pero ataca si alguien le falla o lo traiciona. Tienden a mucha atracción física y sexual con escenas de violencia, contentamiento y nuevas lunas de miel.

Aries con Sagitario: Excelente combinación. Ambos aman la aventura, el cambio y la acción. Comparten deseos de viajar, amar y vivir. El carácter jovial de Sagitario hace feliz a Aries. Saborean la fiesta. Para que esta relación pueda perdurar tienen que darse mutuamente mucha libertad. Aunque son pasionales, no es el sexo lo que los une y sí la camaradería y el compartir un mundo de afinidades.

Aries con Capricornio: Fuego y tierra son completamente incompatibles. El inquieto e impaciente Aries se verá frustrado por el serio y prudente Capricornio. Aunque en toda relación, se muestra la mejor cara o lo que creemos sirva para conquistar nuestra presa, pronto cae la fachada y se termina el amor. Aunque ambos son ambiciosos, Aries usa la iniciativa, la idea inmediata y Capricornio la labor paciente, y la responsabilidad no basta para que esta relación perdure. El sexo entre ellos es como una obligación o un deber.

Aries con Acuario: Si hay franqueza y comprensión, funciona. Si Acuario sigue atado a la mamá, con problemas emocionales, hará que Aries salga despavorido. La vida de ambos estará cuajada de sorpresas, peleas, enfriamientos, separaciones. Acuario es más cerebral que sexual. Aries es sexo y dominio. Como amigos salen mejor que en cualquier unión convencional, ya que tarde o temprano el matrimonio se deteriora.

Aries con Piscis: Los Piscis que viven en un mundo de sueños y fantasías necesitan la energía de Aries. Aries se molesta con la debilidad de carácter, pasividad y misteriosa vida interior de Piscis. Muchos Aries se unen a Piscis por su atracción a lo oculto. Aries ama la luz, el mar, la aventura; Piscis ama la soledad, el silencio, la cama. Piscis se agarra y no suelta a Aries y Aries desarrolla pena por lo bueno y sacrificado de Piscis. Algo extraño es que Piscis puede ser más erótico y arrebatado en el sexo que el más fogoso Aries. Es una asociación extraña e inolvidable.

Tauro

Tauro es un signo terrenal, sensual, pasional, paciente, callado, tenaz, romántico y muy artístico. No reconoce jamás sus errores. Defiende con ardor sus puntos de vista y aunque habitualmente es flemático, tiene explosiones de ira. Le encantan los placeres y las comodidades y tiene tendencia a engordar. Le preocupa su situación económica y lo que anhela es *seguridad*. La timidez de Tauro es peligrosa al igual que su obstinación cuando se obsesionan con otro ser humano. Para Tauro las relaciones sexuales son una necesidad tan importante como la comida o la bebida. Son sumamente celosos y posesivos y les fascinan las posesiones materiales. Cuando evolucionan son muy psíquicos y espirituales. Se sienten atraídos por la música y el arte. Venus le confiere hermosas voces a sus hijos, los tauro. Se les suele reprochar su lentitud, falta de flexibilidad y su legendaria testarudez. De vida sentimental muy intensa y excelentes como padres. Tauro está dominado por Venus y es Venus quien dirige sus gustos, aspiraciones y sentimientos. El matrimonio, o la unión que sea, es algo imprescindible para ellos o se convierten en neuróticos empedernidos.

Tauro con Tauro: Unión perfecta entre dos seres que se parecen como dos gotas de agua, si ambos son positivos. Tendrán en común cualidades de calma, voluntad firme, estabilidad y amor por el dinero y las posesiones. Son temperamentos sensuales y apasionados. Aprecian lo artístico, la música, el canto, la pintura, la decoración. De carácter alegre y acogedor, les gusta frecuentar lugares de diversión, cenar fuera de casa y revivir momentos felices ya vividos. Si no hay estímulo constante esta pareja puede caer en el aburrimiento y la monotonía, especialmente si no hay hijos. Pueden detestarse y repelerse excepto en la cama y en la mesa.

Tauro con Géminis: ¿Qué puede ocurrir cuando se une el signo más estable y firme con el menos constante y fluctuante? Puede empezar con un torbellino de pasión y durar lo que una pompa de jabón. Al principio Tauro se deslumbra con la persuasiva elocuencia de Géminis y cree haber encontrado su alma gemela. Luego se agota. Tauro es de ideas cerradas, fijas, mientras que a Géminis le interesa todo y cambia de opinión diariamente. Géminis jamás soporta la cárcel de oro del amor posesivo y celoso de Tauro.

Tauro con Cáncer: Tierra y agua vaticinan armonía. El temperamento apasionado y la gentileza de Tauro serán apreciados por Cáncer. Tauro ama el dinero y Cáncer sueña con grandezas. Cáncer economiza lo que Tauro gana. Ambos aman la vida hogareña. Si Tauro modera su carácter y no hiere la exagerada susceptibilidad de

Cáncer, todo irá por buen camino. Ambos deben evitar los excesos en el consumo de alcohol o estimulantes al igual que la glotonería. En lo sexual no puede haber quejas.

Tauro con Leo: Jamás llegan a conocerse ni a profundizar. Tauro admira la fogosidad y dramatismo de Leo. A Tauro le gusta asociarse con "gente importante" y en eso Leo no se queda atrás. Ambos comparten amor por el baile y la música. A Leo le encanta ser halagado por Tauro. A la larga Tauro explotará ante el carácter autoritario, dominante y egocéntrico de Leo. Si se casan o se unen, su vida será una discusión continua.

Tauro con Virgo: Siendo dos signos del elemento tierra tienen sentido práctico, son realistas y tienen en cuenta sus necesidades materiales. Tauro es artístico, un poco bohemio y galante, y esto fascina de entrada al conservador y un tanto inflexible Virgo. Siendo Virgo racional, inteligente y analítico, siempre le encontrará defectos a Tauro, si se los calla y se humaniza pueden convivir felizmente. Si Tauro estimula el volcán de pasión sexual de Virgo, despojándolo de complejos e inhibiciones, viajarán sexualmente al séptimo cielo.

Tauro con Libra: Siendo ambos hijos de Venus tanto en lo sentimental como físico, puede haber complementación y mucha satisfacción por breve tiempo. Libra sueña y vive un mundo muy personal de fantasías que chocan con el sentido realista de Tauro. La vanidad, indecisión, insatisfacción y carácter manipulador de Libra destruye el amor de Tauro. La unión puede ser hermosa, romántica, pero breve y dolorosa.

Tauro con Escorpio: Dos signos intensamente poderosos que al enfrentarse pueden amarse por muchas vidas o causarse heridas incurables. Irresistiblemente atraídos el uno por el otro por instinto animal o divino, Escorpio sucumbe ante Tauro mientras pueda dominarlo. Ambos nativos pertenecen a signos fijos inflexibles, testarudos, difíciles. Si ambos son evolucionados navegarán por aguas de paz infinita, si uno de ellos es negativo, afectará a su pareja y a toda la familia.

Tauro con Sagitario: Nadie puede concebir que un ser estable y práctico como Tauro se una a un ser libre, cambiante y aventurero, pero ocurre con mucha frecuencia. Lo superficial de ambos los atrae. Si Tauro da libertad total a Sagitario y Sagitario no trata de moldear a su antojo a Tauro, la cosa pinta mejor. Sagitario es más poeta, espiritual y mental que Tauro en lo sexual y esto puede ser obstáculo en su felicidad. En lo social, artístico y festivo se entienden mejor.

Tauro con Capricornio: La primavera se une al invierno. Tauro crece y aprende mucho de Capricornio. Ambos ambicionan éxito, dinero y comodidad. La seriedad y falta de efusividad de Capricornio desconcertará los ánimos pasionales de Tauro. El realismo de Capricornio choca contra el romanticismo de Tauro. Siendo Capricornio como Virgo, signo de celibato, soledad o soltería, solo un tauro positivo puede cambiar su destino.

Tauro con Acuario: Unión extraña, inconcebible, pero posible. Dependiendo de los ascendentes, puede ser una unión por toda la eternidad o una locura. Tauro es de ideas fijas, serio, vive en su mundo. Acuario ama la innovación, lo raro, lo distinto. Tauro es rutinario, conservador, posesivo y frío. Acuario es libre, indisciplinado y errático. Esta pareja jamás se aburrirá. Comparten gustos similares en música y arte.

Tauro con Piscis: Una hermosa e inolvidable relación. Quien mejor comprende a Tauro es Piscis. Tauro encontrará en Piscis al ser sensible, dócil, abnegado y de sentimientos delicados. Si Tauro es negativo, amante de la promiscuidad, droga o placer, lleno de aberraciones y complejos, Piscis será el oído que lo escuche sin reproches ni condenas. La amistad entre estos dos signos dura más que una relación formal o matrimonio.

Géminis

Nadie conoce plenamente a un géminis. Son como diamantes con miles de facetas y todas sorpresivas y fascinantes. Mercurio, su regente, los dota de intelectualidad, versatilidad, mente brillante y una enorme curiosidad por todo lo que la vida tiene que ofrecer. A Géminis lo matan el aburrimiento y la mediocridad. Es más mental que sexual. Su facilidad de palabra es muy grande y habla hasta por los codos. Cuando evoluciona se convierte en un filósofo del silencio. Le encanta coquetear, seducir y conquistar. Es más lo que prometen que lo que ofrecen en la intimidad. Aman con intensidades destructivas y se destruyen cuando entregan su corazón al ser equivocado. Son eternos niños, ingenuos, soñadores, fantasiosos y muy artísticos. En su vida hay muchos amores y uno inolvidable. Nadie más comprensivo que un padre o amigo Géminis. Saben adaptarse a cualquier ser humano (muchos se unen a seres neuróticos) y a cualquier situación, no importando lo caótica o extraña que sea.

Géminis con Géminis: Excelente unión debido a la flexibilidad y adaptabilidad de los temperamentos. Como ambos detestan la rutina y la monotonía, su vida se sucede de sorpresa en sorpresa. Siendo primaverales, con alma juvenil, le encontrarán belleza y encanto a las situaciones más comunes del diario vivir. En lo negativo será "disputa de cotorras": ninguno querrá oír y ambos querrán hablar, hablar y exigir. La fidelidad puede resultar problemática.

Géminis con Cáncer: Son de temperamentos completamente incompatibles, aunque de entrada parezca que han encontrado su alma gemela. Cáncer vive en el ayer, atado a familia, hogar y tradicionalismos, mientras que Géminis ama viajar, cambiar, innovar y multiplicar conocimientos y contactos humanos. Es lucha sutil y callada entre dos seres fuertes que quieren sobrevivir en una relación difícil. No la recomiendo a menos que ambos sean muy evolucionados.

Géminis con Leo: Lo simpático y divertido de Géminis con lo cariñoso y dramático de Leo es aparentemente perfecto. Nada deslumbra más a Leo que recibir los elocuentes elogios y chistes de Géminis. Los talentos creativos y artísticos de ambos es cadena fuerte que los ata. En el plano sexual Leo exigirá lo que Géminis no puede ofrecerle. Géminis se cansará de ser esclavo o juguete de Leo y Leo se frustrará de no poder atar o mandar a este inestable ser humano. Si hay mucho amor, perdura.

Géminis con Virgo: Contra todo lo que digan los astrólogos, yo conozco muchas parejas que han logrado algo parecido a la felicidad siendo de estos signos. La intelectualidad da afinidad a los nativos de estos dos signos mercuriales. Géminis se agota de las manías y críticas de Virgo, mientras Virgo se queja de la desorganización y despiste mental de Géminis. Ambos son nerviosos, irritables, susceptibles. Necesitan grandes dosis de comprensión y tolerancia para vencer en el amor.

Géminis con Libra: Promete afinidades y sueños compartidos. Ambos viven en la nube catorce y mientras ambos se alimenten sus fantasías, todo será éxtasis. Todo lo artístico, romántico y bello los une. Los mismos intereses, la misma casa, los mismos amigos. También pequeños rompimientos y celos, y luego dramáticas reconciliaciones. Son un mundo aparte y ellos se entienden.

Géminis con Escorpio: Una relación rara, extraña, kármica. Géminis encuentra en Escorpio su total destrucción o su salvación eterna. De carácter y temperamento completamente diferentes, Géminis divierte y rejuvenece a Escorpio, mientras que Escorpio es misterio y sorpresa para Géminis. Choques, enfriamientos y lágrimas no faltan entre ellos. Lo sexual o romántico los une. Lo económico puede ser puente que los una, pero no es recomendable esta unión.

Géminis con Sagitario: Naturalezas complementarias que se atraen fuertemente. Juntos conquistan la fama, la fortuna o la gloria. Son totalmente opuestos en opiniones y actitudes ante la vida, pero cada cual sirve de maestro o de gurú al otro. Si se dan mutua libertad de acción, nada de celos ni obligaciones impuestas, la pareja será feliz. Recomiendo que no haya entre ellos ni disimulos, ni engaños, ni misterios, solo franqueza y verdad.

Géminis con Capricornio: Resultará difícil encontrar dos seres más contradictorios y disímiles que estos dos. Capricornio es orden, disciplina, calma, silencio, rutina, mientras que Géminis es parloteo, inestabilidad, desorganización e improvisación. Capricornio es invierno, Géminis es primavera. Tal vez en el trabajo o en lo creativo pueda haber afinidad. En lo sexual Géminis es versátil y Capricornio convencional. Si hay madurez y espiritualidad pueden unirse.

Géminis con Acuario: Excelente perspectiva de felicidad y entendimiento. Géminis progresa a la sombra de Acuario y Acuario crea al lado de Géminis. Sociables ambos, se beneficiarán de sus amistades y conocidos. Destreza, habilidad e ingenio se unen a creatividad y genialidad. Si son negativos habrá guerra civil entre ellos. No hay afinidad sexual y más bien predomina el desencanto y la frustración.

Géminis con Piscis: Todos ya sabemos que aire y agua son incompatibles. Géminis es mental y Piscis es emocional. Ambos son despistados, distraídos y soñadores. En lo sexual lo raro puede unirlos, pero eso no bastará para seguir unidos. En la vida de todo géminis hay un recuerdo inolvidable o triste de un piscis. Piscis mira a Géminis como bebé y Géminis a Piscis como sabio de experiencia. En lo espiritual puede haber una hermosa y educativa complementación.

Cáncer

Cáncer rige el hogar, la familia, los antepasados, los recuerdos, los sentimientos y todo lo lunar. La madre es foco de atención, fuerza suprema, motivo de guerra o luz de su existencia. Son muy temperamentales y psíquicos. Nadie mejor que yo para analizarlos ya que tengo cuatro planetas poderosos en el signo de Cáncer. Todo cáncer es sensitivo, artístico, emotivo e impresionable. Cuando son negativos son inseguros, vagos, indisciplinados, manipuladores y aprovechadores. Son muy dadivosos y caritativos cuando evolucionan y sumamente tacaños, egoístas y egocéntricos cuando son negativos. En el amor o lo dan todo, o se recuestan de su pareja. Se aferran firmemente a todo lo que les pertenece. Las personas de este signo aprecian la comida y la bebida, pero tienen que cuidar su estómago que es su parte vulnerable. Siempre se unen a lo espiritual y en lo espiritual encuentran su suerte y su gloria. Excelentes como orientadores, maestros, médicos de cuerpo y del alma, vendedores, artistas y magos.

Cáncer con Cáncer: Dos seres sensibles, románticos, psíquicos, hechos para el hogar y el trabajo en común. El exceso de sensibilidad puede provocar rompimientos y divorcios. Cada uno dará la impresión de ser el abnegado, sacrificado, mártir y víctima en dicha relación. La armonía sexual es buena pero puede afectarse por celos, dudas, dominios y manipulaciones. Su fértil imaginación puede salvarlos o destruirlos.

Cáncer con Leo: Se complementan como el Sol y la Luna. Cáncer busca la luz, el poder y la fuerza decisiva de Leo. Cáncer vive absorbiendo la energía de Leo. Leo domina y controla (al menos así lo cree) a Cáncer. Las extravagancias y exigencias de Leo agotan a Cáncer y Cáncer nunca confía plenamente en la fidelidad y entrega de Leo. Pasión, fuego, lágrimas, angustia, dolor y separación final. No la recomiendo.

Cáncer con Virgo: Ambos buscan seguridad y esto los une. La unión se basará en sentido común, realidades y seguridades. Cáncer admirará la inteligencia, la astucia, lo analítico, lo trabajador y lo servicial de Virgo. Virgo criticará lo inestable, inseguro y cambiable de Cáncer, pero aceptará con beneplácito su cariño, espiritualidad, simpatía, amor al hogar y a la familia. Esta pareja está destinada a la perdurabilidad si ambos son evolucionados.

Cáncer con Libra: Aunque la Luna y Venus los dotan de encanto, sensibilidad, dulzura, arte y diplomacia, no es una unión feliz. Al principio demuestran lo que menos sienten para lograr la conquista, pero a la larga se cansan de actuar y de ser encantadores y todo se acaba. En el fondo ninguno es agresivo. Cáncer es pasivo y femenino y Libra está regida por Venus que hace a la mujer dictatorial y controladora y al hombre indeciso y débil, por lo tanto no hay ni compatibilidad ni felicidad entre ellos.

Cáncer con Escorpio: Se atraen, se entienden, se perdonan lo imperdonable, se destruyen y luego se siguen amando. Conozco parejas casadas y no casadas que han vencido toda clase de problemas y han llegado juntos a la muerte, que forman esta combinación. Cuando Cáncer muestra indiferencia, Escorpio lo da todo. Recomiendo que Escorpio controle su carácter, su humor, sus palabras al unirse con Cáncer. En lo sexual no habrá problemas. El temperamento apasionado y sexual de Escorpio conviene perfectamente a la receptividad de Cáncer.

Cáncer con Sagitario: Lo independiente, franco, agresivo de Sagitario asusta al "cangrejo". Cáncer necesita poseer, dominar, controlar. A Sagitario nadie lo domina. Si Cáncer aplica la lección de dar ilimitado espacio y libertad al ser amado, esta relación podría funcionar. Lo artístico, filosófico o espiritual puede unirlos. Cáncer jamás olvida a Sagitario. Sagitario coquetea y goza con las agonías y sufrimientos de Cáncer. Unión que recomiendo sólo para sadomasoquistas.

Cáncer con Capricornio: Lo más cercano a la perfección en elección de amor. Cáncer encontrará en quién apoyarse y a quien contarle sus penas. Capricornio aunque frío externamente, tendrá que demostrar sus capacidades y talentos para levantar a Cáncer. Capricornio es práctico, realista, materialista. Cáncer es soñador, romántico y sensual. Ambos son ambiciosos aunque no lo acepten. Juntos pueden conquistar la fortuna y la suerte.

Cáncer con Acuario: Dos mundos tan y tan diferentes que chocan entre sí. Acuario ama la verdad, Cáncer juega con la verdad. Acuario sueña con el futuro y Cáncer vive atado al pasado. Sus ideales son excesivamente divergentes. Cáncer se encierra, es centrípeto y Acuario se exterioriza hacia lo universal, o sea, centrífugo. Cáncer necesita de la inteligencia y genialidad de Acuario y Acuario necesita el hogar y familia que le puede ofrecer Cáncer, pero no es recomendable.

Cáncer con Piscis: Fascinación, deslumbramiento, afinidad, atracción sexual, pero luego la frustración y el desengaño. Ambos son pasivos, introvertidos y en busca de seguridad material y emocional. Esta pareja debe evitar el alcohol y las drogas que puedan ofuscarlos y destruirlos. Compartirán un mundo de arte, belleza, ocultismo y placeres, pero son tan y tan parecidos que acabarán por separarse irremediablemente. No necesitan hablar para comprenderse, pero acabarán hablando o criticándose para destruirse.

Leo

Leo es el signo del amor, de la pasión del corazón, siendo el más poderoso y el que confiere más brillo a sus nativos. Leo se alimenta de amor, cariño, ternura, halagos y alabanzas. Leo cuando se enamora es todo fuego, todo llama o todo tragedia y destrucción. Son tan magnánimos y protectores que pueden pecar de sacrificados; o ser tan arrogantes, soberbios y orgullosos que alejan toda posibilidad de felicidad en el amor. Cuando son negativos pueden odiar hasta la muerte y cuando son traicionados o humillados pueden destruirse en su propio rencor. Leo ama la gran vida, el arte, el baile, el teatro, la música, prefiere el champán a la cerveza y adora la vida social. El apetito sexual es muy desarrollado y no importa la edad en su búsqueda del romance y del placer. Debe cuidar su salud, ya que su corazón es frágil y su espalda (espina dorsal) no soporta cruces impuestas.

Leo con Leo: Dos temperamentos ardientes, pasionales y poderosos, pero rara vez esta combinación se realiza. Ambos querrán ejercer su autoridad y ninguno querrá acatar órdenes. Aunque no quieran, habrá un clima de competencia y de celos por sus mutuos éxitos. Ninguno de los dos se sentirá frustrado en el terreno sexual. Guerra en la casa y reconciliación en la cama.

Leo con Virgo: Más que unión, sometimiento regalado de una de las partes. Virgo exige y Leo complace. Virgo calcula lo que da en dinero y amor. Leo regala y compra cariño. Para que pueda haber alguna posibilidad de entendimiento, tiene que haber infinita tolerancia, mucho cuidado de no malcriar al que se ama y ser más agresivo y franco.

Leo con Libra: Relaciones agradables, placenteras con gustos similares. La atracción mutua es rápida y notable. Se prometen de entrada el cielo, pero el carácter fuerte y soberbio de Leo puede herir la sensibilidad de Libra. Libra seguirá amando a Leo aunque Leo le sea infiel y lo traicione. Lo artístico los une, lo sexual y vulgar los separa.

Leo con Escorpio: Ambos fuertes, fijos, testarudos, obstinados. Será guerra donde triunfará el más comprensivo, tolerante y adaptable. Leo es abierto, franco, mientras que Escorpio es misterioso, tenebroso, callado. Ambos tienen fuerte voluntad y son dictatoriales. Lo sexual de Escorpio puede atar y embrujar a Leo. No es relación fácil y hace falta cantidad de amor para que perdure.

Leo con Sagitario: Fuego con fuego se entienden, divierten y disfrutan de la vida. Ambos tienen alma de artista y aman la noche y la bohemia. Sagitario exige independencia. Leo quiere unión. Sagitario coquetea con todo el mundo. Leo cela y trata de dominar. Como amigos, excelente combinación, casados ya es otro cantar.

Leo con Capricornio: Totalmente opuestos. Leo es el día, Capricornio es la noche. Capricornio detesta lo ruidoso, llamativo, dramático. Leo se alimenta de la alegría, la fiesta, el alboroto. Para consolidar una buena posición económica y social esta unión es perfecta. En lo íntimo, Capricornio necesita la soledad, el estudio y la meditación y Leo ama la compañía, los viajes y la alegría de vivir.

Leo con Acuario: A pesar de tantas diferencias, se atraen, se unen y pueden formar un lindo hogar. Las amistades de Acuario molestarán a Leo, la familia de Leo molestará a Acuario. Ambos pueden compartir ideales, creencias, inclinaciones artísticas. Los hijos son baluarte importantísimo en esta unión. Los choques y desacuerdos no faltarán pero la inteligencia de ambos hará que se reconcilien y perdure la relación.

Leo con Piscis: Como amigos, como compañeros, no hay igual. A veces Piscis será enigma y misterio para Leo. La diferencia de mentalidad entre un Leo festivo, autoritario y dominante y un Piscis soñador, misterioso y tímido creará un mundo de incomprensión. El ardor pasional de Leo puede estimular lo erótico de Piscis, pero dicha relación está destinada al fracaso a menos que ambos sean muy positivos y muy evolucionados.

Virgo

El signo de los inteligentes, prácticos, útiles, serviciales, con mucho sentido común y gran espíritu crítico. Callados, humildes, analíticos, calculadores, reservados y con una intuición casi mágica. Debido a mi Neptuno en Virgo hay algo psíquico, espiritual que me une a los nativos de este signo. Aunque no lucen pasionales, ni fogosos, el que los abre se llevará una gran sorpresa. Nadie cuida de su salud y de su seguridad como Virgo. Los muy negativos son hipocondríacos y se imaginan presa de males incurables. Son muy hábiles manualmente e ingeniosos. Se destacan por ser buenos comerciantes, administradores, artistas, profesores y médicos. Todo virgo tiene un don espiritual. Reciben revelaciones, tienen contacto con el más allá y viven unificados con la Divinidad. En los pocos evolucionados se nota desde un complejo de mártir, hasta un tirano cruel, desde una tacañería (aunque tengan dinero), hasta indulgencias y promiscuidades. Es un signo inolvidable.

Virgo con Virgo: Viven analizándose y criticándose. Ambos luchan por su seguridad económica y viven economizando el centavo. Para laborar juntos o tener un negocio esta pareja es perfecta. Siempre habrá discusiones y cada uno de ellos querrá tener la última palabra y exagerará los defectos del otro. El sexo entre ellos dejará mucho que desear.

Virgo con Libra: Aunque estén unidos por muchos años, siempre habrá quejas, lamentaciones y recriminaciones. El sentido práctico y realista de Virgo molestará al carácter soñador y fantasioso de Libra. Libra tratará de celar y dominar a Virgo y Virgo se refugiará en otros brazos, en el juego o en el alcohol. No es recomendable a menos que haya mucho amor, muchos hijos o una fortuna de por medio.

Virgo con Escorpio: Ambos son luchadores, trabajadores, perfeccionistas. El sexual Escorpio chocará con la aparente castidad de

Virgo. Crítica, porfía y desacuerdos no pueden faltar entre ellos. Dado que Tierra (Virgo) y Agua (Escorpio) se complementan, su colaboración producirá resultados fecundos y tangibles. En lo mental e intelectual, Virgo tratará de comprender y adaptarse, mientras que Escorpio llegará a conclusiones rígidas, fijas y tajantes.

Virgo con Sagitario: Virgo disfruta de la alegría de vivir de Sagitario pero le critica su falta de seriedad o forma de ver la vida. La mujer de Sagitario levanta la imagen de Virgo. Ambos comparten el amor por los viajes, ideales políticos o caminos espirituales. Lo aventurero, libre y deportivo de Sagitario choca con lo reservado, cuidadoso y precavido de Virgo. Tierra y fuego no se entienden.

Virgo con Capricornio: Dos signos terrenales, inteligentes, con el mismo sentido práctico e igual interés por el trabajo, el dinero y el éxito. Se entienden maravillosamente y van por la vida de la mano. Ambos se darán apoyo moral y orientación en momentos críticos. Virgo es más democrático, más humilde y menos ambicioso. Capricornio puede amar profundamente a Virgo a pesar de pequeños desacuerdos.

Virgo con Acuario: Muchos puntos comunes en el plano mental. Virgo razona, analiza y discrimina y Acuario intuye, siente y recibe espiritualmente. Se ha dicho y yo lo he comprobado, que entre estos dos signos hay algo kármico. Siempre Virgo crece a través de las lecciones que le enseña Acuario y Acuario se enriquece con la inteligencia de Virgo. Virgo economiza y Acuario bota el dinero. No es combinación fácil pero sí muy educativa.

Virgo con Piscis: Dos tipos opuestos, pero complementarios. Se atraen, se gustan, se aman, se decepcionan, se reconcilian y jamás se olvidan. El temperamento pasivo de Piscis le permitirá adaptarse a los cambios de humor de Virgo. En el terreno sexual viajan por mundos desconocidos que solo ellos comprenden. Ambos tienen facultades extrasensoriales, aman el arte y la belleza y disfrutan de las indulgencias del buen vivir.

Libra

Libra es el signo del arte, la belleza, el amor romántico, el matrimonio, las indecisiones y las grandes tragedias sentimentales. Los libra se destacan por su diplomacia, encanto natural, deseo de agradar, gran sociabilidad, pasión por la elegancia y amor al teatro. Buscan la paz y la armonía, pero su vida se debate entre insatisfacciones, melancolías, depresiones y sueños irrealizables. El amor constituye la necesidad primordial del nativo de este signo. Cuando se frustran en el amor se amargan, se vuelven neuróticos o se encierran a lamentarse y quejarse de lo triste de su destino. Todo librano se queja de que nunca fue amado, que fue engañado, usado o traicionado al dar su amor. La lección kármica que tiene que aprender el nativo de este signo es *amar* por la dicha y el placer de amar, no para esperar algo a cambio. Amarlo todo y saturarse completamente de amor. Aprender que la felicidad se logra cuando no se depende de nada ni de nadie para ser feliz.

Libra con Libra: Dos artistas soñadores en busca de un paraíso terrenal. Embellecerán su ambiente, planearán fantasías, disfrutarán del baile y de la música, hablarán mucho y un día despertarán a la realidad. La infidelidad amenaza esta unión a menos que haya verdadero amor entre ellos. Unión placentera, agradable, divertida e inolvidable.

Libra con Escorpio: Guerra sutil a ver cual es más dominante, controlador o posesivo. Si Libra es víctima complaciente de los caprichos de Escorpio, Escorpio se cansará o se aburrirá. A Escorpio le fascina lo difícil, lo inalcanzable, lo prohibido. Cuando Escorpio logra lo que desea, busca una nueva aventura. Abunda mucho esta unión, especialmente donde hay algún triángulo amoroso.

Libra con Sagitario: El aire busca al fuego, ya que lo inspira y lo hace reír. Estos dos sujetos se comprenderán y simpatizarán de inmediato. Cuando Sagitario demande libertad y Libra sienta que pierde su dominio, empieza la guerra. Si quieren mantenerse a flote, Libra tiene que dar libertad y total confianza al Sagitario amado. Aunque esta relación puede parecer perfecta, los celos y la infidelidad pueden destruirla.

Libra con Capricornio: Relación difícil, conflictiva e incompatible. Después de que ambos nativos hayan sufrido una decepción sentimental, tal vez esta unión les sirva de "cura" y rehabilitación. El hambre de ternura de Libra chocará con la personalidad seria, honesta, concienzuda y hasta fría de Capricornio. Las locuras y los caprichos de Libra molestarán al laborioso, metódico y trabajador Capricornio. En lo sexual, Libra quedará insatisfecho y Capricornio volverá a pensar en sus responsabilidades y trabajo.

Libra con Acuario: Excelente combinación en lo mental, intelectual, profesional y social. Su atracción se basa en amistad y belleza externa. Sus gustos armonizan. Al tiempo, el diplomático Libra sufrirá sobresaltos por las rarezas y excentricidades de Acuario. Para lograr éxitos profesionales y económicos, esta pareja es perfecta. Libra realiza con lo que Acuario inventa. En el matrimonio Libra se hace el ciego ante las escapadas de Acuario, y Acuario siempre vuelve a calentar el nido.

Libra con Piscis: La pareja perfecta en una novela romántica de fin de siglo. Se juran amor por toda la eternidad y solo les dura un mes. Libra deslumbra a Piscis, Piscis complace y alimenta las fantasías y frustraciones de Libra, pero cuando despiertan a la realidad la angustia, decepción y tristeza los llevan a pensar en el suicidio. Gracias a Dios que el suicidio es parte de la dramatización compartida y no se logra en la realidad.

Escorpio

El signo más amado y temido del Zodíaco. Los escorpio son extremistas, obstinados, poderosos, pasionales, sensuales, determinados, exigentes, exclusivistas, extremadamente celosos, desconfiados y tiránicos. Cuando evolucionan son maravillosos ejemplos de la raza humana. A pesar de sus instintos sexuales, cuando encuentran su alma gemela permanecen fieles y constantes. Debido a su imaginación fértil, alimentada por los celos, convivir con ellos no es tarea fácil. Son detectivescos y todo lo averiguan. Sumamente psíquicos y espirituales cuando evolucionan, muy sarcásticos e hirientes cuando se los ofende o se los humilla. Cuando se los critica o se desaprueba su conducta, se ponen rebeldes y belicosos. Todos poseen gran poder magnético que fascina y seduce a todo el mundo, aunque no sean muy agraciados físicamente. Todos llegan a la cumbre o por lo menos se destacan en lo que emprenden. En lo sexual son el sueño realizado de cualquier ser humano o lo contrario, frustrados impotentes que quieren infligir dolor en el ser amado.

Escorpio con Escorpio: Demasiada pasión, intensidad, violencia y genialidad para que puedan sobrevivir. Cuando hay verdadero amor, suavizan su carácter y hay entrega total, sacrificio y abnegación. Se adhieren uno al otro como cola con cola, aunque haya rencor a causa de actos imperdonables. Su relación estará salpicada de guerras, reconciliaciones, escapadas, nuevas oportunidades y mucho sexo.

Escorpio con Sagitario: El instinto posesivo de Escorpio tratará inútilmente de acaparar y poseer a Sagitario. El amor posesivo de Escorpio es secreto, misterio y noche. Sagitario es día, alegría, franqueza y optimismo. Pueden ser amigos mientras que se respeten sus espacios. El agua de Escorpio querrá apagar el fuego de Sagitario y Sagitario hará hervir y evaporar el agua de Escorpio.

Escorpio con Capricornio: El carácter reflexivo, maduro, serio y responsable de Capricornio atraerá y le inspirará amor y confianza a Escorpio. En lo profesional se entenderán perfectamente. Escorpio despertará el volcán de pasiones reprimidas de Capricornio, y Capricornio complacerá las exigencias de Escorpio. Recomiendo esta unión cuando ambos sean evolucionados en sus respectivos signos.

Escorpio con Acuario: Esta unión resultará enriquecedora y fructífera si ambos son positivos y destructiva si ambos son poco evolucionados. Los celos y el carácter pasional, tiránico y exigente de Escorpio recibirán mala acogida por parte del libre Acuario. Pensarán que están unidos a desequilibrados mentales. Lo humanitario y amistoso de Acuario chocará con lo egocéntrico y extremista de Escorpio. Se pueden unir, estudiándose y con mucha precaución.

Escorpio con Piscis: La unión más emotiva, fuerte, sensual e intensa del Zodíaco. Empieza como un torbellino y acaba con la brisa de la desilusión. Se convierte en una relación de amo y esclavo. Piscis se rinde, complace, se desvive, lo da todo y Escorpio gobierna y demanda. El día que Piscis despierta, Escorpio se hiere. Lo sexual los une, el arte los hermana, la familia los separa. Las relaciones entre Escorpio, Cáncer y Piscis han motivado trozos dramáticos, música inolvidable y grandes tragedias.

Sagitario

Ellos son los bendecidos por el planeta de la expansión, Júpiter. Están dotados de vitalidad, poderes proféticos, optimismo, sociabilidad y mucha franqueza. Los sagitario no nacieron para el matrimonio convencional. Adoran su independencia y luchan por su libertad. Su sentido del humor, su humanismo y su buen carácter (cuando hay armonía) los hace ser compañeros agradables y divertidos. El hombre de Sagitario ama la aventura sin ataduras, la conquista sin complicaciones. La mujer de Sagitario es de una fidelidad a toda prueba. Aman la música, son románticos, festivos, sabios al aconsejar a otros. Un nativo de Sagitario nunca resultará monótono ni aburrido. En lo sexual buscan más el cariño, la ternura, la belleza interna, que la pasión animal. En lo negativo, son argumentativos. Creen tener siempre la razón. Incansables en lo que desean. Crueles al juzgar y al expresar sus verdades, pero naturales espontáneos e intuitivos. Mis dos hermanos Henry y Aída son perfectos ejemplos de Sagitario positivo.

Sagitario con Sagitario: Se atraen, se conocen, se respetan y se divierten. Su recíproco amor por la vida exterior, viajes, fiestas, deportes, los une mucho más. A la larga sus mismas franquezas motivan choques y disgustos. Si trabajan juntos pueden llegar a ser sumamente ricos o ir a la ruina al aventurarse en empresas fatulas. En lo sexual, aman jugando, riendo, contando chistes o bailando tangos del ayer.

Sagitario con Capricornio: El silencio de Capricornio exaspera la brillante locuacidad de Sagitario. Relación difícil, complicada, triste, donde solo un infinito amor hará que subsista. Capricornio se encierra en su mundo y Sagitario sociabiliza. Personalidades tan disímiles rara vez se entienden, comprenden o se comunican.

Sagitario con Acuario: Muy buenas relaciones donde Sagitario lee a Acuario y Acuario cree manipular a Sagitario. Es como un juego donde cada uno se estudia, se analiza y ninguno quiere perder su espacio ni su libertad. Sagitario aconseja y orienta a Acuario, pero Acuario cree saber manejar su vida y sus asuntos mejor que nadie. Como compañeros, bien, pero como matrimonio no es recomendable.

Sagitario con Piscis: Se atraen kármica y trágicamente. Piscis es un ermitaño, un solitario, místico y contemplativo, mientras que Sagitario es aventura, deporte, fiesta, alegría. Sagitario tratará de dominar a Piscis; Piscis por amor le hará creer que el que manda y ordena es Sagitario. El optimismo de uno chocará con las depresiones del otro. Ambos son visionarios y psíquicos. Lo espiritual y lo artístico los une. No se recomienda que vivan bajo el mismo techo las veinticuatro horas del día.

Capricornio

Signo cumbre de la responsabilidad, seriedad, ambición y lucha por la vida. Muchos son poco sociables y en la intimidad poco comunicativos a menos que sea con su gente. La convivencia con un Capricorniano no es fácil, ya que son perfeccionistas, amantes de la lectura, solitarios, encerrados en sí mismos. Cuando entregan su corazón, es para siempre. Son como la hiedra que muere donde se agarra. Laboriosos, responsables, trabajadores, talentosos, infatigables, ya que el tiempo no cuenta para ellos. Pueden llegar a convertirse en adictos al trabajo. Ocultan bajo una fachada de frialdad sus sentimientos y emociones. Los negativos sufren profundos accesos de tristeza, pesimismo, depresión. Todo les será más difícil que a nadie. El saber escoger su pareja es indispensable. Alguien que los apoye, comparta iguales intereses, pero que no invada su privacidad. El amor no es fácil para Capricornio, y en lo profesional son envidiados siempre. Es el ser más ambicioso de todo el Zodíaco.

Capricornio con Capricornio: Consideran la vida de igual forma, se entienden, se ayudan mutuamente, pero chocan en la intimidad. En lo económico y profesional no habrá problemas, pero en el amor y en lo sexual habrá vacíos y silencios. Capricornio admira la vejez, pero le encanta la juventud. Capricornio es un signo muy viejo que con los años rejuvenece. En la mayoría de edad hace lo que no se atrevió a hacer de joven. Celos no pueden faltar.

Capricornio con Acuario: Capricornio es el pasado, lo convencional, lo serio, lo profundo y lo eterno, mientras que Acuario es lo imprevisto, lo futurista, lo bohemio, lo divertido, lo raro. Acuario ama la humanidad y los amigos mientras que Capricornio huye de las multitudes y él es su mejor amigo. No veo nada que los una a menos que sea intereses culturales, artísticos o profesionales.

Capricornio con Piscis: Son capaces de coexistir sin guerra ni antagonismo, pero esto no significa que sean una pareja ideal. Piscis encuentra seguridad, protección y apoyo en Capricornio y Capricornio recibirá consuelo, ternura desinteresada y sacrificios de amor de Piscis. A la larga, el sentido práctico, realista, objetivo, preciso y calculador de Capricornio chocará con lo irreal, fantasioso, infantil y misterioso de Piscis. A pesar de las diferencias de carácter esta unión puede perdurar.

Acuario

Los ángeles de Dios. Inventivos, creativos, originales, extraños, progresistas y artísticos. Solo se sienten verdaderamente felices junto a sus pocos y buenos amigos. Incapaces de ataduras exclusivas, su naturaleza uraniana no tolera cadenas ni imposiciones. Como amigos, el compañero ideal. Como amantes o esposos hay que tener comprensión y tolerancia, ya que su desprecio por los convencionalismos y el "qué dirán", sus gustos excéntricos, sus arranques de cólera, su franqueza áspera y cortante alejará toda posibilidad de comunicación. La mujer de Acuario tiene características agresivas o masculinas sin dejar de ser femenina. El hombre de Acuario positivo, por su belleza y sensibilidad tiene algo femenino sin dejar de ser hombre. Son los precursores del andrógino. Todos son psíquicos, aman la astrología (aunque no la acepten) y reciben vibraciones. Tienen el don de convencer y persuadir cuando desean algo. Lo consiguen todo en la vida, y en el amor sólo son felices cuando encuentran su alma gemela.

Acuario con Acuario: Gran compatibilidad mental, atracción por los mismos temas, amplitud y libertad de criterios, rarezas y excentricidades, todo está de su parte para que puedan disfrutar de una unión uraniana. La vida sexual no representará lo más importante. Lo mental, lo intelectual, lo económico, juega un papel muy importante en estos nativos. Recomiendo esta unión por lo educativo e interesante que tiene.

Acuario con Piscis: Nadie mejor que yo para comentar esta unión, ya que tengo mi Venus natal en Acuario. Inolvidables amigos han nacido bajo Acuario. Mi sobrina Betty y mi sobrino Alejandro Caicedo Benet son representantes de Acuario. Piscis es emocional y Acuario es cerebral. Acuario es franco, directo y natural y Piscis es tímido, sentimental, impresionable y delicado. En relaciones familiares y de amistad van de la mano. En el amor grandes incompatibilidades. Se conocen, se deslumbran, se enloquecen, se decepcionan y se destruyen emocionalmente. Acuario busca mente, amistad y beneficio, y Piscis sueña con romanticismo, arte y éxtasis sexual. La relación es extraña, difícil, complicada. Si ambos son positivos, la gloria; si ambos son negativos, el infierno.

Piscis

Es sentimental, romántico, misterioso, psíquico, espiritual, emocional, impresionable, artístico, abnegado e inolvidable. En lo negativo, autodestructivo, sacrificado inútilmente, adicto a lo negativo (alcohol, drogas, estimulantes o depresivos), promiscuo y pasional. Cuando su regente Neptuno lo ilumina se convierten en genial artista, maestro espiritual, idealista de altos vuelos. La dualidad de Piscis puede resultar inspiradora o decepcionante. En el amor se pegan al ser amado y llegan hasta la humillación por no quedarse solos. Sus sentimientos idealistas, su desinterés, su increíble romanticismo, dulzura y magia personal, los convierte en agradables compañeros y amigos, todo piscis posee el secreto de las caricias, toques y coqueterías para inducir al goce pasional. Los piscis poco evolucionados son borrachos, drogadictos, tarados, viciosos y de baja moralidad. Nadie olvida jamás una relación de amor con Piscis.

Piscis con Piscis: Por su emotividad, sentimentalismo, amor a la música y a lo espiritual, se amalgaman muy bien. Desde el punto de vista del amor, dos sentimentales dulces, apacibles, hogareños y poco exigentes que pueden encontrar la paz juntos. Cuando tienen que afrontar la realidad, ya es otro cantar. Uno se recostará del otro, y el otro se refugiará en las lágrimas y vendrán las recriminaciones y rupturas. Una aventura inolvidable que tal vez pueda perdurar.

19

EL TANTRA

Los secretos más ocultos del sexo y de la vida misma se encuentran en el tantra.

Tantra significa mil cosas, desde la unión de los contrarios, la unificación de lo masculino y femenino en un ser humano, la aceptación de lo "bajo" y lo "alto" como complementos de una realidad total, al igual que la doctrina para canalizar la energía vital. Literalmente significa regla, unión, ritual o exposición sistemática. El tantra yoga se polariza en el estudio del aspecto femenino de la manifestación cósmica, lo que denominaríamos la Shakti o Madre Universal. La unión sexual (*maithuna*) con la mujer o con la pasión pasa a ser la realidad simbólica de la unión con la Suprema Fuerza del Universo.

Visitando el Tibet tuve el privilegio Divino de conocer maestros tántricos y lugares sagrados de prácticas tántricas. Siempre ha habido condenación y críticas de los que no conocen, los que no son iniciados y solo hablan del aspecto sexual del tantra.

Al semen, o *bindu,* se lo conceptúa el verdadero elixir de la vida y se lo iguala con sangre líquida. Brahmacharya es aquel que hace votos de renunciar al sexo. Claro que eliminar el sexo de nuestra vida como forma de ascetismo o purgación es totalmente negativo y destructivo. Lo importante es canalizar la energía por vías productivas y de mayor elevación espiritual.

Muchos que practican el celibato o el brahmacharya por órdenes religiosas se ven condenados a una vida de represiones condenatorias, viven en un infierno de pasiones ocultas y grandes perturbaciones mentales. Para mí, cuando ya no interesa el sexo, se trasciende. No es represión ni mutilación. Sublimes maestros han nacido en este mundo siendo perfectos brahmacharyas. No recomiendo a nadie laborar en estos delicados campos del sexo sin la asistencia directa de un maestro tántrico.

Mucho podemos aprender dentro del mundo del tantra la aceptación que en cada ser humano hay fuerzas o polaridades femeninas y masculinas, positivas y negativas. El hombre 100% masculino no ha existido.

El cuerpo físico es el templo de la Divinidad. No hay templo más sagrado ni más perfecto que el cuerpo humano. Todos los elementos: aire, fuego, tierra, agua y sus propiedades se hallan en él. Hay nueve entradas al Templo Divino del cuerpo humano: los orificios del sexo y del ano, nariz, ojos, boca y oídos. En aspectos esotéricos el tercer ojo y la apertura del *brahma*. Es obligación, de acuerdo a las enseñanzas tántricas, mantener el templo (el cuerpo) limpio, saludable, armonioso y *satisfecho*. El amor sensual es un acto tántrico de magia y potencia espiritual. El acto sexual en su forma más elevada es la experiencia más sublime del éxtasis cósmico.

El que camina por el tantra para su desarrollo personal, espiritual o mental aprende que crecer conlleva sufrir, cambiar, renunciar a lo negativo, abrirse a nuevas experiencias, decirle sí a la vida y cambiar hábitos que te paralizan y te estancan. Tantra es libertad, espontaneidad, aceptación de que vida conlleva feo, bonito, triste y alegre, risa y llanto, y aceptarlo todo como lecciones valiosas en tu evolución personal. Los hábitos mentales son los más difíciles, ya que conllevan adoctrinamientos, programaciones inconscientes, condicionamientos aberrados, imitación de conductas repetitivas y destructivas. El tantra te obliga a estar despierto y consciente en cada instante de tu vida.

Examinarte cuidadosa y cruelmente es obligatorio y vital para evolucionar en el camino del amor y del tantra, así como conocer las avenidas y recovecos de tu cuerpo, sentimientos, rechazos, hábitos sexuales, dependencias y adicciones, zonas erógenas, zonas donde la energía está paralizada por temor o por condicionamientos religiosos o de pecado. El pecado se reduce al no hacerle mal a nada viviente ni en acción ni en pensamiento. El amor y los sentimientos tienen que ser espontáneos, puros y naturales. Nada forzado o creado por la mente es aceptado. Hay que escuchar al cuerpo, la voz de Dios dentro de ti que te habla y te orienta.

La meditación tántrica según me fue enseñada no tiene reglas fijas ni procedimientos calculados. Cada ser humano es distinto y cada cual tiene que encontrar su propio sendero en la meditación. Relajar el cuerpo y buscar la posición más cómoda (si te da sueño, duermes y luego reanudas tu propia meditación), observa tu respiración, cómo entra y sale el aire, cómo se infla o decrece el abdomen (lo que más te guste) y luego vacía tu mente. Observa pensamientos intrusos como si fueran hojas que van flotando en la corriente del río. Lo importante es hacer de cada acto de tu vida una perfecta meditación.

Constantemente tienes que estar alerta, despierto, consciente al caminar, comer, beber, sentarte, hablar y dormir. Cada vez que tu mente se refugia en algo pasado o brinca al futuro, la ubicas en el aquí y ahora, el eterno presente.

Repito que es básica y esencial la actitud liberal y espontánea del sexo al igual que la aceptación de la bisexualidad natural en todo lo viviente. Reconoce que en toda mujer reside un hombre y viceversa. Hay mujeres que en momentos de peligro actúan más masculinamente que el más hombre y hay hombres que han llegado al sacrificio pasivo y la ternura máxima que se le adjudica a la mujer. Todo tántrico tiene que eliminar conceptos cerrados o prejuicios y tabúes respecto a roles sexuales, y abrirse a la espontaneidad del sexo y del amor. El hombre que respeta su cuerpo y su pareja, respeta a sus padres, a la vida y a Dios.

La respiración es algo sumamente delicado y de profundo estudio en el tantra, el yoga y la tradición taoísta. El lado derecho del cuerpo humano se identifica con el Sol y el izquierdo con la Luna. Hay quien respira más por la ventana derecha de su nariz, estimulando lo agresivo o feroz de su ser. Yo recomiendo practicar la respiración alternada o de balance perfecto. Con tu mano derecha sobre la cara, cierra con el pulgar la ventana derecha de tu nariz e inhala por el lado izquierdo. Cuando la inhalación está completa, retienes por breves instantes el aire en tu interior cerrando el otro lado con tu dedo anular. Saca el pulgar y dejas que el aire salga por el lado derecho, cerrando con el dedo anular la ventanilla izquierda. Por ese mismo lado, el derecho, inhalas, retienes y exhalas por la parte contraria, siempre cuidando de que por donde salga el aire, tiene que entrar. Quien controla su respiración controla su vida y su destino.

En el tantra, suprimir o inhibir las necesidades, apetitos o deseos naturales es peligroso para la salud física y mental. Quien opine que esto lleva al libertinaje y a la indulgencia extrema, se equivoca. La indulgencia es producto de inmadurez psicológica y emocional. En estas milenarias prácticas, se amplifica el placer sexual. El masaje, el tacto sutil en zonas erógenas, el perfume, el sabor, el baño y todo el cuerpo humano se sensibiliza sexual o eróticamente sin sentimiento de culpa ni de pecado. No hay que olvidar que la imaginación y la visualización son requisitos esenciales en el sexo como en los rituales mágicos tántricos. Quien haya leído el Kama Sutra y el Ananga Ranga entenderá mejor sobre el sexo y el ambiente propicio para practicarlo y enaltecerlo. (Visualizar un aura positiva formada por radiante luz blanca o el huevo cósmico rodeando la pareja, protege a los practicantes del acto sexual de fuerzas negativas, diabólicas o perturbadoras.)

He conocido figuras destacadas de la farándula y otras más, que por intuición han desarrollado técnicas sexuales muy elaboradas y satisfactorias que semejan en algo a lo tántrico y que les han brindado años de felicidad y sanidad mental. Una amiga mía derivaba un extraño placer de realizar el amor en el cementerio. Para algunos, esto sería una locura o aberración. Yo no condeno, yo no critico, expongo sencillamente. Lo insólito es que ciertos yoghis prefieren los lugares de cremación (en la India se queman los muertos) para realizar rituales sexuales tántricos y que conducen a la trascendencia, porque les recuerdan lo transitorio de todo, hasta del placer sexual y el umbral hacia el más allá o hacia otro estado de conciencia.

Cualquier persona criada bajo cerrados conceptos de pecado se alarmará de lo que aquí escribo, pero es importante conocer, no vivir cerrados a la verdad. Nada es feo ni sucio, todo está en la mente del que escucha, ve o lee. En la Era de Acuario el mandato cósmico es *saber*, no seguir creyendo. Es obligación del estudiante de la verdad analizar, cuestionar, averiguar y descubrir. No creer absurdamente porque una autoridad o libro, aparentemente infalible, lo diga. Nada es verdad hasta que no sea verdad para ti. No creas nada hasta que no lo experimentes en carne propia.

Siendo los problemas mayores del hombre y la mujer de hoy día el amor, el sexo y el matrimonio, por eso profundizo en estos temas que pueden traer luz a los que viven en tinieblas o en busca de la verdad. El encontrar la pareja perfecta es el sueño anhelado de todo ser humano y esa pareja perfecta es aquel o aquella que nos comprenda y que comprendamos, que nos valore o valoremos, que nos satisfaga y satisfagamos, que amemos y nos ame, y que juntos podamos evolucionar como espíritus encarnados o Dioses en verdad y potencia.

El amor es la palabra más usada y más mal usada en todo el vocabulario, no importa el idioma en que se exprese. Muchos confunden posesión con amor, otros sexo con amor, y para cada ser humano el amor se reviste de distintas manifestaciones. La energía Divina del amor lo abarca todo y quien no esté rebosante de amor, no puede amar.

El amor se puede analizar astrológicamente. Cada signo representa una forma distinta de amar. Si se estudia más profundamente la ubicación planetaria en el mapa natal de un ser humano, podemos conocer íntimamente su potencial de dar y recibir amor, al igual que inhibir o disfrutar de la energía sexual. Venus, Marte y los asteroides Eros y Amor, son claves para conocer y conocernos. La casa quinta que rige el placer y la creatividad (asociada con Leo y el corazón) la casa séptima que rige uniones y matrimonio (asociada con Libra) y la octava que rige lo sexual (asociada con Escorpio), son rayos X para descubrir verdades en el ser humano. En general:

Aries: ama como un niño: con impulsividad, arrojo, mucha pasión; pero de corta perdurabilidad. Muchas aries coleccionan maridos o amantes. Es llama ardiente que se apaga pronto.

Tauro: ama fuerte y posesivamente. Mezcla de carne y espíritu. Pertenencia exclusiva. Amor a la belleza, al arte y al dinero (seguridad económica), se mezclan en su amor.

Géminis: brinda amor mercurial, coquetea, divierte, embruja, todo le interesa, todo lo prueba, hasta que llega el complemento y se estabiliza. Búsqueda incansable del amor.

Cáncer: ofrece amor temperamental, dominante y sentimental. Mezcla de madre y amante. Cada amor es capítulo inolvidable de su vida. La mujer de Cáncer no suelta su presa con facilidad.

Leo: es el rey del amor y el más despreciado. Ama con entrega total, se baja de su trono (espacio o respeto propio) y es humillado y traicionado. Tiende a comprar cariño o a manipular y acaba sufriendo decepciones. Su evolución viene por el amor y el orgullo.

Virgo: es témpano de hielo en la apariencia externa, volcán de pasión en la intimidad. Su vida sexual es algo muy secreto. Se mezcla intelectualidad, pasión, servicio y conveniencia, en las extrañas manifestaciones de amor de Virgo.

Libra: es soñador y fantasioso. Busca armonía y motiva guerras. Romántico, inseguro, indeciso y controlador, es una Venus femenina en un signo masculino.

Escorpio: es el extremo más dramático del sexo y amor. Promiscuidad con impotencia y frustración sexual. Dominio y poder a través del sexo. Los evolucionados se sacrifican por el ser amado disolviendo el ego y convirtiéndose en amante, madre y compañero de su pareja.

Sagitario: es el filósofo del amor y de la vida. Busca la verdad y la esencia del sentir humano. Ata pero no se deja atar. Mitad bestia (carnal, pasional) y mitad hombre (romántico, visionario).

Capricornio: es cumbre de pasión, ambición y dominio. Exige mucho porque da mucho. La mujer de Capricornio aventaja al hombre en las lides del amor. Viven novelas de amor con muchos capítulos tristes y sorpresivos. Tienden a la soledad como Virgo.

Acuario: lo más raro, extraño e impredecible, como lo más aburrido y convencional, define el mundo sexual de Acuario. Ama a la humanidad y detesta a la gente (especialmente a los que no comparten sus puntos de vista).

Piscis: erotismo desbocado o celibato obligatorio, su misión es la humillación con manipulaciones inconscientes. Desenfreno u obsesión de pureza y castidad. Místicos y sensuales.

El oriental llama al acto sexual el arte del amor. Quiero aclarar que Amor con A mayúscula es otro cantar. Es amor en el más alto concepto de la palabra. Es dar, no pedir. Es amar sin exigir nada a cambio. Es dejar de ser yo, para ser tú. Es el amor que siente el hombre por su Creador, por su madre, por su patria, por un ideal. Es el amor que nos lleva a aceptar la muerte con una sonrisa. Es ver feliz al ser amado aunque sea en los brazos de otro ser humano.

En Oriente se educa al ser humano en los rituales del sexo y del amor. La habitación, el perfume, el sonido, todo juega papel decisivo en el tantra.

Para sorpresa de muchos el dios Ganesha, concepto hindú del Creador del Universo, con cabeza de elefante y conocido como el dios que quita todos los obstáculos, es el que rige el *chakra* sexual. En el cuerpo humano existen siete chakras que son núcleos de fuerzas vitales y que tienen sus correspondientes centros en la médula espinal y en los plexos nerviosos, y cada uno ejerce control sobre una función particular del cuerpo físico (fundamental o sexual, esplénico, umbilical, cardíaco, laríngeo, frontal y coronario). El *kundalini* o el poder serpentino electroespiritual, la Shakti estática, representa la energía cósmica vital del hombre y yace dormida en el *muladhara* o *chakra* sexual donde rige Ganesha, quien es mi Ishta-Devata. Ganesha remueve obstáculos físicos, emocionales y psíquicos. Es el que abre y cierra caminos (en África se lo compara con Eleguá). No hay ritual o acto mágico que triunfe si no tiene la bendición o invocación de Ganesha. Su Divina trompa nos recuerda el Sagrado Lingam. Ganesha es el rey de todos los espíritus y deidades que presiden los cinco elementos. Donde está Ganesha hay suerte, prosperidad, amor y protección. Él protege el portal del Poder Oculto. Su mantra más efectivo es OM SRI GANESHAYA NAMAH. Su solo nombre es un mantra poderosísimo. Hay muchos secretos que me han sido confiados de boca u oído y que todavía no ha llegado el momento de poder divulgarlos. Tal vez en mi próximo libro pueda llevarlos a los fascinantes secretos del tantra y del sexo en su aspecto esotérico más celosamente guardado.

Hago un llamado a padres, educadores y todo el que pueda hacerlo, que enfaticen la educación sexual en el hogar y en la escuela. Siendo parte esencial de nuestra vida y fuente de procreación y supervivencia debe tratarse con naturalidad restándole todo lo feo y pecaminoso que revistió este tema durante siglos por la condenación judío-cristiana. La mayoría de las perturbaciones mentales y la razón de tanto divorcio parte de una mala educación sexual. En vez de condenar, abramos nuestra mente y busquemos en la sabiduría oriental, el tantra, la cultura china y japonesa que tanto tienen que enseñarnos. Todo lo que aquí expongo sobre la actitud sexual sana, al igual que la liberación femenina y masculina (el hombre también tiene que liberarse de roles obligados y etiquetas falsas que le ha impuesto la sociedad), la liberación gay y la búsqueda de la libertad del alma son reflejo de la era en que vivimos: la Era de Acuario.

En la magia sexual primitiva no hay rito sin fuego. Por asociación los signos de pasiones más violentas e irrefrenables son los de fuego: Aries, Leo y Sagitario. El color de la pasión es el rojo, aunque el amarillo y el azul también se utilizan según la deidad que se va a implorar. Una lámpara para rogarle a Yemayá, la diosa del mar, se hará en un envase o palangana con agua de mar y añil Madamo. Que el agua quede como el azul del mar. En el centro se coloca una vela. Se hace la petición y se mantiene encendida por siete días.

He visto grandes milagros de amor, salud y dinero con un servicio que me enseñó un viejito santo de la Cuba de ayer: se toma un melón y se abre un círculo por la parte superior. Se le saca la carne o pulpa y se le echa aceite de comer, melao, agua de azahar, siete centavos, una mechita y se prende por siete días en nombre de Yemayá, luego se lo entrega al mar.

Carlos Canet, babalao y excelente amigo, me recomendó que para despojos con Yemayá lo ideal era limpiarse con platanutres o mariquitas y chicharrones al igual que llevarle frutas y flores a la diosa del mar.

Quien tenga la oportunidad de visitar Brasil el último día del año, 31 de diciembre, verá el espectáculo de fe más asombroso. Miles de seres humanos se unen por fe en una gran familia de hijos de Yemayá. Esta inolvidable ocasión se asemeja a los festivales que disfruté a las orillas del Río Ganges donde miles de fervientes religiosos llevan ofrendas, recitan mantras, obran milagros, queman cadáveres y donde la energía Divina nos envolvió a todos.

La otra diosa del amor es Ochún —reina del amor y del oro, que yo comparo con otras deidades del amor como Venus, Lakshmi y Metresilí (Erzulie). Las velas de Ochún se colocan en una calabaza. En la calabaza, ya limpia por dentro, se le echan cinco huevos de gallina (yemas), miel de abeja, aceite, gragea y se coloca una mecha que arderá por cinco días.

En la Cuba de antaño, me cuentan que las mujeres de vida alegre, para atraer negocio, le hacían muchas magias a Ochún, como: ponerle en plato hondo blanco cinco huevos cubiertos totalmente con polvo de canela; darse baños de miel de flores de calabaza, perfumes, agua de florida y canela en polvo por cinco días seguidos; o vestirse de amarillo para halagar a la diosa de la atracción y seducción.

Todas estas magias las ofrezco como experiencia personal y como información cultural. Yo personalmente creo que cualquier petición a cualquier manifestación de Dios (para mí Dios es el Creador de todo, no hay nada que no sea sagrado porque para mí todo es Dios, la piedra, la imagen, el río, el mar, el fuego, el santo, la diosa, Cristo, Buda, todo; todo es un aspecto de una Única Verdad: Dios) que conlleve fe, necesidad, emoción, sinceridad y que no dañe a nadie, ni vaya en contra de la voluntad de nadie, tiene que realizarse a virtud de la fe.

Un simple vaso de agua que yo recomendaba en mi programa de radio *Abre tu corazón a Walter* levantó a enfermos incurables, trajo solución a problemas, devolvió la fe al perdido y trajo amor a la soledad de muchos seres humanos. La repetición de un Salmo leído con el corazón, es infalible en momentos de crisis.

Afirmaciones que yo preparo para cada cliente o discípulo mío han cambiado el destino o la vida de muchos hacia la prosperidad, el amor y la felicidad. Me inclino mucho a las afirmaciones, ya que personalmente las practico diariamente. Me relajo, entro en meditación, dejo que Dios me hable y me oriente y luego hago mis afirmaciones al levantarme y al acostarme.

Los mensajes que estás leyendo medítalos, ponlos en práctica, visualízalos y verás cómo se enriquecerá tu vida.

20

TU SEXUALIDAD
SEGÚN EL ZODÍACO

Según estudios y por mis experiencias personales lo sexual está íntimamente relacionado con tu signo zodiacal. Cada ser humano tiene características únicas y diferentes que lo distinguen según su fecha de nacimiento.

ARIES

El hombre Aries es el original hombre macho. Le gusta que lo respeten por su valentía e impetuosidad. Le es difícil relajarse por temor a perder su propia imagen. Son muy vulnerables aunque no lo aparentan. Convierte a la mujer amada en una diosa.

La mujer Aries posee mucho *sex appeal*, atracción sexual, aunque nunca lo hace obvio ni aparente. Su lógica, su sentido común, su ambición e imparcialidad, la hacen lucir fuerte, positiva y autosuficiente. Detrás de la máscara exterior de cada mujer Aries existe ternura, ingenuidad, amor, sensibilidad y una gran femineidad. En esa fortaleza exterior, en esa independencia, está su atractivo sexual o *sex appeal*.

TAURO

El prototipo del hombre Tauro es el animal extremadamente masculino. La sensualidad y sus atractivos físicos los describen. Rodolfo Valentino es el inmortal amante representante del signo de Tauro. En la actualidad es el actor George Clooney. Los hombres de Tauro se enorgullecen de su poder sexual y de su magia de enloquecer a su pareja.

En cuanto a la mujer Tauro, cuando se repartió el *sex appeal* en el mundo la primera que estaba en la línea era ella. Son las hijas de Venus, y Venus, claro está, tiene que ver con el arte, con la belleza y con la sensualidad. La mujer Tauro es la ideal para muchos hombres. Muchas modelos y actrices nacen bajo este signo. Ellas saben por intuición que el camino para conquistar el corazón de un hombre es a través del estómago. Tienden a ser gorditas ya que siempre están hambrientas de amor y de comida. La mujer Tauro no debe preocuparse por destacar su atractivo sexual, porque ella, en su femineidad, es el *sex appeal* mismo.

GÉMINIS

Los hombre del signo Géminis tienen el poder de embrujar con la palabra, sus detalles en la conquista, su simpatía y su encanto los colman de atracción sexual. Son más mentales que físicos. Les gusta inventar y crear nuevas formas de hacer el amor. Nunca aburren y siempre sorprenden

Para la mujer de Géminis su atracción sexual se basa más en lo intelectual y mental que en lo físico. Es un signo de bellas mujeres, de gran actividad física. Su brillantez mental, su interés, su curiosidad, las hace fascinantes y divertidas. Todas lucen como si hubieran estado en todas partes y como si hubieran tenido múltiples experiencias sexuales —aunque esto no sea verdad. En su imaginación han dado la vuelta al mundo. No son muy hogareñas, ni domésticas, ni les gusta mucho la cocina, pero lo compensan siendo muy afectivas. Dominan la palabra, la comunicación, que es el medio más maravilloso para comprenderse dos seres humanos.

CÁNCER

Este hombre es el eterno niño en busca del amamanto de la madre. De fortaleza exterior, pero de una gran ternura interior. El hombre Cáncer es un artista en la vida y en la cama. Bañan a su pareja de caricias y detalles. Viven, aunque no lo reconocen, bajo la sombra de su mamá. Pueden ser temperamentales y muy posesivos.

La mujer de Cáncer tiene *sex appeal* en grandes cantidades. Junto a sus hermanas de Tauro, Escorpio y Piscis son las más sensuales del Zodíaco. Cáncer es el símbolo de la maternidad en la astrología. La mujer Cáncer tiene que amar o demostrar su amor, pues si no, muere; sin esto su vida es vacía y sin sentido. Son susceptibles, ultra femeninas, impredecibles y temperamentales. Son eternas niñas y en esa aparente tontería y niñería radica su gran atractivo sexual.

LEO

El hombre Leo irradia carisma, poder, elegancia y mucho, mucho atractivo sexual. Les encanta llamar la atención y enloquecer de pasión a sus admiradoras. El verdadero Leo es la imagen de la masculinidad. Toman siempre la iniciativa en las lides sentimentales.

La mujer Leo vive, actúa y proyecta la imagen de la mujer sensual. Son monárquicas, reinas, orgullosas, de gran corazón e independientes. Casi todas representan el sueño imposible de muchos hombres. Son exquisitas en su trato cuando se lo proponen; amenas en su conversación cuando les interesa el hombre; y dramáticas en su comportamiento, porque les fascina causar efecto. Resultan maravillosas madres y fascinantes esposas. Tu *sex appeal*, Leo, está en el arte de darte y negarte al mismo tiempo.

VIRGO

En el hombre Virgo su magia sexual comienza con sus deseos de servir, ayudar y aconsejar a su futura pareja. Tienen apariencia fría, controlada y reservada pero sorprenden en la intimidad. Son volcanes de pasión desatada y jamás dejan insatisfecha a su amante. Son muy susceptibles y nerviosos y pueden sucumbir a adicciones como fumar, beber alcohol o múltiples aventuras sexuales.

Las mujeres de Virgo son todo *sex appeal*, pero su control, dignidad, señorío y esa frialdad exterior que aparentan puede hacerlas lucir inaccesibles. Por fuera tienen la magia de la pureza, la virginidad y la castidad, pero en su interior hay volcánicas pasiones a punto de estallar. El día que la Virgo encuentra al hombre ideal, se le cae la careta de serenidad y llega a demostrar su naturaleza sensual y pasional.

LIBRA

Los hombres Libra tienen un excelente buen gusto y mucha vanidad. Endiosan a su pareja y se llevan grandes decepciones. Buscan poseer belleza y juventud eterna. Algunos son los eternos Don Juan que necesitan probar sus talentos como conquistadores. Son pasionales y sorpresivamente sexuales aunque todo lo realizan con mucha elegancia y decoro.

La mayoría de las mujeres más bellas de este mundo, nacen bajo el signo de Libra. Casi todas las reinas de belleza —como la Señorita Universo y la Señorita Puerto Rico— han nacido bajo este signo. Su dulzura, calma y encanto son la miel que buscan muchos hombres. Las mujeres Libra gustan acentuar su atractivo sensual con perfumes, buena ropa y exquisito maquillaje. Son coquetas por naturaleza, sumamente refinadas y cultas. Detestan lo vulgar y lo chabacano.

ESCORPIO

Para el hombre de Escorpio su fama de dínamos sexuales está justificada. Les encanta experimentar en el acto sexual. Exigen fidelidades que a veces ellos no ofrecen. Sumamente misteriosos, sentimentales, celosos y posesivos, pero inolvidables. Para ellos el buen sexo es lo primordial en una relación sentimental. Se dice que son mejores amantes que maridos.

Hablarle a una mujer Escorpio de *sex appeal* es absurdo, ya que nace conociendo todas las armas para desplegar ese talento maravilloso para atraer al sexo que sea. Escorpio es sinónimo de sensualidad y de gran atractivo sexual, puramente espontáneo y natural; aunque no hable, destila magnetismo y persuasión. Sus ojos delatan sus emociones, domina con su mirada hipnótica de serpiente. Atrae más cuando está poco arreglada, y mientras menos maquillaje use, más exquisitamente sensual luce. Puede ser la esposa ideal del que no le dé motivo para ejercitar su gran defecto amoroso, pues es posesiva y celosísima.

SAGITARIO

Los hombres de Sagitario, con sus bromas y chistes, llegan al corazón de quien les interese. Son hombres estimulantes, excitantes y dinámicos. Poseen un gran atractivo sexual enloquecedor. Su mayor problema es diferenciar la fantasía romántica de la cruda realidad. Se los conocen como los eternos solteros del Zodíaco porque le huyen al matrimonio como el diablo a la cruz.

El *sex appeal* de la mujer Sagitario radica en su extraordinaria salud y vigor. Su energía física, filosofía optimista y positiva de la vida atrae a los hombres, al igual que sus piernas, que a menudo son las más bellas del Zodíaco. Su espíritu honesto, su franqueza, la hacen subyugante. Se interesan por las cosas de los hombres: los deportes, la política, las leyes, la medicina y por todo lo último o de moda en este Universo. Esto las hace tener muchos temas de conversación y resultan más atractivas cuando están en compañía masculina. Son eternamente jóvenes porque su espíritu jamás envejece.

CAPRICORNIO

Los hombres Capricornio son hombres conservadores y tradicionales, serios, responsables, ambiciosos y luchadores. Poseen una cualidad paternal que atrae a ciertas mujeres. Con los años se despierta lo sexual dormido en ellos y se convierten en el macho cabrío del Zodíaco.

La mujer Capricornio es pasional, pero privada, íntima y callada. Una mezcla de fuego y hielo es la combinación perfecta para definirla. Sus facciones esculturales, los huesos de su cara y de su cuerpo maravillosamente moldeados y su piel la hacen exquisita, atractiva y muy fotogénica. Es el signo que más diosas ha dado al cine. Saben intuitivamente cómo maquillarse, cómo vestir y cómo dar una imagen correcta de su personalidad. Cuando una mujer Capricornio se siente segura de sí misma, el mundo se rinde a sus pies.

ACUARIO

El hombre Acuario es intelectual, artístico, soñador, filósofo, libre pensador, trasgresor y capaz de todo en los asuntos sentimentales.

Su espíritu independiente con su mente en las nubes y sus ojos en el futuro posee una dependencia emocional inconsciente.

El *sex appeal* de la mujer Acuario es como el arco iris, algo delicado, de colores divinos, pero intangibles, algo que nos atrae misteriosamente. Se ha dicho que su buena voluntad por toda la humanidad le da un gran atractivo. Nace para conocer el amor y tiene muchas experiencias en él, especialmente con gente que está en una escala inferior, ya sea social, mental o espiritual. A menudo se siente sola, inalcanzable; por eso gusta tanto a los hombres con ínfulas de conquistador. Las mujeres Acuario son sumamente brillantes, mentales, inteligentes, intelectuales, comprensivas y liberales, pero también muy enigmáticas, extrañas y a veces muy desconcertantes para quien las ama.

PISCIS

El hombre Piscis, aunque pertenece a un signo extremadamente femenino, es extremadamente masculino, pero con sutileza, compasión y delicadeza. Es un ser inmensamente seductor, fascinante, hechizador y muy pero muy sexual. Nunca hacen alarde de su versatilidad en la cama, pero son la sorpresa del siglo en lo sexual.

La mujer Piscis es una de las mujeres más sensuales del Zodíaco, pero con una sensualidad imaginativa, fina, soñadora, más mental que física. Ella tiene ojos melancólicos y hermosos. Cuando ama se mueve armoniosamente con gestos como de sirena, dejando de ser ella para amoldarse a los deseos del ser amado al cual le gusta cuidar y complacer en todos sus caprichos, se convierte en vez de esposa o amante, en madre. Es psíquica, mística y sumamente espiritual.

Tu *sex appeal,* o atracción sexual, según el Zodíaco es como una antena que manda y recibe mensajes de atracción en un nivel casi extrasensorial. De ahí que cada persona cifre su atracción en algo distinto, misterioso y, a menudo, en algo indefinible. Esto es algo divino si se canaliza por un camino sano. Quisiera que con cautela aborden el siguiente tema y tomen esta información para ayudarse a sí mismos y a los demás a no caer en esta negatividad y salir adelante hacia una vida más iluminada.

LAS ABERRACIONES SEXUALES
Y LA ASTROLOGÍA

El sexo es energía en acción. Todo el mundo lo sabe. Si dicha energía se canaliza exclusivamente hacia cierto tipo de seres humanos o hacia ciertas formas extrañas de placer, se lo puede llamar aberración. Cuando lo que se hace en el sexo nos causa tristeza, problemas emocionales, disgusto con nosotros mismos y nos baja el tono emocional, es que algo negativo está arruinando nuestra vida. Por eso es tan importante conocer cómo se asocia la astrología con el sexo.

Para el astrólogo, la evolución sexual irregular tiene por base la influencia nociva de los planetas. Venus tiene que ver con el amor. Marte, Saturno y Neptuno, cuando están en el mapa natal en forma discordante o mal aspectados, nos traen problemas. Casi toda enfermedad sexual parte de la niñez (otras vienen de vidas anteriores). En la etapa de la niñez tiene lugar el primer choque con la realidad sexual en el hogar, en un ambiente propio, con los padres, la familia y también en la escuela. Por eso yo pido tanto a los padres que enseñen sobre sexo a sus hijos en forma natural e inteligente, y procuren mantener salud mental en el hogar.

Según estadísticas científicas, cada signo zodiacal, sin tomar en cuenta la ubicación de los demás planetas y de las estrellas fijas, ni los aspectos entre ellos, presentan tendencias a ciertas anomalías cuando no han evolucionado. Lo que yo hago al momento de nacer un niño es levantarle su mapa natal y así sé qué propensión, debilidad o tendencia hay que observar, cuidar o corregir. Todo niño con su Casa Quinta afectada por Urano tendrá problemas sexuales a menos que reciba entrenamiento y orientación desde su más temprana edad. También hay que tomar en cuenta la Casa Octava, que rige el sexo y que tiene que ver con Escorpio, igual que la Casa Séptima de relaciones humanas, uniones y asociaciones. Cuando el nativo es negativo o poco evolucionado se hace notoria dicha aberración. Un aries o un libra negativo, jamás actúa como un aries o un libra positivo —al decir negativo o positivo, me refiero a la evolución espiritual. Cuando la persona ya ha pasado en otras vidas por experiencias fuertes donde ha madurado, es decir, ha pasado de grado en ciertos aspectos de la escuela de la vida, ya entra en etapas de evolución. Los juguetes que nos enloquecían cuando éramos niños, ya no nos llaman la atención. Para mí toda atracción, gusto o placer, es como un juguete que cuando uno crece ya no tiene valor alguno.

Aries: Los aries negativos tienden al sadismo, a dominar al ser que aman con crueldad o con tortura mental, y cuando no lo tienen bajo su dominio, les fascina torturarlo, acosarlo y perseguirlo. No dan libertad a su pareja y se satisfacen en la búsqueda de seres débiles a quienes humillar y dominar a su antojo.

Tauro: El tauro negativo es amante exagerado de placeres, tanto de la mesa, como de la cama. Algunos son propensos a las drogas, tienden al masoquismo, a derivar placer del castigo mental o físico. Gustan de que los traten mal, les exijan imposibles y los hagan sufrir con celos y mal comportamiento.

Géminis: El géminis negativo es muy difícil de satisfacer. Le gusta llamar la atención, coquetear con todo el mundo, no importa el sexo. Su curiosidad por todo en la vida lo lleva a probarlo todo, aunque sea una sola vez. Su anomalía principal se encierra en su promiscuidad. Su aberración puede ser imaginaria, pero por supuesto lo afecta igualmente.

Cáncer: Al cáncer negativo le fascina la pornografía, ya sea en películas, revista, libros o en su imaginación. En sus fantasías sexuales, peca de gran promiscuidad, como los géminis. Pero en el caso de

Cáncer, es en la imaginación, en la fantasía. Al cáncer negativo, le gusta atraer y estimular al ser amado para luego frustrarlo.

Leo: El leo negativo gusta de todo lo raro, lo extraño, lo primitivo. Gasta toda su energía en el sexo, ya que es intensamente pasional. Lo normal rara vez lo satisface y busca siempre otras formas de expresión. Lo normal lo aburre.

Virgo: El virgo negativo tiende al incesto, inconscientemente. La mujer sigue atada a su padre, lo admira, y puede hasta desarrollar cualidades masculinas mentales o por imitación a la figura paternal. Lo contrario con el hombre, que es de apariencia fría, controlada, pero puede encerrar, cuando es negativo, pasiones muy turbulentas que jamás acepta en el mundo exterior.

Libra: El libra negativo es sumamente delicado, romántico y tiene grandes luchas internas por encontrarse a sí mismo; lucha entre sus deseos profundos y ocultos, y lo que la sociedad exige de él. La mujer Libra negativa tiende a administrar, a absorber toda la energía del ser amado y llega hasta a destruir la vida de su pareja.

Escorpio: Como es el signo que rige el sexo, no hay aberración que no le atraiga cuando es sumamente negativo o muy poco evolucionado, desde el estado masoquista hasta la necrofilia. Todo lo atrae, aunque sea en la imaginación.

Sagitario: El sagitario negativo tiende al exhibicionismo, y al igual que su signo opuesto, Géminis, es sumamente promiscuo. El por ciento de aberración es menor aquí que en otros signos ya que los sagitario generalmente son personas muy sanas y evolucionadas. Aprovechan el sexo para explotar o sacar dividendos.

Capricornio: En su simbolismo negativo se lo asocia con el pecado, con el diablo. En el tarot lo representa el diablo mismo, por eso el Dios Pan, el Dios Baco, el Dios de los placeres, es perfecto Capricornio; los cuernos están asociados con Capricornio, signo de placeres, de lujuria, de pecado. Toda aberración los atrae cuando son negativos. Basta ver el arte pictórico de la Edad Media para palpar sus debilidades.

Acuario: Por ser Urano su regente, y por ser este el planeta de la aberración de lo extraño, de lo raro, de lo impredecible, toda anomalía o aberración le es conocida al acuario negativo. Nada le extraña y nada humano le escandaliza. Es propenso a embanderar las preferencias de un géminis y un libra. Algunos, por ser tan mentales, hacen sufrir al ser amado hasta verlo convertido en un ser impotente con lo cual gozan.

Piscis: El fetichismo es la debilidad de los piscis negativos. A veces recurren a objetos o a ciertas partes del cuerpo, no exactamente a las principales sexuales, para poder derivar placer sexual.

Cada signo nos da un consejo o nos da la luz en algún aspecto de nuestra vida. La astrología es como un mapa que nos ayuda a conocer dónde están nuestros aspectos positivos, nuestras habilidades y potencialidades, y cómo podemos destacar lo positivo, limpiando o confrontando lo negativo para superarlo.

21

BUSCA Y ENCUENTRA
EL AMOR

La mayoría de las personas que van a la santería y a los medios de magia está buscando el amor. La magia mayor, la poción más fuerte, es cuando el ser humano se ama verdaderamente a sí mismo, ama al mundo que lo rodea y a toda la humanidad. Cuando el amor se despierta en el interior de la persona, ese amor abarca a toda la humanidad. Lo que más necesitan los seres humanos es afecto, cariño, atención y admiración. Si tú se los das, vas a atraer hacia ti, a tu espacio, a otros seres humanos. Las técnicas mágicas de amor para conquistar a un ser humano se pueden lograr a través del poder mental, por telepatía, pero cuando lo que tú conquistas es a base de malas artes, te sientes invalidado. En este caso no fue por tus valores, tu belleza interior o por lo que eres realmente que tú conquistaste dicho amor, sino porque has usado cosas exteriores, fuerzas que no son las tuyas, para lograr algo que no va a perdurar, ya que todo lo artificial un día termina.

De las personas que vienen a verme, algunas ya tienen el amor y sencillamente solo les falta una técnica de comunicación correcta, mayor tolerancia y comprensión, ser pacientes, conocer el horóscopo o mapa natal de la pareja y el suyo propio, qué puntos o qué tendencias hay en cada una de ellas que las está imposibilitando a amar, cuántas cosas de la niñez arrastran consigo y cuánto rechazo y trauma hay que limpiar en cada una para que pueda abrirse el amor en ellas como una flor fresca, espontánea y nueva. Muchas personas acostumbran pedir el amor a una deidad. A estas personas yo les aconsejo que solamente pidan que venga a ellas lo que les conviene y no lo que se empeñen en tener, porque la vida me ha enseñado que lo que uno se obstina en tener a la fuerza trae dolor y, a la larga, desgracia.

Unas de las técnicas del amor más poderosas son las tibetanas tántricas del amor. Quiero explicar que todo esto es el producto de mis años de estudio, investigación y experiencia propia. A mí, lo que más resultado me ha dado es enfrentar a la persona a su realidad, conocer sus traumas y problemas, todo lo que arrastra consigo desde pequeña, y explicarle las técnicas de amor propio para que sepa cómo el ser humano, cuando comienza a aceptarse y amarse a sí mismo tal como es, puede corregir su forma de ser. Cuando se vive engañado, llenándose de sustitutos del amor, como trabajar y comer exageradamente o comprando a otros seres humanos, solo se logra conseguir mayor fracaso, tristeza y soledad.

En los rituales de magia tántrica hindú —que son aspectos negativos porque es atraer las cosas a nosotros contra la voluntad de otros seres humanos, mas es interesante conocer dichos ritos mágicos que caerían en parte dentro de la magia negra— se trabaja con deidades, al igual que en la santería, donde las deidades son unos elementales que hay que alimentar con flores, perfumes, comidas y manjares. A dicha deidad o elemental artificial se le va dando fuerza hasta materializarlo para que complazca las finalidades del operador o de la persona que está pidiendo algo. Casi siempre se trabaja en el cementerio, de las doce de la noche en adelante. También se puede laborar con la palabra que es el mantra que crea, mata, atrae o destruye, según dicen ellos, y se puede adorar a la entidad y fortalecerla simplemente dándole de comer a niños pequeños si es eso lo que quiere la deidad. Se trabaja mucho con el sacrificio personal para enriquecer a la deidad. Los ritos mágicos, tanto los de Oriente como los de Occidente, son muy parecidos, y hay una sorprendente uniformidad en todos los rituales de magia del pasado y del presente, ya vengan de los primitivos, de los templos taoístas, de las lamaserías tibetanas o de los *ashram* tántricos. En todos se usa la sangre para escribir palabras sagradas; cuando es humana se usa la del dedo anular. Se utilizan mucho las telas de los muertos, la tierra del cementerio y muñecos confeccionados con tierra, barro o cera que representan la persona que se quiere embrujar o hechizar. También se usan los huesos humanos. Todo esto se encuentra tanto en la magia de Europa como en la egipcia y griega. Se supone que toda la magia tántrica no es obscena como lo es la magia negra en América. Me insistieron mucho en que el tantrismo es una ciencia, y como tal, es moral.

Las fórmulas mágicas tántricas se pueden aplicar tanto para hacer el bien como para hacer el mal. La voluntad del operador domina todo, tanto al ente creado como al evocado. Es decir, la deidad, o *devata,* obedece ciegamente al impulso que se le dé. Por eso se pueden usar para hacer el bien, apaciguar discusiones, peleas y discordias, y hasta para matar enemigos, según dicen ellos. También se usan para protegerse uno mismo y a sus familiares. Todo esto, al igual que en la santería, debe ser misterioso, callado, oculto. A nadie debe ser mostrado el amuleto o fetiche propiamente dicho. Debe ser algo sumamente personal y nadie debe tocarlo porque pierde su poder.

Antes de continuar debo aclarar que ningún yoghi, *swami* o persona de evolución espiritual llega a estos planos de trabajar contra la voluntad de nadie, mas yo lo estoy explicando aquí sólo como un mensaje cultural.

La persona que lleva el amuleto, casi nunca conoce el contenido. Y no debe conocerlo, porque a veces las cosas más sencillas y simples están encerradas en dicho amuleto. Ahora bien, el misterio, el postulado que hace el hechicero unido a la fe que tiene la persona que ha recibido el amuleto, es lo que hace que se realice el milagro.

En el tantrismo los días favorables para laborar la magia son el martes y el sábado; los desfavorables o maléficos, los restantes de la semana. También es muy buscado el día negro del mes lunar, o sea, antes de la Luna Nueva, lo que se considera la noche de "Luna negra", donde todo lo malo camina. Es la gran noche tántrica, la noche sin Luna, la noche de Kalí.

En el tantrismo, al igual que en otras sectas, se recomiendan mucho, tanto para el hombre como para la mujer que desea atraer, los baños con pétalos de rosas, mucho sándalo, perfume, canela y muchas flores y plantas consideradas afrodisíacas como la verbena y el cundeamor (balsamina). Las más famosas fórmulas son de dominación, utilizando o comprando, como hemos dicho anteriormente, un muñequito al cual se le va dando forma —poniéndole cabellos y otros adornos u objetos— hasta lograr que se parezca a la persona que se quiere embrujar. Según hay *yantras* o mantras para atraer, también los hay para rechazar lo malo, dominar y detener cosas negativas. Hay muchas distintos *yantras* y mantras. Entre las primeras las hay de muerte, odio, destrucción y apaciguamiento.

Uno de los rituales más antiguos y también más sencillos es el de tomar un baño a las cinco de la mañana, de pétalos de rosas, meditar, sentarse inmóvil, poner la mente en blanco para purificarse lo más posible y encender cinco velas rojas: una a Krishna, una a Rama, una a Kama, (dios del amor sensual); una a Lakshmi, diosa del amor; y otra a *Hanuman;* y pedirle por el ser amado si es que a uno le conviene, si le va a traer felicidad que esta alma se una a la de la persona que se pide o si es que el alma de la persona gemela está pidiendo acercarse al espacio del que pide. Esto se hace durante cinco días, a las cinco de la mañana. Luego se espera el resultado por cinco semanas. Es algo sencillo y no tan peligroso como trabajar con cadáveres, cementerios y cosas mórbidas.

Otro ritual que aprendí en la India es hacer cinco sacrificios personales por alguien que uno desea hacer feliz o que uno quiere que se acerque a nuestra vida. Otro es visitar cinco lugares donde se adore a Dios, no importa en qué forma, dar una limosna o encender una vela y hacer la oración o petición dentro de ese lugar de adoración, veneración y respeto. Son sencillísimos y altamente eficaces porque en ellos está en juego la voluntad de la persona, la mente y la fe, que es lo más grande que existe.

Esto me recuerda un ritual que se usa mucho en la magia popular: los treinta y tres Padrenuestros a las tres de la tarde y de la mañana durante treinta y tres días. Se hacen estos Padrenuestros con una fe enorme y entre cada uno de ellos se hace la petición de lo que se desea. Es como si fuera un mantra repetitivo en la cual se está pidiendo y, lógicamente, es como una autohipnosis donde se le está pidiendo a la Divinidad exterior y también al poder que uno tiene en su interior, al Cristo que mora adentro de cada uno. Si realmente la persona o el deseo conviene a nuestra evolución espiritual, eso llegará a nuestra vida.

He visto grandes milagros en todos estos tipos de rituales. Uno muy simpático, que aprendí en Haití, es tomar un limón y quitarle la cáscara, teniendo cuidado de no partirla, y untarle a ésta aceite de rosas y de pachulí. Luego se lleva envuelta en un papelito o paquetito en el bolsillo o la cartera. Mientras se ha ido cortando la cáscara del limón hay que rezarle a San Expedito y pedirle por el hombre o la mujer que se desea. Por la noche se saca la cáscara del paquete y se estruja en cada una de los cuatro extremos de la cama y luego se coloca bajo la almohada. Al siguiente día, se toma una embarcación que vaya a navegar y cuando se esté a la mitad de la travesía, en el río o el mar, hay que envolver la cascarita completa alrededor de una moneda de cinco o diez centavos —esto es bien complicado—, que tenga el año del nacimiento de uno, y lanzarlo al agua diciendo: "He cumplido contigo, San Expedito. Tráeme ahora a la persona que me va a hacer feliz". Se suenan los dedos dos veces y se dice: "San Expedito, ahora yo espero por usted. Cuando me lo traiga, le voy a dar lo que me pida: una vela grande (de las que llamamos velón), un trago de ron y un trozo grande de bizcocho de boda, que le voy a poner en la iglesia".

En la santería, cuando la persona quiere atraer, se pone en la boca un pedacito de canela y le habla al ser amado. Muchas cubanas amigas mías mezclan mucha canela con los polvos de talco porque dicen que la canela excita al sexo, al igual que los baños de canela y miel de abejas.

Las dos oraciones más famosas, popularmente, para conquistar y dominar en el amor son la Oración al Ángel Conquistador y la Oración a Santa Marta. La primera dice:

Santo Ángel de la Guarda de (aquí el nombre de la persona), que gusto no tenga hasta que a mi casa no venga. Santo nombre de (el nombre de la persona), tranquilidad no le des hasta que a mi lado no esté.

Santo, ¡oh Santo de mi nombre y devoción!, que me tome mucho cariño y devoción. San Salvador de Orta, que se contente conmigo es lo que importa. Anima a San Juan Minero, que me quiera como yo lo quiero. Santa Inés del Monte Perdido, devolverme el cariño de (nombre de la persona) que desde este momento no tenga más gusto, más ilusión que para mí. Que su amor, su fortuna, su cariño, sus caricias, sus besos, todo sea para mí. Que todo él no sea más que para mí. Cuerpo y alma de (el nombre de la persona), no has de ir a ver ni a querer a otra mujer más que a mí.

Espíritu de San Cipriano, tráemelo. Espíritu de la Caridad del Cobre, tráemelo. Virgen de Covadonga, que me traigas a (nombre de la persona) es todo lo que te pido.

Después de esta oración la persona tiene que bañarse con perfume, flores, miel de abejas y canela. La otra oración, la de Santa Marta, es la más famosa para dominar a los hombres y a las mujeres.

Para llevarla a cabo hay que colocar la imagen o el cuadro de la Santa en el suelo y ponerle una lámpara de aceite de comer, siete hojas de menta, siete cucharadas de azúcar y un poco de miel. Luego se reza lo siguiente:

Santa María Virgen, por el carabanchel que hoy vas a consumir, por el aceite con que se limpiaron los Santos Oleos, yo te dedico esta lámpara para que remedies mis necesidades y socorras mis miserias y me hagas vencer todas las dificultades así como venciste a las fieras bravas que tienes a tus pies. Para ti no existen imposibles. Dame salud y trabajo para poder cubrir mis necesidades y miserias.

Así, Madre mía, concédeme que (el nombre de la persona que se quiere embrujar) no pueda estar ni vivir tranquilo hasta que a mis pies venga a parar. Así, Madre mía, por el amor de Dios, concédeme lo que te pido para aliviar mis penas. Amén. Jesús.

Santa Marta Virgen, que al monte entraste, a las fieras bravas espantaste, con tus cintas las ataste y con tu hisopo las amantaste. Así, Madre mía, que no dudo que esto es la pura verdad, te ruego que amanses a (nombre de la persona). Amansa a (nombre de la persona). Amansa a (nombre de la persona). Santa Marta, que no lo dejes en silla sentar ni en cama acostar, y que no tenga un rato de sosiego hasta que a los pies míos venga a parar.

¡Santa Marta, óyeme, atiéndeme, por el amor de Dios!

Estas son oraciones del pueblo. En muchas de estas prácticas se ha llegado a exageraciones terribles, como lo que llaman en el léxico popular "comprar muertos". Esto se refiere a cuando la persona dice o alega haber comprado un muerto, pero en realidad va a un cementerio y se trae un muerto o entidad y comienza a darle comida, a alimentarlo, para que sirva de mediador entre quien lo compró y la persona que se quiere hechizar o embrujar.

Una de estas prácticas más sencillas, y que se asegura es sumamente efectiva, es la de la calabaza de Ochún. Se escoge una calabaza bonita, se abre por la parte de arriba, sin botarla, se limpia por dentro y se le ponen las fotografías o los nombres de las dos personas: Luego se introducen dentro de ella miel de abejas, cinco cucharadas de azúcar negra, cinco ramas de canela, perejil, cinco yemas de huevo y cinco centavos. Se tapa, se le pone un poco más de miel por encima y se le echa gragea. Se le pone al lado una vela grande, amarilla, y se coloca la calabaza en un plato. Se le ofrece por cinco días a la deidad africana Ochún. Luego, se lleva al río y, mientras se le hace entrega del sacrificio a Ochún, se le toca una campanita y se habla con la diosa que se alega vive en el río. Esto es para endulzar y atraer al ser amado.

En la santería hay miles de fórmulas, rituales y trabajos espirituales para atraer en el amor. Entre ellos, el dedicado a Yemayá, la diosa del mar. Se hace un barquito con una velita azul y se le pone una bandera blanca y otra azul y flores, y se le pide que traiga al ser amado. Otro consiste en tomar un melón bien bonito, abrirlo y ponerle aceite de comer, melado (jarabe oscuro, espeso y muy dulce de caña de azúcar), añil y siete mechas. Después de siete días se lleva al mar y se le entrega a Yemayá, a la cual se le pide lo requerido con una maraca azul. También, de una vez, uno se limpia con lascas finas de plátanos fritos, que algunos llaman mariquitas y otros chicharritas, y chicharrones de cerdo.

También para Eleguá hay numerosos trabajos con el fin de conseguir el amor. Uno de ellos es ponerle ron, aguardiente, un vaso de agua, palomitas o rositas de maíz, una vela, y pedirle con su maraca para que traiga el amor.

22

LOS ASTROS TE PREPARAN PARA EL CAMINO AL ALTAR

Si quieres casarte y no acabas de encontrar a la pareja de tus sueños, sigue las tres reglas básicas que te sugiero aquí. Primero, tranquilízate y elimina la ansiedad y la desesperación. Segundo, analízate bien según tu signo. Y tercero, pon en práctica las siguientes recomendaciones.

Aries: ¿No sientes a veces que eres demasiado agresiva, independiente, dominante? En vez de usar rojo fuego, usa rosa pálido. Para ayudar enormemente a tus sueños, haz sentir al hombre que está a tu lado que él es el fuerte, el grande, el que domina y manda. Los ataques de histeria, las peleas, las exigencias, no te llevarán a ninguna parte. No quieras imponer siempre tu voluntad y salirte con la tuya, las aries deben comprender que a veces perdiendo un poco, ganan mucho más. No juzgues solo por las apariencias. Controla tu carácter y llegarás a casarte con el hombre que amas.

Tauro: Tu mayor virtud es la paciencia, pero ¿no crees que has esperado demasiado o que has malgastado tu tiempo junto a alguien que no te conviene? Aguardando eternamente por tus ilusiones, bien corres el riesgo de pasarte la vida en una espera inútil. Evita ser obstinada, materialista o celosa. No dejes pasar los días estando junto a alguien que no tiene verdadero interés en ti. Las tauro a veces pecan por insistir en el amor de un hombre que no las quiere, en esperar por un marido con buena posición social o exigir una dedicación tan grande que acusan injustamente a todos los hombres de ser infieles. Recuerda siempre que demostrar confianza ayuda mucho más que la duda. Cediendo un poco, vencerás.

Géminis: Permanece callada cada vez que vayas a decir algo irónico o hiriente. Aprende a escuchar. ¿Cómo vas a oír cuando te propongan matrimonio si tienes la tendencia a acaparar la conversación y no dejar hablar a tu futuro esposo? Mucho cuidado con los hombres que buscan diversión y no matrimonio. Las géminis tienen una atracción fatal hacia los Don Juan. Deben combatirla pues lo que más necesitan es estabilidad. Mira mucho más al interior psicológico de un hombre que a su encanto exterior. No te dejes arrastrar por la tentación de ser coqueta. Eso no te hace falta ya que eres fascinante e inteligente.

Cáncer: Si estás esperando por alguien que reciba total aprobación de tu familia, jamás llegará. Ninguno será suficientemente bueno para convencerlos a todos. Tampoco tu severidad y timidez te ayudarán en la conquista del amor. Ser tan sensible y emocional es otro inconveniente. Rompe los lazos emotivos con recuerdos y viejos amores que nada te dan. No sufras por alguien que no sufre por ti. Desvanece tus períodos depresivos. Los hombres no se sienten atraídos por mujeres que se encierran en una coraza de frialdad que oculta sus verdaderos sentimientos. Abre los brazos a la vida y al amor.

Leo: ¿No te parece que te gusta demasiado festejar, las diversiones, el lujo, todo lo superficial? Los hombres que se conocen en sitios de diversión rara vez ofrecen sólidas posibilidades de matrimonio. Un día termina la fiesta y todo se acaba, dejándote amargada y soltera. No trates de brillar tanto, de ser el centro de atracción. Deja que tu hombre brille. No le exijas lo que él no puede ofrecerte. No lo ordenes ni seas mandona. Jamás le demuestres tus poderes ejecutivos hasta después de casarte. Él se va a casar con una leona, con una reina, que lo ayudará enormement en su carrera. Pero eso asusta de primera intención.

Virgo: Tú sueñas con el hombre perfecto, pero una cosa son los sueños y otra la realidad. Si fracasaste una vez, eso no significa que el amor ha terminado para ti. No seas demasiado intelectual, no lo agobies con filosofía y análisis psicológicos. No lo critiques ni lo estudies con tanto cuidado. Acuérdate que un diamante en bruto puede ofrecerte más felicidad que un idealista intelectual, largo de cabellos y corto en seguridad matrimonial.

Libra: ¿Sigues esperando por ese amor imposible? ¿Amas a un hombre casado, a uno que se fue y prometió volver, a un tímido que no acaba jamás de acercarse? Pues despierta, embellécete y dales oportunidad de entrar a tu vida a otros que tengan más posibilidades prácticas de matrimonio. Estar enamorada del amor es tu tragedia. No huyas de la realidad, no vivas una novela romántica ni te extasíes mirando películas de amor. Conviértete en protagonista y no en simple soñadora. El matrimonio es tu estado ideal. Lucha por lograrlo y lo conseguirás.

Escorpio: ¿No eres demasiado generosa cuando te enamoras? Aprende a usar inteligentemente el magnetismo sensual de tu signo. Evita los celos. Un hombre no te pertenece legalmente hasta que estén casados: no espantes a los enamorados haciéndoles pensar que van a penetrar a una prisión de duda y quejas amorosas. No exijas más de lo que puedas ofrecer. Aprende a perdonar y olvidar. Tu intensidad en el amor puede asustar a cualquier hombre. Sé pasional e intensa, pero con moderación y sabiduría.

Sagitario: Signo de excelentes mujeres, con muy buenas cualidades, pero su franqueza y su carácter pueden amedrentar al hombre. Sé más sutil, más dependiente y femenina, ese es el imán que lo atraerá. Subconscientemente, tú adoras la libertad y la independencia, lo que te hace temer un poco al matrimonio. Busca un hombre que comparta tus ideales, que sea ameno e interesante, con espíritu aventurero. El maquillaje y la ropa delicada harán milagros para una mujer de tu signo.

Capricornio: Quien las llamó mariposas de hierro, no se equivocó. Son de porcelana por fuera y por dentro todo control, ambición y seriedad. Entierra tus problemas emocionales pasados y convierte tu presente en mundo de amor. No mezcles tus sueños románticos con ideales para lograr dinero y alta posición. Demuestra más lo que tu corazón siente. Hazte accesible al hombre que te interesa. No dejes que tu orgullo te haga parecer indiferente y alejada. Pierde ese intenso miedo de hacer el ridículo, pues el amor justifica muchos errores y quien no se arriesga, ni pierde in gana.

Acuario: Tú atraes a los hombres como la miel a las hormigas, pero casi todos los que se acercan tienen un problema. Recuerda que lo que tú debes buscar es un esposo, no un caso clínico al que atender, ni una causa noble que defender. Atiende tu silueta, tu maquillaje, tu ropa. Tu tendencia a lo extraño atrae la atención, pero aleja a los hombres. No quieras ser súper feminista y pretender igualarte a los hombres en todo. Recuerda que los polos opuestos se atraen. Busca tu seguridad emotiva y seguramente la encontrarás.

Piscis: Si esperas a un Príncipe Azul, que venga a buscarte en un coche de oro, te quedarás irremediablemente sola. Tampoco te compliques la vida con esos hombres problemáticos y exigentes, que por desdicha tanto te gustan. No te conviertas en paño de lágrimas. Demuestra dureza y fortaleza, aunque por dentro seas dulce y suave como merengue. Procura ser más estable, pues los signos dobles como Piscis y Géminis tienen tendencia a parecer volubles y cambiantes; esto ahuyenta a los hombres que se te puedan acercar con intenciones serias. Confía en tus encantos neptunianos, sigue mis consejos y llegarás al altar.

23

LA META:
EL AMOR Y LA FELICIDAD

Nadie es feliz con su destino. Todo el mundo vive inconforme con su cuerpo, con su mente, con su familia, con la labor que tiene que realizar o con la pareja que tiene o no tiene. Siempre inventaremos razones para justificar que no se es feliz. Desde que el mundo es mundo, el hombre ha buscado en la magia la solución a todos sus problemas. Somos nosotros los que creamos con nuestros pensamientos el cielo o el infierno. Ningún perro vive frustrado por ser perro, ni jamás querrá ser gato. Ningún canario añora ser pez. Vivimos en la angustia de no aceptarnos o querer que todo sea como soñamos. Pasamos la vida manipulando o tratando de controlar el mundo que nos rodea. El hombre es el único "animal" en el globo terráqueo que puede reír y en verdad muy pocos lo hacen. La hiena ríe por instinto. Muy pocos seres humanos saben disfrutar plenamente de la oportunidad Divina de estar vivos.

En lo material, nadie está ni estará jamás satisfecho. Quien posee un millón de dólares sueña con tener dos millones. Quien tiene un hogar anhela un palacio. Se vive pensando que si nos casamos (especialmente la mujer), todo se ha logrado. Muchos y muchas aseguran, por falta de experiencia, que el matrimonio es la solución de todos los males. Mis lectoras jóvenes me escriben diciéndome "antes muertas que solteras". Desde niñas se van indoctrinando a través de películas y novelas de televisión a soñar. Todas esperan que a los veinte años un príncipe azul se case con ellas para colmarlas de eterna felicidad. Ya casadas, comida, casa y cama no faltarán. La falta de educación sexual en muchos hogares ayuda a fomentar fantasías e ideas equivocadas. Es lamentable ver la cantidad de mujeres divorciadas, frustradas o que van de hombre en hombre cometiendo los mismos errores.

La felicidad es como una mariposa. Cuando se trata de atrapar, más lejos vuela. El día que nos quedamos tranquilos, en paz, armonizados, centrados, sin querer atraparla, la mariposa se posa en nuestro hombro.

Repetiré una y mil veces que nada ni nadie te podrá hacer feliz. Momentáneamente te puedes sentir feliz, pero dicha felicidad es de corta duración. La felicidad la descubrimos en nuestro interior, cuando nos cerramos a lo periférico, superficial, transitorio, engañoso y no dependemos de nada externo para ser felices.

Hay seres que gastan dinero, tiempo, energía y esperanzas buscando en la magia recapturar un amor que ya murió o repetir momentos vividos que pertenecen al pasado. Todos los que viven esperando que un cadáver pestilente de su pasado regrese, están destinados a la frustración y a la amargura. El pasado es hoja de almanaque o calendario que se llevó el viento, y el futuro es la incógnita del hombre. Según evoluciones y tu conciencia se expanda, el destino no tendrá poder sobre ti. Mi consejo eterno es: vivir aceptándote y aceptando lo que la vida te ofrece cada instante de tu vida. Saborear el presente, afincarse en el aquí y el ahora, no vivir de esperanzas, esto nos ofrece estabilidad, realidad y sanidad mental.

Vivimos comparándonos para acabar sintiéndonos inferiores. Alégrate de ser exactamente como eres. Dios no se repite en su creación. Destaca, valora, enfatiza y agradece tu maravillosa individualidad.

No quieras ser o aparentar lo que no eres. Al imitar conseguirás degradar lo más valioso que hay en ti, tu individualidad. No importa tu color, edad, sexo, estatura, aparentes defectos físicos, educación, tú eres la más brillante estrella en el firmamento de Dios. Nadie es mejor que tú. No pongas otra cabeza sobre tu cabeza. Para bien o para mal, tú eres tú y puedes en esta misma encarnación llegar a lo que quieras. Sólo tú y nadie más que tú, puede limitarte o invalidarte. Nadie es feo o poco atractivo, solo hay ciegos a la grandeza y belleza humana. Entrevisté en Nueva York a un enano deforme que me juró ser el más feliz, victorioso conquistador de mujeres estilo Angelina Jolie, y que se sentía muy orgulloso de ser el más perfecto enano deforme.

La magia para mejorar nuestra vida, para conocernos mejor cada día, para armonizar nuestro ambiente, para alejar los ataques psíquicos y para amarnos, es la más recomendable.

La magia empieza por el amor y el amor empieza por uno mismo. Quien no se ama, profunda, honesta y verdaderamente, jamás será amado ni podrá amar. Quien no ama ni ha conocido el amor será un inválido emocional toda su vida. Quien no se respeta, no será respetado. Quien no se valora, jamás será valorado. Según te trates, te tratarán. Si buscas amor, empieza por desarrollar infinito amor por ti. ¿Por qué te criticas cruelmente, te atacas despiadadamente, te enjuicias negativamente y le perdonas a otros, lo que a ti jamás te perdonarías?

Todas las maravillas y grandezas que le otorgas a otro ser humano son las que te quitas o no aceptas que están en ti.

Satura tu vida, tu persona, tu mundo de amor, amor y más amor. Trátate bien porque tú eres frágil. Acaríciate al bañarte, hazte ese plato que tanto te gusta y que no te hace daño. Hazte un regalo que te guste. Saca un día para cuidarte y mimarte. No confundas amor con egoísmo. Egoísmo es la negación del amor. Egoísmo es querer acaparar, manipular, engañar o creer que lo externo o lo que posees es lo que vale. No es lo que tú tienes, es lo que eres lo que cuenta en la vida y en el amor.

Lo contrario al amor es la indiferencia. El amor y el odio son dos caras de la misma moneda. Mientras hay odio, hay amor. El día que solo queda indiferencia total, el amor murió. Vivir mendigando una caricia o una limosna de amor es degradante y destructivo. Muchos creen comprar amor con regalos y sacrificios inútiles. El día que se acaban los regalos, se acabó el amor porque en dicha relación hay una compra y venta falsa de sentimientos.

Hay quienes ponen en un altar al ser amado y ellos se convierten en esclavos o sirvientes. No se arriesgan a contradecirlo ni a levantar la voz por temor a perderlo y volver a la soledad, ¡qué patético! El día que despiertan a la realidad y descubren que su ídolo tiene pies de barro, su mundo falso de fantasías se destruye y ellos se suicidan física o emocionalmente.

En la era en que vivimos, la Era de Acuario, el amor adquiere un sentido trascendental y auténtico. Dos almas, dos cuerpos, dos seres encarnados se unen, en este mundo de pruebas o escuela espiritual, para compartir lo bueno y lo malo, riqueza o pobreza, sol y lluvia, verano e invierno, lágrimas y carcajadas, días brillantes y noches oscuras. Juntos crecen espiritualmente. Si pueden continuar unidos por lazos de afinidad, comprensión, verdad, compasión y amor, ¡divino! Si la convivencia es un infierno y no hay paz, comunicación ni armonía, ¡adiós, mi amor!

Muchas mujeres casadas sufren lo indecible por no llegar al divorcio. Muchas dicen que los *hijos* son la razón primordial para no divorciarse. Otras *no* quieren aceptar que la dependencia neurótica, adicción al marido, pánico a la soledad, miedo al futuro son las razones para no romper los lazos matrimoniales. Yo apoyo, defiendo y respaldo el matrimonio. He salvado muchos hogares de un divorcio. Yo no apoyo un matrimonio destructivo para la pareja y para los hijos. Aunque no oigan palabras ofensivas, los hijos leen los silencios y absorben vibraciones. Los hijos son más felices con un papi feliz aunque sea junto a otra mujer, al igual que una mami feliz junto a un hombre bueno, decente, cariñoso aunque no sea el auténtico padre.

En esta Era de Acuario, la mujer despertó del largo sueño de la entrega total, el servilismo obligado, la dependencia total y el abuso físico y moral. Muchos maridos creían y le hacían creer a sus esposas que al firmar un papel legal ante un abogado, o al comprometerse ante un sacerdote obtenían al casarse un objeto sexual y una sirvienta-esclava. La mujer al fin recuperó su dignidad y se iguala al hombre sin dejar de ser femenina y madre. En esta Era, la mujer desempeña roles políticos, sociales y religiosos que le fueron vedados por siglos. La mujer da y exige amor. Habla claro respecto a sus necesidades espirituales y sexuales. Su marido es su amante, amigo y compañero y ello complementa estos roles. Se avecinan cambios aún más dramáticos para la mujer.

La pobre mujer que por adoctrinamiento falso religioso sigue pariendo hijos que no puede alimentar ni educar correctamente, es digna de lástima. Ver niños barrigones, enfermos, desnutridos, mendigando un pedazo de pan es un cuadro doloroso. Sé lo importante que es el control de la natalidad. Los gobiernos deben educar a los pueblos para evitar una superpoblación hambrienta, necesitada y presa fácil del comunismo.

En el amor nada se puede forzar. A mí han llegado mujeres y hombres que han gastado fortunas visitando Haití, Brasil, África, India y otros lugares pagándole a brujos, chamanes o magos negros para que les traigan "a la mala" el amor de otro ser humano; ¡qué triste e inútil esfuerzo! Estos magos negros podrán laborar en mentes débiles o en seres que no tienen fe en Cristo o en Dios, podrán embrujarlos o fascinarlos y lograr sumisión o una extraña atracción, pero nada parecido al auténtico amor. El amor natural y espontáneo nace o no nace, está o no está.

Cuando un matrimonio o cualquier unión personal se acaba, porque en la vida todo termina un día (todo lo que tiene principio tiene fin), por lo general uno queda destruido y el otro empieza una nueva vida perdidamente enamorado de otra persona. Hago un llamado a todo aquel o aquella que se enfrente a esta tragedia. Mi consejo supremo es no pelear. No insultar, ni ofender, ni perseguir a quien atrapó la pareja. El hombre o la mujer que se encuentra ilusionado o nuevamente enamorado echa su decisión en una balanza: en un platillo, un ser histérico, exigente, peleón, celoso, detectivesco, insultante y agresivo, y en el otro platillo la otra o el otro exagerando caricias, detalles, ofrecimientos de amor y garantías de eternidad. Les aseguro que decidirán por la otra o el otro, a menos que la pareja sea muy madura y sabia.

Se impone hablar francamente de corazón a corazón. Digan lo siguiente: "Yo comprendo que nadie está obligado a nadie y mucho menos cuando no hay amor. Si la otra o el otro te hace feliz y encuentras en ella lo que aquí no tienes, tómate tu tiempo, estudia tu situación, analiza, medita y luego decide con mente y corazón". Amor con A mayúscula es sentirse feliz viendo al ser amado feliz aunque esté con otra persona.

Muchas mujeres al enfrentarse a esta tragedia matrimonial empiezan a visitar espiritistas, santeras, brujos, y así van empeorando su situación. Nadie quita nada a nadie. Lo que es tuyo por ley de Dios vuelve a ti, lo que no es tuyo, se irá aunque trabajes con Merlín y la Bruja Macafea. Al amor en el matrimonio o en la unión que sea, hay que alimentarlo como a una planta. Hay que abonarlo con caricias y pequeños detalles de afecto, mucha agua de comprensión, mucho sol de comunicación, ternura y amor.

Muchos se casan y creen que tienen a su pareja atada por una cadena y que les pertenece por toda la eternidad. La mujer se descuida, no se asea, no se embellece, se pone gorda y la magia del amor va agonizando. Cuando el hombre llega al hogar encuentra una mujer oliendo a cebolla y ajo, de mal humor, con estrés, que lo recibe con miles de quejas y que no tiene tiempo para el amor. En la oficina, en el café o en la calle, hay miles de "conquistadoras" que ofrecen sugestivas alternativas. Cada instante de la vida es una oportunidad para que el amor crezca. Cada uno de la pareja debe aportar lo mejor de su ser para que luego no haya arrepentimientos. En vez de hablar del amor, practiquemos y vivamos el amor.

La otra tragedia de la humanidad es la "adicción" en relaciones humanas. Debido a mi intenso trabajo en la televisión, teatro, radio, en labores humanitarias en cárceles y hospitales, en mis escritos en periódicos y revistas y como autor de libros, ya no estoy ofreciendo cursos o "intensivos" en Programación Mental o Mejoramiento de la Conducta Humana, Técnicas de Meditación y de Realidad, pero tengo excelentes amigos que en Puerto Rico están laborando seriamente en este ministerio. Entre ellos puedo mencionar a Lilly García, Kate Garity, Camilla Carrión, Muñeca Geigel, Alfred D. Herger, Shabti Ragyi, María Patricia Ramírez, Wilfredo Prakash, José González, Sofía-Sirash, Xiomara Mayor en Miami y Mabel Vallejos en Miami y muchos más. Son soles salvando a seres de la oscuridad, confusión y la adicción emocional.

En la adicción la mujer o el hombre atan su vida a otro ser humano y pierden todo sentido de la realidad. Viven a través de otro ser humano. No tienen su propio espacio porque está invadido por el otro. A sus vidas puede llegar el sueño realizado de cualquier mujer u hombre y ni lo ven ni les interesa. Atan su barca a un solo puerto y cuando ese puerto les falta, se van a la deriva. Están convencidos de que sin ese ser no hay vida, alegría o felicidad. Dios en su infinita misericordia (o la Madre Cósmica, como quieras llamarle) siempre nos ofrece alternativas. Quedarte obsesionado con quién te rechaza, no te ama, se aprovecha de ti y te invalida como ser humano, es degradante. Miles he consultado que han tratado hasta el suicidio para ponerle fin a su adicción. Es peor que la adicción a las drogas y el tratamiento es mucho más doloroso. Tuve un caso de una señora que le permitía a su esposo que trajera amantes de ambos sexos a su hogar para compartir su lecho y vivía la más destructiva de las adicciones. Otra señora, que pasaba de los sesenta años, le mantenía el vicio de la droga a un mozalbete de diecinueve que decía amarla y no poder vivir sin ella (cuando no le daba dinero para su nefasto vicio llegaba hasta a golpearla). Ella insistía en que él era su razón de vida. Cuando le hice ver la realidad, cuando la puse a prueba, cuando sobrepasó el estancamiento mental-emocional que vivía, cuando descubrió a Dios en su interior, todo cambió. Hoy vive placenteramente con un señor de cincuenta, que la respeta como ser humano, la ama y la acompaña por amor.

Yo siempre afirmo, opino y expreso mis ideas "hasta hoy". Tal vez mañana la vida me haga cambiar mis puntos de vista. Yo no vivo cerrado ni a la verdad, ni al cambio. Mi maestro está en mi voz interior, mi escuela en la calle, en la vida misma. Lo que hoy aquí informo es la esencia de mi verdad a la luz de mi experiencia propia hasta el día de hoy.

Recuerda que Dios te quiere feliz, próspero, saludable, armonioso, y disfrutando de todo lo maravilloso, sencillo, simple y gratis que nos regala. Si algo no camina, el problema está en TI.

QUINTA PARTE

LA SALUD, LA ABUNDANCIA Y LOS MILAGROS SEGÚN WALTER

24

LA SALUD SEGÚN
LOS SIGNOS

Los signos del Zodíaco rigen diversas regiones de nuestro cuerpo, marcando puntos fuertes y puntos débiles en nuestra anatomía. A continuación, hago un examen astrológico de la salud, según los doce signos zodiacales. Es un análisis fascinante, señalando rasgos en que podremos reconocernos a nosotros mismos y a quienes nos rodean.

Aries: El aries típico posee una salud excelente. Su problema es que esa propia confianza en su salud lo hace ignorar síntomas y empezar a preocuparse cuando ya es tarde. Su signo rige la cabeza y la cara, y por oposición los nervios y los riñones. También los dientes, aunque aries deteste ir al dentista. Con frecuencia padece de dolores de cabeza, desgaste debido al exceso de trabajo y erupciones, manchas, acné y tendencia a darse golpes en la cara. Aries debe insistir en la buena dieta y procurar siempre estar descansado y relajado.

Tauro: Rige la laringe y toda la garganta, al igual que los bronquios. Los de Tauro tienden a ser robustos y saludables, aunque engordan con mucha facilidad según maduran con los años. Son muy buenos como pacientes y se recuperan con facilidad, pues siguen fácilmente las órdenes del doctor. Eliminar el exceso de comida y buscar un buen plan de ejercicios son recomendables para Tauro.

Géminis: Nerviosos y activos, dispersan sus energías en mil actividades, llegando hasta a afectar su sistema nervioso. Géminis rige los pulmones, la parte superior del pecho y los brazos. Son propensos a las alergias, catarros, coriza o fiebre de heno. Deben aprender el arte del "relax" y echar las preocupaciones río abajo. Conviene frenar la impaciencia que los hace cometer errores y ser víctimas de accidentes.

Cáncer: La pasión por la buena comida, los dulces, los vinos y licores exquisitos llevan a un cáncer hasta el borde de quebrantar su salud. Los cáncer son delicados y sumamente nerviosos. Cuando están preocupados o deprimidos, contraen fácilmente malestares y enfermedades, porque sus defensas bajan con mucha facilidad. Este signo rige el estómago y sus estados nerviosos los hacen propensos a las malas digestiones, que pueden traer úlceras como secuela. Deben controlar los placeres de la buena mesa y sobre todo, procurar comer algo ligero en las ocasiones en que están pasando un problema emocional, pues tienen tendencia a aplacar el nerviosismo con la comida, entrando en un círculo vicioso.

Leo: Son saludables y tienen aspecto de buena salud, aun cuando se sienten mal. Se recuperan milagrosamente de las enfermedades. La paciencia y la moderación no están entre sus virtudes, así que deben procurar mentalmente evitar lo excesivo y lo violento. El signo rige el corazón, las arterias, la espina dorsal. Leo es propenso a los desarreglos del metabolismo, a la diabetes. Deben cuidar su corazón tan susceptible con una vida sana, que aproveche su vitalidad sin gastarla.

Virgo: Rige el canal digestivo y muchos de sus problemas parten de ahí. Los de Virgo con frecuencia son hipocondríacos y deben controlar su mente para no sufrir imaginándose males que en realidad no sufren. Los alimentos de salud están regidos por Virgo y a los nacidos en este signo les hacen mucho bien la alimentación orgánica, las frutas, los vegetales y las comidas sanas. Después de un día a jugo y frutas solamente, Virgo se siente como nuevo. Deben declararle la guerra a la preocupación por su salud, pues a veces se ponen tan deprimidos inventándose enfermedades, que ese estado de ánimo los hace propensos a contraer infecciones y otros tipos de dolencias que los atacan cuando bajan las defensas.

Libra: Lucen muy saludables, pero es una apariencia que puede engañar. La humedad y el frío son sus grandes enemigos. Sus males frecuentes son la ciática, el reumatismo y los dolores en la espalda. La enfermedad es un escape emocional para muchos de este signo. La tristeza, la decepción, llegan a enfermarlos físicamente, por lo cual deben mantener el optimismo aun ante los peores reveses de la vida. Su signo rige los riñones, las caderas y, por oposición, la cabeza. Libra debe cuidar su espalda, evitando los colchones muy mullidos, los ejercicios violentos y la mala posición al sentarse. Un día de absoluto descanso es la mejor receta para ellos.

Escorpio: Con su poder y voluntad, convierten sus debilidades en salud y fortaleza. Pero esta independencia y esa sensación de que pueden curarse a sí mismos a base de no rendirse, los hace renuentes a ir al médico, a quedarse en cama si se sienten mal, a seguir fielmente los planes o tratamientos. El sistema reproductivo, o sea el aspecto sexual, es su punto débil. Deben ejercer la moderación en todo, no creerse invencibles. Escorpio se niega a admitir sus limitaciones y sus dolencias empeoran cuando insisten en decir: "No tengo nada". Exigen demasiado en todo, incluso de su organismo y hasta su propio cuerpo se rebela a veces de la tiranía de la mente "escorpiónica", para recordarles que son solo humanos.

Sagitario: Saludables y sabios, la buena salud es indispensable para los sagitario. La admiran en otros, la necesitan en sí mismos y por eso la cuidan con esmero. Fallan en el desgaste de energías y en la tendencia a preocuparse por familiares y asociados. Los muslos y los músculos están regidos por este signo. La mala eliminación y la acumulación de toxinas pueden disminuirlos física y mentalmente. Dieta, ejercicios, tomar muchos líquidos como agua y jugos ayuda a su salud.

Capricornio: Según maduran se endurecen. No es nada raro encontrar capricornio que son niños enfermizos y adultos saludables. Por la misma razón, conservan la juventud y tienden a "florecer" en la madurez. Su tendencia a la depresión, su eterna preocupación por lo real y lo imaginado, afectan grandemente su salud. Deben controlar el miedo y la incertidumbre. Los huesos y la piel son regidos por Capricornio. Las rodillas son su punto débil, la artritis los amenaza. El calcio en la alimentación es vital para ellos. El queso y la leche no deben faltarles, al igual que los ejercicios.

Acuario: De acuerdo con estadísticas, los acuarianos son los que más años viven, ya que su personalidad amplia, activa y optimista ayuda a la longevidad, espantándoles preocupaciones que avejentan y minan el organismo. Su adaptación a todo en la vida y su actitud positiva ante los problemas son su escudo para preservar la salud. Piernas, tobillos y muñecas son los puntos débiles de los acuario. Tienen tendencia a las alergias, así como a los trastornos circulatorios.

Piscis: A menudo parecen frágiles y de salud delicada, pero son más resistentes de lo que ellos mismos se imaginan. Este signo rige los pies y los fluidos del cuerpo. Para los piscis, los pies húmedos representan catarro seguro. Deben atender principalmente todo lo que pueda afectar la vista y los nervios. Mucho cuidado con los estimulantes artificiales como el alcohol, las píldoras y las drogas, que son sumamente nocivos para los piscis. Jamás deben tomar medicamentos que el doctor no haya recetado y dosificado cuidadosamente.

25

TU METAL,
TU SALUD Y TU SUERTE

El cuerpo de la Tierra y tu cuerpo son más parecidos de lo que tú te imaginas. Tierra seca y cuerpos de agua en este planeta trazan un paralelo a la carne y sangre en el ser humano. El agua de mar contiene los mismos elementos que tu sangre.

La Tierra tiene un polo pensante en el Norte, que corresponde a tu cabeza. En el Polo Norte se pueden apreciar luces al igual que la luz de inspiración en lo oscuro de tu mente. Las Montañas Rocosas y los Andes son su espina dorsal, los grandes ríos sus arterias, y su corazón late apresuradamente en Nueva York, Londres, París, Viena, como en antaño latió en la Atlántida. Su cabello era verde y espeso, formado por bosques ricos en minerales. Ya la Tierra está casi calva. Los volcanes y sus erupciones son sus úlceras y laceraciones. Sus tesoros en metales son sus glándulas. Los metales están presentes en el espacio en forma etérea. La fuerza de gravedad los solidifica. Tu cuerpo contiene los mismos metales que la Madre Tierra.

ORO

El oro, metal más preciado hermanado con el Sol siempre ha representado la máxima autoridad. La corona y el trono del rey tenían que ser de oro. Los altares de la iglesia tenían que ser de oro. Actualmente, el oro es el símbolo del poder del dinero. Lo gracioso es que el hombre lo ha desenterrado para volver a enterrarlo en bóvedas como Fort Knox, Manhattan y en otros lugares del mundo.

El intenso calor que emana del oro es pura energía solar. El oro posee la fuerza para absorber el calor del Sol y es la sustancia activa de los nervios de la Tierra.

El oro representa el signo de Leo, signo de los reyes. Quien tenga mal aspectado el signo de Leo o la casa quinta en su mapa natal, debe utilizar sabiamente el poder del oro. El oro ayuda a personas depresivas que no quieren seguir viviendo, y que ven como alternativa el suicidio. Para vencer complejos de inferioridad y falta de confianza se recomienda el oro. Actualmente se usan inyecciones de oro como tratamiento para el reumatismo. Para la laringitis se recomienda frotar la garganta dos veces al día con oro.

En la India, hombres y mujeres valoran el oro como un amuleto de suerte. Pantallas, collares, pulseras, sortijas de oro puro alejan la brujería, la mala suerte y traen la luz y la prosperidad. Se alega que toda enfermedad por falta de sol y ejercicio se cura con oro.

Leo y el oro

Leo destella alegría, simpatía, luz donde quiera que se presenta. Necesita para vivir mucho amor, apoyo y adulación. Siempre es el centro de atracción como el oro que lo representa. A las diosas de la prosperidad se las llama las diosas del oro: Lakshmi, Ochún, Metresilí (Erzulie) y Kuan-Yin.

PLATA

La plata es el metal de la Luna, de la infancia, de la magia y de la noche. La plata es el metal del signo de Cáncer. La plata usada en la cuchara del bebé y en los cubiertos de mesa tiene su razón de ser. La energía de la plata ayuda a digerir los alimentos al igual que la Luna a la multiplicación de las células.

En la antigüedad las mujeres usaban ornamentos de plata para ser fértiles y procrear. Usaban la plata en tintura diluida en muchos litros de agua para pasar por el abdomen en casos de diabetes. También se ha usado para combatir la gastritis y toda enfermedad regida por el signo de Cáncer.

Cáncer y la plata

Cáncer es cambiable y temperamental. Cambia como la Luna que lo representa. Los cáncer negativos viven pegados a un familiar o a la luz de otras personas. No tienen confianza en sí mismos, son vagos, indulgentes en placeres y miedosos. Cáncer estará siempre unido o en busca de alguien Leo-Acuario para poder lograr su lugar y su felicidad. La luna se alimenta del sol.

MERCURIO

El mercurio es el metal representativo del sistema nervioso, el pensamiento y la comunicación. Como las palabras, el mercurio puede curar o envenenar. Se asocia con Géminis y Virgo. En la antigüedad se usó contra la sífilis y se llamó *salvarsan*. Se alega que es milagroso cuando se le administra a personas cobardes de mala memoria y que no comunican correctamente. En la magia, cuando se quería precipitar los acontecimientos, se le añadía al trabajo azogue o mercurio. El mercurio se usaba y aún se usa con efectividad para la garganta, los oídos y los problemas respiratorios.

Géminis, Virgo y el mercurio

Estos signos de inteligencia y habilidad en negocios están asociados con el mercurio. Los hijos del cobre (Tauro y Libra) tienen grandes éxitos al unirse comercialmente con los hijos del mercurio (Géminis y Virgo). Los mercuriales son inquietos, nerviosos, artísticos, analíticos, curiosos, cambiables y llevan las características místicas del mercurio. Este metal está asociado con el dios Mercurio que era el mensajero divino que acompañaba el alma de los muertos al otro mundo.

HIERRO

El metal asociado con el planeta guerrero Marte y los signos de Aries y Escorpio es el hierro. El hierro tiene que ver con la hemoglobina, o sea, el pigmento rojo de la sangre. El hierro lleva al hombre a la acción, impulsividad o guerra. La gente anémica pierde en la lucha por la vida, por eso los antiguos campesinos ponían un clavo en una cántara y la tapaban. De dicha cántara alimentaban a los débiles y anémicos (claro, los clavos de hierro de antaño eran puros). En la magia se usa extensamente el hierro. Un clavo doblado como sortija es amuleto para Aries o Escorpio. Una cruz de hierro o caldero no falta en ritos haitianos del vudú.

Aries, Escorpio y el hierro

Hay diferentes tipos de seres que están regidos por el hierro: boxeadores, artistas creativos, carniceros, militares, criminales, aberrados sexuales, defensores de causas perdidas, brujos y espiritualistas. Los hijos del hierro son francos, ofensivos, pasionales, fuertes de carácter, infatigables, recuperativos y misteriosos.

COBRE

El cobre se asocia con Venus, el planeta del amor, arte y belleza. Según la leyenda, la Diosa Venus cubierta solamente por su cabellera rubia cobriza, surgió de la orilla de Chipre (isla que los asirios bautizaron en honor al cobre). Los signos de Tauro y Libra están asociados con el cobre. El contacto con el cobre fortalece la energía venusina. El cobre se encuentra en el cuerpo humano en los órganos que se le adjudican a Venus, las venas que cargan la sangre saturada de toxinas y venenos desde el corazón hasta los órganos sexuales y excretores. Venus mal aspectado en un horóscopo habla de venas varicosas, hemorroides y tendencia a enfermedades venéreas.

El cobre juega un papel muy importante en los órganos sexuales femeninos especialmente en la menstruación y el embarazo. Se alega que el cobre friccionado en áreas afectadas del cuerpo es inmejorable para combatir o aliviar contusiones, hernias, neuralgias, fiebres, palpitaciones y artritis.

En la magia, el cobre no falta en talismanes y amuletos de amor y prosperidad. Yo poseo una pulsera hecha de centavos (chavitos prietos) que tiene una historia de haber traído la suerte a muchas personas.

Tauro, Libra y el cobre

Nadie más artístico, amigable, diplomático y amoroso que el hijo del cobre, como los son Tauro y Libra. Los del cobre gozan del baile, la música y la buena comida. Son más sensuales que sexuales. La mayoría son vagos y les fascina acostarse en un sofá a comer chocolates oyendo música o viendo televisión.

PLOMO

El metal más denso y pesado está asociado con el planeta Saturno y los signos de Capricornio y Acuario. Actualmente se le adjudica el uranio a Acuario. El metal más viejo de la humanidad después del cobre es el plomo. Se usa en la industria manufacturera de baterías y municiones.

El plomo en el cuerpo humano puede ayudar al esqueleto y a su formación, como también paralizar su desarrollo, endurecer sus articulaciones y destruir cabellos y dientes. Aunque el plomo puro es sumamente venenoso, cuando se diluye exageradamente en agua se alega que puede ayudar a combatir tumores, estreñimiento, distrofia muscular, depresión y todos los males que se le adjudican a Capricornio y a Acuario.

Donde aparece Saturno, el padre del plomo, en tu mapa natal astrológico hay estancamiento, retraso, obstáculos, parálisis o limitación, por eso se le llama el Señor del Karma. Cuando una persona puramente saturnina entra en un grupo, se enfría o pone serio el ambiente.

Capricornio, Acuario y el plomo

Responsables, serios, trabajadores, maniáticos, brillantes mentalmente cuando son evolucionados, Capricornio y Acuario están regidos por el reloj y el calendario. Son los pilares de la sociedad. Son solitarios, extraños y poco comunicativos. Hasta que se conozca más profundamente el uranio, el plomo se le adjudicará a los seres positivos de Acuario.

PLATINO

El nombre del platino se deriva de la plata y fue descubierto en el siglo XVI por los españoles. Se lo conoce como oro blanco. Los signos de Piscis y Sagitario están asociados con el platino, al igual que con el planeta de la expansión y buena suerte, Júpiter. Se alega que el platino se usa en la medicina femenina para combatir ninfomanía y vaginitis.

También se dice que el platino es el antídoto para el envenenamiento con plomo. El platino bien usado confiere bondad, compasión, generosidad y dulzura. Mal usado da a la persona orgullo, pedantería y complejo de querer ser Dios.

Piscis, Sagitario y el platino

Los hijos del platino (Piscis y Sagitario) chocan y pelean con los hijos del oro (Leo). Son extravagantes, caprichosos, artísticos, visionarios, psíquicos, talentosos, incomprendidos y manipuladores. Cuando son evolucionados, son líderes, maestros espirituales, dueños de empresas y sanadores. Su poder es milagroso o fatal.

26

EL ZODÍACO Y
TUS PROBLEMAS

Vence tus problemas atacándolos, no huyéndoles o lamentándote. Hay frases de inspiración que nos levantan cuando estamos destruidos por los problemas: "Con Dios se puede", "Esto también pasará", "No hay mal que dure cien años, ni cuerpo que lo resista", "Si tu mal tiene remedio, ¿por qué te quejas? y si no tiene remedio, ¿por qué te quejas?", "Después de la noche más tormentosa, el amanecer es glorioso", y miles más; pero a mí me ha servido de mucho, tanto a nivel personal como en mi templo, este: "Yo puedo, este problema es una valiosa oportunidad para crecer, o un aviso de cambio". Tarde o temprano todo problema se convierte en una bendición. Todos tenemos problemas, hasta el Cristo los tuvo, y grandes.

Saber bregar con nuestros problemas nos engrandece o nos hunde en el abismo de la desesperación. Todos llevamos una cruz. En el horóscopo natal de cada ser humano se descubre la cruz del karma. Saber llevar la cruz, sin lamentarte, te iguala al Maestro Jesús. Cada signo zodiacal tiene sus propios problemas y su forma peculiar de reaccionar y pelear ante las vicisitudes de la vida. Acompáñame para que los conozcas.

ARIES

Tu naturaleza pasional te lleva a tormentosas relaciones de mucho dolor y poca perdurabilidad. Uno de tus problemas es envolverte totalmente con alguien o algo y luego cansarte de todo. Jamás aceptas estar equivocado. Tú lo puedes hacer todo, pero no perdonas que te fallen. Reconoce que todos tenemos problemas y que no todo el mundo reacciona como tú. Con pelear, gritar, llorar y amargarte, empeoras la situación.

El aries negativo tiene que luchar con adicciones al alcohol, estimulantes, cigarrillo o amor. Cuando se empeñan en algo, insisten hasta la muerte. Una aries amiga mía se enloqueció con un hombre casado sabiendo que él jamás se divorciaría. Perdió empleo, reputación, familia, dinero y acabó destruida y enferma.

Betty Ford, una aries positiva, empleó todas sus características zodiacales positivas para vencer sus adicciones, especialmente el alcohol. Ella aceptó públicamente su problema, gracias al valor de Aries que la define.

TAURO

En fortaleza física y determinación, nadie te gana. No hay que olvidar la recuperación del Papa Juan Pablo II cuando atentaron contra su vida. Tauro es fuerte ante cualquier problema especialmente uno de salud. Lo único que destruye a Tauro es la falta de dinero. Sin dinero se sienten perdidos y confusos. Empiezan a tocar puertas y a buscar ayuda espiritual. Mi consejo a los tauro es que donde hay un deseo, hay un camino. No se desanimen y recuerden que cuando una puerta se cierra, otra mejor se abre. Piensa en la forma de ganar dinero. Recuerda que tu mente crea y destruye. Si te pones pesimista, negativo, esperando lo peor, lo peor llegará a ti. No te rindas jamás.

Un tauro amigo llegó a tener tantas deudas que pensó en el suicidio. Le aconsejé que de matarse volvería en la próxima encarnación con más deudas kármicas y nada solucionaría. Empezó un negocio de plantas y flores en su propio hogar, recuperó su fe en él y en Dios, se unificó con Ganesh y hoy es dueño de una de las mejores jardinerías de Puerto Rico.

GÉMINIS

Ante los problemas huyes, te acobardas y te enfermas, tu resistencia es muy débil. Desarrollas enfermedades imaginarias al enfrentarte a escollos y obstáculos. Pero recuerda que Géminis siempre se recupera de cualquier problema, ya que tiene "seres" que lo salvan. Muchas veces ya no existe el problema y tú sigues sufriendo mental y emocionalmente con lo que ya quedó en el pasado. No trates de resolver muchos problemas a la vez. El primero que resuelvas te dará fuerza y confianza en ti mismo para vencer a los demás. Haz afirmaciones positivas diariamente para fortificarte física, mental y emocionalmente.

La mujer Géminis se complica en la búsqueda del amor. Se equivoca fácilmente con su selección, o no logra perdurabilidad en sus conquistas amorosas. Recomiendo a Géminis tranquilizarse, centrarse, armonizarse y tratar de oír su voz interior o a su Dios interno para que los oriente correctamente y así puedan decidir qué les conviene en la vida.

CÁNCER

Nadie tuvo más problemas que la cáncer Helen Keller, totalmente incapacitada por sordera, ceguera y mudez, pudo rehabilitarse y triunfar sobre sus problemas. Los cáncer ante serios problemas se enconchan, se encierran o se aíslan para meditar soluciones. Algunos corren donde una figura autoritaria (madre, padre, tío, abuela o maestro espiritual) para solicitar ayuda.

El cáncer positivo vive preparándose en caso de que ocurran problemas. No malgastes lo que puedas necesitar mañana. En el amor, es otro cantar. Cuando aman o poseen, no sueltan su presa fácilmente, especialmente si la presa los ayuda económicamente. Es triste ver a los cáncer soportando humillaciones y limitaciones por salvar un hogar o porque sus hijos no sufran. Su hambre y su necesidad de cariño los lleva a complicarse en asuntos sentimentales.

Cáncer, aprende a dejar ir. Da libertad y lo que se quede contigo será lo que realmente te conviene.

LEO

Tú te enfrentas a los problemas con heroísmo, estoicismo y valor, aunque solo sea en apariencias. Tu orgullo no te deja decaer. Tu orgullo no te deja pedir ayuda. Crees que tus amigos deben detectar tus necesidades y servirte, sin pedirlo. En el trabajo, en el estudio, en tu contacto diario, desarrollas una fuerza de voluntad increíble y una fe en ti mismo envidiable, y vences cualquier problema. En el amor te tragas tu orgullo y a veces ocultas tus verdaderos sentimientos.

Peter O'Toole, un leo alcohólico, y como Leo un gran actor, logró vencer la botella aplicando sus calidades zodiacales positivas. Cuando Leo se humilla, se rebaja, lo pisotean. El Leo que se mantiene en su lugar, en su trono, que se respeta, se valora, se ama, logra vencer cualquier problema. La familia y los amigos pueden ser fuente de problemas para Leo. Por ser tan generoso, lo crucifican.

VIRGO

Virgo se crea sus propios problemas y luego vive preocupado. Nada es problema a menos que uno así lo crea. Lo que para uno es problema para otro es oportunidad. Tú te concentras en el detalle y no logras objetividad. Recuerda siempre que una golondrina no hace un verano. Expande tu visión del mundo, no te limites. No vivas justificándote y creyendo saberlo todo. No tengas expectativas y no tendrás frustraciones. Nada ni nadie tiene que ser perfecto para obtener tu aprobación. Humanízate, adáptate, flexibilízate, y serás más feliz.

Cuando aprendas a reírte de ti mismo como lo hacían dos comediantes de Virgo, Sid Caesar y Peter Sellers, habrás vencido la mitad de tus problemas. En dinero, no te faltarán problemas aunque seas millonario, pero todos los vencerás. Tu lección en el amor es demostrar tus sentimientos para que te quieran más. Nadie ama un robot o una computadora. Lo espiritual no te abandona en tus momentos difíciles.

LIBRA

No vivas en guerra con la vida, acéptala tal y como es y disfrútala. Tú no tienes problemas, te los "echan" encima. Si no es tu pareja, es tu familia, tu vecino, tu compañera, pero alguien te trae problemas. Aprende a cortar ataduras, relegar responsabilidad e independizarte emocionalmente. Cuando caes en el pozo de la depresión, corres donde quien inspira tu confianza a que te solucione tus problemas "milagrosamente". La realidad te asusta o te deprime.

Mahatma Gandhi olvidó sus propios problemas y se dedicó a un problema mayor: la independencia de la India, y aplicando sus cualidades zodiacales positivas, lo logró. Otra libra, Melina Mercouri, actriz y ministro de cultura de Grecia, libró batallas contra injusticias y ella las venció.

Te recomiendo que no te acobardes, que no te eches cruces que no te pertenecen, que no malcríes a nadie para luego ser víctima, que no manipules ni dejes que te manipulen. Aprende la valiosa lección de enfrentarte al problema, analizándolo a la luz de la verdad y viendo cómo puedes solucionarlo sin destruirte. Sobre todo, mata las indecisiones.

ESCORPIO

Nadie tiene más problemas difíciles que Escorpio, ya que es signo kármico por excelencia. Nadie tiene más poder y recursos para vencer cualquier problema que Escorpio. Su mente detectivesca, su psiquismo, su fuerza interna, son armas en su lucha por la vida. Siempre reciben traiciones, decepciones y engaños que los hieren profundamente. Los celos de los escorpio son legendarios y los llevan a trágicos problemas. Jamás te rindes y luchas hasta la muerte para vencer tus obstáculos. Siempre serás atacado, mal mirado o poco comprendido.

Ante cualquier problema, quédate tranquilo, sereno, en paz y luego de que tu cuerpo esté armonizado, vacía tu mente y deja que Dios te hable. Cuando aplicas tus facultades extrasensoriales llevas las de ganar. Recuerda la figura histórica de Madame Marie Curie con su paciencia, determinación y total dedicación, cualidades positivas de Escorpio.

Muchas mujeres de Escorpio se empeñan en seguir "amarradas" a seres aprovechadores y destructivos. Otras viven en el recuerdo, el rencor y el odio. Despierta tus valores internos y no habrá problema que no venzas.

SAGITARIO

Cuando sigues el consejo de otros, te complicas y te perjudicas. Sigue tu propia intuición al resolver tus problemas. Tú exageras tus tragedias personales y te afectas físicamente. Solucionando problemas ajenos y aconsejando, tú eres el perfecto maestro. Predicas, aconsejas, orientas, pero jamás pones en práctica tus propios consejos. Mientras no te independices profesionalmente tendrás problemas, ya que tú naciste un cabeza, administrador, jefe y no subalterno.

Tu libertad es vital para ser, amar y crear. Tu romanticismo al amar te lleva a locuras sentimentales, o tristes arrepentimientos. Al conocer un posible prospecto amoroso estúdialo, analízalo "fríamente" entabla una linda amistad y luego piensa en ataduras serias y formales. Evita el alcohol y las drogas que te pueden llevar a serios problemas. Haz lo que tu corazón te indique, persiste, dedícate seriamente y no habrá imposibles. Recuerda que el gran sagitario Beethoven era sordo y legó al mundo hermosas composiciones. Unifícate con Dios y tu verdad interior y lo vencerás todo.

CAPRICORNIO

Tú soportas lo que nadie en el Zodíaco podría soportar. Tu silencio ante problemas te destruye. No confías en nadie y vives a la defensiva de enemigos abiertos y ocultos. Nada te es fácil y lo que logras es producto de esfuerzos sobrehumanos. Algo maravilloso es que después de cada caída te levantas fortalecido, sabio y experimentado. Tu vida es una constante escuela. Cuando amas y lo demuestras, eres presa fácil de neuróticos dependientes, infantiles, inmaduros que vienen a recostarse en tu hombro. Ante la tormenta de problemas, algo espiritual te avisa que no desfallezcas, que mañana es otro día y que la solución te llegará.

Dios, Cristo, un Ser de Luz, un indio, una madama, siempre serán tu balsa de salvación. Tú has vivido muchos milagros. La novela de tu vida se compone de muchos capítulos tristes, complicados, amargos, pero siempre tiene un bello final. Como la cabra que te representa podrás resbalar muchas veces en tu ascenso a la cumbre, pero tus cualidades zodiacales positivas te premiarán.

ACUARIO

Muchos acuario engañan con su apariencia externa, pero ante problemas se agigantan y asustan con su agresividad y valor. Nadie sabe lo que se oculta en un acuario. Patricia Neal, actriz del signo Acuario quien sufrió dos infartos cardíacos, supo sobreponerse de la parálisis y la destrucción física y servir de inspiración a todos.

Acuario puede tener problemas de salud por falta de disciplina, organización y no saber seguir órdenes médicas. Son sumamente adictivos a todo lo prohibido, a lo que engorda o a lo problemático. El tener que vivir junto a seres convencionales, perfeccionistas, fanáticos, les trae serios problemas. Acuario tiene que desarrollar diplomacia, tolerancia y compasión para bregar con su mundo de asociados. El mucho hablar les complica en chismes y escándalos. Cuando Acuario evoluciona, le pasa como a Géminis y a Libra, empieza a saborear el silencio y la soledad. Su familia jamás está de acuerdo con ellos y esto puede traerles complejos y sentimientos de rechazo.

PISCIS

Se ahoga ante cualquier tontería, ya sea un pequeño y extraño mal físico, una deuda, un enfrentamiento con la autoridad, un rompimiento sentimental o un despido en el trabajo. Ante cualquier problema vagan como perdidos en un mundo cruel y despiadado. Lo gracioso es que Piscis podrá sufrir los embates del destino, pero siempre sale airoso y victorioso. Lo que no le perdonan a otros hijos del Zodíaco, a Piscis sí se lo perdonan. Sybil Leek, madrina y amiga personal y quien fuera la bruja más famosa de este mundo, decía que un barco se podrá hundir, pero que siempre se salvarán los piscis.

Los piscis negativos se alejan de su buena suerte y cavan su propia fosa con su carácter negativo, huraño, peleón y poco amigable. Por ser tan idealistas y soñadores se traen problemas y luego buscan ayuda en personas poco recomendables. En vez de buscar la luz y la orientación en su propio corazón se van a buscarlos en las sombras, ignorancia o drogas.

VENCE LA DEPRESIÓN CON LOS ASTROS

¿Quién no ha pasado a veces por momentos de depresión? La depresión genuina y verdadera es aquella que no tiene causa aparente, la que examinamos sin verle una razón concreta en ningún hecho. No es exactamente una preocupación de salud, de dinero o de amor. Es como una pena sin nombre, una melancolía sin definición, un algo que nos hace sentir tristes sin saber a qué tenemos que echarle la culpa de ese estado de ánimo. Pues bien, esa depresión puede deberse a que en un momento dado la aspectación de los astros agudiza los defectos y disminuye las virtudes que le corresponden a nuestro signo.

En un estudio analítico, he observado cuál es el tipo de depresión y melancolía más común a cada hijo del Zodíaco. A través de mis estudios sobre este tópico, quiero darles a conocer los distintos tipos de depresiones para que tengan armas con qué defenderse de los peligros del Yo, que son los más difíciles de vencer, puesto que los llevamos dentro, sin saberlo. Aquí, mi palabra desenmascarará a esos enemigos psicológicos infundiéndote nuevas esperanzas.

Aries: ¿Por qué tu vida ha de ser una serie de proyectos que comienzas y no terminas? Resuélvete a refrenar tu impulsividad. Aprovecha tu inteligencia y tu agilidad mental, esa vitalidad que te da tu signo. No la dejes dispersarse queriendo lograr demasiadas cosas al mismo tiempo. *Mensaje: Tu mente y tu corazón no son archivos para ofensas, rencores y palabras crueles. Perdona y olvida: la suerte estará contigo.*

Tauro: Ten paciencia con aquellos que no piensan tan rápido, ni son tan eficientes como tú. Muchas veces dispersas la admiración que causas con tus maravillosas habilidades porque luego ofendes con tu intolerancia por los que no están a tu altura mental. Refrena todo acto o expresión o testarudez. Destaca los aspectos más bellos y espirituales de tu personalidad. *Mensaje: El dar, el regalar, es un arte raro y difícil. Una palabra dulce, una sonrisa amable, puede ser más valiosa que ese regalo costoso con que quisieras fascinar.*

Géminis: No te diluyas en mil ideas y actividades. No quieras estar en todo constantemente, porque puedes terminar estando en nada. Resuelve lograr la calma dentro de ti, tanto mental como física. Conserva tranquilos los pies y las manos. No hables demasiado ni te deshagas en explicaciones: aprende el valor del silencio expresivo. *Mensaje: Tu felicidad no está en el dinero, sino en un corazón lleno de comprensión, amor y perdón.*

Cáncer: Refrena esa susceptibilidad exagerada que hace tan fácil que te hieran y tan difícil que olvides injurias que solo están en tu mente. No permitas que pequeñas tonterías enturbien tu felicidad. Controla tu imaginación, que a veces te arrastra a conclusiones sin relación alguna con la realidad. *Mensaje: En el hogar hallarás la paz, la seguridad y la tranquilidad. Es el único lugar en que puedes caminar sin luz y no hacerte daño.*

Leo: Entierra orgullos y vanidades. No dejes que ese deseo de dominarlo todo te convierta en un ser que vive solo o rodeado de esclavos cuya obediencia aburre. Sé tolerante, reprime tu egoísmo y tu soberbia. El arte de vivir feliz depende en un 90% de saber llevarnos en paz y armonía con aquellas personas cuya presencia apenas soportamos. *Mensaje: No juzgues el futuro por el pasado. No permitas que un* *fracaso anterior te desilusione de antemano, haciendo juzgar mal —sin razón— a quien se te acerca.*

Virgo: Muérdete la lengua antes de emitir comentarios o críticas desagradables. Ya sé que a veces te es difícil contenerte, porque sabes que tienes razón. Pero tener razón es bien poco, si nada más tienes en la vida. Resuelve ser más expresivo y cariñoso en tus afectos. No pienses siempre que te tendrán a menos si sabes que has entregado el corazón. *Mensaje: La paz es algo que no se puede dar si no empezamos por poseerla en nosotros mismos. No todo el mundo es perfecto y el más imperfecto puedes ser tú, si no aprendes a tolerar errores ajenos.*

Libra: Resuelve tener más decisión, más osadía y atrevimiento ante los conflictos de la vida. No pretendas administrar y controlar los asuntos de otros, sobre todo los que tienen que ver con los sentimientos. Cuídate de jugar al amor, porque es un juego en que tu sentido de equilibrio te hace llevar las de perder. *Mensaje: Hoy es el hijo de ayer y el padre de mañana. Alimenta en este hoy la belleza de tu espíritu. Así sembrarás la semilla de sus hermosos mañanas.*

Escorpio: Controla tus defectos: la terquedad, la irritabilidad, la agresividad y sobre todo, los celos. Destaca tu dinamismo, magnetismo y poder. No sufras por quien no sufre por ti. Acuérdate que con tu fuerza puedes conseguir mucho de la vida, pero no la malgastes tratando de conquistar a quien no te conviene. *Mensaje: No le tengas miedo a los años; no te asustes de envejecer. No importa tener canas y arrugas. Lo terrible es perder la juventud del corazón.*

Sagitario: Controla toda exageración en tu vida social. Refrena la lengua al emitir cosas que te parecen muy francas, pero que también pueden ser muy ofensivas. Destaca la jovialidad, simpatía y sinceridad que adornan tu signo. Acostúmbrate a no desconfiar de los sentimientos de los demás, solo porque a veces desconfías de los tuyos mismos. *Mensaje: Dos factores modelan tu futuro; como te tratas a ti mismo y como tratas a los demás. Si logras una armonía entre ambos, tu destino florecerá como la primavera.*

Capricornio: Esa ambición exagerada que te angustia y a veces no te deja descansar ni dormir… ¡contrólala! Evita ser sumamente suspicaz. No te imagines que eres más agudo precisamente porque eres receloso y no te dejas engañar. Estás levantando paredes y barreras, solo por temor a que se dañe tu precioso orgullo… y a lo mejor no es cierto eso que te estás imaginando. *Mensaje: Los bondadosos tienen el espíritu de la Navidad en el corazón. Haz que en ti sea eterna.*

Acuario: Forjarte un capricho está mal. Tratar de realizarlo tercamente es todavía peor. Resuelve cuidar tu salud ante todo. Destaca tu inventiva y originalidad. No dejes que tu obsesión por el futuro te impida gozar del presente. ¿O es que no te parece que cuando al fin consigues algo ya entonces te interesa otra cosa? *Mensaje: Piensa en tus propias faltas antes de dormirte y en las de los demás cuando ya estés dormido. Esa inquietud tan tuya se vence si te dedicas a exprimir todo lo que tiene de bello el día de hoy.*

Piscis: Tienes que ejercitar un sentido más práctico y realista ante los problemas. Tus melancolías, tus ansiedades, son producto de esos sueños tan bellos que nunca se realizan totalmente, porque son imposibles. Fíjate una meta que puedas conseguir, dedícate a lograrla y verás cómo escalas la cumbre si te concentras no en mirar a lo alto, sino en dar con firmeza los primeros pasos. *Mensaje: Tu alma es como un neumático que en vez de llenarse de aire, tiene que llenarse de entusiasmo, amor y buena voluntad. Sin ello, el camino de la vida se te hará largo y borrascoso.*

CONQUISTA TUS MIEDOS

La *fobia* según el diccionario, es la "apasionada aversión hacia una cosa". Usualmente interpretamos la fobia como un temor irracional hacia algo. No sabemos por qué, por ejemplo, nos aterra mirar desde la ventana de un edificio muy alto o nos atormenta la posibilidad de contraer alguna enfermedad en especial. Yo considero que la inmensa mayoría de estos temores tiene su raíz en los dictados de los astros. En estas páginas, estudiaremos cada uno de los signos y de qué manera pueden influir e inculcarnos un miedo inexplicable.

Aries: *Autofobia o Monofobia:* pánico a quedar solos, abandonados, sin que nadie los quiera. Miedo a perder su libertad o no ocupar el primer lugar en lo que hacen.

Tauro: *Tanaofobia:* pánico a la muerte, a las enfermedades, a la vejez, a la destrucción total. Miedo a la pobreza, a no tener medios de qué vivir, a pasar necesidades. Miedo a lucir inferior y provocar el desprecio de los demás.

Géminis: Pánico a la locura, a los desórdenes mentales, a la pérdida de la razón. *Acrofobia:* pánico a las grandes alturas. *Zoofobia:* miedo a ser atacado por animales salvajes.

Cáncer: *Agarofobia:* pánico a perder la protección del hogar y a quedar en áreas completamente deshabitadas. *Osmofobia:* miedo irracional a los malos olores.

Leo: *Xenofobia:* pánico a mezclarse en grandes multitudes de personas extrañas y desconocidas. *Cardiofobia:* miedo a padecer y a morir de enfermedades del corazón. *Amaxofobia:* pánico a morir en el aire, en un desastre de aviación.

Virgo: *Bacteriofobia:* pánico a los gérmenes e infecciones. *Misofobia:* miedo al polvo, a lo sucio, a todo lo que implique contagio o contaminación. Miedo a ser castigados por los hombres o por la Providencia si no cumplen con su deber o sus promesas.

Libra: *Pirofobia:* miedo a la destrucción por el fuego, tanto de sus personas como de sus bienes. *Teratofobia:* pánico a quedar deformes o mutilados por causa de un accidente. Temor irracional a los rayos, truenos y relámpagos.

Escorpio: Carecen de fobias, pues su mente penetrante y detectivesca analiza los temores irracionales y destruye las fobias. En algunos se presenta el miedo a la impotencia y a los malos efectos de la brujería o la magia negra.

Sagitario: *Claustrofobia:* pánico a quedar encerrados. Miedo a la pérdida del prestigio o la situación que poseen en la escala social.

Temor a quedar ciegos y a todo trastorno que afecte la vista. *Microfobia:* miedo a microbios y suciedad.

Capricornio: Pánico a no cumplir con sus obligaciones o con su destino. Miedo a que le pierdan el respeto. Temor a no poder ser el hombre fuerte en que se recuesten los que tienen problemas. Pánico a hacer el ridículo.

Acuario: Miedo a ser asaltados, golpeados, secuestrados o mutilados. Pánico a encontrarse en un tumulto de personas que han perdido el control. Miedo a la pobreza.

Piscis: Tendencia a saborear y experimentar con el miedo, ya que es el signo de la fantasía: alimenta todas las fobias y con ninguna se traumatiza. Es el signo del sufrimiento y llega a sentir placer con el dolor.

27

CROMOTERAPIA:
LA SANACIÓN
POR LOS COLORES

Todos somos un arco iris. Los siete colores se hallan dentro y fuera de nosotros. Conocer los secretos y aplicación de los colores nos abre las puertas a la sanación del cuerpo y del alma. La cromoterapia es una ciencia Divina que se usó con gran efectividad en la Era de Oro de la Grecia Inmortal. También los chinos, egipcios e hindúes hicieron buen uso de ella. En las escuelas o colegios iniciativos se enseñaba y se practicaba.

En el hombre hay siete centros nervofluídicos o *chakras* asociados con los siete colores:

Chakra número 1: COCCYGEAL
Donde se anida el Kundalini y se lo llama MULADHARA. Su color es el ROJO. Vitalidad, acción, iniciativa, agresividad, sexualidad y todo lo relacionado al planeta Marte y a los signos astrológicos

de Aries y Escorpio. El rojo se usa para curar anemia, debilidad física, deficiencias en la circulación, parálisis y frialdad sexual.

Chakra número 2: SACRAL

Se lo conoce como SWADHISTHANA y es el núcleo de los placeres mundanos. Su color es ANARANJADO. Libertad, valor, sabiduría, sociabilidad y alegría del vivir. Mezcla de rojo (energía física) y amarillo (actividad mental). El anaranjado se usa para curar asma, bronquitis, reumatismo, inflamación de los riñones, debilidad mental, depresión y epilepsia.

Chakra número 3: LUMBAR-UMBILICAL

Se lo llama MANIPURA. Su color: AMARILLO. Inteligencia, discriminación, inspiración, tónico para los nervios. A este *chakra* se lo conoce como el segundo cerebro del hombre. El amarillo se usa para curar problemas del hígado, estreñimiento, diabetes, eczema, afecciones de la piel y perturbaciones mentales.

Chakra número 4: CARDÍACO

Se lo llama ANAHATA. Su color es VERDE. Seguridad, amor, celos, dudas personales, riqueza y envidias. El verde se usa para curar presión alta, problemas del corazón, úlceras, cáncer, neuralgia y dolor de cabeza.

Chakra número 5: LARINGEO

Se lo llama VISHUDDHA y está asociado al color AZUL. Ayuda a la comunicación y al arte, es el más grande antiséptico del mundo y representa la conciencia de Dios. El azul se usa para curar fiebres, histeria, espasmos, cólicos, diarrea, inflamación de ojos, dolor de muelas, insomnio y menstruación dolorosa.

Chakra número 6: MEDULAR FRONTAL

Se lo llama AJNA (Boca de Dios) o el Tercer Ojo. Se lo localiza entre las dos cejas. Su color es ÍNDIGO. Purificador, intuitivo, de profunda luz espiritual y el rayo de la consciencia de la Nueva Raza. El índigo se usa para curar pulmonía, tos, enfermedades nerviosas o del pulmón, delirium tremens, obsesiones y locuras. Controla la glándula pineal.

Chakra número 7: CORONARIO

Se lo llama SAHASRARAM PADMA. Tiene un total de 972 rayos de Pura Radiante Iluminación. Se encuentra en la corona de la cabeza. Su color es el VIOLETA. Divinidad, evolución máxima, realeza, maestría y purificación. El violeta se usa para curar neurosis, tumores, obsesiones, vejiga y riñones infectados o que no funcionan correctamente, problemas con el cuero cabelludo y purificar la sangre.

MÉTODOS PARA APLICAR LA CROMOTERAPIA

Bombillas del color indicado se necesitan, tanto en la habitación como en el lugar de sanación. Poner micas o plásticos del color necesario frente a las bombillas. Pintar la habitación o decorarla con el color indicado. El director de un asilo de lunáticos en Italia hospedó a un taciturno, mórbido y potencial suicida en un cuarto rojo y en tres horas su disposición anímica cambió hacia alegre y cooperador. Otro paciente pasó la noche en un cuarto violeta y se lo dio de alta al otro día.

Otro método es poner agua al sol (por dos horas) dentro de botellas del color deseado. Luego tomar nada más que de esa botella de agua durante el día. Visualizar el color deseado como si nos arropara y saturara completamente por dentro y por fuera. El color de tu ropa y el de las paredes de tu hogar puede ser sanativo o destructor. Recuerda, rojo y anaranjado cuando se necesita vitalidad, energía, excitación, y si quieres estímulo mental, el amarillo. Cuando hay que tomar exámenes o reválidas el amarillo es indispensable. Tal vez el color que más necesites te resulte repulsivo. Prueba y sigue probando qué color es el que te conviene para levantar tu ánimo, tranquilizarte, armonizarte o curarte cualquier mal.

Para experimentar con el color que necesitas, se pone agua en siete vasos de diferentes colores; desde el rojo hasta el violeta y se prueba el agua con intervalos de quince minutos. La que mejor te asiente, esa es la que tienes que seguir tomando. El rojo se asocia con Aries y Escorpio, el anaranjado con Leo, el amarillo con Géminis y Virgo, el verde con Cáncer, el azul con Tauro y Libra, el índigo con Sagitario y Piscis y el violeta con Capricornio y Acuario.

Aquí les paso algunos ejemplos de los resultados obtenidos mediante la aplicación de la cromoterapia a mis discípulos:

Una señora que había padecido de estreñimiento por años y ya se había cansado de los laxantes empezó a tomar agua solarizada amarilla. En días su eliminación fue normal. Un matrimonio que había perdido toda la pasión y el sexo era ya historia pasada, a insistencia mía, decoró toda su habitación de rojo fuego: cortinas, paredes, colchas, lámparas. Luego de que el fuego del amor casi los quema, tuvieron que redecorar en azul para apagar la pasión abundante.

Personas con la presión alta, la han normalizado con baños de luz verde. Para entrar en meditación yo recomiendo luz violeta o índigo. Para complementar la cromoterapia yo utilizo la músicoterapia. Si a la vez que te aplicas o te saturas del color necesario, estás oyendo música relajante o inspiradora que te haga vibrar y armonizar, la sanación será más rápida y perfecta.

28

LA BOTÁNICA DE DIOS

A mis hermanos en el Sendero de la Verdad:
Este libro es un compartir de descubrimientos. Mi vida se compone de estudio, meditación, experimentación y sobre todo descubrimientos (no hay nada nuevo sobre la superficie de este planeta, ya que todo está creado por Dios y en perfecto orden Divino).

Me crié en el campo. Viví en Capitanejo y la Hacienda Matilde, dos fincas alejadas de la ciudad de Ponce, Puerto Rico. Mis juguetes y mis compañeros fueron las plantas. Hablaba con ellas y ellas me respondían. Sabía que en ellas se encerraba un gran misterio. No hay planta inservible o no utilizable en este universo. Siempre creí, y ahora sé, que en ellas habitan entidades, seres o conciencias.

Desde pequeño fui almacenando conocimientos folklóricos o populares sobre curaciones y medicamentos, usando la botánica natural o la Botánica de Dios. No hay mal que no tenga cura si se descubre la planta indicada. Este capítulo es la culminación de años de estudio y experimentación con el mundo mágico y maravilloso de las plantas. De todas las fuentes, de todas las religiones, enseñanzas, filosofías, sistemas, disciplinas, fui alimentándome y hoy que estamos en la Era de la Luz y la Verdad, la Era del Paraíso Terrenal, la Era de Acuario, me siento obligado por mandato cósmico a ofrecer este regalo de Dios.

Volvamos juntos a las raíces, a lo puro, espontáneo, a la Creación prístina del Supremo Hacedor. Nunca lo sintético o artificial podrá reemplazar lo auténtico y original. No pretendo representar la única verdad. Respeto la ciencia y los *milagros* logrados en el laboratorio. Aconsejo a mis discípulos visitar a un médico o especialista ante cualquier afección. Mi mensaje es la otra alternativa. Te pido humildemente que pruebes mis consejos (productos de mis experiencias) cuando no encuentres solución a tus males en la medicina ortodoxa o convencional.

Siendo un eterno estudiante de la Verdad, y además farmacéutico, me siento obligado a ayudarte para que veas otras realidades de cómo prevenir, curar y remediar enfermedades. Además, ofrecerte secretos para embellecer tu cuerpo y tu alma sin olvidar mitos, leyendas, filtros, fórmulas mágicas y todo lo que te sirva para lograr prosperidad, salud, buena suerte y amor.

Hipócrates, el médico griego llamado Padre de la Medicina que vivió cuatro siglos a. de C., curaba con plantas. Hohemhein quemó públicamente los libros sagrados de las plantas queriendo imponer la medicina química (fue el primero que dio mercurio como medicina), pero no pudo quemar la Verdad Eterna del Poder Divino de las plantas y que ahora tiene y tendrá el mayor auge en la historia de la humanidad. Indios, yerberos, sabios, maestros, chamanes, magos, brujos, curanderos, astrólogos y místicos mantuvieron viva la fe en las sanaciones milagrosas por plantas y hoy que la humanidad entra en un nuevo estado de conciencia, reverdece y florece la vuelta al Paraíso.

Te invito a visitar el mundo mágico y maravilloso de las plantas. Entra en él con mente abierta, no prejuiciado, no condenatorio, no sectario, no fanatizado, y tal vez sea la experiencia más fascinante e instructiva de toda tu vida. ¡Acompáñame!

Desde que estudio el mundo de las plantas y veo su maravilloso efecto en curaciones, me he dado cuenta de que en todo hogar debe haber ajo, alfalfa, sábila, consuelda y limón. Con estas bendiciones de la farmacopea natural que Dios nos ha regalado se puede tratar, aliviar o curar cualquier malestar o enfermedad. Al ajo se lo ha llamado el "limpia-limpia" del cuerpo, ya que puede purificar el sistema sanguíneo en menos de una hora. La alfalfa destruye infecciones y levanta las resistencias del cuerpo para combatir enfermedades. La consuelda une todo "lo roto", disuelve tumores y quistes y "reubica" huesos rotos. Ha sido usado con prodigiosos resultados para reparar hernias en menos de dos semanas. En cuanto a la sábila (aloe vera), cada día crecen los milagros obtenidos al aplicar o usar este cactus del Mediterráneo. Su gelatina sirve como estimulante digestivo, regula la menstruación, alivia las hemorroides, combate infecciones, cura quemaduras, acelera la cicatrización, controla catarros comunes. En la cosmetología, la mayoría de los productos para la piel y el cabello son a base de sábila. Y por último, el jugo de limón es el antiséptico natural más poderoso, mucho más efectivo que el alcohol y que el agua oxigenada.

RELACIÓN MÍSTICA CON LAS PLANTAS

La Madre Naturaleza siembra junto a nosotros lo que necesitamos. No existe la casualidad o coincidencia de que una planta germine y florezca en un lugar determinado. Lo que crece junto a ti está relacionado con tu cuerpo y tu espíritu. La ley cósmica dice: "En ningún momento podemos estar en otro lugar que no sea el que estamos", y esto se aplica a los humanos, animales y plantas. Yo he tenido la experiencia de recetar ciertas plantas para una enfermedad y después de que mi discípulo o cliente buscó inútilmente, la encontró en su propio patio. Otra rareza que la vida me ha enseñado es que existe una perfecta relación entre el signo zodiacal de una persona y las plantas, árboles, hierbas que le agradan y nacen cerca de ella.

Cuando un perro o gato se enferma, come hierbas y se cura. Sólo el hombre ha dejado de escuchar la voz de su instinto y se ha cerrado a las curaciones milagrosas que la Madre Naturaleza regala. Las plantas no solo influyen en el cuerpo humano, sino también en su alma. Una rama de una planta (tártago o brazo fuerte) aleja o puede destruir las vibraciones diabólicas de la magia negra o del pensamiento negativo. El perfume del lirio del valle refuerza el corazón, da valor y alegría. Raíces, semillas, cortezas y pétalos se usan para confeccionar poderosos amuletos y talismanes. El árnica (árnica montana) se usa contra hinchazones y contusiones, al igual que para choques nerviosos. El árnica se le aplica a personas indiferentes, apáticas, enfermas del alma y se obra el milagro de ver cómo desbordan de vida y alegría.

Las plantas ocupan un lugar muy destacado en la brujería y la santería o religión afro-antillana. La magia natural rebosa de secretos y fórmulas a base de plantas. Si usted tiene pesadillas o mal dormir, encienda una vela blanca, ponga un huevo de gallina en una copa de agua y queme un poco de manzanilla y salvia. Si todavía continúan, haga un té de manzanilla con una hoja de salvia, le añade leche caliente y se lo bebe antes de acostarse.

En la santería, cualquier practicante de la regla de Ocha utiliza y recomienda baños de hierbas o plantas. Cada hierba o planta está bajo el dominio de un santo o deidad. El *egüé* (baño o despojo con hierbas) es fundamentado en los omieros que se le ofrecen a los santos. Ozaín es el dueño de todas las hierbas y el ozainista es el que conoce el misterio de ellas. Cada santo tiene sus plantas o hierbas.

Obatalá: lirio blanco, algodón, verdolaga, almendra, prodigiosa, saúco blanco, peonía, albahaca blanca, anón, guanábana, hierba buena, toronjil y mejorana.

Eleguá: lengua de vaca, hedionda, gandul, ají picante, hojas de frijol de carita, *sargazo*, pata de gallina, hojas de aguacates, guayaba, cáscara de coco, café, mastuerzo, pica-pica, corojo, vente conmigo y *arrasa con tó*.

Ochún: orasún, helecho, naranja, frescura, anís, cucaracha, maravilla, llantén, verbena, culantrillo, romerillo y rosas.

Changó: artemisa, Santa Bárbara, palma real, pino, guayacán, amansa guapo, plátano y ciguaraya.

Oggún: zarzaparrilla, cardo santo, rompe saragüey, pimienta, almácigo, higuereta y roble.

Yemayá: ananú, alga marina, albahaca morada, chayote, grama de la playa y coralillo.

Babalú Ayé: cundeamor, sargazo, frijoles, maní, escoba amarga, apazote, ajonjolí, tuna, salvia y olivo.

Orula: jengibre, mirto, madreselva, corozo, ñame y maíz.

Oyá: alcanfor, ciprés, flamboyán, flor de cementerio y vergonzosa.

Agallú: clavo, caña fístula, cebolla, azafrán y embeleso.

Ochosí: tabaco, parral, chincha, espinilla y menta.

Las aguas que se usan para preparar los omieros son: agua de río, mar, lluvia, coco, bendita (todo ser humano puede bendecir el agua, ya que Dios y Cristo moran en cada corazón).

Todo ser humano aunque no practique ningún culto o religión debe tener plantas o hierbas cerca de su persona, o sencillamente una ramita de albahaca en un vaso de agua.

Habiendo estudiado farmacia y habiendo vivido junto a tantos seres privilegiados, *wicca*, que conocían el secreto de las plantas, mi fascinación por el mundo vegetal no tiene límite. Uno de los maestros que más me enseñó fue E. Núñez Meléndez, catedrático de farmacognosia. De los que venden plantas y brujerías en las plazas del mercado del mundo también he recibido valiosos consejos. Aquí comparto algunos con ustedes.

Aguacate (persea gratissima): Fruto muy alimenticio. Sus semillas son antihelmínticas (contra lombrices intestinales) y combate el dolor de costado. Para el dolor de costado, se frotan el pecho y la espalda con una toalla seca para activar la circulación de la sangre, se aplica en fricción un poco del extracto fluido del aguacate y luego se cubre la zona con una franela. El aceite de las semillas cura enfermedades del cuero cabelludo, principalmente la tiña. La pulpa es un afrodisíaco excelente, aumentando el deseo sexual. Recomendable para diabéticos por su falta de azúcar y almidón.

Ajo (allium sativum): Para mí este es un producto santo, milagroso e indispensable. Además de alejar los maleficios es excitante, enérgico, expectorante, febrífugo, antiescorbútico, desinfectante poderoso, vermífugo, facilita la digestión y ayuda a eliminar la orina. Exteriormente se usa como rubefaciente y cáustico contra picadas de abejas, alacranes y mosquitos. También es excelente contra la sarna y tiña. Junto a la cebolla y al limón, combate milagrosamente infecciones bacteriales. En la antigüedad, cuando había plagas y epidemias, quien se tragaba una cabeza de ajo pelada, no era víctima de la enfermedad. Se usa con mucho éxito para reducir la presión arterial.

Ajonjolí (sesamum orientale): Planta sagrada de San Lázaro y regida por Capricornio. Se usa como nutritivo y en horchata como bebida refrescante. Cura diarreas crónicas. Se la llama la planta de la alegría y también sésamo. Como laxante es inmejorable.

Albahaca (ocimum basilicum): Sagrada planta de la buena suerte. Sagrada para Krishna y Vishnu. Donde hay albahaca no entra el mal. Se usa extensamente en preparación de comidas. Aumenta la secreción láctea en la mujer. Eficaz carminativa en desórdenes gastrointestinales.

Alcaravea (carum): Descubierta en Caria, Oriente Norte, calma cólicos intestinales acompañados de flatulencia. Hay una antigua superstición que dice que la alcaravea aleja ladrones. Nadie podrá robar donde hay alcaravea. Además asegura que tu pareja nunca te abandonará. Se rellenan almohadas con romero, menta, pétalos de rosas, canela en polvo, albahaca morada y no podía faltar alcaravea. ¡Pruébala!

Anamú (petiveria alliacea): Planta de Escorpio para calambres, inflamación de la vejiga, inflamación de las coyunturas, contracciones nerviosas, histerismo y como remedio para el asma. Junto al llantén he visto milagros en casos de cáncer.

Anís (pimpinella anisum): Sus frutos son tónicos, carminativos contra la abundancia de gases intestinales (una amiga mía salvó su matrimonio con los té de anís, ya que debido a los gases exagerados e imprudentes de su marido iba rumbo al divorcio). También es excelente para aumentar la leche en los pechos de las madres que están lactando. Pitágoras decía que el anís favorece el parto y previene la epilepsia. Se le adjudica a la diosa Ochún y se le hace un servicio poniéndolo en fuente de agua para atraer dinero y amor.

Árnica (árnica montana): Esto no debe faltar en el hogar. Indispensable en tratamientos de primeros auxilios en casos de golpes, heridas y llagas. En dosis altas produce vómitos.

Artemisa (ambrosía peruviana): Excelente para enfermedades de la matriz y ovarios. Se hace en forma de té con leche caliente para enfermedades del sistema nervioso como epilepsia, neuralgias y el Baile de San Vito.

Baquiña (pothomorphe peltata): Diurético que disuelve cálculos renales y muy efectiva como antiescorbútica y estomáquica. Tuve un discípulo que iba rumbo a la mesa de operación por causa de cálculos renales. Le recomendé la baquiña y no ha visitado un hospital más.

Caléndula (calendula officinalis): Tiene propiedades sudoríficas, también contra la gota y el reumatismo. Excelente emenagogo (regulador de la menstruación) y aplicadas sus hojas directamente sobre callos y verrugas, las hacen desaparecer. Se la llama caléndula por calendario, ya que florece el primer día de cada mes. Controla venas varicosas y embellece manos estropeadas. Ayuda a aliviar las lesiones dolorosas del eczema. (Eczema es un problema que se repite cuando se está bajo tensiones, preocupaciones o angustiado.) Para el eczema, yo además recomiendo mejor nutrición, suplementada con vitaminas y minerales y aplicar vinagre en las partes afectadas. También pueden aplicar huevos duros: se cortan y se calienta la yema a fuego y luego se aplica cuantas veces sea necesario sobre la parte afectada por el eczema. La caléndula es efectiva en té para hacer sudar y diluida en agua quita el rojo de los ojos fatigados.

Canela (cinnamomun zeylanicum): Combate diarreas, nauseas, evita que niños (algunos adultos también) se orinen en la cama, aleja la gripe y condimenta dulces y platos exóticos.

Chamisco o Estramonio (datura stramonium): Hechiceros y brujos lo usaban y todavía se usa para producir alucinaciones y viajes astrales. En pequeñas dosis es narcótico y es venenoso en dosis altas. Tiene propiedades antiasmáticas, antirreumáticas y narcotizantes. Para el asma se recomienda fumar sus hojas disecadas en forma de cigarro.

Clavo (caryophyllus aromaticus): Para gárgaras, anestésico local contra el dolor de muelas y condimento de numerosos platos, también es carminativo y estimulante gastrointestinal.

Clavo, canela, alcaravea: Las hierbas de la salud y la buena suerte. Un baño con ellas te aleja lo malo, neutraliza la brujería y te imanta de vibraciones positivas, según los gitanos.

Coca (eritroxylum coca): La coca era para los incas la representación animada de la Divinidad. Los indios peruanos hacen gran consumo de hojas de coca, ya que es un poderoso excitante que los ayuda a soportar las más rudas tareas. Llevan la coca en una pequeña calabaza llena de ceniza a la que denominan *llucta*. De esta planta se obtiene la temida cocaína, alcaloide de gran uso en medicina.

Consuelda (symphytum officinale): Mi planta favorita y uno de los agentes curativos más poderosos de este mundo, es el ingrediente principal en todo ungüento o linimento para reponer o curar huesos dislocados o fracturados. También ayuda a curar esas horribles llaguitas o úlceras que salen junto a la boca o quemaduras.

Diente de león (taraxacum officinale): El diente de león se utiliza como tónico, laxante y colagogo (estimula la secreción de la bilis). Por las sales de hierro que contiene obra directamente sobre la formación de glóbulos rojos.

Doradilla (polypodium polypodioides): Las hojas de este helecho bajan la presión arterial. Se ha usado con éxito contra los cálculos biliares, la cistitis y la irritación del hígado y riñones.

Eneldo (anethum graveloens): Excelente contra el insomnio. Estimula la secreción láctea en la mujer. Se usó en la antigüedad como perfume y se quemó como incienso para alejar brujerías. No faltaba en pociones y fórmulas mágicas de las brujas. Una amiga mía muy brujita le adjudica sus conquistas amorosas al eneldo en vino. Usado en sopa evita la obesidad.

Eucalipto (eucaliptus globulus): Contra la gripe, catarros pulmonares, bronquitis, asma, laringitis y tuberculosis. Se puede tomar en té o en inhalaciones que se preparan con las hojas puestas en agua hirviendo.

Ginseng (panax, schinseng): Se lo considera panacea medicinal. Levanta caídos, da energía, combate catarros, tonifica el cuerpo, ayuda a la longevidad y los orientales juran que da potencia sexual. ¿Por qué no probarlo? Se dice que hay viejitos orientales que han pasado de los ochenta años y han podido procrear.

Goldenseal (hydrastis canadensis): La más fascinante "cúralotodo" del reino vegetal. Si al polvo de goldenseal lo aplicas con tu dedo en dientes y encías, combate la piorrea. Cuando te has sacado una muela, te cicatriza la herida en una noche. Para aclarar ojos enrojecidos o fatigados es fantástico. Nada hay mejor para catarro interno y úlceras rectales. Se lo considera como fuerte antiséptico, desinfectante y astringente. Ha sido una bendición para personas que sufren de presión arterial alta.

Hamamelis (hamamelis virginiana): Los indios americanos la valoran para aliviar inflamaciones, como astringente, desinfectante, a la vez que reduce la actividad exagerada de las glándulas sebáceas. La rama de este arbusto ha sido utilizada como vara mágica.

Higo (ficus carica): Planta regida por Virgo, muy eficaz contra la diabetes. Su fruta es laxante. Se usa para curar la tos convulsa o tos ferina. Para lograrlo hay que comer en ayunas dos higos que hayan sido remojados durante la noche anterior en vino fuerte.

Higuereta (ricinus communis): La cubierta de la semilla contiene una substancia muy venenosa que envenena a quien la mastique o la ingiera. En dosis moderada, produce evacuaciones sin cólicos ni irritación intestinal. Muy útil para quien padezca de hemorroides (almorranas), pues obra lubricando el tubo intestinal. El aceite de ricino (higuereta) se disuelve en alcohol 96 grados para fabricación de cosméticos y tricóferos (para hacer crecer el cabello). Yo recomiendo el aceite de ricino con yodo blanco para dar masajes al cuero cabelludo, al igual que el ajo machacado, y son miles los agradecidos que han salvado su cabellera.

Jengibre (zingiber officinale): Para los chinos es un "cúralo-todo". Estimula la digestión, combate nauseas y malestares estomacales, gastritis y normaliza la menstruación. Hay un dicho oriental que dice: "Quien toma un té de jengibre diariamente nunca contrae catarro". Echar en el baño jengibre estimula la circulación y quita dolamas musculares.

Limón (citros limonum): Es excelente para la digestión, tonificar el corazón, limpiar la piel y para combatir catarros e infecciones. Un vaso de agua de limón sin azúcar por la mañana en ayunas aumenta los jugos gástricos, tonifica el sistema digestivo y descongestiona el hígado.

Llantén (plantago mayor): Mi gran amiga. Miles de cartas recibo del mundo entero agradeciéndome el que les presentara esta milagrosa planta. Se usa en gárgaras para úlceras en la boca. Exteriormente, en fomentos contra contusiones y quemaduras. En sueños recibí una comunicación que me dijo que el llantén con el anamú usado regularmente podría ayudar enormemente a las víctimas de cáncer. Como colirio en enfermedades de ojos, no tiene rival.

Malva (malva sylvestris): Combate como infusión catarros, bronquitis, pleuresía, diarreas y disentería. Exteriormente, se emplea el cocimiento de flores y raíces en colirios, gárgaras, baños, lociones, fomentos y lavativas.

Manzanilla (anthemis nobilis): La más versátil y bondadosa de mis amigas, las plantas. En mi hogar no faltan las flores de manzanilla para hacer una milagrosa tisana que relaja y tranquiliza todo el sistema nervioso. Es perfecta para la digestión, estómagos débiles y espasmos estomacales. Se alega que "espanta las pesadillas". Aclara y embellece el cabello. Para la piel se echan flores de manzanilla en agua hirviendo y luego te pones una toalla como sombrilla para que recoja el vapor directamente en tu piel. Te limpia los poros y embellece el rostro. Y algo muy interesante que aprendí en la selva es que si te aplicas té de manzanilla en los brazos, la cara y todo lo que tengas al descubierto, no hay mosquito ni sabandija que te ataque.

Mejorana (origanum marjorana): Además de usarse para baños de suerte y limpias para el hogar, calma el dolor de oídos. Se usa en cataplasmas para calmar cólicos intestinales y aliviar las molestias de la flatulencia. En baños calientes es excelente para aliviar dolores musculares y reumáticos.

Miel: No es planta pero quiero incluirla aquí, ya que es maravillosa para todo. Da energía inmediata a todo el que la necesite. Junto al vinagre de sidra es alimento de salvación para normalizar todo el sistema. Personas afectadas por artritis y gota no deben carecer de ella. Para catarros y ronqueras se usa tanto en gárgaras como en su estado puro natural. La mejor mascarilla para la piel es la miel sola o combinada con clara de huevo o con aceite de aguacate. Una estrella de cine muy famosa me reveló su secreto de belleza: miel por fuera en la piel y tres cucharadas de miel en su dieta diaria.

Orégano (origanum vulgare): Tiene propiedades para regular la menstruación, antihelmínticas (favorece la expulsión de lombrices intestinales), antiespasmódicas y tónicas. Es usada habitualmente como condimento. Se lo llamó "alegría de la montaña". Se usaron sus hojas como tabaco.

Perejil (arum petroselinum o apium petroselinum): Además de traer suerte en el amor y dinero, sirve como sedante gastrointestinal y diurético en casos de nefritis. Está regido por Géminis.

Romero (Rosmarinum Officinalis): Entre otras, sirve para combatir la halitosis (mal aliento en la boca que causa tantos rompimientos y divorcios). También se emplea en fricciones dos veces al día contra la caída del pelo y para las articulaciones dolorosas cuando hay reumatismo. Otro uso es su cocimiento para lavados vaginales.

Evita abortar según los brujos de antaño. El té de romero ayuda a los olvidadizos, desmemoriados y despistados. Simboliza la vida de Cristo, ya que va creciendo hasta que tiene treinta y tres años. Se le adjudican poderes místicos para proteger iglesias o lugares sagrados, hogares, a los vivos y a los muertos. Llevarlo en el ramo de novia es emblema de amor y lealtad. Está regido por Leo y es planta sagrada de Puerto Rico.

Sábila (aloe vera): Duende divino en el mundo vegetal. Muchas bellezas que pasan de los ochenta años de edad adjudican todos su encantos y longevidad a este cactus. Las hojas contienen aloe o acíbar. Se usa como purgativo, jarabe expectorante, borra arrugas y en mil usos más. Frotada en la piel la conserva, la embellece y la rejuvenece. En muchos hospitales de los Estados Unidos la gelatina de sábila es utilizada para curar quemaduras, acelerar la cicatrización y evitar infecciones. La sábila está regida por Aries.

Salvia (salvia offinalis): Combate la depresión, perfuma el aliento, combate la diarrea y provoca el sudor. Facilita digestiones, excita el apetito y regula el sistema nervioso.

Saúco (sambucus simpsoni): Sus flores y hojas alivian la tos y la ronquera. La hoja molida en cataplasma alivia dolores de oído y cabeza. Las infusiones sirven para lavar los ojos en caso de infecciones de ceguera. Tomada internamente actúa como laxante y sudorífico. En casos de sarampión, viruelas y varicelas se aplica en baños para calmar la picazón. Clarifica y suaviza la piel.

Tila (tilia mexicana): En tés se usa para combatir la excitación nerviosa, falta de sueño y malestar general. Favorece la digestión, hace desaparecer los gases intestinales. Se recomienda en cólicos menstruales y congestiones dolorosas hemorroidales.

Tomillo (thymus vulgaris): Símbolo en la antigüedad de valor, gracia, virtud y estilo. Según los romanos cura la melancolía. Nada mejor después de una noche de alcohol que una cucharada de tomillo diluida en un vaso con agua caliente. Excelente para problemas gástricos, cólicos y el mal aliento, también repele insectos.

Tuna (opuntia ficus indica): Sus pencas se dividen longitudinalmente, se calientan y se usan en forma de cataplasmas emolientes. Como bebida es refrescante y astringente, especialmente en casos de diarrea. Se le atribuyen poderes mágicos para alejar o callar a personas enemigas. Se abre longitudinalmente y se le pone en un lado un papel con el nombre de la persona o las personas que están afectando nuestra vida o nuestra reputación, se vuelve a colocar la otra parte y se cosen ambas secciones con hilo negro. Se cubre todo con papel aluminio y se coloca en el refrigerador diciendo: "En el nombre de Dios, que nada negativo le ocurra a esta persona, pero que no me siga molestando".

Valeriana (valeriana scandens): Depresora del sistema nervioso, se usa contra la epilepsia y el histerismo.

Yerba buena (mentha nemorosa): Regida por Sagitario es excelente para baños y limpias de buena suerte. Tiene propiedades carminativas y estomacales. Calma el dolor de muelas.

Las plantas son nuestras amigas. Aprendamos a conocerlas y a amarlas. Nos lo dan todo y lo único que piden es un pedazo de tierra, un poco de agua y mucho cariño.

Para el que necesita dinero, hay un arbusto que trae mucha suerte. Se llama mirto o café de la India. Al sembrarlo, recuerda echar en el hoyo cinco centavos y pedirle a Dios que según crezca en tu hogar no falten abundancia y prosperidad.

En la Era de Acuario el hombre vuelve a la naturaleza. Esperen milagros de sanación por la intervención de estas inofensivas habitantes del globo terráqueo. No importa dónde vivas, cultiva una plantita y te servirá de compañera al mismo tiempo que llenará tu espacio de vibraciones positivas.

29

LOS REMEDIOS
DE WALTER

Estos consejos caseros y algunos no tan caseros, los he recopilado en mi contacto con Dios y con los seres humanos (también por observación de los animales que tanto tienen que enseñarnos). No están en orden alfabético, ni organizados por males o medicamentos. He dejado correr la pluma y llevar estos mensajes de salud y belleza en forma natural, espontánea; según me fueron regalados.

Artritis

Al igual que la bursitis, al reumatismo yo lo califico de "acidosis". El exceso de ácido causa inflamación y dolor. Para mí, la enfermedad es el rompimiento de la armonía o del balance. Toda enfermedad empieza en el alma, luego en la mente y más tarde se refleja en el cuerpo. Un ser humano que tenga una filosofía positiva de la vida, relajamiento, buena respiración y alimentación pura, adecuada y correcta para su organismo, que aprenda el arte de reír, tiene muy pocas posibilidades de enfermarse. He tocado este tema porque la artritis casi siempre refleja acidez del alma, acidez en el contacto diario.

Las toxinas que genera una persona que siempre está "ácida", amargada, lamentándose, quejándose y frustrada, la llevan a la artritis del cuerpo o del alma. Dios a través de mí ha curado a muchos artríticos "incurables" cambiando actitudes mentales y el ambiente nocivo donde vivían.

Para la artritis, la papa cruda es excelente. Si se hierve no es tan efectiva. El agua donde se hierven papas es efectiva para descongestionar las coyunturas. La alfalfa es recomendada por mí para el alivio de este mal. A quien padece artritis reumatoide no deben faltarle sus 600 mg. de vitamina C y P (hesperidin).

Mi madre padeció de artritis muy dolorosa y logró vencerla con un tratamiento intenso de acupuntura eléctrica.

Insomnio

Este es un mal que aqueja a aquellos que están o se sienten nerviosos, preocupados y ansiosos.

Me visitó en mi Templo una dama dominicana que había visitado distintos médicos en distintos países, y hasta pensó que su insomnio se debía a la posesión de algún demonio, y con mi receta ahora duerme como un bebé. Esta es la receta: machaca un diente de ajo y ponlo en un vaso con bastante agua como para cubrirlo. Tapa el vaso con un platillo y déjalo así todo el día hasta que te vayas a acostar. Llena completamente el vaso con agua lo más caliente que soportes y bébelo lentamente. Repite esto por diez días y te acordarás de mí. También recomiendo la valeriana.

Mente

Para los olvidadizos y desmemoriados: la salvia revitaliza el cerebro y mejora la concentración (tres tés diarios). El romero combate la fatiga mental y los olvidos, al igual que el té de yerba mate.

Alcoholismo

Tal vez el causante de más divorcios y problemas humanos es la enfermedad del alcoholismo. Recibo miles de cartas de todas partes del mundo pidiéndome orientación sobre este terrible mal. En la desesperación por curar un alcohólico se ha llegado a extremos increíbles. En Brasil aprendí que para quitar el deseo anormal de bebidas alcohólicas, le echan molleja cocinada y molida de gallo negro a cada botella de licor a ser tomada.

Las hojas y la raíz de Angélica destruyen el deseo por el alcohol. Tres tés diarios como mínimo. En otros países se le pide a San Matías, patrón de los alcohólicos, que ayude al enfermo de este mal.

Tumores, quistes, fibromas

Lo primero que recomiendo es ver a un especialista y si no lo satisface, ver a otro y aparte, yo recomiendo: el berro, las uvas, consuelda, *dolomite*, zinc, vitamina C.

La dueña de una tienda de alimentos orgánicos iba a ser operada de quistes en un mes. La sometí a una dieta de vegetales crudos, frutas, descanso, dos tabletas de zinc y dos de consuelda diariamente y *no* tuvo que operarse.

Ronquera y afecciones de la garganta

Tuesta un limón maduro al horno hasta que explote, sácale su jugo, lo mezclas con miel y te lo tomas cada hora —efectivísimo para tos persistente. El ajo en cápsulas ayuda mucho en catarros y gargantas afectadas. Para quitar ronquera, hacer gárgaras con gaseosas (refrescos como Coca-Cola o Pepsi-Cola) calientes. También mezclar cuatro cucharadas de vinagre de sidra en una pinta de agua caliente, haz gárgaras varias veces al día.

Alergias y sinusitis

Cuatro dientes de ajo, una cebolla blanca, tres onzas de agua maravilla (hamamelis), cinco onzas de miel de abejas y el jugo de dos limones. Se mezclan en licuadora y se prepara un jarabe milagroso que se guarda en la nevera. Dos cucharadas al día es lo que recomiendo.

Estreñimiento

Esta receta la aprendí de mi padre José M. Mercado, y todo el que la ha aplicado le enviaba bendiciones. Comerte en ayunas una naranja pelada, pero con la cáscara blanca interior y el bagazo (no las semillas) y luego desayunas.

Flatulencia y gases

El jengibre en té después de la comida es efectivo. Comer perejil en ensalada o en té ayuda a combatir estos males. El té de manzanilla y el de menta piperita facilita el proceso digestivo. La lechuga y papaya son maravillosas para este mal y cientos más, al igual que la manzana.

Diarrea

La diarrea no es una enfermedad, es un síntoma. Refleja que el organismo se está purificando, echando hacia fuera organismos dañinos. Los melocotones corrigen la diarrea (tres melocotones al día). La cebada controla la diarrea y da energía (contiene vitaminas B y B_2).

Hemorroides

Aplícate en la parte afectada queso blanco llamado "cottage cheese", y déjalo por media hora. Repite tres veces al día. Otra es que te coloques un supositorio de sábila (aloe vera) hecho por ti mismo directamente de la planta y no deben faltar los baños de asiento lo más calientes que puedas soportar.

Oídos

Una gota de aceite de ajo tibio dentro de la oreja (una vez por semana).

Cataratas

Se toma una papa, se monda y se le hace un huequito con la punta del cuchillo. Se echan en la apertura unas gotas de miel y se deja así toda la noche. Por la mañana se echa una gota del líquido formado en cada ojo o en el ojo que está afectado.

Calcio y vitamina D ayudan enormemente a los miopes. Tres cucharadas de semillas de girasol contienen vitaminas necesarias para una buena visión. También, lavarse los ojos con una gota de limón en una onza de agua tibia limpia, refresca y mejora la visión.

Infertilidad

Dolomite y alimentos que contengan calcio y magnesio ayudan con la infertilidad.

La tragedia de muchas mujeres y hogares es no tener hijos. Además de lo que aquí recomiendo, he visto muchos milagros por fe en mujeres que ya habían perdido toda esperanza de procrear. San Gerardo de Majella y Santa Ana (madre de la Virgen María) son los más milagrosos en estos casos. Tengo cientos de ahijados que se llaman Walter Gerardo. La fiesta de San Gerardo, el santo más milagroso del siglo XVIII, es el 16 de octubre.

Para conocer la razón de la infertilidad yo laboro con el mapa natal astrológico. La casa quinta nos habla de los hijos o de las potencialidades para tenerlos.

Senos caídos

La vitamina E la recomiendo mucho al igual que el masaje con aceite de germen de trigo. Cuando el caso es muy, muy caído, la cirugía plástica obra milagros.

Dolor de cabeza

Mezcla media cucharadita de jugo de limón con ocho onzas de agua caliente y les añades una pizca de bicarbonato de soda. Repite cada quince minutos.

Corazón

El germen de trigo y los D-alpha tocoferoles impiden los coágulos sanguíneos. Se recomiendan 400 a 800 I.U. diariamente.

Presión arterial

Agua de jagua (una fruta que se da en Puerto Rico) y el goldenseal en té o cápsulas han hecho milagros para bajar la presión arterial.

Cuatro tabletas diarias de alfalfa controlan tanto la presión alta como baja y dan resistencia a este padecimiento.

Riñón y vejiga

Fricciona continuamente entre el tercero y cuarto dedo del pie.

Para infecciones tomar té de hojas de buchú y bayas de enebros. Las vitaminas C y E son indispensables para estimular la orina y corregir problemas. Una amiga mía, princesa india, Chía, me enseñó a usar la pelusa de la mazorca del maíz. Té de esta pelusa purifica las vías urinarias.

Impotencia sexual

El horror de todos los hombres es la impotencia sexual. En Oriente el hombre se prepara desde muy joven para evitar esta tragedia usando ginseng, gotu kola y mil plantas más.

No pasa un solo día sin que un hombre venga a llorarme su pesadilla de impotencia. Primero hay que descubrir la razón que motiva el mal. En un caso, un señor joven de treinta y tres años quedaba impotente si la esposa se reía durante el acto sexual. Conseguí, después de muchos intentos, descubrir que cuando tenía trece años, una señora mayor lo obligó a tener sexo y como él le tenía miedo y no podía funcionar, ella se reía y se reía. Esto lo traumatizó. Al descubrir la razón de su mal, se curó. La mayoría de las veces este mal es mental o emocional. El abuso del alcohol o de las drogas intensifica este mal.

Un cliente rubio y blanco me reveló que quedaba impotente

cuando su amante rubia y blanca le decía que si él fuera negro y feo la satisfaría más.

Yo aplico según los casos distintos métodos: visualización, dieta correcta, tantra, meditación, el caminito de piedras, tomar diariamente algún medicamento de plantas o células de animales que hoy se consiguen en las tiendas naturistas. El caminito de piedras lo aprendí en Japón. Se hace un caminito de chinitos o piedras lavadas de río y se camina descalzo sobre él durante media hora estimulando centros nervofluídicos que se hallan en la planta del pie.

En América especialmente, el hombre lleva una carrera precipitada en llegar a la eyaculación sin disfrutar lentamente del acto en sí. Cuando se va a hacer el amor, recomiendo caricias, ternuras, juegos, tomarlo todo en broma y dejar que la naturaleza se manifieste. Cada órgano tiene su propio cerebro. Dale tiempo y date tiempo para disfrutar. Saca de tu mente ideas caducas negativas contra el sexo. Quien está feliz sexualmente está feliz con el mundo que lo rodea. Quien está frustrado con el sexo vive en guerra con todos.

El sexo inteligente entre dos seres responsables adultos que se atraen es bendición Divina.

30

EL NIÑO QUE
VIVE EN TI

Todos llevamos un niño en nuestro interior. En el diario vivir tenemos que ser serios, responsables, maduros, o sea, "actuar" como adultos.

Ser adulto no significa ahogar o mutilar al niño que mora en tu alma. No importa la edad que tengas, puedes sacar tiempo para reír, jugar, divertirte y volver a ser niño. Todos necesitamos para nuestra salud mental darle libertad a lo expresivo, jovial, ingenuo y divertido que no ha muerto en nosotros.

En la astrología científica, el punto que queda a 120 grados de la posición del Sol al momento de nacer, representa al niño que vive en tu interior. Esta es tu casa solar quinta y cuna de tus instintos creativos. Por favor, no la confundas con tu casa quinta desde el ascendente que rige la naturaleza de tus hijos, romance, creatividad y talentos públicos.

ARIES

Con Leo en la cúspide de tu casa quinta solar, el niño que mora en ti es aventurero, inquieto, cariñoso, aunque se manifieste exigente, peleón y demandante. Tú tienes momentos de gran sensibilidad y creatividad y te gusta manifestarte en el arte, especialmente en la pintura, escultura, música y baile. El niño que vive en ti necesita cantidades de afecto y atención.

Desgraciadamente, cuando el mundo te trata mal te vuelves rebelde, rabioso, problemático o amargado. En vez de aceptar la realidad circundante, peleas, discutes o te cierras a tu única verdad.

. Para ser feliz, aprende a tolerar, comprender y perdonar. Observa y sonríe. Desarrolla una infinita paz ante las adversidades. Comprende que nada valioso se logra a la fuerza. No impongas tu voluntad, deja a Dios hacer. Descarga tu energía negativa o destructiva pateando o golpeando un almohadón o muñeco de goma.

TAURO

Con Virgo en la cúspide de tu casa quinta solar, tú tienes pánico de equivocarte, hacer lo incorrecto o expresar tus emociones. Te atacan complejos de culpa y miedo a ser rechazado. En tu profundo interior eres sensible, emotivo y tierno. Vives tratando de ocultar lo más hermoso que hay en ti y demostrando una fortaleza y dureza exteriores para que no te hieran. Tú sufres en silencio y gozas calladamente. Lo que no expresas con palabras, lo haces con obras de arte, literatura, música, arreglos florales, negocios y lo que tenga que ver con dinero y belleza.

Aprende a ser transparente. No temas a que te conozcan íntimamente. Recuerda que entre tú y el mundo que te rodea no hay límites ni fronteras, solo las que tú edificas. Deja que el mundo admire todo lo hermoso que hay en tu interior.

GÉMINIS

Con Libra en la cúspide de tu casa quinta solar, el niño que habita en ti es todo amor, cariño, dulzura y calor humano. Aunque tu pánico mayor son el rechazo, la separación y la soledad, y esto te lleva a ser celoso, inseguro y posesivo; un niño es todo creatividad, comunicación y expresión.

Cuida que ese niño no trate de complacer a todo el mundo traicionándose a sí mismo. Todo diplomacia en lo exterior, y por dentro amargura y vacío interior. Cuando das libertad al niño que hay en ti, eres divertido, juguetón, alegre y haces feliz al mundo que te rodea. Sabes intuitivamente llegar al corazón de todos.

Recuerda que tú no eres un billete de $100 que le gusta a todo el mundo. Alimenta tu niño interior riéndote de lo que no puedes cambiar y esperando que el sol salga para ti después de la tormenta.

CÁNCER

Con Escorpio en tu casa quinta solar, el niño que mora en ti es extremadamente emocional, sensible y vulnerable. Cuando hieren tus sentimientos te destruyes y te encierras en un pequeño mundo de lamentaciones y penas. Tú luchas porque el niño que vive en ti no muera, ya que tú sabes que él te lleva a inventar, crear y soñar.

En ti hay una gran inseguridad que te inclina a poseer dinero, propiedades o rodearte de gente influyente. En tu historia personal, uno de tus padres fue frío, poco demostrativo o muy dominante y exigente. Por haber sido herido, te identificas con las heridas de tus semejantes. Tu vida es una constante lucha entre el niño inseguro, dependiente o débil emocionalmente y el carapacho externo de autosuficiencia, soberbia y sabiduría. No destruyas al niño que hay en ti, pero crece en responsabilidad, seriedad y madurez.

LEO

Con Sagitario en la cúspide de tu casa quinta solar, "tu niño" es todo amor, generosidad, aventura y pasión por la vida. Tú anhelas nuevas experiencias y las buscas en forma impulsiva. Tú necesitas atención y admiración aunque no te las merezcas. Tú expresas tus emociones fácilmente a través de lo artístico, dramático, musical y filosófico.

No hay límites en tu demanda de cariño. Tu mundo se compone de tu gente, los que comparten tus opiniones y forma de vida. Todo "leoncito" con una niñez desgraciada está destinado a una larga cadena de deslumbramientos y decepciones. Todo "leoncito" que fue malcriado en su niñez, siempre exigirá imposibles y actuará como rey sin corona. El niño que vive en ti, siempre culpará a otro por sus fracasos. Madura sin matar a tu niño, no compres súbditos, gánate amigos.

VIRGO

Con Capricornio en la cúspide de tu casa quinta solar, tu niño es tímido e inseguro. Temes a la escasez, a la traición, a la falsedad y a lo desconocido. Vives estudiando o trabajando para que te valoren y te respeten. Tú mantienes bajo control al niño que mora en ti. Temes que te manipulen o se rían de ti si demuestras toda tu ternura e ingenuidad. Muchas veces te encierras en un mundo de frialdad, seriedad, impenetrabilidad, para que no vuelvan a herirte. Vives enjuiciando, analizando, criticando, para cuidarte mejor.

Recuerda que hay otros tan sensibles y vulnerables como tú. Nadie es perfecto. Acéptate tal y como eres. No vivas las veinticuatro horas actuando en serio, como alguien sabio y maduro que todo lo sabe. Aprende a reírte y a relajarte. Saca ratos para hacer tonterías infantiles que no dañan a nadie y que añadirán frescura y fascinación a tu personalidad.

LIBRA

Con Acuario en la cúspide de tu casa quinta solar, el "niño" tuyo es sociable, amigable, encantador, y a veces raro, impredecible, errático y rebelde. Nadie llega a conocerte perfectamente. Tú eres producto de padres conflictivos. A pesar de tu niñez, tú eres creativo, inventivo, original y muy artístico. Tú posees una necesidad grande de expresarte independientemente.

Vives en busca de algo que tú mismo desconoces, tal vez un mundo como el que soñaste de niño. Todo te cansa, te aburre o te deprime. Nunca estás completamente seguro. Tu inconsistencia e indecisión te traen grandes conflictos personales. Dale mayor interés al niño que vive en tu interior.

Haz más "locuras", pero aprende de ellas. Toma decisiones, aunque falles, porque desarrollarás valor y atrevimiento. Aprende a saborear cada instante de tu vida sin esperanzas ni comparaciones.

ESCORPIO

Con Piscis en la cúspide de tu casa quinta solar, el niño que habita en tu interior está saturado de miedos, inseguridades y sentimientos de culpa. Tienes pánico a liberar a tu niño interior por temor a las consecuencias. Tú eres fruto de un hogar conflictivo y vives desesperado por tener un hogar de seguridad y paz. Antes de que vuelvan a herirte, hieres. Vives a la defensiva. Nada ni nadie te complace totalmente.

Tu niño es detectivesco, psíquico, clarividente. Tienes hambre de poder para protegerte y encumbrarte. Siempre hay una justificación para tus acciones y nada enfurece más a tu niño interior que que te lleven la contraria o que traten de humillarte.

No dependas de la opinión externa para valorarte. Desarrolla infinita compasión por todo el que llegue a tu camino. Da amor y no esperes que te amen.

SAGITARIO

Con Aries en la cúspide de tu casa quinta solar, el niño que mora en ti es impetuoso, guerrero, impulsivo, mandón y aventurero. Te encantan la acción y la libertad. Amas el juego, el deporte, la competencia, la vida social, el viajar y el comunicarte.

Muchos Sagitario, no importa la edad que tengan, siguen siendo niños inmaduros y problemáticos. Pueden lucir como sabios o filósofos y al menor contratiempo volverse niños confusos y acobardados. Tú reaccionas con coraje, como un niño, cuando no puedes imponer tu voluntad. Cuando das libertad al "niño" eres fascinante, divertido, alegre y optimista. El mejor humorista, el mejor "cuenta cuentos" es Sagitario-niño.

Aprende a independizarte emocionalmente. Corta ataduras y fortalécete en la soledad. Dale a otros la libertad que exiges para ti.

CAPRICORNIO

Con Tauro en la cúspide de tu casa quinta solar, tu niño es reservado, cauteloso, callado, precavido y sabio. En tu niñez no expresaste tus emociones o no te lo permitieron, y ahora te cuesta mucho esfuerzo hacerlo. De pequeño luces "muy viejo", silencioso y maduro.

El niño que habita en ti se expresa a través del arte, la realización de sueños, ambiciones y en el amor. Hay lucha entre tu seguridad económica y tu estabilidad emocional. Aunque no lo aparentas, siempre tienes hambre de amor y de reconocimiento. Según pasan los años, el niño que vive en ti se destaca y vas luciendo jovial, juguetón, divertido. Lo que no te atreviste a hacer en tu juventud, te arriesgas a llevarlo a cabo en tu madurez.

No vivas planificando, programando, controlando tu vida. Vive espontáneamente. Da margen a que ocurra lo inesperado. No tomes nada en serio. Los más serios son los muertos y están en los cementerios.

ACUARIO

Con Géminis en la cúspide de tu casa quinta, el niño que mora en ti es juguetón, alegre, curioso o extremadamente inconsistente y problemático. Uno de tus padres te frustró o limitó tu expresión creativa. Muchas veces te califican de solitario, raro o incomprensible. Cuando sigues a tu niño interior, te atreves a romper convencionalismos y no te importa que te critiquen. Tú naciste para ser un eterno niño que a pesar de frustraciones sabe reírse de todo y seguir jugando tu rol en el drama cósmico.

Tú intuitivamente lees el interior de otros y sabes lidiar sabiamente con los más negativos y amargados, nadie podrá matar al niño que mora en ti. Esa es tu fuente de creatividad, diversión y felicidad. Aunque te critiquen, sigue adelante escuchando la voz de tu eterno niño que te llevará a la realización de tus sueños.

PISCIS

Con Cáncer en la cúspide de tu casa quinta, tu "niño" es extremadamente sensible, inseguro, intuitivo y tímido. Eres tan débil emocionalmente que te encierras o te rindes antes que luchar y defenderte.

El niño que mora en ti es artístico, creativo, simpático, cariñoso y comprensivo. Todo lo espiritual, artístico, creativo, puede ser desarrollado si liberas tu niño interior. Sueñas hermosas fantasías y vives de ilusiones e irrealidades. Básicamente eres miedoso e inseguro hasta que descubres a Dios en tu interior. Tú eres víctima de padres dominantes o muy indiferentes que han dejado huella en ti.

Con las experiencias vividas te vas fortaleciendo, pero tu niño jamás muere. Yo te pido que alimentes a tu niño interior para que jamás mueran tu ingenuidad, tu pureza, candidez y creatividad.

31

LA SUERTE Y LOS MILAGROS

Según costumbres africanas, en la macumba brasilera y todas estas religiones primitivas, se dice que los animales recogen vibraciones negativas. Yo tenía a la entrada de mi casa un guacamayo precioso, que estaba perfectamente sano y vigoroso, pero una noche recibí la visita de varias amistades y una de esas personas traía una carga emocional tan sumamente negativa que el ave la recibió y cayó muerta instantáneamente, como herida por un rayo. En la misma forma revelaré que hay animales que infunden vibraciones positivas de acuerdo con los signos zodiacales de quienes los tienen en su casa. Estos son, signo por signo…¡los animales de la suerte!

Aries: Aries es el amanecer, ya que es el primer signo zodiacal y su animal de la suerte es el gallo, que señala con su canto la llegada del día. Aries debe tener siempre en su casa un gallo. Por supuesto, si no puede tener el animal vivo, ya que vive en una casa sin patio trasero o en un apartamento, puede tenerlo de metal, como las figuras llamadas Osain que se ven en la puerta de los santeros o de cualquier otro material, como el cristal o plástico. Todos los materiales son permitidos, menos el yeso, pues el gallo de yeso se supone que trae mala suerte. El lobo es también animal de Aries porque representa un elemento de guerra, violencia y destrucción, muy ligado a Aries en todo este tipo de creencia ancestral pero, naturalmente, es casi imposible tener un lobo y Aries debe concentrarse en algo más accesible, como imágenes o grabados o estatuas de gallos o lobos.

Tauro: Todos los animales que ejercitan la garganta, como el pitirre, el canario y el ruiseñor son los de suerte para Tauro. Les trae muy buena suerte tener en la casa una de estas aves cantoras, que producen sonidos melódicos. No se incluyen las aves que imitan sonidos humanos como el llamado mainate (grácula religiosa), pues este es de Capricornio. Las tórtolas y las palomas también son de Tauro, al igual que de Libra.

Géminis: Las cotorras, los loros y los guacamayos son de este signo, ya que Géminis rige el hablar como medio de comunicación. También, como Géminis es signo de aire, se rigen por él las abejas y las avispas, que vuelan inquietamente en el aire. Esto no quiere decir que hay que dedicarse a la apicultura y tener panales con abejas, ya que eso es imposible a menos que se viva en el campo con mucho espacio, pero un dije o sortija en forma de abeja o avispa es foco de suerte en Géminis.

Cáncer: La gata blanca y el gato blanco, ya que el gato negro es símbolo de Escorpio. Un gato blanco, reposado en la ventana de Cáncer le da la bienvenida a la buena suerte. En Nueva York, muchas tiendas que venden muebles, tapices y otros adornos para el hogar, se aseguran la buena suerte teniendo un gato blanco que vive en la tienda y que a menudo se ve descansando en la vidriera, ya que Cáncer es signo del hogar y todo lo del hogar recibe una buena vibración con la presencia del gato. Las gallinas y los pollitos pequeños también pertenecen a Cáncer como animal de suerte, al igual que los sapos. Un sapo en casa de un cáncer —y en cualquier casa— es fantástico, porque recoge mucho toda mala y perturbadora influencia, según los ritos milenarios.

Leo: En África, naturalmente, se sabe que el león es el animal de la suerte para Leo y es costumbre regalar a los niños un cachorro de león, que naturalmente tienen que soltar en la selva cuando el animal es demasiado grande para tenerlo en la casa. En sustitución del león, se afirma que los perros son animales de magnífica suerte para Leo, pero muy especialmente los perros pequeñitos, porque los perros grandes pertenecen a Sagitario.

Virgo: El conejo, la ardilla, el conejillo de indias y el ratón blanco son de Virgo. Les trae suerte todo este tipo de animal pequeño, muy vivo, que nunca se está quieto y que resulta difícil de domesticar. El conejo, y sobre todo la ardilla, duplican esa actividad de Virgo ante la vida: de mirar un poco desde lejos, saltar con temor, ser muy puros e indomables.

Libra: Igual que Tauro, Libra es regido por Venus y los favorecen los animales que representan belleza, como un pavo real. (El pavo real también se le adjudica como de buena suerte a Leo, porque es un signo de personas altivas, poderosamente seguras de su atractivo.) Las plumas de pavo real, como elemento de decoración, nada más le traen buena suerte a Leo y Libra, a los demás signos les traen muy mala suerte, porque la pluma del pavo real pertenece a la deidad africana de Ochún.

Escorpio: Lo ideal es una serpiente o un escorpión en una jaula, pero eso es difícil de obtener y mantener, por lo que se sustituye por su representación artística, o sea pulseras en forma de serpiente para ellas y llaveros con un escorpión tallado para ellos. Igualmente para Escorpio es magnífico tener en la casa un gato negro o del color más oscuro de los marrones que se encuentre. Es muy curioso el contraste que marcan estas leyendas al anunciar también para Escorpio la influencia benéfica de la paloma blanca, mientras más blanca y menos manchada posible, mejor.

Sagitario: Animales grandes, especialmente los perros grandes, como galgos o esos inmensos y lanudos que parecen osos son ideales. A Sagitario le corresponde todo lo grande y esa influencia se sigue, por supuesto, al seleccionar su animal de la suerte: el becerro, las jirafas o los elefantes. Si es vivo, siempre es mejor porque recibe y recoge mejor las malas descargas, pero como resulta imposible tener este tipo de animal en una casa, se sustituye por objetos decorativos y hay muchos casos en que un elefante o una jirafa de porcelana o cristal se rompen cuando entra en la casa una vibración muy negativa. Ejemplo muy poético de esta leyenda se describe alegóricamente por Tennessee Williams en su obra teatral *El zoológico de cristal*: hay una escena en que el unicornio de cristal se rompe al recibir el impacto del hombre que visita a la muchacha, le da ilusiones vanas y cambia tristemente el curso de su vida. El elefante decorativo es de muy buena suerte para todos los signos, pero básicamente para Sagitario, porque se le adjudica especialmente. Hay que recordar que se recomienda tener la figura con la cola hacia la puerta, como si estuviera el elefantito de espaldas a la puerta de entrada.

Capricornio: Para ellos es de muy favorable vibración el ave mainate (grácula religiosa), que es un ave muy curiosa, capaz de imitar los sonidos de la voz humana hasta que casi parece que habla. Esta ave combina la facultad parlante de Capricornio —signo de convincentes habladores— con el color negro que es tan de ellos. Igualmente los búhos y las lechuzas también le sirven. Se dice que traen mala suerte, pero yo afirmo que es incierto, pues tengo más de veinte figuras de búhos en mi hogar, en forma de adornos y lámparas. Para Capricornio, especialmente, es un animal sumamente protector. El oso polar también pertenece a Capricornio: en cerámica blanca los favorecen mucho, pero nunca en yeso.

Acuario: Entre las aves, muy especialmente el guacamayo y los periquitos les traen suerte. Pero en general, todo animal pequeñito y desvalido le da buenas vibraciones a este signo. Mientras más chiquito y más indefenso sea el animalito, mayor influencia benéfica ejercerá. Acuario representa la humanidad, la comprensión, el amor por la naturaleza y el cariño por todo lo que está necesitado de ayuda. Hay una novela muy bella, de una autora inglesa, sobre una niña Acuario que recoge a una golondrina con el ala quebrada, la atiende hasta que vuelve a volar y el día que el ave revolotea de nuevo le llega la buena suerte de saber que su padre, a quien creía muerto en un naufragio hacía un año, ha sido rescatado y regresará al seno de la familia.

Piscis: Todo lo que sea del mar y, sobre todo, los peces y las tortugas, las jicoteas. Todo lo que haya estado bajo el agua del mar y recuerde aún el azul de sus olas, el salitre, las profundidades es de buena suerte. Una pecera con peces vivos es magnífica para recoger vibraciones. Igualmente lo es todo adorno realizado con caracoles o conchas de mar. En los adornos en forma de animales, los favorecen los dijes, brazaletes, collares o llaveros con figuras de pulpitos o caballitos de mar. Y una piscis puede obtener mucho más de la vida cuando lleva algún detallito, por pequeño que sea, en coral.

TU SUERTE Y EL DINERO

Dinero significa seguridad, comodidad y libertad. Nadie está satisfecho con el dinero que recibe o posee. Hay hambre de adquisición en todos. En la Era de Acuario, el hombre sale del materialismo exagerado y empieza a disfrutar de lo que nada cuesta y que Dios regala.

Según tu signo zodiacal, el dinero adquiere distintos valores. El signo que ocupa tu segunda casa solar y su planeta regente son indicadores de tu suerte o potencial de riqueza. Si ponemos en práctica estos consejos inspirados en la astrología científica y aplicamos antiguas fórmulas mágicas, le estaremos dando la bienvenida a la Dama Verde. Nadie viene destinado a pasar hambre o vivir mendigando un plato de comida. El Reino de Dios es prosperidad y abundancia. El plan de Dios en acción es la astrología científica para beneficio de todos. Acompáñame a conocer tu mundo económico según los astros.

Aries

Para ti dinero significa libertad e independencia. Tener dinero para satisfacer tus impulsos es tu sueño dorado. Siendo Tauro tu signo del dinero, no te puedes quejar. Eres inteligente, creativo y original. Si canalizas tu energía creativa y tu inventiva genial, y sobre todo, persistes, insistes (cualidades de Tauro), la riqueza será tuya. Tú estás destinado a ser el jefe, el dueño, el primero; y Marte, tu planeta regente, te ayuda a lograrlo. No pierdas más tu tiempo empezando proyectos, envolviéndote en planes que luego dejarás sin concluir. Dedícate a una sola cosa y triunfarás.

Para tu suerte en dinero usa afirmaciones de éxito económico como: "Tengo dinero", "Dios me quiere rico, próspero y feliz" y "Cada día tengo más dinero". Juega tus números de buena suerte como el 8 y el 17 y tu número del destino (que encontrarás en la página 187). San Expedito es tu santo para ganar en juegos de azar y lotería. Ponle frente a su imagen dados, barajas y tus billetes de lotería.

Tauro

Tú representas el dinero. Dios te dotó de cualidades para triunfar en lo material. Un Tauro pobre es el ser más infeliz de este mundo. Si eres positivo, eres luchador, persistente, artístico, dedicado, sacrificado. Si te preparas profesional e intelectualmente, el mundo es tuyo. Devas (espíritus o ángeles de la India) te llevan de la mano cuando te espiritualizas y sales de la tacañería y la preocupación por dinero. Siendo Géminis tu signo del dinero, todo te llegará en doble cantidad. Tal vez recibas dos entradas económicas o dos "golpes" de buena suerte a la vez. Lo importante es que reconozcas quién eres y cuál es tu misión en esta tierra.

Para tu suerte usa mucho el color verde. Que no te falten al jugar tus números 6 y 15, y también tu número del destino (que encontrarás en la página 187). Ten en tu hogar una imagen de San Pancracio, patrón del trabajo, al que halagarás con velas verdes, rosas rojas, menta, platillo de cobre con monedas, y todo lo que tu corazón te indique.

Géminis

Siendo la Luna la regente de tu signo del dinero Cáncer, tu suerte es caprichosa, inestable, veleidosa. O eres nacido con cuchara de plata en tu boca, o tu vida es una larga cadena de necesidades hasta que te armonizas hacia la prosperidad.

Nadie más versátil, creativo y encantador cuando positivo, y nadie más inestable, indeciso y problemático cuando negativo. Géminis puede hacer dinero de mil maneras distintas, pero debido a su tendencia a disipar energías y meter los dedos en demasiados bizcochos, no lo logra.

Juega tus números 5, 14 y tu número del destino (que encontrarás en la página 187). Tu color es el oro (amarillo). Imántate de suerte usándolo. San Antonio de Padua es tu patrón para tu suerte económica. Un pedazo de pan con miel debe ser su servicio eterno. Prende los lunes una velita blanca y coloca un vaso de agua con ramitas de perejil en la sala de tu casa.

Cáncer

Al igual que Tauro, eres económico o muy tacaño. Todo lo guardas para que no te falte en tiempos difíciles. Cáncer es el colector o coleccionista del Zodíaco. Si eres positivo, los negocios te convienen. Tienes magia para convencer, persuadir y vender. Lo primero que deseas tener es casa propia (Cáncer rige el hogar). Para tu suerte tienes que aprender a dar, regalar y ayudar, sin esperar recompensas. El balance cósmico lo logras dando tanto como recibes y nunca te faltará, más bien te sobrará. Siendo Leo tu signo del dinero, tú vienes para regir, mandar, organizar y administrar. Kármicamente, tienes que responsabilizarte y sudar, pero tendrás riqueza.

Para tu suerte juega el 11, 2 y tu número del destino (que encontrarás en la página 187). Que no te falten azucenas en tu hogar u oficina. En momentos de escasez, visita el mar o el río y hazte un despojo con flores y frutas en nombre de San Juan Bautista o la Virgen del Carmen.

Leo

Tú eres súper extravagante y te fascina serlo. Cuando tienes dinero, lo gastas en placeres o caprichos. Cuando amas no hay límites en tu bondad y generosidad. Por un extraño complejo de inferioridad (disfrazado con orgullo y aparente superioridad), piensas que comprando a la gente con regalos y sacrificios te querrán mucho más.

Leo ama el dinero, la riqueza, lo bueno y lo caro. Se siente rey y quiere aparentarlo. Su metal es el oro y es algo que nunca le falta cuando se armoniza con su signo, y su signo solar del dinero que es Virgo. Nadie te supera al trabajar, al crear, al inventar y al servir. Cuídate de vivir más allá de tu presupuesto y abusar de tus tarjetas de crédito.

Para tu suerte, juega sin miedo el 10 y 19 y tu número del destino (que encontrarás en la página 187). Pídele a Santa Ana que nunca te falte dinero para ti y para tu familia. Cuando leas esto, coloca doce hojas de laurel en la Biblia pidiendo que tus próximos doce meses sean de abundancia y prosperidad. Respira profundamente ante el Sol inhalando suerte y prosperidad y exhalando negatividad y limitaciones.

Virgo

Virgo se preocupa por todo, pero especialmente por dinero. Los grandes capitales del mundo se dividen entre Tauro, Virgo y Capricornio. La Providencia te ampara y siempre acumularás riqueza aunque te cueste años de estudio, trabajo y sacrificio. Nadie más económico y trabajador que tú. No seas tu peor enemigo atrayendo lo negativo con tu forma de pensar. Fuentes de ingresos se abren para ti cuando endulzas tu ambiente, te ganas amigos y utilizas tus talentos en forma positiva y creativa. Fuerzas invisibles espirituales te apoyan siempre.

Para tu suerte no olvides los números 5, 14 y tu número del destino (que encontrarás en la página 187). El Ekeko, Ganesh, Kuvera, Orishaoko y la Virgen de las Mercedes son representantes de Dios para que nunca te falte el dinero. En tu hogar u oficina no deben faltar tres ramas de trigo, símbolos de buena suerte del signo de Virgo.

Libra

Libra ama la belleza, la decoración, la buena comida y todo lo exquisito de este mundo. Sueña con lo imposible o lo inaccesible. Sus indecisiones y depresiones lo atrasan en la vida. Su suerte económica está ligada kármicamente a la vida social o artística. Pueden tenerlo todo y un día perderlo todo, pero siempre se recuperan ya que Marte y Plutón son los regentes de su signo del dinero, Escorpio.

Libra necesita a su lado personas positivas, influyentes, poderosas, afines y compatibles, si quiere amasar fortunas. Cuando aman lo dan todo y son víctimas de aprovechadores y manipuladores.

Para tu suerte económica, los números 6 y 15 y tu número del destino (que encontrarás en la página 187) no te pueden faltar. Las invocaciones a Isis, Lakshmi y a Ochún te armonizan para tu buena suerte. Que no falte en tu hogar o lugar de trabajo la imagen de Lakshmi, diosa de la prosperidad en el Panteón Hindú. Pídele mucho a la Virgen de la Caridad del Cobre.

Escorpio

Cuando son negativos, la escasez y los problemas económicos no les faltan hasta que evolucionan. Como tienen una mente poderosa y una energía admirable, logran todo lo que se proponen. Aplastan obstáculos y competidores. Tu suerte está ligada al talento de otros. Tú necesitas que crean en ti, te valoren y te respeten. Muchas veces tus "amores" y tu familia te desangran económicamente.

Tú, Escorpio, amas lo oculto, misterioso y secreto. Nadie sabe tus manejos y tretas para hacerte de dinero. Siendo tu signo del dinero Sagitario, tú puedes ser el botarata del Zodíaco o el tacaño empedernido.

Para tu suerte, el 8, 17 y tu número del destino (que encontrarás en la página 187). Pídele a tus protectores espirituales que yo sé nunca te fallan. Que no te falte una copa de agua donde vives o te mueves. San Martín de Porres es tu protector especial en asuntos de negocio o trabajo. Perdona mucho y limpia tu aura de negatividad y rencores, y la suerte nunca te faltará.

Sagitario

Siendo hijo del benéfico Júpiter, la suerte te acompañará siempre si eres generoso, caritativo y pacífico. Cuando tienes una necesidad, la mano de Dios te salva. Milagros ocurren diariamente en tu vida, aunque tú no los notes. Tu actitud de gozar y disfrutar hoy, que mañana Dios dará, *no* es recomendable. Vive el hoy, pero guarda para el mañana. Cuando eres positivo, tu optimismo te lleva a la cumbre. Tal vez no tengas un centavo, pero tú das suerte al que se cobija bajo tu sombra. Tus poderes de visionario te pueden convertir en un gigante de la industria o un genio creativo.

Para tu suerte: 12, 3 y tu número del destino (que encontrarás en la página 187). Que no te falte una imagen de Santa Bárbara. Préndele velas rojas, ponle claveles rojos, manzanas y vino rojo. Vístete de rojo cuando la suerte no te acompañe.

Capricornio

Tú naciste sabio. Todo lo usas y sabes "usarte" bien. Tus ambiciones te impulsan a ganar y vencer. Saturno, tu planeta regente, te atrasa y dificulta tu ascenso a la cumbre. Urano, regente de tu signo del dinero, Acuario, te promete grandes riquezas y estabilidad después de sacrificios y luchas (especialmente después de la mitad de tu vida). Nadie más responsable, trabajador, luchador y organizador que tú. Para tu suerte cultiva el lado humanitario de tu personalidad. Espiritualízate, evoluciona, busca y profundiza en los misterios cósmicos.

Tus números son el 4, 13 y tu número del destino (que encontrarás en la página 187). Pídele mucho a San Lázaro, el "viejito" que nunca te abandona. Haz el mantra "Om Namah Shivaya" para destruir lo negativo a tu lado. Viste mucho de blanco para armonizarte.

Acuario

En tu signo hay dos tipos que te representan: el serio, trabajador, dedicado (muy Capricornio) y el uraniano que es irresponsable, bohemio, libre y despreocupado. Siendo Neptuno, el regente de tu signo del dinero Piscis, tu suerte te llega en forma misteriosa, extraña e inesperada. Cuando te rindes o cuando ya no esperas nada, te vienen "rachas" de buena suerte. Tú tienes un angelito guardián que jamás te abandona. Tu suerte te viene por asociados, familiares, amigos que creen en ti, te aman y te ayudan desinteresadamente porque tú siempre das más de lo que recibes.

Para tu suerte: el 7, el 16 y tu número del destino (que encontrarás en la página 187). Tu santo protector es San Juan Bosco. Pídele a través de San Domingo Sabio para que San Juan Bosco te complazca. Lleva la Cruz de Caravaca y las oraciones Magníficas y el Justo Juez.

Piscis

Hay un piscis derrochador en lujos, exotismos y placeres y otro que lucha, trabaja, "se mata" y no puede ahorrar ni unos céntimos. Siendo tú el más artístico, espiritual y creativo del Zodíaco, estás destinado a ser rico, muy rico. Elizabeth Taylor, Gloria Vanderbilt y otras piscis han unido talento, creatividad y belleza, logrando millones.

Cuando te pones práctico, bajas de las "nubes" y te responsabilizas, la suerte te acompaña. Aléjate de drogas y estimulantes que obstaculizan tu progreso económico. Entre más generoso, humanitario y servicial, más recibes de la mano de Dios. Tú no estás solo, la Divinidad te amparará siempre.

Para tu suerte: 9, 18 y tu número del destino (que encontrarás en la página 187). Comunícate en oración, meditación o rezo con tus fuerzas espirituales. Ve al mar y llévale una ofrenda de frutas y flores a Yemayá, la diosa suprema del mar. Que no te falten Ganesh, Santa Bárbara y Lakshmi en tu hogar.

PROTECTORES ASTROLÓGICOS

Cada signo tiene sus santos y sus vírgenes. He hecho estudios de afinidad, compatibilidad y fe entre devotos de muchos países y distintos cultos. Se le adjudica a cada signo un santo o virgen por su fecha de celebración o de canonización o por los poderes que se le adjudican.

- **Aries:** Virgen de Coromoto, San Expedito, Santa Bárbara, San Vicente Ferrer.
- **Tauro:** Virgen de Fátima, San Pancracio, Santa Catalina de Siena.
- **Géminis:** La Inmaculada Concepción, los gemelos San Cosme y San Damián y San Antonio de Padua, quien se celebra en el periodo de Géminis, el 13 de junio.
- **Cáncer:** Virgen del Carmen, San Juan Bautista, San Pedro y San Pablo.
- **Leo:** Virgen de la Providencia, patrona de Puerto Rico, Santa Ana, Santa María Magdalena.
- **Virgo:** Virgen de las Mercedes, Santa Rosa de Lima, Santa Teresa.
- **Libra:** Virgen del Rosario, San Francisco de Asís, San Lucas.
- **Escorpio:** San Judas Tadeo, la Virgen de la Cara Cortada (llamada Santa Bárbara Africana), San Martín de Porres.
- **Sagitario:** Santa Bárbara, la Virgen de Guadalupe, San Francisco Javier.
- **Capricornio:** Virgen del Perpetuo Socorro, San Lázaro, San Serafín de Sarov, el Niño Jesús de Praga.

- **Acuario:** Virgen de la Candelaria, San Juan Bosco, Virgen de Lourdes, San Valentín.
- **Piscis:** Virgen de Regla, Virgen de la Caridad del Cobre, San Patricio, San José.

En la cábala se le adjudican arcángeles a los signos astrológicos. A San Miguel, regente del Cuarto Cielo, estrella tutelar de Israel y el más grande de todos los arcángeles, se lo asocia con el elemento fuego. Aries, Leo y Sagitario están bajo su regencia. Si perteneces a uno de estos signos, pide su ayuda que no te fallará. Milagroso para vencer dificultades, destruir la mala suerte, alejar lo diabólico o maléfico y lograr glorias y éxitos. Para conseguir su ayuda, enfréntate al sur (su dirección sagrada), préndele una vela roja e invócalo con todo tu corazón.

Uriel, "el fuego de Dios", arcángel de la salvación, descubridor de los misterios está asociado con los signos de tierra: Tauro, Virgo y Capricornio. Da seguridad, abundancia y prosperidad a quien lo invoca. Para pedir su ayuda mira hacia el norte (su dirección sagrada) y préndele una vela marrón.

Rafael, médico celestial, sanador de la mente y el cuerpo, guía en momentos de desesperación. Los signos de Aire: Géminis, Libra y Acuario están bajo su tutelaje y protección. Para pedir su ayuda especial, mira hacia el este (su dirección sagrada) e invócalo prendiéndole una vela azul.

Gabriel, el poder de Dios, príncipe del Primer Cielo, luz en la noche más negra, cuida los signos de agua: Cáncer, Escorpio y Piscis. Para pedir su ayuda mira al oeste (su dirección sagrada) y prende una vela violeta, lila o verde esmeralda.

Cada vez que necesites ayuda, te encuentres deprimido, confuso y no veas solución a tus problemas, pide ayuda a tu ángel guardián.

Miguel te socorrerá en asuntos de prestigio, honor y competencia.

Uriel, en lo que tenga que ver con dinero y seguridad.

Rafael, en salud, crecimiento intelectual e inspiración.

Gabriel, en amor, romance y familia.

Los arcángeles son tan increíblemente poderosos, que no se debe jugar con su energía. Aunque no seas cabalista, si pides con humildad e infinita fe, no te faltará su ayuda.

ÁBRETE A LOS MILAGROS

Los milagros ocurren diariamente pero estamos ciegos, dormidos, hipnotizados o insensibilizados para reconocerlos.

Cuando tenía mi templo, diariamente el Sumo Creador obraba milagros. Personas diagnosticadas incurables, seres que habían perdido la fe, mujeres y hombres desesperados en busca de algo que diera significado a sus vidas "vieron" la mano de Dios en acción. Nadie cura, nadie salva, nadie ayuda, y el que crea hacerlo, es un equivocado ególatra. Solo Dios, solo Él a través del hombre es quien obra el milagro.

Todos somos vehículos de un Poder Supremo. Si meditamos, nos armonizamos, purificamos nuestra vida, levantamos nuestro estado de conciencia, si laboramos desde el corazón y no desde la mente, si estamos llenos de amor por nosotros y por toda la humanidad, si dejamos hacer, en vez de creernos que podemos hacer lograremos ser instrumentos perfectos en manos del Altísimo.

En un viaje a Miami y a través de Unión Radio tuve la oportunidad de ayudar a una señora que llevaba años paralítica y ciega. Yo tenía al otro día una presentación en el Dade County Auditorium y le pedí a dicha señora que estuviera presente, ya que la quería abrazar y bendecir. Para ella esta era tarea imposible. Yo le dije: "Con Dios se puede, y según Cristo le dijo a Lázaro, 'Levántate y anda', yo en nombre de Cristo, te pido lo mismo". Fue asombro de muchos verla entrar caminando con sus propios pies a saludarme y entregarme un mantón para mi mamá.

En otra ocasión una señora, paralizada por la artritis, me agradeció su curación gracias a una receta que yo le había dado. Lo simpático de esta situación fue que ella había confundido la receta, pero gracias a su fe enorme en Dios y en mí, logró lo anhelado. Yo le había recetado "yuca compound" y ella entendió "yuca con pan". El medicamento le pareció muy desabrido, pero el milagro se obró.

En una recaudación de fondos benéficos en Nueva York, yo subasté una pulsera de muy poco valor material que me había regalado con infinito amor la bruja más famosa del mundo, Sybil Leek. Una señora la adquirió por $5. Al año de este suceso, y estando yo trabajando en el Teatro Puerto Rico, la señora me visitó llena de alegría y regalos para agradecerme la pulsera, ya que todo lo había conseguido por su fe tan enorme en dicha prenda. Casa, marido y lotería.

Hay cuatro cultos que han tomado gran fuerza en toda América: El culto al dios Ganesh, al dios Ekeko, de gran popularidad en Bolivia y toda la zona amazónica y a Machimón, también conocido como San Simón.

El culto al dios Ganesh (Papá Dios quitando obstáculos) crece asombrosamente, ya que sus milagros se multiplican. Nadie que le haya pedido con fe ha quedado defraudado. No hay día que no ocurra un milagro gracias a la intervención de Ganesh. En su adoración se prenden velas rojas o amarillas, al igual que flores de estos colores, cocos, dulces y golosinas y ratoncitos de cristal o porcelana.

Otro culto milagroso es el de Santa Bárbara. A pesar de que la Iglesia católica la ha sacado de su santoral, sigue obrando milagros. Toda mi familia, amigos, discípulos y clientes son agradecidos adoradores de esta santa. En la India se dice que "alimentar" una deidad con amor, rezo, flores, velas e incienso, va fortificando ese concepto de Dios y son muchos los años y los seres que se han unido por fe y amor a Santa Bárbara.

En mi vida personal son muchos, muchos los milagros que he vivido con esta Santa. De Cuba me escribió (sí, he recibido cartas de lugares como Sagua la Grande, Santiago de Cuba, Cárdenas, la

Habana) un joven que lo único que deseaba era salir del comunismo y radicarse en Puerto Rico. Recibí espiritualmente que él saldría, pero que tenía que llevar una imagen de Santa Bárbara que había pertenecido a su abuela y que la cargara en sus manos. Yo nunca cuestiono mis premoniciones y según me lo dieron se lo notifiqué. Con la fe que le imprimí, empezó a hacer gestiones. Ocurrieron tantas errores en su beneficio (la última fue que se equivocaron hasta con su propio nombre) que logró su sueño. Hoy vive muy feliz en Puerto Rico.

Me visitó un reconocido babalao que estaba a punto del suicidio por tantas tragedias que lo aquejaban. Todo lo había tratado infructuosamente. No tenía un centavo, estaba alcoholizado y moralmente destruido. Le pedí que hablara con Ganesh. Hoy es propietario de tres negocios, se hizo la cirugía plástica y luce como galán de cine. Tiene una bella colección de Ganesh.

Eclipse Lunar era el seudónimo de una exquisita radioyente de *Abre tu corazón a Walter*. Después de un largo padecimiento de la espina dorsal y ya desahuciada por los médicos, se entregó al concepto purísimo del dios que se llama Ganesh. Sus últimas placas reflejaron que estaba completamente curada.

Una adorable colombiana recibió, a través de mis cartas del tarot, que conocería a un hombre en un aeropuerto, se casaría, se divorciaría y que luego llegaría el amor de su vida. Ella estaba bastante deprimida, ya que estaba divorciada y su hija de veintidós años había muerto recientemente de un tumor en el cerebro. El vaticinio en aquel momento la sorprendió, hoy lo ha visto realizado y se siente feliz.

Se me acercó una madre desesperada pidiéndome un número para jugar lotería debido a que su situación económica era precaria. Le dije: "No juegues, ya que en tu camino está la solución de tus problemas". A los cinco minutos de salir, vio algo que brillaba en la calle y cual no sería su asombro al descubrir que era un brillante que luego vendió y sacó suficiente dinero para saldar sus deudas.

Aunque les parezca extraño, muchas veces yo soy el más "emocionado" cuando me notifican de dichos milagros. No es que no lo

espere, es que me embarga de emoción y agradecimiento al Sumo
Creador todo milagro de fe.

Gracias a un hermano-amigo, gran buscador de la Verdad, que
viajó a través del mundo promocionando el Agua de Florida de
Murray & Lanman, me puse en contacto y conocimiento con dos
cultos muy milagrosos.

El Dios Ekeko, de gran popularidad en Bolivia y toda la zona
amazónica, se lo conoce como el dios de la abundancia. Tiene el
aspecto de un alegre y bondadoso indio cargando símbolos de suerte,
prosperidad y felicidad. Al dios Ekeko se le pone un cigarrillo en la
boca (la imagen tiene una apertura para hacerlo) y si se consume
todo el cigarrillo sin que se caiga la ceniza, la petición está otorgada.
Rápido empecé a ver grandes milagros de fe a través de esta manifestación Divina, especialmente en dinero y negocios.

Machimón es el nombre con que los indios de Guatemala conocen a San Simón. San Simón, elegantemente vestido de rojo y negro,
con sombrero y bastón sentado en su silla, es vivo ejemplo del poder
y la fuerza. Se le prenden velas, se le pone dinero en su bolsa, cigarro,
agua y aguardiente. Mi amigo Willie Acosta, pisciano al fin, tuvo
visiones de San Simón dentro del mismo templo. Cada vez que
concedió milagros le dejaron dinero que yo utilicé para obras caritativas.

Para mí, Dios, Cristo, Buda, Ganesh, el santo, el indio, la guía espiritual, todo es parte de una sola Verdad, el Sumo Creador. Repito,
son muchos los milagros que ocurren diariamente en nuestras vidas.

¿Quieres milagro mayor que el nacimiento de un niño, ver salir el
Sol, tener un día más de vida, sentirte que puedes ayudar a todo ser
humano o algo viviente, saber que Dios nunca te falta? Abre tus ojos,
fortifica tu fe y toda tu vida será un constante milagro.

SEXTA PARTE

LOS CONSEJOS DE WALTER PARA UNA VIDA PLENA Y FELIZ

32

SABIDURÍA EN ACCIÓN: CONSEJOS PARA VIVIR MEJOR

Tal vez tú has estado buscando toda tu vida y preguntándote quién eres, qué haces aquí en este planeta Tierra, de dónde vienes y cuál es tu misión. Hasta que no seas dueño de la situación, te tranquilices, te comprendas y salgas de todo tipo de confusión y se aclare tu mente, vivirás a la deriva como un pedazo de corcho flotando en el mar.

Cuando falta la comprensión de uno mismo, hay miedo y temor. Quien sabe vivir, no teme a la muerte. Todo aquello que no comprendes, no confrontas o no quieres mirar, te causa disgusto o miedo. En este momento que estás leyendo estas líneas, eres la suma total de todo lo que has pasado en otras vidas y en esta que ahora vives. Piensa sólo en este instante: "No existe otra persona en todo el Universo igual que yo". Siéntete orgulloso de ser único y de lo que has hecho de ti mismo. Lo que serás mañana depende de cómo actúes hoy, de cómo te mires por dentro y de lo que corrijas en ti.

Tú nunca vives en el pasado. El pasado está enterrado, es un capítulo cerrado, y nadie puede vivir en él. El futuro siempre es incierto. Lo único real que tienes ante ti para gozar plenamente, para rehacer, edificar y construir, es el presente. Él es tu única realidad. Tú vives en un hermoso "ahora". No importan el error o las faltas que has cometido, aún hoy puedes empezar un nuevo camino, rectificar, reconocer, confesarte a ti mismo lo que has hecho mal y poner punto final a lo negativo para comenzar tu vida con una nueva actitud. Ten presente que para estar en guerra con otro ser humano tienes que haberte puesto de acuerdo con él en el pasado para que ahora él te explote o abuse de ti. No te quejes, no te lamentes, recuerda que lo que hoy tienes es exactamente lo que mereces.

Cuando tú te organizas completamente, pones punto final a todos los ciclos que has dejado inconclusos, y cuando canalizas tu energía hacia un propósito, la vida cambia. Para mí, falta de organización significa desgaste de energía y aparición de problemas. Uno de los elementos más importantes es el respeto propio: aceptarnos y aceptar a los demás tal como somos. Yo acepto así a todos para que todos me acepten como soy yo. Si alguien quiere ser estúpido, tonto, ignorante o, por el contrario, brillante e inteligente, yo lo acepto así; ese es su espacio, su universo. Yo nunca deseo cambiar a nadie. En todo caso, sí quiero cambiarme a mí mismo cuando no estoy feliz como soy.

La vida se compone de juegos. El juego es simplemente un arreglo o acuerdo donde hay libertades, propósitos y barreras o restricciones. Seguramente, si supiéramos que siempre ganaríamos en la vida, no jugaríamos porque no habría ni atención, ni interés. Todo juego que a ti te gusta es porque comprendes sus reglas, y si te disgusta o te molesta es porque no las comprendes.

La gente que se detesta o rechaza a sí misma es aquella que no se comprende, que vive en confusión. Quien sabe que sólo es un espíritu dentro de un cuerpo físico, que la vida es una escuela maravillosa donde se viene a aprender lecciones, y que la muerte solamente es un cambio, un nuevo estado de conciencia, mediante el cual el hombre se despoja de un cuerpo físico que ya no le sirve o no necesita más para luego reencarnar y continuar perfeccionándose, está dotado para alcanzar lo que los budistas llaman *nirvana,* o según los católicos, morará junto al Padre Celestial. Para mí, sencillamente, es evolucionar hasta convertirnos en el Todo.

Para llegar a comprendernos lo primero que debemos hacer es ser sinceros con nosotros mismos. Si sabes lo que vales, lo que tienes y lo que eres, jamás te preocupará la opinión pública. Todos obtenemos de la vida solo lo que en ella ponemos, bien sea en energía, sacrificio o lucha. Quien nada pone, nada obtendrá.

Mi propósito en este instante es llevar luz y libertad al alma humana para que las personas salgan de la confusión y de la duda; para que cada uno reconozca que es un ser espiritual que tiene en sí mismo el potencial necesario para ser mejor ser humano; que cada cual puede aportar algo en beneficio de los demás, como lo son la comprensión y tolerancia universal; y así todos juntos, cada uno con un pequeño granito de arena, edificamos un maravilloso castillo de hermandad. Y tú eres el único responsable de esto. En el momento que te haces responsable de lo bueno o lo malo, tu vida toma una nueva dirección. En el instante que termina tu trabajo en la tierra, destruyes tu cuerpo físico, desatas el cordón de plata, que es lo que une al cuerpo físico con el espiritual, el espíritu con la materia —el cuerpo, lógicamente, se queda aquí, se convierte en polvo y vuelve a ser parte de la Tierra— y tu alma, que es el verdadero ser, abandona la Tierra lo cual no significa que se vaya a otro planeta, aunque podría ser, sino, sencillamente, entra en un nuevo estado de conciencia.

La ciencia se dedica a conocer y estudiar la razón de las cosas; la religión se consagra a la búsqueda de Dios y al encuentro de nosotros mismos como parte de un Todo, del Creador. La religión tiene por propósito religar o unir a un grupo de personas en busca de paz y comprensión espiritual, y se basa en el sentimiento y la emoción, mientras que la ciencia se apoya en el intelecto. Yo diría que la religión viene del corazón; la ciencia, de la mente.

Todas las reglas de la sociedad, la religión y la vida, se basan en dos símbolos: bueno y malo, yin y *yang,* Dios-diablo, positivo-negativo. La ciencia se refiere a dichos símbolos como lo positivo y lo negativo. Para la religión los símbolos positivos son Dios, Cristo, Buda, o la parte clara, buena, pura, bondadosa y comprensiva de cada ser humano. Los negativos son, de acuerdo con la religión que sea, el pecado, la separación de Dios, o el aspecto destructivo, posesivo y ambicioso de las personas cuyo lema es: yo primero, yo después y siempre yo. Una vez que el ser humano comprende las verdades —al decir verdades me refiero a la única, a la esencia, a lo espiritual: Dios— y las reglas de estas y de la existencia, la vida se simplifica grandemente. Y la única forma de mejorarnos es confrontando y no escapando o huyendo —ya sea con drogas, hipnosis o algún método artificial— a la verdad, a la realidad. Si tenemos el valor de confrontar las cosas con las cuales no somos afines, podremos manejarlas. Es imposible ser leal a nadie si primero no lo eres contigo mismo. Si no te quieres tú primero y si no eres leal, honesto y sincero contigo, no lo podrás ser con los demás. Muchas veces pensamos una cosa y luego hacemos otra. Sólo es perfecto el hombre que piensa y hace lo que le dictan su corazón y su conciencia.

Cada hombre tiene en su interior un maravilloso templo, y si en los momentos que tenemos de confusión, tristeza y depresión, en vez de buscar en el mundo exterior, nos encerramos en él, estaríamos cultivando un hermoso jardín interior que sería un mundo de paz. Si no encuentras a Dios en ese jardín, en tu interior, no lo busques fuera. Antes de ir a la iglesia, entra primero en tu templo interior y comunícate con Dios, que para mí, respetando el concepto que cada cual tenga de Él, es esa voz interior, es el aspecto espiritual que mora dentro de ti, el verdadero ser. Sé sincero contigo mismo. Cada vez que te sorprendas diciendo una mentira, exagerando un hecho o no confrontando una realidad, exígete sinceridad, aunque te cueste trabajo. A veces nuestros padres, tal vez inconscientemente, nos inducen a decir mentiras. De esta forma muchas personas se van educando y piensan que para poder sobrevivir hay que mentir. No es cierto; el arma más poderosa del hombre en la vida es la verdad.

Hace muchos años aprendí un ejercicio muy lindo que sirve para conocerse mejor uno mismo. ¿Quieres saber quién eres, dónde estás, qué defectos o virtudes tienes? Piensa en cinco de tus mejores amigos, los más íntimos, y analiza profundamente el carácter de cada uno de ellos. Puedes estar seguro de que todas las buenas cualidades que hay en ellos también las hay en ti, y las faltas o defectos que encuentras en ellos, y que condenas, aunque no lo reconozcas, están en ti. Todo lo que he querido explicar es que lo que se impone es la comprensión de nosotros mismos.

Yo he probado todas las técnicas de mejoramiento humano, el psicoanálisis, la psiquiatría; he estado en escuelas donde se busca el conocimiento del hombre, como en *Silva Mind Control* y en *Est;* y visitando México y parte de Estados Unidos para hacer un trabajo sobre las sustancias alucinógenas como el peyote, el mexcal y el LSD-25, y cómo estas afectan al hombre. Muchos, como el Dr. Richard Alpert, han llegado a ser místicos como Baba Ram Dass. La búsqueda empezó en la Universidad de Harvard, y Alpert junto al Dr. Leary, desarrolló una técnica de mejoramiento personal utilizando los alucinógenos. Hay una Iglesia americana basada en la química mística como es el uso del peyote. También en México una anciana india, María Sabina, ingería estos hongos a través de los cuales entraba en un estado de conciencia mediante el cual hacía contacto con el Libro Sagrado de Dios y tenía un conocimiento universal de todo. Se ha dicho que el poeta Allen Ginsberg, el más conocido poeta de la época de los *beatnicks,* experimentó con drogas como el peyote, y escribió su poesía bajo la influencia de estas drogas. Todo esto lo he analizado y estudiado en mi incesante búsqueda de Dios y de mí mismo y, para mí, volcarse a las drogas para buscar a Dios es negativo.

A veces pensamos que podemos escapar mudándonos a otro lugar o ciudad. Esto nunca funciona porque el problema no está en el lugar sino dentro de nosotros, en nuestro estado actual de conciencia. Si te mudas de lugar te llevas el problema contigo. La solución, pues, no es cambiar de ambiente. A muchas personas que iban a verme y me decían que si se mudaban para California o Nueva York iban a ser felices allá, les dije: "No, primero cambia tú por dentro. Haz de tu prisión un palacio, de tu limón una limonada. La misma confusión que tienes aquí te va a acompañar dondequiera que vayas porque primero tienes que comprenderte y analizarte. ¿Cómo puedes limpiar tu casa estando fuera de ella? Ante todo, ubícate, céntrate, encuéntrate a ti mismo y comienza a limpiar tu vida, y así, dondequiera que vayas, llevarás la fragancia de tu ser".

El peyote del cual les hablaba es una planta cactácea que crece en muchas partes del mundo, pero especialmente al sur del valle del Río Grande, y es usado por los indios de dicha región en sus rituales místicos. Su nombre proviene del azteca *peyotl*, que significa "lo que alucina o da valor". Contiene una sustancia narcótica y de él se extraen nueve alcaloides que se usan en la medicina. En la época precolombina y aún después, los aztecas lo usaron en sus ceremonias y los *huicholes* y *tarahumaras* lo consultaban como si fuera un oráculo haciendo que el médico de la tribu o *payni* lo ingiriera; por medio de esta droga alcanzaba un estado de visión profética. Otras tribus como los *nahoas* y *chichimecas,* según Fray Bernardino de Sahagún, misionero franciscano, uno de los más importantes historiadores de la Conquista de México, lo usaban, "pues los mantiene y les da ánimo para pelear y no tener miedo, ni sed ni hambre, y dicen que los guarda de todo peligro". Los *nahoas* también lo usaron como fortificante y lo frotaban en sus piernas antes de emprender largas jornadas y decían que "quienes la comen adivinan y predican". Todo el culto y magia del peyote se centra a través de *chamán,* especie de sacerdote de la tribu y responsable del bienestar de su grupo. También los apaches y otras tribus lo usaron como una poderosa forma de contactar lo espiritual. Del peyote se extrae un alcaloide llamado peyotina, entre los principales efectos inmediatos se destacan: alucinaciones visuales (según el P. Sahagún "espantosas y risibles"), anestesia de la piel, borrachera, que según el P. Sahagún dura dos o tres días; depresión muscular, hiperestesia olfativa y gustativa, insomnio, pérdida de la noción del tiempo, trastornos cardíacos y puede hasta provocar la muerte.

Una hermosa leyenda que yo siempre repito cuenta que hace muchos años llegó a la Tierra un hombre alto, blanco, hermosísimo, de pelo blanco y mirada penetrante, envuelto en ropas que volaban al viento, una divina encarnación llena de bondad como todo el mundo visualiza que sería Dios. Se dice que llevaba en sus manos un brillante enorme que despedía resplandecientes luces que hipnotizaban y enloquecían al mundo. El extraño ser caminó hasta llegar a la montaña más alta de este Universo y de todas partes del mundo lo observaban. Se reunieron miles y miles de personas de todas las sectas y países a mirar a tan extraño ser y a la prenda que continuaba llevando en sus manos. Cuando estuvo en la cima de la montaña dejó caer el objeto, que se fracturó en muchos pedazos. Cada ser humano tomó un pedacito y regresó a su casa con él pensando que tenía en sus manos la única verdad. El ser desapareció dejando en las manos de cada uno parte de la verdad. Luego cada uno se fue cerrando en una muralla para proteger su verdad porque temían que fuera contaminada y también cada cual pensaba tener la única verdad; lo demás no era lo correcto ni lo bueno, no era la verdad. Y ha llegado el momento en esta Era de Acuario de romper las fronteras, de reconocer que cada uno tiene parte de la verdad porque la única verdad es aquel brillante, y ese brillante es Dios.

El problema de la humanidad es la falta de amor. El 90% de las personas y amigos que iban a consultarse conmigo, sin importar la edad, lo que buscaban era amor. Yo sólo le preguntaba a cada una de ellas: "¿Cómo anda tu vida amorosa? ¿Hay alguien a tu lado que te brinde cariño? ¿Estás tú dando cariño? ¿Recibes y das amor fácilmente a otras personas? ¿Te amas a ti mismo?".

Yo sé que el amor no es un sueño o ideal de juventud. Es posible amar y ser amado en una forma hermosa a cualquier edad y para el resto de la vida. El amor es algo natural. Fuimos creados para amar y ser amados. Nada es más real que el amor, y nada más doloroso que la ausencia de amor. El amor es un tema eterno y constantemente estamos leyendo y oyendo hablar sobre él. La falta de amor se agudiza en aquellos seres que no tienen a nadie o que están en conflicto amoroso. Hay quienes piensan que porque son atractivos, o gastan gran cantidad de dinero en ropas y perfumes para asistir a lugares donde hayan personas atractivas, van a encontrar el amor. Se equivocan. Otros se levantan diariamente con la esperanza de que van a encontrar un ser maravilloso, único, especial, que hará realidad sus sueños. Otros, que viven siguiendo un patrón de conducta —levantarse, ir a trabajar, regresar a casa, comer, dormir o asistir a algún lugar solos— se excusan diciendo que no les interesa nadie porque no se encuentra ya alguien que valga la pena, o sencillamente, que no desean compartir su soledad con nadie. Hay quienes piensan que orando y haciendo promesas el amor llegará a ellos. Algunos lo han conseguido así, no lo dudo. Yo he tenido la experiencia de casos en que con solo decirle a la persona que rece una oración lo ha logrado porque de esta manera se ha abierto al amor, ha adquirido fe en ella y en Dios, y así ha encontrado el camino para mejorar sus relaciones amorosas. El amor tampoco puede ser ordenado o mandado. Podemos ordenar a una persona que se conduzca mejor o más amorosamente, pero el verdadero amor hay que sentirlo y regalarlo.

Aquellos seres que piensan —me refiero a los seres cerrados al amor que creen que pueden compensar la falta de amor con la espiritualidad— que un viaje espiritual, ya sea en el budismo, en el cristianismo o estando junto a un swami, gurú o maestro, los va a ayudar a encontrar el amor, también se equivocan. Nada de esto les va a enseñar a amar. El amor es como una planta que tiene que crecer en el interior de cada ser humano. Es más fácil decir, "Yo amo a Dios, yo amo a la humanidad", que amar verdaderamente a un solo ser humano con todas sus virtudes y defectos.

La meditación nos ayuda a encontrarnos a nosotros mismos y es una técnica fantástica de relajamiento para liberarse de tensiones y llegar a tener visiones espirituales y experiencias maravillosas, pero la verdad es que aquel que no aprende a amarse a sí mismo, la meditación no lo va a ayudar. Todos somos una trinidad: la mente, que es el intelecto; el corazón y las emociones; y el espíritu. Todo esto dentro de un cuerpo físico. Para mí no es malo desarrollar la parte espiritual, pero sí lo es el pensar que mientras más espirituales y entregados al misticismo seamos y menos prácticos y terrenales, más pronto vamos a encontrar el amor. Esto es una equivocación. El ser humano tiene que tener un balance. Estamos en un cuerpo, tenemos una mente y un corazón. Vivir sin amor es un problema emocional que muchos piensan que pueden solucionar por medio del psicoanálisis o la psicoterapia; tampoco esto es un remedio completo y eficaz, sino que sólo puede ayudar a que la persona se conozca y a que descubra dónde está el motivo personal que la ha llevado a carecer de amor o a no aceptarse a sí misma. Para mí, repito, el amor empieza en uno mismo. Amarse uno mismo no es egocentrismo ni egoísmo. Quien no se ama a sí mismo no tiene esa energía interior de amor y, por tanto, no puede amar a nadie. Si no hay agua en ti, a nadie puedes dar de beber; si no hay perfume en ti, a nadie puedes perfumar.

He encontrado que muchos de los problemas emocionales relacionados con la falta de amor parten de la niñez, de niños que carecieron de cariño o que tuvieron exagerado cariño y protección. Muchos me preguntaban por el secreto del amor. Pagarían una fortuna por saberlo. El dinero no compra el amor; tampoco al ser amado. A este le puedes hacer regalos como una muestra de tu amor mas no con la intención de que corresponda en la misma medida a tus sentimientos. El amor pagado no es amor. Hay quienes para llenar ese vacío, ese dolor interior que es la falta de amor, se refugian en el alcohol, las drogas o la comida excesiva. Entre las personas que me consultan hay muchos casos de obesidad. Para éstas la comida es como una gratificación a la falta de amor. También quienes fuman excesivamente o consumen cualquier tipo de droga, lo que necesitan es amor. Otros piensan que el dinero o los bienes materiales son sustitutos perfectos del amor. Se engañan. Tú puedes estar rodeado de cosas fabulosas, como una hermosa casa o un impresionante automóvil, pero si te falta amor estas cosas te resultan dolorosas. Es como si besaras un espejo; el beso que recibes es frío. Solamente los seres llenos de calor y de ternura regalan besos cálidos. Muchos ricos ocultan la falta de amor comprando amistades o rodeándose de muchas personas; para otros un sustituto muy común es el trabajo. Quienes trabajan excesivamente, hasta agotarse, lo hacen porque no pueden amar y de esta forma evitan aceptar que están fracasados en el amor. Otros viajan continuamente buscando ese ser perfecto. También estos se engañan y se excusan diciendo que les encanta la soledad, que no encuentran a nadie que realmente les interese o que no quieren enamorarse para no sufrir. Todos los que así se excusan lo hacen para no enfrentarse a una única realidad: no saben amar. Y para aprender a amar, lo repito, ante todo, es necesario conocerse y amarse profundamente a sí mismo primero. Aquel en quien la copa del amor rebosa en su interior, con su amor abarcará a otros seres humanos. Cuando uno se limita o cierra en su espacio, se está limitando y cerrando en el amor.

MI PERSPECTIVA Y EXPERIENCIA ACERCA DE TU SIGNO

Con tantos años en contacto con miles y miles de personas he desarrollado una capacidad o intuición especial para definir y reconocer lo único, irrepetible y maravilloso de cada ser humano según su signo zodiacal. Aquí les entrego lo que he aprendido.

Aries

Tu personalidad siempre es impresionante. Tú nunca serás una cara perdida en la multitud. Quien te conoce, jamás te olvida. Eres un individualista único y de fuerte voluntad, se te conoce mejor en momentos difíciles. Podrás ser odiado, pero jamás ignorado. De mente poderosa, sumamente alerta, eres rápido pensando y captas las ideas inmediatamente. Hablar contigo es una experiencia estimulante. Tú siempre crees que la vida está en tus manos, y tienes muy poca paciencia para esperar que las cosas lleguen a ti. No crees en el destino: tú haces tu propio destino. Tu existencia es la acción. Muy pocas cosas en el mundo te amedrentan. Si algo te causa miedo, te preocupa o te destruye, no descansas hasta que lo conquistas. Eres lo que aparentas ser. En ti no hay sutilezas o artificios. La gente te comprende rápidamente porque te expresas honesta y abiertamente, tal como eres. Lo que está en tu mente, está en tu lengua. La gente simpatiza contigo o le caes totalmente mal. Contigo no hay medias aguas. Eres una persona completamente espontánea.

Todas las personas de Aries que he conocido son muy raras, únicas, espontáneas, naturales; dicen cosas tremendamente chocantes, pero que los demás aceptan porque las dicen con una ingenuidad absoluta. Como eres superior en tantas cosas, a veces luces arrogante, orgulloso y quizá te sorprenda que esta sea una de tus faltas mayores. En lo profundo de tu ser quieres ser amado y querido y no sabes cómo pedirlo. En ocasiones exiges que te quieran. Cuida tu lengua, cuida lo que dices. No tienes que estar demostrando tus habilidades, tus talentos. Tu presencia habla más que tu palabra. En el fondo eres un ser humilde y simple. Cuídate de no dar nunca una mala impresión. Recuerda que las flores no hablan y atraen miles de abejas.

Tauro

Tú eres la sal de la Tierra: determinado, responsable y maduro. Eres la persona a la que todo el mundo admira. Te han llamado el Peñón de Gibraltar; yo te llamo la fortaleza eterna. Eres, además de todo esto, gentil, amoroso y cariñoso. En ti hay una mezcla de sofisticación y simplicidad. Eres, fundamentalmente, una persona práctica. Tu habilidad natural para aceptar a la gente tal como es te ayuda mucho en el romance y la amistad. Tienes, además, gran control sobre ti mismo. Algo que atrae mucho en ti es tu sensualidad. Nunca te dejas dominar por el intelecto; más bien eres una criatura sumamente física. Tú eres muy leal, especialmente en la amistad. He conocido a gente de Tauro que se ha complicado en su vida amorosa, pero siempre, cuando ama, es leal con la persona que ama. Cuando tienes un amigo lo conservas por muchos años, y aunque no estén físicamente unidos, continúa la amistad. Siempre tienes una devoción ciega por algunos seres. Exiges mucho de la vida y de los seres humanos. Te das demasiado, pero exiges en igual medida. En cambio, te desilusionas fácilmente por la conducta de cualquier persona, y mucho más cuando no está a la par de lo que tú esperabas de ella.

Hay muchas facetas en tu personalidad. Por un lado eres tranquilo, natural, magnético y encantador. Te gusta que te quieran y que te lo prueben, y que te respeten. Por otro lado —malas noticias— eres el ser más testarudo. Cuando te empeñas en una cosa, tiene que ser esa y nada más. Eres muy conservador, a veces tanto como los de Capricornio, lo cual te prohíbe experimentar las cosas lindas de la vida, aventuras maravillosas. Recuerda que es muy importante que el ser humano lo experimente todo para que pueda hablar de todo. Otro de tus problemas es que rechazas que te critiquen o contradigan; aunque sea crítica constructiva te enferma igualmente. Te gusta tomarte tu tiempo, hacer las cosas lentamente, y te irrita que te apresuren.

Para ti yo tengo un maravilloso pedestal. Te pido que des lo mejor de ti mismo, que demuestres tus cualidades positivas, y que trates de corregir todo lo que empañe tu personalidad.

Géminis

La tuya, ya lo sabes, es una personalidad dual, doble. Por un lado eres como el Sol, brillante, candente, inteligente, alegre y comunicativo. Pero aun en tus días más oscuros y depresivos posees mucho encanto y fascinación. Tu mayor atractivo es el intelecto, la mente. Tienes una mente ágil. Pasas tu vida aprendiendo, aunque no sea en los libros; observas a los seres humanos y aplicas lo que escuchas. La vida jamás te sorprende, y nada humano te saca de quicio. No tienes prejuicios. Eres sumamente versátil. Lo más importante para ti son el cambio y la variedad. La monotonía podría matarte.

Tu signo rige el lenguaje y la comunicación. No hay nadie mejor que tú para conversar. Casi todos los comediantes tienen planetas en Géminis o son del signo Géminis, como Joan Rivers y grandes actores, modelos y fascinantes mujeres como la eterna Marilyn Monroe. Los placeres sencillos, la gente común y las experiencias ordinarias no te atraen tanto como las cosas encantadas, hechizadas, exóticas y fascinantes. Siempre te levantas en la vida; la empiezas en una forma y vas ascendiendo hacia la cumbre: cambias tu forma de pensar, tus puntos de vista, tu conducta, tu apariencia. Vas cambiando como la crisálida que, convertida ya en mariposa, vuela con alas propias.

Para tus amigos eres un misterio, un enigma. Haces amistades con facilidad, pero no te duran mucho. Sumamente analítico y crítico, encuentras faltas en todo; mientras más quieres a una persona más faltas le encuentras. Cuando te enamoras, pierdes totalmente el sentido de la realidad. Géminis pasa su vida buscando un ideal, un ser perfecto que llene su vacío interior. Yo siempre pido y aconsejo a los géminis que enseñen sus emociones, que no teman demostrar sus sentimientos. Si quieren ser una auténtica persona, un completo ser humano, que no hablen tanto con la lengua y así dejen que su corazón hable por ellos.

Cáncer

Cáncer da a sus nativos amor, simpatía, algo místico, especial, espiritual, más que cualquier otro de los signos del Zodíaco. Es el signo del corazón y las manos abiertas. Cuando son amigos, son amigos de verdad. Cáncer suele ser tímido hasta que conoce el terreno; luego se suelta, pero le toma tiempo llegar a hacerlo, al igual que llegar a conocer perfectamente a otra persona, mas el resultado final bien vale el sacrificio.

Como el cangrejo que te simboliza, te encierras en el caparazón si algo amenaza tu seguridad personal. Los sentimientos más tiernos están en Cáncer. Cualquier pequeño comentario, a veces el más inocente, puede afectarte emocionalmente. Debajo de esa coraza, en apariencia dura o fría, se esconde un ser simpático, cariñoso, amigable y adorable. Tengo muchos amigos cáncer, casi todos positivos, evolucionados. Como todos los nativos de este signo, tienen una belleza y dulzura extraordinarias. Cuando se sonríen cierran los ojos. Están dotados de una gran capacidad para ponerse en el lugar de otra persona, de sentir y sufrir sus emociones. Rara vez ofenden cuando profesan amistad o cariño por alguien. No hay nada superficial cerca de ellos. Cuando la vida no los trata bien, sencillamente unen las manos y se sientan a esperar. Muchos dicen que son fatalistas; yo digo que son filósofos de la vida. Llevados a un extremo, cuando son negativos, son sumamente vagos, se escudan en las drogas, especialmente en los alucinógenos, marihuana, alcohol y tratan de justificar todos sus actos. Por quedar bien llegan a extremos absurdos. Deben considerar que uno mismo es quien crea los problemas; son fabricación propia.

La Luna rige tu signo. Ella tiene dominio sobre los sentimientos y sus cambios. Un día puedes sentirte enérgico y optimista; otro, sin razón aparente, caer en la depresión más grande. Cuando estés deprimido llénate de pensamientos positivos, reconoce que tú eres un ser inmortal, espiritual; ponte en afinidad con el mundo que te rodea. Ve a caminar, a pasear, observa los árboles, las casas y edificios, las calles, los animales; en fin, todo lo que esté al alcance de tu vista. Eso te va a exteriorizar, te sacará un poco de ti mismo, que es algo que te conviene mucho. Únete a personas que siempre te contagien alegría y felicidad.

Cuando amas eres sumamente posesivo. Tu poca habilidad para perdonar u olvidar una ofensa te destruye. Vence toda actitud fatalista. Haz una lista de las cosas maravillosas que Dios te ha dado, que tú reconoces que hay en ti, y compártela con otros seres menos afortunados que tú. Así podrás desarrollarte y llegar a ser la persona más admirable que existe en este Universo.

Leo

Leo es signo de reyes y está bendecido con la habilidad de mandar y ordenar. En otros tiempos, cientos de años atrás, se escogía para rey al nacido bajo Leo, porque solamente aquel que pueda mandar, ordenar y regir con el corazón, debe ser rey. Tú naciste para ser líder, jefe. Eres un ser alegre, con un sentido de dignidad y orgullo muy grande. Haces reír y te gusta llevar alegría a todos los corazones. Eres generoso, magnético, dinámico, vital, determinado y fuerte de carácter. En la superficie pareces estar muy seguro de ti mismo, pero secretamente tienes dudas acerca de tu persona. Estás conciente de tu apariencia, de la apariencia que causas en otros, y de la labor que realizas. Te gusta estar orgulloso de lo que haces y de los seres que están a tu lado, de los que amas, de tu familia. Eres muy magnánimo y dadivoso. Te das emocional y materialmente. Te encanta hacer regalos a las personas que quieres. Eres la persona que jamás se olvida de los demás. Eres franco, aunque no tanto como Sagitario. Cuando pierdes el control te irritas, gritas y patalcas, armas gran escándalo, pero muy pronto olvidas lo que ha pasado sin recordar siquiera la razón de ello. Eres sumamente dramático; te gusta dramatizar y exagerar todo. Símbolo de tu signo son los franceses, italianos y puertorriqueños. Cuando ves crueldad o maldad en los seres humanos te confundes completamente. Te dejas llevar mucho por las alabanzas. Te gusta que te alaben y que digan cosas lindas de ti. Por tanto, haz un esfuerzo extra y juzga a la gente por lo que es y no por lo hermoso que diga de ti.

Para hacer un compendio de tu personalidad yo diría que eres la persona más vibrante, digna hija del Sol, ambiciosa, autoritaria y agresiva. Tienes dos necesidades básicas: una es mandar, ordenar, ser el jefe, el rey; la otra es amar y que te amen. Tarde o temprano en la vida logras ambos objetivos y esas dos necesidades son completamente satisfechas. En el aspecto negativo, cuídate de ser arrogante, muy mandón y agresivo. Tu orgullo es un gran obstáculo para tu felicidad. Igual que el Sol, donde entras brillas, llamas la atención. Eres el centro de atracción donde quiera que vas. Eres un amigo leal y devoto. Tengo grandes amigos, cantantes, artistas, seres creativos y muy especiales como mi sobrina Ivonne Benet, que es digna representante del signo de Leo.

Virgo

Tu personalidad es una mezcla bellísima de cualidades contradictorias. Por un lado posees un intelecto sumamente desarrollado, un maravilloso sentido crítico y cantidad de talento y buen gusto, tanto literario como artístico y musical. Por otro lado, eres muy práctico y terrenal. Te gusta hablar francamente, de corazón a corazón. Te interesa el dinero, la seguridad económica, tanto o más que a Tauro. No te gusta hacer buena impresión al principio; prefieres estar en segundo plano, conocer a la gente y luego demostrar tus valores. Tienes una habilidad única y notable para ver inmediatamente situaciones y seres humanos por dentro. Posees una claridad exquisita para estudiar el alma humana. Nadie te engaña; tú te dejas engañar cuando quieres, por ejemplo cuando amas que pierdes el sentido crítico y te dejas engañar. Eres sumamente sensible al ambiente y estás conciente de todo lo que te rodea. Observas todo. Captas inmediatamente los más mínimos detalles en un ser humano.

Siempre se puede depender de ti. Como amigo eres muy servicial; siempre estás en espera de que te necesiten para servir. Eres muy perfeccionista, y como la gente no puede estar a tu nivel, te deprimes, te desencantas fácilmente. Casi toda la gente culta, la que lee, la supremamente espiritual, está regida por Virgo. Aunque no tengas educación formal universitaria o escolar, la vida misma te enseña y te gradúa. Eres lo que quieres ser. Te adaptas maravillosamente para complacer a tus pocos, pero buenos, amigos. Eres útil, honesto, de pensamiento claro y vives en la realidad de la vida. Rara vez te dejas engañar por el aspecto exterior de las cosas o de la gente. Brillante y sumamente crítico, a veces tienes una mente demasiado estrecha, y te cuidas mucho de que te hieran. Posees una habilidad única para cambiarte y mejorarte día tras día.

Libra

Es el signo de la gente amable y dulce y de las divas inmortales como Rita Hayworth. Tu aura es suave, tierna, atractiva. La regla que está en todas las religiones: "No hagas a otros lo que no quieres que te hagan", "Haz el bien sin mirar a quien", es tu regla natural de vida. Instintivamente tratas a los demás como desearías que te trataran a ti. La vida te coloca en posición de hacer o de llevar la paz, aunque haya guerra en tu interior. Tienes un gran sentido de justicia. Muchas veces emites juicios que te nivelan a la sabiduría del Rey Salomón. Te gusta la vida social, estar acompañado, pasear y viajar. Eres el primero de la vecindad que se preocupa de llevar un regalo al niño recién nacido. Te encanta regalar y que te regalen. En Navidad te fascina empaquetar regalos, o enviar flores a quienes se encuentran en el hospital; aunque eres económico y no te gusta gastar mucho, envías, al menos, una notita o un pequeño regalo, una cortesía. Nada te agrada más que hacer una buena cena para tus buenos amigos, recibir en tu hogar y que encuentren tu casa limpia, ordenada y perfumada con flores frescas.

La ropa bonita es importante para ti. Aunque eres sumamente artístico y espiritual, eres muy materialista. Te encantaría figurar en la lista de las personas mejor vestidas. Siempre escoges las cosas de calidad, finas, elegantes y caras, aunque no te guste gastar demasiado en ellas. Te expresas creativamente, artísticamente. Necesitas la belleza y la armonía para poder expresarte con propiedad. Si no sientes satisfacción en tu vida, escapas. Cuando tienes que enfrentarte a un obstáculo o problema que no quieres confrontar, escapas, ya sea viajando o tomando medicamentos o envolviéndote en drogas y alcohol. La persona de Libra que se enfrenta a estas situaciones —las cuales ella cree insolubles— se encierra en una vida de fantasías. Todas las cosas feas, tristes, sórdidas, te deprimen y destruyen, y explotas rebeldemente cuando confrontas problemas o personas dependientes. Lo que tú más deseas en la vida es armonía, un ser humano con quien compartir alegrías y tristezas.

A veces la gente piensa que eres hipócrita o poco sincero porque no te gusta decir que no. Dices sí a todo el mundo y quedas mal con casi todo el mundo. Debes cultivar un poco más la sinceridad, saber decir no sin ofender, ser más agresivo en tus manifestaciones. Si sigues cultivando tu nobleza de propósito, la bondad de tu alma, seguirás siendo eternamente el virtuoso librano que todo el mundo desea a su lado.

Escorpio

Poder y determinación son las llaves magnas de tu personalidad. Tú eres el nativo de uno de los signos más fuertes. Algunos astrólogos afirman que es Capricornio; otros que es Escorpio. Yo creo que ambos tienen igual poder. En una palabra, tú eres invencible. Jamás harás una impresión neutral en la gente: se te ama o se te detesta. Dominante, fuerte, atrevido, marcas para toda la vida a los que te conocen. En ti hay una combinación de pasión y de razón producto de la emoción y del intelecto. Más que inteligente eres filosófico. Te preocupan los misterios de la vida y de la muerte. El tema de esta última te fascina. Tu signo, ya lo sabes, rige la muerte, la regeneración y los órganos sexuales. Es el signo más cercano a comprender el sentido final de la existencia, la muerte. Aunque seas feo o no seas muy agraciado exteriormente, eres sumamente atractivo, especialmente en lo sexual.

Si eres negativo te encantan los excesos en la comida, en el beber y en el placer. Tienes un temperamento altamente efusivo. Explotas con facilidad, y cuando te enfureces eres capaz de hacer mucho daño. No te amedrentas ante una ira o una disputa; más bien eres capaz de experimentar cualquier situación. No tienes facilidad para las relaciones humanas porque exiges demasiado. Los tipos débiles de tu signo son muy crueles, y como las serpientes, traicioneros. Consiguen las cosas por medios raros, poco legales, ilícitos. Cuando tienen un resentimiento o son heridos perdonan, pero jamás olvidan.

La cualidad básica de tu naturaleza es que tú eres una ley en ti mismo. No te importa lo que la gente opine de ti; nunca te ha preocupado la opinión pública. Tú escoges tus planes, tu vida, tu ocupación, tus compañeros y tu pareja, y aunque el mundo te critique no das importancia a ello. En la vida, como a Aries, nada te amedrenta ni asusta. Tienes mucho valor físico y moral. Muchas veces la vida te hace caer, pero te levantas para probar que eres como el Ave Fénix que renace de sus cenizas. En ti hay recursos maravillosos. Tú siempre crees que la vida nada te debe, que lo que tienes te ha costado mucho esfuerzo. Por eso lo disfrutas intensamente. Eres muy cuidadoso con ciertas asociaciones o amigos. Cuando tienes un amigo das demasiado, sin límite; te entregas totalmente. No hay nada, literalmente nada, que tú no puedas cambiar en ti. Si visualizas al ser o la imagen que tú deseas ser exactamente, podrías lograrlo porque posees el poder extraordinario de regenerarte y recuperarte de todo. De ti todo se puede esperar y nada me sorprende.

Sagitario

Tu grande y bella personalidad se caracteriza por la imaginación, la independencia y la sinceridad. Eres un rayo de sol optimista, bullanguero, de buen humor, feliz. Figuras entre los signos que menos mejoramiento necesitan. Tienes cientos de amigos en todas partes. Te gusta tener gente a tu lado y que tus amistades te visiten y tú visitarlas. Aceptas a cada ser humano tal como es, sin cambiarlo. No tienes paciencia con la falta de honestidad. Tu forma de hablar es directa como las flechas que simbolizan tu signo. A veces dices cosas tremendas, pero tienes un talento extraordinario para decirlas y salirte con la tuya. Puedes llegar a ser brutal en tu forma de expresión.

Lo original que yo he encontrado en tu signo es que aun con toda esa sinceridad y fortaleza exterior —en el hombre el machismo, y en la mujer su enorme magnética personalidad— encierras una violeta en tu interior. Eres sumamente tímido, y a veces lo que haces es compensar. Cualquier tontería te ofende. Tienes una sensibilidad tal que pareces un Cáncer. La aprobación pública es muy importante para ti, y aunque digas que no te preocupa siempre te hiere cualquier comentario negativo sobre ti o sobre el ser que quieres. Te encanta ayudar a levantar a las personas. Amas la vida y amas al ser humano.

Eres sincero, verdadero: la "verdad" es tu palabra sagrada. Nada te gusta más que la honestidad, la verdad, y que te dejen ser como tú eres, decir lo que quieres, manifestarte como deseas. Tienes mucha integridad, gran sentido de la justicia y de la religión —no digo fanatismo ni sectarismo: me refiero a religión, de ligar, unir, a los seres humanos bajo el concepto de un Creador—, la cual juega un papel muy importante en tu vida. Tú ves a Dios manifestado en toda la Creación. No te limitas a adorar una imagen de barro, sino que estás más interesado en una filosofía de vida práctica por la cual vivir. Crees en una vida balanceada. Te gusta la vida deportiva: viajar, pasear en bote o en autos de carreras; todo lo que sea al aire libre te fascina. Te agrada aventurarte, jugar, romper convencionalismos, gastar dinero, jugarte todo en la vida porque sabes que la vida es un juego y que aquel que mejor juegue, vence y triunfa. Eres el tipo más popular del Zodíaco.

A veces, por hablar demasiado, cometes grandes faltas, te descubres demasiado. Cuando la mujer Sagitario ama, entrega sus armas y como el amor es un campo de batalla, casi siempre pierde. Si mostrara amor un día y otro indiferencia, resultaría victoriosa en esta lucha. Sagitario evolucionado, positivo, es sensible e inteligente, bondadoso, generoso e inolvidable. Ya te lo indiqué antes: no tienes que preocuparte mucho por mejorarte porque a ti se te quiere tal como eres.

Capricornio

Tu personalidad es un pedazo de metal —para mí de oro— forjado en fuego y que ha asumido un lindo aspecto exterior. No eres un signo de suerte, tú lo sabes. La felicidad que tienes muy cara te ha costado. La estrella que te guía, tu planeta regente Saturno, te educa a base de golpes, limitaciones y tragedias. Tu escuela es la escuela del sudor, el trabajo y el sacrificio. La gente te admira o respeta, pero rara vez te acepta como eres porque te critica, te envidia o no te quiere. Posees honestidad y dignidad en gran cantidad. Eres organizado, responsable, fuerte exteriormente e interiormente, serio, trabajador, terrenal y práctico. No te gusta estar solo, pero eres el signo de la soledad misma. Hay días en que prefieres estar a solas con un buen libro a estar con una persona tonta, estúpida, lo cual te ataca los nervios. No tienes que probarte a ti mismo porque tú sabes lo que vales. Debajo de tu exterior confiado casi siempre hay, cuando se es joven, sentimientos de inferioridad. Muchas mujeres fuertes, victoriosas, vencedoras en la lucha de la vida, capricornianas, lo que más anhelan es un hombro donde llorar. Y aunque son sumamente elegantes, aristocráticas y conservadoras, tienen pánico a hacer el ridículo y cuidan mucho su reputación.

Te gusta pagar más de una vez cada favor que recibes. Haces la caridad calladamente, sin comentarla. Te gusta ser servicial y estar junto a tus amigos en los momentos de pena y dolor. Interiormente tus motivaciones están orientadas hacia el éxito, el dinero, el buen matrimonio. Tienes una persistencia admirable y, tarde o temprano, realizas tus metas. Si sientes que has sido tratado injustamente caes en un estado depresivo terrible. He conocido muchos capricornio que tienen una actitud pesimista ante la vida. Se ha dicho que son muy realistas y que viven la vida tal como es, pero esto les afecta su salud tanto física como mental y emocional.

Me siento feliz de tener grandes amigos Capricornio, entre ellos mi amiga Nenita Méndez, gran publicista y extraordinario ser humano. En lo más depurado y exquisito del teatro y el cine, no solo en Puerto

Rico, sino también en el resto del mundo, las figuras que más huella han dejado pertenecen al signo de Capricornio. Tu autodisciplina, Capricornio, hace que seas un ejemplo para todos los demás signos del Zodíaco.

Acuario

Los astrólogos son muy parciales con este signo ya que lo llaman el signo de los genios. Y tienen razón para llamarlo así. Imagínate, Acuario, que bajo tu signo han nacido grandes personalidades como Francis Bacon, Lord Byron, Lewis Carroll, Somerset Maughan, Mozart, Edgar Allan Poe, Charles Dickens, Abraham Lincoln y muchas otras como James Dean, Paul Newman y Kim Stanley, la diosa de Broadway.

Eres dedicado, humanitario, honesto, verdadero, de una mente extraordinaria, con grandes intereses. Tus puntos de vista son universales. Para tus compañeros y asociados eres raro, extraño e impredecible. Generalmente, tanto el hombre como la mujer, es un ser solitario, aunque no tanto como Capricornio. Te puedes mezclar con todos los seres inferiores en la escala social —aunque para mí todo ser humano, no importa el tipo, desde el limosnero hasta el millonario, es una estrella en este cielo que todos estamos compartiendo. Pero para Acuario particularmente no existen diferencias sociales. Comparte con todos y sus amigos pertenecen a todos los estratos sociales. Tu signo rige la circulación de la sangre.

Tienes una visión un tanto soñadora de la vida. Te envuelves en ideas utópicas y sueños para transformar a la humanidad y al ser humano. Puedes estar con una persona o un grupo de gente y al mismo tiempo estar alejado a gran distancia. A veces te interesas por una sola actividad y en ella pones toda tu energía, causando problemas en tu hogar o a quienes te quieren mucho. Conozco a gente de Acuario que tiene manías con los automóviles, los aviones o algún deporte determinado, y solo se dedica a este sin importarle nada más.

Eres individualista. La aprobación pública tampoco te importa.

Sabes lo que quieres y cómo conseguirlo sin considerar lo que tengas que hacer para obtenerlo. Motivas mucha envidia y poca comprensión hacia ti de los seres humanos, especialmente de tu familia. Mucha gente rechaza tu aire de superioridad, pero sencillamente es porque no te conocen, pues eres en tu interior un ser humilde y simple. Tu mayor falta radica en tus sueños y fantasías. Pierdes el tiempo planificando o soñando con cambiar al mundo, cuando lo importante es cambiar las cosas negativas que hay en ti, tener un contacto más cercano con la realidad, palpar el mundo que te rodea y estar más plantado en la Tierra. Aceptar el mundo como es te haría mucho bien. En ti no hay malicia ni crueldad, más bien palabras de cariño y justificación para todo el mundo. Buscas la paz y tu forma de llegar a los seres humanos es por medios diplomáticos. Eres la personificación del amor fraternal.

Piscis

Como eres el último signo, eres la suma de todos los anteriores. Un alma vieja que ha pasado por muchas encarnaciones y que ha retenido en su interior la sabiduría de todos esos años. Tu lema en la vida es: "No juzgues a nadie hasta que hayas caminado en sus zapatos por un tiempo". Posees una simpatía rara y una comprensión extraña del mundo. Eres recipiente de los secretos más profundos de tus amigos y familiares. Das tanto de ti que demandas en igual medida. Por eso eres un ser frustrado. Te hiere la falta de lealtad; la traición te destruye. Tienes falta de confianza en ti mismo. Tu naturaleza es básicamente espiritual. Eres el gurú de los seres que te rodean, el maestro. Amas la soledad y la necesitas para desarrollarte. Como todos los piscis, tienes facultades de médium, y también algo de las filosofías orientales, especialmente del budismo zen.

He conocido muchos Piscis que son místicos, con un gran interés y una profunda comprensión de la vida. Piscis generalmente es sumamente temperamental; algunos son neuróticos. Si se descuidan llegan a barrer el piso con ellos, ya que la gente usa y abusa de ellos,

los explota y después ni los recuerda. Se les ha llamado el zafacón del Zodíaco, recogiendo todo lo negativo del ambiente.

Piscis, yo te aconsejo que jamás escapes a tus responsabilidades, que te hagas responsable tanto de lo bueno como de lo malo que haces. La lección más fuerte que tienes que aprender en esta encarnación, en esta vida, es vencer tus dudas personales, tu timidez y tus complejos de inferioridad, y aprender a creer en ti mismo porque seres como tú no se encuentran fácilmente en este mundo. Debes tener la convicción de que eres un ser único, especial, maravilloso, visionario y espiritual. Nadie es mejor que tú. Eres una manifestación divina que ha hecho más hermoso a este universo.

33

WALTER TE PIDE VIVIR

En mi contacto diario con tantos seres, he podido apreciar cuántos padecen de desajustes emocionales, adicciones destructivas, neurosis y grandes depresiones.

Los neuróticos no son enfermos incurables. La neurosis conlleva malos hábitos al pensar, actuar, decidir y orientar la vida. Hay que reeducarse y acabar con patrones destructivos repetitivos. Muchos seres viven como autómatas sin estar conscientes del mundo que los rodea. Repiten mecánicamente los mismos gestos, acciones y reacciones. Viven frustrados soñando con fantasías y huyendo con pánico de la realidad.

Lo primero que yo recomiendo a todos es observar, atender, poner atención, estar conciente y estar despierto.

En mis estudios de budismo, gurdjieff, zen, yoga y gestalt, se enfatiza primordialmente el "estar despierto", vivir en el aquí y en el ahora, paralizar el constante y agotante parloteo mental y empezar a hacer contacto con el mundo que nos rodea. Cada acto, cada gesto, cada movimiento es rico en contenido si tú le prestas una completa atención. Empiezan a suceder cambios dramáticos en la personalidad cuando desarrollamos la atención y la observación. Cada acción ofrece la oportunidad de crecimiento personal. Servirte una taza de café, lavar el inodoro, escribir una carta dando las gracias, besar a tu ser amado, fregar los platos, todo lo que realices debe ser hecho con suma atención. Mágicamente, las más rutinarias actividades comienzan a cobrar encanto y fascinación. Lo ordinario se convierte en extraordinario.

En tus manos está vivir aburrido, repitiendo en tu mente los mismos tontos y tristes pensamientos (los pensamientos siempre son sobre el pasado o sobre el futuro, ya que el ahora se vive y no se piensa) o empezar a crecer a través de tus acciones. Nada tiene importancia a menos que tú se la otorgues. Empieza a darle importancia a cada acto de tu vida, ya que nadie lo hará por ti. Tú no tienes control de tus sentimientos pero sí de tus acciones.

Mi fórmula mágica es la siguiente: acepta tus sentimientos, conoce tus metas o propósitos y haz lo que tienes que hacer. Hoy, ahora, es el único momento que tienes para empezar a realizar cambios que te lleven a estar donde quieres estar. Si no lo haces ahora, te aseguro que no lo harás nunca. Lo que tengas que hacer, hazlo. Lo importante es decidir y lanzarte. Seguir esperando, soñando, soportando, ¿para qué?

Si quieres un estímulo para empujarte a hacer, te recomiendo que visualices lo que dirán al momento de tu muerte y lo que pondrán en tu lápida. Tal vez digan "La pobre, complació a toda su familia pero jamás fue feliz", o "No se puede decir nada porque nada hizo", o "Siempre vivió a la sombra de su familia", o "Tuvo las mejores intenciones aunque nunca logró nada".

Los neuróticos tienen una habilidad única de imaginar resultados sin probar la realidad. Viven de pánicos infundados. Sueñan con un pasado irrepetible o fabricando fantasías de un futuro que nunca llegará. Muchos justifican sus fracasos generalizando a personas y acontecimientos. Muchas mujeres dicen, "Todos los hombres son iguales",

"No se puede creer en ninguno, lo que todos buscan es cama". Otros dicen, "Todo el mundo es malo", "En Nueva York sólo hay crímenes y drogas", "Tarde o temprano me van a abandonar". En algunos casos esto puede ser verdad, pero no tiene que ser siempre así.

El neurótico por temor al fracaso o al rechazo, edifica un mundo falso donde refugiarse. Uno crece a través de sus propias experiencias y enfrentando la realidad. Lo más terrible se convierte en pompa de jabón cuando lo enfrentamos. En cada acción valiente y arriesgada, en cada paso a lo no probado, hay una lección y un mensaje para ti. No existen momentos especiales ni de oro ni de brillantes. Cada acto de tu vida hasta el más vulgar (aparentemente) es maravilloso para sentirte vivir, crecer y aprender.

En el arte de la atención que yo profeso, tiene un papel muy importante el escuchar. Mucha gente "actúa" como si estuviera escuchando y lo que está haciendo es preparándose para ver qué va a decir y que no lo califiquen de tonto o ignorante. Escuchar conlleva vacío mental y una total atención tanto a las palabras como a los silencios. Cuando prestamos atención total a lo que nos dicen, le estamos dando valor y respeto al otro ser humano. Miles de hombres han llegado al divorcio porque sus esposas hablan, hablan y hablan, pero jamás escuchan.

El neurótico tiene pánico a equivocarse. Nuestros errores son frustrantes, pero son nuestros mejores maestros. Comete nuevos errores pero no repitas los viejos, ya que son atrasados y aburridos. Uno crece a través de sus errores y viviendo la realidad. Muchas mujeres se encierran a soñar, imaginar y especular sobre el hombre ideal en vez de hacerse de muchos amigos para aprender en "el terreno" y escoger correctamente lo que les conviene.

En terapias orientales se habla de tratar y ver. Trata un nuevo curso de acción a ver cuáles son los resultados. ¿Qué ganas? ¿Qué pierdes? No atrases tu felicidad. Haz, no digas que vas a hacer.

El neurótico vive encerrado en su pequeño mundo de inseguridades, miedos, pánicos, fantasías y deseos reprimidos. Mi consejo es:

sal de la cárcel que te has fabricado. La puerta está abierta esperando que la empujes y empieces a vivir. Vive de acciones, no de palabras. Te repito, no digas que vas a hacer. Dale total e infinita acción a cada detalle de tu vida. Vive artísticamente añadiéndole conciencia a todo lo que realices. Desarrolla tus sentidos desarrollando tu observación y atención. Oye con detenimiento, toca con entrega total, huele con absorción completa, saborea con deleite y cada instante de tu vida será una oportunidad para expandirte y crecer. Tómate tiempo al saborear una fruta, huélela, obsérvala. No hagas nada inconscientemente o como sonámbulo. No vivas en "automático". Reprograma tu computadora mental. Empezarás a notar que lo monótono de todos los días tiene un mundo de detalles y riquezas.

Sal de la neurosis y empieza a vivir. Es más tarde de lo que tú imaginas.

34

MENSAJES PARA LA VIDA

De mis experiencias por la vida y mi contacto con tantos seres humanos que han buscado refugio en mi luz para vencer miedos, traumas e inseguridades que los invalidaban a disfrutar intensamente de cada momento de su vida, les regalo el fruto de mis vivencias. Estos son mensajes para postularlos, afirmarlos y decretarlos al levantarse y al acostarse.

- Donde hay amor, Dios está.
- Con la mente se analiza, con el corazón se conoce.
- Tú puedes dar sin amor, pero para amar tienes que darte.
- La puerta del corazón sólo abre de adentro para afuera.
- Sólo vive el que ha amado.
- Es más enriquecedor haber sufrido por amor, que no haberlo conocido.
- Para manejar tu vida, usa tu mente. Para manejar a otros, usa tu corazón.
- Todo amor con un… "porque" al lado… no es amor.

- Ama y perdona a tus enemigos y así los destruirás.
- Amigo es aquel que se queda contigo cuando todos te han dado la espalda.
- Todo lo que admiras en otros está en ti, pero tú no lo reconoces.
- Ama la vida, perdona siempre, ríete mucho, vive una eterna primavera, olvida tus cumpleaños y serás eternamente feliz.
- Habrás madurado el día que puedas reírte de ti mismo.
- Están solos los que levantan murallas y olvidan tender puentes.
- A veces la mejor ganancia se obtiene perdiendo.
- Todos condenamos en otros lo que ocultamos en nuestro propio corazón.
- El que ve a Dios en todos, es Dios mismo. El que ve al diablo en todos, es Satanás.
- Sé lo que deseas que otros sean, haz lo que deseas que te hagan, y tu mundo será más feliz.
- Ten infinita compasión, todos llevan su calvario por dentro.
- Tacto es no decir todo lo que se piensa.
- Meditación es tener una cita en silencio con el ser más hermoso de este mundo, tú.
- Préstale infinita atención a todo lo que hagas y vivirás en meditación.
- Si no es ahora, ¿cuándo?
- Si no es aquí, ¿a dónde?
- Si no eres tú, ¿quién?
- No te arrepientas de tus errores, son tus mejores maestros.
- Elimina de tu vocabulario las palabras: incurable, imposible, nunca, siempre, no y jamás.
- Todos caminamos hacia Dios, pero cada cual tiene su propio camino. Descúbrelo.
- La humildad como la espontaneidad no se cultivan ni se ostentan. El día que estás conciente de ellas, las perdiste.

- Podemos amar aunque no pensemos, oremos, amemos o sintamos como la otra persona.
- Nada es importante a menos que tú le des importancia.
- Nadie es víctima ni mártir a menos que así lo desee.
- Odio es suicidio, perdón es salud.
- Amigo es aquél que sabe todo lo tuyo y así te quiere.
- No condenes lo que no conoces. La superstición de ayer puede ser el descubrimiento de mañana.
- Vive observando, oyendo, aceptando y amando, pero no enjuicies, condenes o critiques, y así llegarás a sabio.
- Todo lo creado, feo y bonito, sucio y limpio, sagrado y profano, es creación de Dios. No hay otro poder en este universo. Darle poder a una enfermedad, brujería, o autoridad, es restarle poder a Dios.
- Sólo vive el que ama. Ámate tú, ama tu mundo, tu familia, tu trabajo y el amor será tu salvación y tu gloria.

35

LAS PROFECÍAS
DE 2012

Se acerca la Edad Dorada del hombre. La Madre Tierra no puede soportar las atrocidades que se perpetúan sobre ella en nombre del modernismo. Los seres humanos están cansados de guerras inútiles, crímenes de odio, fanatismos absurdos, odios ancestrales y todo lo que ha acontecido en los últimos dos mil años en la Tierra. En estos momentos se habla del fin del mundo para los últimos meses de 2012.

¿ES ACASO EL AÑO 2012
EL FIN DEL MUNDO?

Reina en el mundo pánico colectivo por las profecías mayas del fin del mundo. Para unos es el final de los tiempos, para otros el rapto de los evangélicos, otros esperan la aparición de Jesús en el Cielo, otros la batalla del Armagedon, pero en esencia es otro mito como el que reinó en 1930, cuando innumerables alemanes decentes y racionales fueron lavados del cerebro por un loco carismático llamado Hitler y cayeron víctimas de sus atrocidades.

Los katunes son unidades de tiempo en el calendario maya equivalentes a 620 tuns, o sea, 7.200 días. Las profecías que surgen del calendario maya chocan con los descubrimientos y conocimientos de los astrólogos científicos actuales. La astrología de la antigua Mesoamérica consiste en períodos de tiempo simbólicos agrupados simétricamente en 4, 5, 9, 13 y 20. Los arqueólogos, antropólogos y astrónomos lo llaman *la cuenta larga*. La cuenta larga es un segmento de tiempo (1/5 de los 26.000) que forma el cielo de precisión de los equinoccios. El período actual comenzó el 11 de agosto de 3114 a d C y acabará el 21 de agosto de 2012. Las fechas de los katunes son las siguientes:

- 13 Ahau 1007, 1263, 1520, 1775, 2032
- 11 Ahau 1027, 1283, 1539, 1795, 2052
- 9 Ahau 1045, 1303, 1559, 1815
- 7 Ahau 1066, 1322, 1579, 1835
- 5 Ahau 1086, 1342, 1598, 1855
- 3 Ahau 1106, 1362, 1616, 1874
- 1 Ahau 1125, 1382, 1638, 1894
- 12 Ahau 1145, 1402, 1658, 1914
- 10 Ahau 1185, 1421, 1677, 1934
- 8 Ahau 1185, 1441, 1697, 1953
- 6 Ahau 1204, 1460, 1717, 1973
- 4 Ahau 1224, 1480, 1737, 1992
- 2 Ahau 1244, 1500, 1755, 2012

El ciclo del katún 13 fue y es para los mayas una forma de astrología mundana y no individual. No hay que olvidar que dichos destinos comprendidos en cada katún eran nefastos, trágicos y de malos augurios. Aquí les siguen unos ejemplos de diferentes katunes.

- **Katún 11:** los españoles invaden América e imponen el cristianismo en sus habitantes.
- **Katún 9:** mal gobierno donde los regentes abusaban del pueblo y cometían atropellos. Fue tiempo de guerra donde reinaba la religión sobre el poder del estado.
- **Katún 7:** excesos sociales, borracheras, vicios, adulterios y asesinatos. El gobierno llegó a lo más bajo. Se dice que lo único que reinaba eran la hipocresía y el erotismo.
- **Katún 5:** el pueblo pierde fe en sus líderes. Muchos fueron ahorcados, mucha hambre y pocos nacimientos.
- **Katún 3:** sequías, inundaciones y grandes calamidades. La gente quedó sin hogar y la sociedad se desintegró.
- **Katún 1:** peores tragedias, rivalidades gubernamentales. La gran guerra y el principio de la búsqueda de la hermandad.
- **Katún 12:** excelente periodo, los regentes eran sabios y justos. Los pobres se enriquecen. Hubo paz en la Tierra. Duró seis buenos años.
- **Katún 10:** aunque se conceptúa un katún sagrado reinaron el hambre, la sequía y la destrucción por manos extranjeras.
- **Katún 8:** el peor Katún, se destruyeron tanto el Chichen Itza como el Mayapán. Demolición y destrucción.
- **Katún 6:** gran corrupción en el gobierno, engaño y las falsas promesas reinan.
- **Katún 4:** ocurre el resurgimiento del Chichen Itza y el Dios hombre Kukulcan (Quetzalcoalt) o sea la serpiente emplumada reina.
- **Katún 2:** se acaba la maldición de los dioses y el pueblo se une por una buena causa.
- **Katún 13:** colapso total, todo se pierde, epidemias y plagas azotan al mundo entre 1973 al 1993.

Hemos vivido el katún 6 con engaños gubernamentales (Watergate), Irán ("contra-gate"), mucha hambre en África y tuvimos un actor como presidente. Bajo el katún 6 de 1460 a 1480 se impuso la horrenda inquisición y Lorenzo el magnifico reinó en Florencia. El otro katún de 1204 a 1224 la cruzada de los niños fue ejemplo de una trágica y desastrosa decepción. El presente katún acabará el 21 de diciembre de 2012 exaltando la crisis religiosa e ideológica.

En el katún de 1500 a 1520 los aztecas fueron conquistados y obligados a creer en el cristianismo. En 1517 Martín Lutero empieza la reforma protestante y 256 años después, entre 1756 y 1776, las ideas de libertad y de derechos humanos nos llevan a la declaración de la independencia de Estados Unidos de Inglaterra. Muchos dogmas, supersticiones, creencias seculares y religiosas pierden credibilidad y se le abre paso a la genuina Nueva Era.

2012: Ha llegado el tiempo de despertar. La conciencia humana estaba siendo controlada y manipulada por instituciones, gobiernos e información de naturaleza negativa por los medios. El hombre saldrá del hipnotismo o del sueño en que vivía.

2012: Se intensificará la actividad de los extraterrestres. Habrá contacto con las civilizaciones galácticas.

2012: La mujer se iguala al hombre en derechos, labores, servicios, deportes, etc., y recupera su trono.

2012: Empiezan a derrumbarse los falsos castillos de arena de sistemas políticos que se han mantenido a punto del miedo y del adoctrinamiento colectivo.

2012: Se integra la energía yin con la *yang* para que el mundo se integre en un todo.

2012: Recibamos la Nueva Era con mucho optimismo, mucho amor y mayor fe en un solo Dios verdadero, el Creador de todo.

2012: Empezarán a reinar la Fraternidad Universal y el amor que tanto predicó el Sublime Maestro Jesús.

2012: Los mensajes de Cristo, Buda y otros maestros universales se harán realidad en la Era Dorada o sea en la Era de Acuario.

Según el History Channel, los mayas creen que la Tierra llegará al punto central de la Vía Láctea, los planetas se alinearán y un gran evento cósmico ocurrirá. Para mí este katún que termina en los últimos meses de 2012 despertará la conciencia de todos en busca de la unión y hermandad de todos. La era de las dualidades exageradas, la era del dolor y el martirio acaba, y comienza la verdadera llegada de la tan cacareada Era de Acuario. ¡Así que a celebrar! Llegará el periodo donde todos seremos iguales y con igualdad de derechos. No será fácil porque todo parto conlleva sangre y muerte, pero por lo menos se nos regalan 2.000 años para rehacer el mundo, corrigiendo errores, enmendando faltas, rompiendo fronteras y lo haremos gritando: "Somos libres, somos todos uno ante el poder absoluto del Creador".

Que Dios me los bendiga a todos y reciban de mí mucha paz y mucho amor.

AGRADECIMIENTO ESPECIAL

Gracias desde el fondo de mi corazón a todos los que me han inspirado a publicar este libro, y muy en especial a Ivonne Benet, Willie Acosta, Wilma Torres, Yurek Vázquez y a mis ángeles en HarperCollins Publishers.